河北省优质校建设铁道通信类骨干专业成果系列规划教材

铁道信号概论

刘明生　主编
林瑜筠　主审

中 国 铁 道 出 版 社

2017 年·北京

内 容 简 介

　　本书为河北省优质校建设铁道通信类骨干专业成果系列规划教材,全书简明介绍我国铁路信号系统和设备的基本情况,内容包括信号基础设备、联锁系统、闭塞系统、列车运行控制系统、行车调度指挥系统、编组站信号系统、道口信号系统、信号监测系统、高速铁路信号系统、城市轨道交通信号系统,以及通信技术在铁路信号中的应用。

　　本书供非信号专业的铁路和城市轨道交通工程技术人员、管理人员了解信号技术用,也可供高等、中等学校各相关专业学习铁路信号用,并且可供信号工作人员参考。

图书在版编目(CIP)数据

　铁道信号概论/刘明生主编 . —北京:中国铁道出版社,2017.12

　河北省优质校建设铁道通信类骨干专业成果系列规划教材

　ISBN 978-7-113-23893-3

　Ⅰ. ①铁… Ⅱ. ①刘… Ⅲ. ①铁路信号-高等职业教育-教材
Ⅳ. ①U284

　中国版本图书馆 CIP 数据核字(2017)第 252065 号

书　　名:铁道信号概论
作　　者:刘明生　主编

责任编辑:吕继函　　　　编辑部电话:010-51873205　　　　电子信箱:312705696@qq.com
封面设计:郑春鹏
责任校对:焦桂荣
责任印制:郭向伟

出版发行:中国铁道出版社(100054,北京市西城区右安门西街 8 号)
网　　址:http://www.tdpress.com
印　　刷:北京鑫正大印刷有限公司
版　　次:2017 年 12 月第 1 版　2017 年 12 月第 1 次印刷
开　　本:787 mm×1 092 mm　1/16　印张:17　字数:440 千
书　　号:ISBN 978-7-113-23893-3
定　　价:45.00 元

前 言

铁路信号系统和设备在保证行车安全、提高运输效率、传输行车信息等方面起着非常重要的作用。建国以来,我国铁路信号系统和设备在非常薄弱的基础上取得了长足的进步。尤其是改革开放以来,积极引进国外先进技术,致力自主研发创新,使得我国的铁路信号设备有了迅速的发展,大大提高了装备率和技术层次,涌现出了一大批新技术、新设备,适应并促进了铁路的提速和扩能。在轨道交通快速发展的进程中,尤其是高速铁路和城市轨道交通的建设中,要全面提升信号技术装备水平,实现由制约型向适应型、模拟技术向数字技术、"计划修"向"状态修"的转变,向网络化、数字化、综合化、智能化发展。

为了使非信号专业,尤其是对于与信号专业关系密切的通信、车务、工务、机务、供电等专业的铁路及城市轨道交通工程技术人员、管理人员更加广泛地对信号系统和设备有完整的了解,我们编写了本书,并期望本书对大家的学习和工作有所帮助,对铁路和城市轨道交通的发展做出微薄贡献。

铁路信号系统和设备的内容十分丰富,为了简明扼要,本书在对各项信号设备的发展作简要介绍后,着重介绍目前大量使用的和大力发展的主要信号系统和设备,正在淘汰的和已经很少使用的信号设备则不再介绍。第一章信号基础设备主要介绍信号继电器、信号机、轨道电路、转辙机、信号电源屏、铁路信号电缆的结构、基本原理和应用。第二章联锁系统主要介绍联锁的基本概念、6502 电气集中联锁、计算机联锁的组成和基本原理。第三章闭塞系统主要介绍半自动闭塞、站间自动闭塞、自动闭塞的组成和基本原理。第四章列车运行控制系统主要介绍列车运行控制系统概述及机车信号车载设备、站内轨道电路电码化、列车运行监控记录装置、列车运行控制系统、轨道车运行控制系统的组成和基本原理。第五章行车调度指挥系统主要介绍行车调度指挥系统概述、列车调度指挥系统、调度集中的组成和基本原理。第六章编组站信号系统主要介绍编组站信号设备概述、驼峰信号基础设备、驼峰作业过程控制系统、驼峰尾部停车器、峰尾平面调车集中联锁、编组站综合自动化的组成和基本原理。第七章道口信号系统主要介绍道口和道口信号、道口信号系统的组成和基本原理。第八章信号监测系统主要介绍信号集中监测系统、道岔监测系统、列控设备动态监测系统的组成和基本原理。第九章高速铁路信号系统主要介绍高速铁路信号系统的特点、组成和基本原理。第十章城市轨道交通信号设备主要介绍城市轨道交通信号基础设备、城市轨道交通联锁系统、ATC 系统的组成和基本原理。第十一章主要介绍通信技术在铁路信号中的应用。

本书为概述,对于各种信号设备不可能予以详细介绍,如要深入了解,可阅读有关书籍。

本书由石家庄铁路职业技术学院刘明生任主编,南京铁道职业技术学院林瑜筠任主审。刘明生编写引言、第一章、第二章;河北网讯数码科技有限公司张卫东编写第三章、第四章;石家庄铁路职业技术学院刘洋编写第五章、第六章;石家庄铁路职业技术学院刘会杰编写第七章、第八章;华东交通大学涂序跃编写第九章、第十章;上海申通地铁公司林一鸣编写第十一章。参加编写的还有石家庄铁路职业学院郑华、甄义、李筱楠、韩朵朵、张诣、刘丽娜、刘佳、温洪念、齐会娟、河北网讯数码科技有限公司张文华、吴小容、耿会英,济南电务段张韫斌。

在本书编写过程中,得到许多单位和同志的帮助和支持,于此一并表示由衷地感谢。

由于时间仓促,资料搜集不全,更由于编者水平所限,书中错误、疏忽、不妥之处在所难免,恳望读者批评、纠正,使本书成为铁路和城市轨道交通工作者喜爱的读物。

编　者
2017 年 7 月

CONTENTS ●●●●●●●●●●●●●●●●●●●●●●●●

目 录

城市轨道交通信号（第二版）中文版权

引 言

一、铁路信号

铁路信号是保证行车安全、提高区间和车站通过能力以及编组站编解能力的自动控制及远程控制技术的总称,其主要功能是保证行车安全,提高运输效率。

铁路信号担负着铁路各种行车设备的控制和行车信息的传输的重要任务,是铁路信息技术的主要组成部分。

铁路信号曾经历过机械化、电气化的发展阶段,如今向信息化发展。随着铁路向高速、重载、电气化方向发展,对于铁路信号提出了越来越高的要求,特别是高安全性和高可靠性。

现代科学技术的发展,尤其是微电子技术、计算机技术、数据传输技术的飞跃发展,为铁路信号的发展提供了强大的支撑,出现了自动化程度更高、控制范围更大、更集中化的新型信号系统。现代铁路信号具有网络化、综合化、数字化、智能化的技术特点。

二、铁路信号的组成

铁路信号包括信号系统和信号设备、器材两个层次。信号系统包括车站联锁、区间闭塞、列车运行控制、行车调度指挥控制、驼峰调车控制、道口信号、信号集中监测等系统。信号设备、器材包括继电器、信号机、轨道电路、转辙机、电源屏、电缆等。

1. 信号系统

（1）车站联锁系统

车站联锁,用来控制和监督车站的道岔、进路和信号,并实现它们之间的联锁关系,操纵道岔和信号机。目前,主要有继电集中联锁和计算机联锁。

用继电电路的方法集中控制和监督全站的道岔、进路和信号机,并实现它们之间联锁的系统称为继电集中联锁。继电集中联锁的全部联锁关系是通过继电电路实现的。车站值班员通过控制台办理进路,自动转换道岔、锁闭进路、开放信号。继电集中联锁曾经发挥过积极的作用,但不能满足信息化的要求,正在被计算机联锁所取代。

计算机联锁是用微机和其他一些电子、继电器件组成具有"故障—安全"的实时控制系统。计算机联锁的全部联锁关系是通过计算机程序实现的。它与继电集中联锁相比具有十分明显的技术经济优势,是车站联锁系统的发展方向。

（2）区间闭塞系统

为保证区间行车安全,要求按照一定的方法组织列车在区间的运行,称为行车闭塞法,简称闭塞。区间闭塞是保证区间行车安全、提高运输效率的系统。

按闭塞方式的不同,闭塞系统主要有半自动闭塞、自动站间闭塞和自动闭塞。

半自动闭塞以出站信号机的允许信号显示作为发车凭证,发车站的出站信号机必须经两站同意,办理闭塞手续后才能开放,列车进入区间自动关闭。继电半自动闭塞是以继电电路的逻辑关系完成区间闭塞作用的。必须人工办理闭塞和到达复原,因此是半自动的。

站间自动闭塞在半自动闭塞的基础上,增加区间空闲检查设备,自动检查区间占用或空闲,实现列车到达后的自动复原,构成站间自动闭塞。站间自动闭塞不同于半自动闭塞,其不必人工办理闭塞和到达复原;也不同于自动闭塞,其区间不划分闭塞分区,不设通过信号机。

自动闭塞是在列车运行中自动完成闭塞作用的。它将一个区间划分为若干闭塞分区,每个闭塞分区的起点装设通过信号机,列车运行时借助车轮与轨道电路接触发生作用,自动控制通过信号机的显示。这种方式不需要办理闭塞手续,可开行追踪列车,既保证了行车安全,又提高了运输效率。

半自动闭塞主要用于单线铁路,自动闭塞主要用于双线铁路。为满足铁路运输发展的需要,半自动闭塞在繁忙区段需改建成自动闭塞,主要需解决区间空闲检查的问题,构成站间自动闭塞。自动闭塞则需改造为高可靠、多信息、四显示的统一制式的自动闭塞——ZPW-2000系列无绝缘移频自动闭塞。

(3)列车运行控制系统

机车信号、列车运行监控记录装置和列车运行超速防护系统都属于行车运行控制系统。列车运行控制系统自动控制列车运行,用来保证行车安全。

机车信号,是用设在机车司机室的机车信号机自动反映运行条件,指示司机运行的信号显示制度。机车信号能复示地面信号机的显示,改善司机的瞭望条件。随着机车信号可靠性的不断提高,其逐渐作为行车凭证。为使机车信号在站内也能连续显示,就需在原轨道电路的基础上加设移频信号发送设备,即进行站内轨道电路的电码化。站内轨道电路电码化是CTCS-0级列控系统不可或缺的地面发送设备。

列车运行监控记录装置的功能是监控列车速度,在司机欠清醒或失控的情况下,对列车实施紧急制动,并且可记录运行情况,了解机车运用质量和司机操作水平,对保证列车运行安全,改善对司机、机车的管理发挥了积极作用。

列车运行控制系统CTCS-2级和CTCS-3级,用于高速铁路和城际铁路。CTCS-2级列控系统是基于轨道电路加应答器传输列车运行信息的点连式系统;CTCS-3级列控系统是基于GMS-R传输列车运行信息的系统。它们都是采用目标——距离模式监控列车安全运行的列车运行超速防护系统。

(4)行车调度指挥控制系统

行车调度指挥控制系统包括列车调度指挥系统和调度集中,是铁路信号发展的关键性技术,是随着微电子技术、现代通信技术、计算机技术的发展而发展起来的。无论在信息交换、实时控制及调度决策,还是在控制范围上,越来越显示出其优越性,它代表了铁路行车信息与控制技术的发展趋势。

列车调度指挥系统(TDCS)为调度人员提供先进的调度指挥和处理手段,及时提供丰富、可靠的信息和决策依据,提高其应变能力,从而充分发挥现有铁路运输设备的能力,提高了行车指挥的技术水平,并改善调度人员的工作条件和环境,改善铁路运输服务质量。并且为领导的决策提供真实可靠的信息,实现了调度指挥工作的现代化管理模式。

调度集中(CTC)除了 TDCS 的功能外,主要要完成遥控功能,即可在调度所远距离地集中控制本区段内各站的信号机和道岔,自动排列进路。

(5)编组站信号系统

编组站(及部分区段站)装备现代化信号设备,是提高解编能力的最有效手段。在编组站信号系统现代化的进程中,重点是驼峰调车的自动化,主要包括驼峰推峰机车速度自动控制、溜放车辆进路自动控制和溜放车辆速度自动控制。

(6)道口信号系统

道口信号是指示道路上的车辆、行人通过或禁止通过道口的听觉和视觉信号。道口信号是保证道口安全的重要设备。在无人看守道口,它向道路方面显示能否通过道口的信号;在有人看守的道口,它自动通知看守人员列车的接近。

(7)信号监测系统

信号集中监测运用计算机等技术监测并记录信号设备的主要运行状态,为电务部门掌握设备的运用质量和故障分析提供科学依据。信号集中监测系统是保证行车安全、加强信号设备结合部管理、监测铁路信号设备运用质量的重要行车系统。

2. 信号设备、器材

信号设备、器材包括继电器、信号机、轨道电路、转辙机、电源屏、电缆等。

(1)继电器

继电器是一种电控制器件,就是一个带接点的电磁铁,是自动控制中常用的电器。它用于接通或断开电路,构成信号逻辑电路,控制信号机和转辙机等的动作。在铁路信号系统中广泛使用各种继电器。

(2)信号机

为指示列车运行及调车作业的命令,铁路必须根据需要设置各种信号机和信号表示器,它们是各种信号系统中不可缺少的组成部分。信号机用以形成信号显示,防护进路,指示列车和调车车列的运行条件。地面信号是设于车站或区间固定地点的信号机和信号表示器,用来防护站内进路或区间闭塞分区及道口。机车信号设于机车驾驶室内,用来复示地面信号显示,以及逐步成为行车凭证使用。

(3)轨道电路

轨道电路是利用钢轨作为导体,两端加以机械绝缘(或电气绝缘),接上送电和受电设备构成的,是使电流在轨道的一定范围内流通而构成的电路。它用来监督线路上是否有车占用、线路是否完整,以及将列车运行与信号显示等联系起来,即通过轨道电路向列车传递行车信息。轨道电路是铁路信号的重要基础设备,它的性能直接影响行车安全和运输效率。

(4)转辙机

转辙机实现道岔的转换和锁闭,是直接关系行车安全的关键设备,对于保证行车安全,提高运输效率,改善行车人员的劳动强度,起到非常重要的作用。

(5)电源屏

电源屏是信号系统的供电装置,供给稳定、可靠、符合使用条件的各种交、直流电源。

(6)电缆

电缆及其连接设备——变压器箱和电缆盒组成电缆线路,用来连接室内设备和室外设备,传递信号,构成完整的信号系统。

3. 各种信号系统、设备的关系

在信号系统中,列车运行控制和行车调度指挥控制是关系铁路现代化最重要、最关键的技术,前者直接控制列车的运行速度,后者直接进行列车的调度指挥。车站联锁和区间闭塞是列车运行控制和行车调度指挥控制的基础系统。车站联锁提供列车在站内运行的许可,区间闭塞提供列车在区间运行的信息。列车调度指挥系统和调度集中通过车站联锁和区间闭塞采集行车信息,调度集中通过车站联锁完成遥控功能。

车站联锁系统的基础设备包括继电器、信号机、轨道电路、转辙机、电源屏、电缆等,它们和车站联锁主机(继电电路或计算机系统)共同构成车站联锁系统,完成联锁功能。

区间闭塞的基础设备也包括继电器、信号机、轨道电路、电源屏等,它们和区间闭塞主机(继电电路或计算机系统)共同构成区间闭塞系统,完成闭塞功能。

车站联锁和区间闭塞必须相互结合,共同完成保证行车安全的功能。

驼峰调车控制的基础设备包括继电器、信号机、轨道电路、转辙机、电源屏、电缆,以及车辆减速器、各种测量设备等,共同构成驼峰调车控制系统,完成驼峰推峰机车速度自动控制、溜放车辆进路自动控制和溜放车辆速度自动控制的功能。

道口信号的基础设备包括继电器、信号机、轨道电路、电源等,它们和道口信号电路共同构成道口信号系统,完成防护道口的功能。

信号集中监测对各种信号设备进行监测,保证设备的运用质量,提供现代化维护手段。

三、铁路信号的地位和作用

铁路信号系统和设备是铁路的主要技术装备。实践证明,信号系统和设备对于指挥列车运行、保证行车安全、提高运输效率、减轻劳动强度等方面起着非常重要的作用。随着铁路运输向高速度、高密度、重载、电气化方向发展,信号系统和设备的地位和作用日渐突出。铁路信号现代化是铁路现代化的重要标志和必要条件。没有信号系统和设备的现代化,要实现铁路现代化,是不能想象的。在世界范围内,现代化信号系统和设备受到普遍重视,得到迅速发展。铁路信号具有显著的地位和重要作用。

1. 信号系统和设备是行车安全的重要系统和设备

信号系统和设备作为保证行车安全的最重要技术装备,在行车安全中起着不可替代的作用。信号系统和设备的逐渐完善和现代化,使行车安全建立在可靠的物质基础上,杜绝和消灭了不少危及行车安全的因素,使行车安全处于有序可控的状态。靠信号系统和设备保证行车安全,提高铁路运输安全水平是中国铁路的重要决策。

(1)集中联锁有效抑制了错办进路等事故的发生

继电集中联锁作为车站联锁的安全系统,以其严密的联锁关系,有效地减少了错办进路、向有车线接入列车、未准备好进路接发列车、调车挤岔等事故,杜绝了车务人员错误办理造成的险性事故,极大地保证了站内作业的安全,解决了铁路运输生产中最关键的问题。

据统计,车务部门历年来发生的行车重大、大事故中,发生在非集中联锁的车站占一半,另有 17% 发生在电气集中的非联锁区和信号设备停用时。从 20 世纪 70 年代末以来,全路继电集中联锁以每年 100 个站、2 000 组道岔以上的速度发展,而全路重大、大事故则以平均每年减少 55 件的速度下降。进入 20 世纪 90 年代后期，继电集中联锁装备率达到 90％，基本上杜绝了错办进路的事故。

1985～1995 年是我国铁路继电集中联锁迅速发展的时期，继电集中联锁车站装备率从 43％上升到 80％，并且非集中车站股道全部加装了轨道电路。2000 年更达到 90.4％，在此期间，全路因错办进路造成向有车线接入列车的险性事故大幅度减少，逐年下降。由"八五"（1991—1995）的 13 件减至"九五"（1996—2000）的 4 件。

同期因未准备好进路接发列车的险性事故从"八五"的 95 件降为"九五"的 17 件。这是因为继电集中联锁关系严密，能有效地防止行车人员人为错误办理的缘故。

（2）自动闭塞、半自动闭塞大幅度减少了错办闭塞等事故的发生

自动闭塞和半自动闭塞，尤其是自动闭塞，能防止向占用区间发出列车、未办或错办闭塞发出列车等事故，确保区间行车的安全。

统计表明，当自动闭塞与半自动闭塞装备率达到 90％以上时，向占用区间发出列车的险性事故，年发生 10～20 件；当装备率达到 95％以上时，此类事故的年发生降至 5～10 件；当装备率上升到 98％左右时，年发生在 5 件以下，一般为 2 件。由于全路基本装备了自动闭塞和半自动闭塞，向占用区间发车，由"八五"的 13 件降到"九五"的 2 件。

未办或错办闭塞发出列车的险性事故，也有类似规律，以年发生 20～30 件，降至 6～10 件，再降至 3 件以下。由"八五"的 7 件降为"九五"的 0 件。

（3）机车信号大大降低列车冒进信号的可能性

机车信号对于保证行车安全的效果非常显著。自我国铁路从 20 世纪 80 年代开始大力发展"机车三大件"以来，冒进信号的事故持续下降。1985 年全路发生冒进信号的险性事故 176 件，当时机车信号装备率为 94％。到了 1995 年机车信号装备率达到 98％，冒进信号的险性事故降至 9 件。2000 年提高到 100％，机务系统冒进信号险性事故由"八五"的 128 件降到"九五"的 17 件。

（4）驼峰自动化系统大幅减少了驼峰调车事故

驼峰自动化系统对溜放进路、溜放速度进行自动控制，消除了因人为因素造成的危及行车安全的因素，逐步消灭调车事故。例如南翔编组站在 1971～1977 年为机械化驼峰，发生 61 件调车事故；1978～1982 年为半自动化驼峰，发生 12 件事故；1983 年以后为自动化驼峰，没有发生一件事故。

（5）道口信号系统是保证道口安全的重要措施

1971～1980 年，我国汽车增加了 3.26 倍，道口事故件数也增加了 3.32 倍，几乎是同步增长。1982 年我国百处道口事故率 11.5 件。道口防护设备不完善是道口事故发生的根本原因。1985～1987 年在全国机动车辆年增加 13％、铁路换算周转量年增加 11％的情况下，因对道口实行综合治理，增设 1 500 处道口信号系统，使道口事故大幅度下降，1987 年比 1984 年下降了 60％。

信号系统和设备的持续快速发展，使行车安全得到有效的控制，行车事故逐年减少。1995 年信号设备换算道岔比 1985 增长了一倍，而同期险性以上行车事故总量从 500 多件下降到 100 件，下降了 80％以上。两者之间呈强负相关关系。信号设备换算道岔比 1985 增长了一倍，而同期险性以上行车事故总量从 500 多件下降到 100 件，下降了 80％

以上。两者之间呈强负相关关系,即信号设备每增加 1 万组换算道岔,可减少行车险性以上事故 25 件。

2. 信号系统和设备是提高运输能力的有效手段

在铁路扩能、提效中,信号系统和设备发挥着重要的作用。采用先进的信号系统和设备,可提高车站和区间的通过能力、编组站的解编能力,而提高行车密度。据分析,在 1985~1995 年期间,信号系统和设备对运输能力增加的实际贡献达 24.2%。这是依靠科技进步,以内涵方式增加运输能力的最有效手段。

(1)集中联锁提高车站通过能力

集中联锁把全站的道岔、进路和信号集中起来控制,控制迅速,不再需要分散控制时所需要的联系时间,因而大大提高了车站作业效率。与非集中联锁相比,咽喉区通过能力可提高 50%~80%,到发线通过能力可提高 15%~20%。

(2)自动闭塞提高区间通过能力

自动闭塞,无论单线或双线,无需办理闭塞手续,又可组织列车追踪,可大幅度通过区间通过能力。

单线自动闭塞比半自动闭塞平行运行图能力可增长 13.8%~19.0%,如追踪系数按 0.4 计算能力,则平行运行图能力可提高 10.7%~14.7%。采用计轴自动站间闭塞比继电半自动闭塞,平行运行图能力可提高 4%左右。定点计轴自动闭塞平行运行图能力可提高 10%以上。兰新线哈密—柳园段曾建成带复线插入段的单线自动闭塞,并实行调度集中控制,追踪系数 0.4,提高了平行运行图能力 14.8%,列车对数由 26.5 对增加到 35 对,有力地支持了兰新线的双线改造。宝成段广元—成都段曾建成单线定点计轴闭塞,使该区段增开列车 2.5 对,并增加供电系统维修天窗时间 15 min。

双线自动闭塞的效果尤为明显,按 8 min、7 min 或 6 min 间隔计算,每昼夜平行运行图能力可由半自动闭塞的 70 对分别提高到 180、205 和 240 对,可提高通过能力 2~3 倍。双线区段如不安装自动闭塞,每天开行 50~60 对车就很紧张。若采用自动闭塞,按 8 min 追踪间隔,平行运行图能力可达 180 对,扣除客车系数等,实际开行 120~130 对。

缩短自动闭塞列车间隔时间,能进一步提高区间通过能力。如 1998 年京沪线滁州—南京东间,8 改 7 后,提高运输能力 25 对。2000 年,将 7 min 区段扩大到滁州—上海,平行运行图按 7 min 铺画,通过能力达到 205 对,比原来提高 25 对,能力增加 14%。但三显示自动闭塞继续缩短追踪间隔,将降低安全程度,于是发展四显示自动闭塞。四显自动闭塞,可将列车追踪间隔压缩至 6 min,在保证安全的前提下进一步提高行车密度。

(3)自动化、半自动化驼峰提高编组解编能力

自动化、半自动化驼峰是提高编组站解编能力、协调点线能力的最有效手段。驼峰道岔自动集中可提高解编能力 10%~20%;机械化与非机械化驼峰相比,可提高解编能力 50%左右;半自动化驼峰比机械化驼峰提高 10%~15%;自动化驼峰可再提高 10%~15%。

南翔站由半自动化驼峰改建为自动化驼峰后,解体能力从 61 列提高到 77 列,日均办理辆数从 3 825 辆提高到 5 550 辆。郑州北站实现编组站综合自动化后,解体能力在半自动化的基础上提高了 17.3%。

（4）调度集中充分利用线路通过能力

调度集中虽不是直接提高通过能力的手段，但可通过集中控制，提高行车调度的自动化程度，从而充分发挥线路通过能力。据统计，双线安装调度集中可在自动闭塞的基础上继续提高效率，达 34%，单线可提高 50%。

3. 信号系统和设备具有显著的宏观效益

（1）信号系统和设备具有明显的经济效益

信号系统和设备经济效益显著，投资回收期短。例如京沪线南京东—滁州间自动闭塞 8 改 7 后提高运行能力 25 对，每年增收达 550 万元，而投资仅 150 万元。徐州—孟家沟间改半自动闭塞为自动闭塞，提高平行通过能力 42.8%，工程投资 30 万元，当年八个月就净增收入 695 万元。南翔编组站实现自动化后比机械化时每昼夜多解体 16 列车，如其他条件具备，可增开 8 列车，年获利 1 800 多万元，而自动化工程全部投资仅 450 万元。

据 1985～1995 年统计，在铁路新增运输能力中，电务技术设备通过增加行车密度，贡献率为 24.2%，约为 1 460 亿 t·km，累计新增运输收入约为 270 亿元，每年平均 27 亿元。同期电务部门新增固定资产约 70 亿元，固定资产投入产出率为 3.7 元/元，投资回收期为 2.5 年。而同期铁路资产投入产出率为 1.25 元/元，投资回收期约 8 年。相比之下，电务设备投资效益极好，充分体现了投资省、见效快、收益大的技术优势。

（2）信号系统和设备具有明显的社会效益

信号系统和设备在提高其他运输部门的作业效率、提高劳动生产率及减轻作业过程与风险方面，也具有明显的社会效益。继电集中显著提高了车务部门的劳动生产率。据统计，继电集中道岔装备率从 1985 年的 64.4% 提高到 1995 年的 90.4%，车站联锁道岔由 8.1 万组提高到 11.3 万组，而车务部门行车人员由 13.85 万人下降到 13.23 万人，即每组联锁道岔所需 1.71 人降至 1.16 人，减少行车人员 6 万人。同期，每组联锁道岔所需信号人员保持在 0.43 人的水平，净增 1.5 万人。因此，净节约人员 4.5 万人，按 1995 年职工平均工资计算，可节省工资支出约 4 亿元。

南翔编组站实现驼峰自动化前，需制动人员 29 人，自动化工程投入使用后保留 16 人，不再进行铁鞋制动，只负责列车编组、接风管、试风及对规定不能连挂的车辆的防护。

信号系统和设备的发展大大减轻了行车有关人员的劳动强度。继电集中因集中控制和监督，减轻了车站值班员的劳动强度，不再需要劳动强度大、危险性大的扳道员。半自动闭塞无需接受实物凭证，大大减轻了车站值班员和机车乘务员的劳动强度。自动闭塞无需办理闭塞和确认列车整列到达，大大减轻了车站值班员的劳动强度。机车信号等机车三项设备，改善了机车乘务员的瞭望条件，减轻了驾驶列车的紧张程度。调度集中和列车调度指挥系统使行车调度员从繁重的手工劳动中解放出来，极大地提高了调度工作的效率和质量，改善了工作环境。驼峰自动化、半自动化大大减轻了驼峰作业人员的劳动强度，不再需要劳动强度和危险性极大的铁鞋制动员。

集中联锁的发展和编组站自动化程度的提高、平面无线调车的推广运用，使行车人员在作业过程中的安全保障得到很大提高，因此行车人员伤亡逐年下降。当集中联锁车站装备率由 40% 上升到 80% 时，行车人员伤亡降至 20%。

综上所述，采用现代化的信号系统和设备是必要的、有效的、经济合理的。

但是,设备越多,发生故障的概率相对就越大。特别是铁路信号系统和设备遵循"故障—安全"的原则,装备得越完善,在运输安全中起的作用越大,必然会出现铁路运输安全提高,行车事故下降,而信号系统和设备故障增多的现象,全路行车大事故的下降与信号一般故障的上升,二者之间的转换就是所谓的"事故转移"。从总体来看,由于电务部门多承担了责任,而给整个运输安全带来好处,这是信号技术发展的必然趋势。

四、铁路现代化要求现代化的铁路信号

铁路现代化,对铁路信号提出更高的要求,急需实现铁路信号的现代化。没有铁路信号的现代化,也就没有铁路的现代化。

提速,要求更换道岔,采用新型转辙机,以提高过岔速度;要求采用速差式自动闭塞,发展列车超速防护系统,完善地面发码设备;要求配套行车指挥手段,更科学地组织列车运行;要求延长道口接近报警距离。高速,对行车安全的要求更高。

高密度,要求缩小列车运行间隔,发展双向、四显示自动闭塞;并要求发展驼峰自动化以至编组站综合自动化,以大幅度提高解编能力,更好地协调点线能力。

重载,需要重型转辙设备,拉力要大,锁闭要可靠;股长延长,需要轨道电路具有良好的传输性能;制动距离延长,需要自动闭塞和列车速度控制能满足要求;开行组合列车,需要解决多机牵引的同步问题。

电气化,要求信号系统和设备具有较强的抗电化干扰能力,发展无绝缘自动闭塞。

高速铁路、城际铁路,为了保证高速列车运行安全,需要最现代化的列车自动控制和行车指挥自动化系统。

城市轨道交通,为了保证高密度列车运行的安全,同样需要最现代化的列车自动控制和行车指挥自动化系统。

总之,铁路越现代化,越离不开现代化的铁路信号,越需要铁路信号的现代化,铁路信号的地位越来越重要,所发挥的作用越来越显著。

五、铁路信号的发展前景

铁路信号正处在从传统技术向现代化技术发展的时期。这是铁路向高速、高密、重载、电化发展的需要,铁路靠科技兴路,靠科技提高运能,靠科技保证安全,迫切需要现代化的信号技术。另一方面,以计算机技术、网络技术、现代通信技术为代表的信息技术,为铁路信号技术的现代化注入了新的活力,构筑了新的发展平台,提供了技术支持和保证。

1. 数字化、网络化、综合化、智能化

以数字编码传输为代表的数字信号技术,将成为未来信号技术发展的主流。数字化技术的主要特点是信息量大,可以实时传输多种状态的信息和控制命令。通过数字编码技术,可提高信息传输的安全性和可靠性,并具有较强的抗干扰能力。基于光缆传输信号控制命令和安全信息的系统大量出现。数字化技术将使信号控制技术发生革命性变化,用模拟技术远远不能适应需要。

网络化问题,过去受手段限制,信息不能做到共享、交流和充分交换。现在计算机技术、网络技术、数字技术发展后,就完全可以做到信息的交换和资源共享。网络化技术有利于实

现列车运行控制、车站进路控制和设备状态监测的一体化,实现信号控制的全程全网,网络化是大势所趋。

综合化技术体现了信号系统和设备应向多功能、多任务、多手段的方向发展。在提高运输效率、保证行车安全的同时,可对列车运行信息进行综合分析并加以利用,实现列车报点、旅客向导、运行图管理,向有关系统提供列车运行信息,接收有关控制指令,实现综合的运输管理。

智能化技术是实现由人控为主转变为自动控制为主的重要标志,主要体现在进路的自动排列、列车运行间隔和速度的自动调整、运行图的自动调整等,是实现铁路现代化的重要标志。不仅要做到手的延长,更要做到脑的延伸。

2. 以信号控制技术为主体的多学科多专业的交叉渗透、综合集成

当代铁路信号是一门融计算机技术、网络技术、现代电子技术、现代通信技术、现代控制技术为一体的综合技术,涉及很多专业学科和边缘学科,需要通过综合集成,有的甚至要通过"嫁接"才能从功能上、系统上满足运输的需求。这种交叉渗透、综合集成是一种技术进步,应顺应这个潮流。

3. 实现高安全、高可靠、少维护、无维修

信号对安全的要求近于"苛刻",对可靠的要求甚至有点"过分"。少维护、无维修是发展信号新技术所面临的课题。

4. 信号技术与维修技术同步发展

在发展主体技术的同时,应装备和发展维修技术。信号系统和设备本身要有自诊断、动态监测、告警、远程诊断功能,要预留有维修的接口。

复习思考题 ▶▶▶▶

1. 什么是铁路信号?

2. 简述铁路信号的组成。

3. 铁路信号包括哪些系统?各起什么作用?

4. 铁路信号包括哪些设备和器材?各起什么作用?

5. 简述各种信号系统、设备之间的关系。

6. 铁路信号在保证行车安全方面有哪些作用?

7. 铁路信号在提高运输能力方面有哪些作用?

8. 铁路信号具有哪些显著的宏观效益?

9. 铁路现代化要求对于铁路信号提出哪些要求?

10. 铁路信号的发展前景如何?

第一章　信号基础设备

铁路信号基础设备包括继电器、信号机、轨道电路、转辙机、计轴器、应答器等。继电器用来构成信号逻辑电路,控制信号机和转辙机等的动作。信号机用以防护进路,指示列车和调车车列的运行条件。轨道电路用来监督线路上是否有车占用,以及线路是否完整。转辙机根据需要转换道岔并予以锁闭。计轴器用来监督线路上是否有车占用。应答器用来实现车—地通信。

第一节　信号继电器

信号继电器是用于铁路信号中的各类继电器的统称,铁路信号技术中广泛采用继电器,继电器是各类信号控制系统不可缺少的重要器件。

一、继电器概述

1. 继电器的基本结构和工作原理

继电器是一种电控制器件,就是一个带接点的电磁铁。继电器由电磁系统和接点系统两大部分组成。电磁系统包括线圈、固定的铁芯和轭铁及可动的衔铁,接点系统包括动接点和静接点。在线圈中通入一定数值的电流后,由电磁作用或感应方法产生电磁吸引力,吸引衔铁,衔铁带动接点系统,改变其状态,来反映输入电流的状况。

电磁继电器的基本原理如图 1-1 所示。给线圈中通以一定数值的电流后,在衔铁和铁芯之间就产生磁通,该磁通经铁芯、衔铁、轭铁和气隙形成闭合磁路,铁芯对衔铁就产生了吸引力。吸引力大小取决于所通电流的大小。当电流增大到一定值,吸引力增大到能克服衔铁向铁芯运动的阻力时(主要是衔铁自重),衔铁就被吸向铁芯。由衔铁带动的动接点也随之动作,与动合接点(前接点)接通,此状态称为继电器励磁吸起。

吸引力随电流的减小而减小,当吸引力减小到不足以克服衔铁重力时衔铁靠自重落下(称为释放),衔铁带动动接点与前接点断开,与动断接点(后接点)接通,此状态称为继电器失磁落下。

也就是说,继电器具有开关特性,可利用它的接点通、断电路,构成各种控制和表示电路。

2. 继电器的作用

继电器由于具有开关特性,能以极小的电信号来控制执行电路中相当大的对象,控制数个对象和数个回路,控制远距离的对象,用以发布控制命令和反映设备状态,以构成自动控制和远程控制电路。

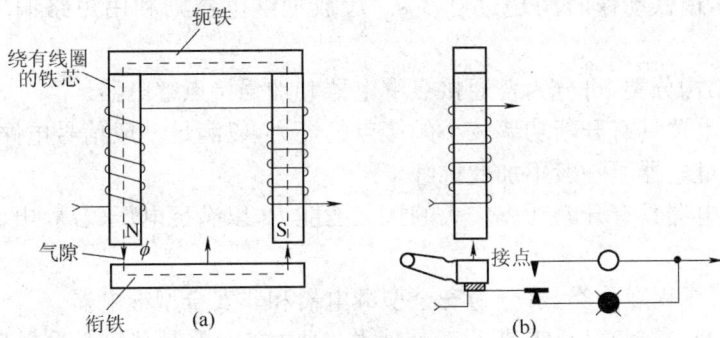

图 1-1 电磁继电器的基本原理

虽然电子器件尤其是微型计算机以其速度快、体积小、容量大、功能强等技术优势,在相当程度上逐渐取代继电器,构成自动控制和远程控制系统,使技术水准迅速发展。但是,继电器与电子器件相比,仍具有一定的优势,如开关性能好(闭合时阻抗小,断开时阻抗大)、有"故障—安全"(发生故障时导向安全)性能、能控制多个回路、抗雷击性能强、无噪声、不受周围温度影响等。因此,它仍将长期存在。

信号继电器在以继电技术构成的系统,如继电集中联锁中,起着核心作用;在以电子元件和计算机构成的系统中,如计算机联锁等系统中,作为其接口部件,将系统主机与信号机、轨道电路、转辙机等执行部件结合起来。虽然已出现全电子化的系统,但要全部取消继电器仍需相当长的时期。所以,不仅现在,而且未来,信号继电器在铁路信号领域中仍然起着重要的作用。

继电器动作的可靠性直接影响到信号系统的可靠性和安全性。

3. 信号继电器分类

信号继电器类型繁多,可按不同方式分类如下:

(1)按动作原理分类,可分为电磁继电器和感应继电器。

电磁继电器是通过继电器线圈中的电流在磁路的气隙(铁芯与衔铁之间)中产生电磁力,吸引衔铁,带动接点动作的。此类继电器数量最多。

感应继电器是利用电流通过线圈产生的交变磁场与另一交变磁场在翼板中所感应的电流相互作用产生电磁力,使翼板转动而动作的。

(2)按动作电流分类,可分为直流继电器和交流继电器。

直流继电器是由直流电源供电的,直流继电器都是电磁继电器。交流继电器是由交流电源供电的。它按动作原理分,有电磁继电器,也有感应继电器。整流式继电器虽然用于交流电路中,但它用整流元件将交流电整流为直流电,所以其实质上是直流继电器。

(3)按输入量的物理性质分类,可分为电流继电器和电压继电器。

电流继电器反映电流的变化,它的线圈必须串联在所反映的电路中。该电路中必有所被反映的器件,如电动机绕组、信号灯泡等。

电压继电器反映电压的变化,它的线圈励磁电路单独构成。

(4)按动作速度分类,可分为正常动作继电器和缓动继电器。

正常动作继电器衔铁动作时间为 0.1～0.3 s。大部分信号继电器属于此类。一般不要加此称呼。

缓动继电器,衔铁动作时间超过 0.3 s。缓放型继电器则利用短路铜环产生磁通使之缓动。

(5)按接点结构分类,可分为普通接点继电器和加强接点继电器。

普通接点继电器具有开断功率较小的接点的能力,以满足一般信号电路的要求,多数继电器为普通接点继电器。一般不加此称呼。

加强接点继电器具有开断功率较大的接点的能力,以满足电压较高、电流较大的信号电路的要求。

(6)按工作可靠程度分类,可分为安全型继电器和非安全型继电器。

安全型继电器(N 型)是无需借助于其他继电器,亦无需对其接点在电路中的工作状态进行监督检查,其自身结构即能满足一切安全条件的继电器。

N 型继电器主要依靠衔铁自身释放,故又称重力式继电器。C 型继电器主要依靠弹簧弹力释放衔铁,故又称弹力式继电器。一般说来,N 型继电器的安全性、可靠性高于 C 型继电器。

二、安全型继电器

AX 系列安全型继电器,是由我国自行设计和制造的,是我国铁路信号继电器的主要产品,应用最为广泛。安全型继电器是直流 24 V 系列的重弹力式直流电磁继电器,其典型结构为无极继电器。其他各型继电器由无极继电器派生。

1. 插入式和非插入式

安全型继电器分为插入式和非插入式。插入式多为单独使用,非插入式常使用于有防尘外壳的组匣中。

插入式安全型无极继电器如图 1-2 所示。需加装继电器插座板利用继电器下部螺栓露出部分将继电器插座板插入,用螺母紧固,然后用螺母紧固型别盖。各种继电器型别盖上的鉴别孔不同,应与插座板上的鉴别销相吻合。

2. 安全型继电器的特点

为了达到"故障—安全"要求,安全型继电器在结构上有以下特点:

(1)前接点采用熔点高,不会因熔化而使前接点粘连的导电性能良好的材料。

(2)增加衔铁重量,采用"重力恒定"原理在线圈断电时强制将前接点断开。

(3)采用剩磁极小的铁磁材料构成磁路系统,并在衔铁与极靴之间设有一定厚度的非磁性止片,当衔铁吸起时仍有一定的气隙以防剩磁吸力将衔铁吸住。

(4)衔铁不致于因机械故障而卡在吸起状态。

3. 安全型继电器的品种

安全型继电器具有无极、无极加强接点、无极缓放、无极加强接点缓放、整流式、有极、有极加强、偏极、单闭磁 5 种 9 类。它们的特性和线圈电阻值各不相同,在信号电路中有不同的作用。

(1)无极继电器

无极继电器对于通入线圈的电流极性没有要求。

无极继电器的线圈分为前圈和后圈,之所以采用双线圈,主要是为了增强控制电路的适应性和灵活性,可根据电路需要单线圈控制、双线圈串联控制或双线圈并联控制。

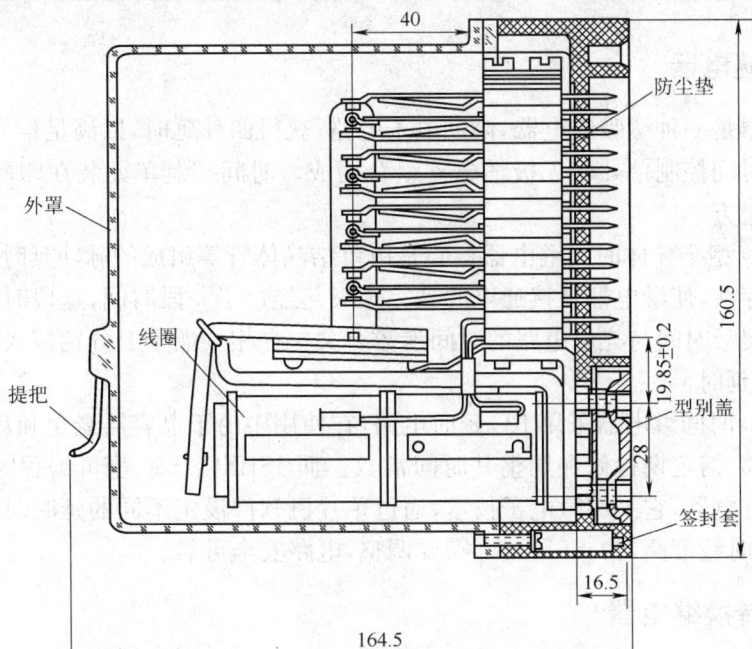

图 1-2　插入式安全型无极继电器(单位:mm)

(2)无极加强接点继电器

加强接点继电器是为通断功率较大的信号电路而设计的。

无极加强接点继电器的接点系统由普通接点和加强接点组成。普通接点与无极继电器相同,加强接点则具有特殊设计的大功率接点和磁吹弧器。磁吹弧器由磁钢制成,利用电弧在磁场中受力运动而产生吹弧作用,使电弧迅速冷却而熄灭。

(3)缓放型继电器

当其线圈接通电源或断开电源时,铁芯中的磁通发生变化,在铜线圈架中产生感应电流(涡流),感应电流所产生的磁通阻止原磁通的变化,使铁芯中的磁化变化减慢,从而使继电器缓吸缓放。在具体电路中,最多利用的是它的缓放特性。

(4)整流式继电器

整流式继电器用于交流电路中,它通过内部的半波或全波整流电路将交流电变为直流电而动作。

(5)有极继电器

有极继电器根据线圈中电流极性不同而具有定位和反位两种稳定状态,这两种稳定状态在线圈中电流消失后,仍能继续保持,故又称极性保持继电器。它的特点是磁系统中增加了永久磁钢。在线圈中通以规定极性的电流时,继电器吸起,断电后仍保持在吸起位置;通以反方向电流时,继电器打落,断电后保持在打落位置。

(6)偏极继电器

偏极继电器是为了满足信号电路中鉴别电流极性的需要而设计的。它与无极继电器不同,衔铁的吸起与线圈中电流的极性有关,只有通过规定方向的电流时,衔铁才吸起,而电流方向相反时,衔铁不动作。但它又不同于有极继电器,只有一种稳态,即衔铁靠电磁力吸起后,断电就落下,落下是稳定状态。

三、时间继电器

时间继电器是一种缓吸继电器,借助电子电路,获得四种延时,以满足信号电路的需要。时间继电器由时间控制单元与无极继电器组合而成。时间控制单元装在印制电路板上,安装在接点组的上方。

JSBXC-850 型半导体时间继电器核心是由单结晶体管等组成的脉冲延时电路。由于脉冲延时电路的存在,使继电器从接通电源到完全吸起经过了一段时间,这段时间就是继电器的缓吸时间。缓吸时间与充电电路的时间参数有关。在相关端子上分别接入不同阻值的电阻,即获得四种延时。

JSBXC-850 时间继电器采用 RC 延时电路,在使用中由于电容器老化和环境温度变化,延时时间有漂移,需定期检修和调整其时间常数。而 JSBXC$_1$-850 型可编程时间继电器,是新一代的时间继电器,它采用微电子技术,通过单片机软件设定不同的延时时间。它采用动态电路输出,延时精度高(为 ±5%),不需要调整,电路安全可靠。

四、灯丝转换继电器

灯丝转换继电器是交流继电器,用于信号点灯电路中,当信号灯泡的主灯丝断丝时通过它自动转换至副灯丝点亮,通过其接点构成报警电路。

五、交流二元继电器

交流二元继电器,二元指有两个互相独立又互相作用的交变电磁系统。根据频率不同,交流二元继电器分为 25 Hz 和 50 Hz 两种。25 Hz 的用于交流牵引的铁路的 25 Hz 相敏轨道电路中作为轨道继电器。50 Hz 的用于直流牵引的城市轨道交通的 50 Hz 相敏轨道电路中作为轨道继电器。

交流二元继电器结构如图 1-3 所示,由电磁系统、翼板、接点等主要部件组成。

电磁系统包括局部电磁系统和轨道电磁系统。局部电磁系统由局部铁芯和局部线圈组成。轨道电磁系统由轨道铁芯和轨道线圈组成。

翼板是将电磁系统的能量转换为机械能的关键部件。翼板安装在主轴上。

动接点固定在副轴上,主轴通过连杆带动副轴上的动杆单元使动接点动作。

只有当局部线圈中的电流超前轨道线圈中的电流一定角度(最好是 90°)才可靠吸起。如果仅在任一线圈通电或两线圈接入同一电源,翼板均不能产生转矩而动作,这就是交流二元继电器所具有的可靠的相位选择性,由此可解决轨端绝缘破损的防护问题。

当牵引电流不平衡时,轨道线圈混入的干扰电流与局部电流相作用,翼板不产生转矩,不能使继电器误动。这就是交流二元继电器所具有的频率选择性,不仅可以防止牵引电流的干扰,而且对于其他频率也有同样的作用。

六、继电器的应用

应用继电器可构成各种控制和表示电路,统称继电电路。

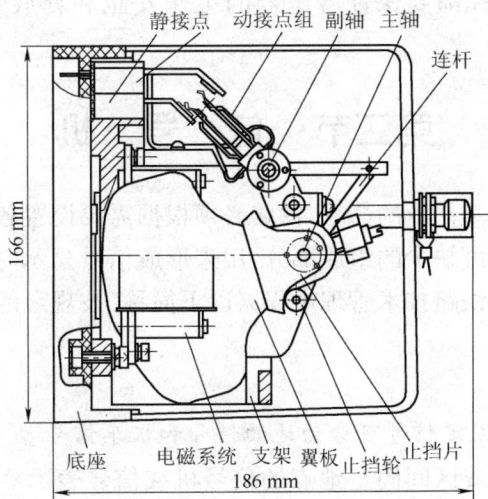

图 1-3 交流二元继电器结构图

1. 继电器的名称代号

继电器一般是根据它的主要用途和功能来命名的,例如反映按钮动作的继电器称为按钮继电器,控制信号的继电器称为信号继电器。为了便于标记,继电器符号用汉语拼音字头来表示,例如按钮继电器表示为 AJ,信号继电器表示为 XJ。在一个控制系统中会用到许多继电器,同一作用和功能的继电器也不止一个,它们的名称必须有所区别。例如以 XLAJ 代表下行进站信号机的列车进路按钮继电器,STAJ 代表上行通过按钮继电器。

同一个继电器的线圈和接点必须用该继电器的名称符号来标记,以免互相混淆。同一个继电器的各接点组还需用其编号注明,以防重复使用。

2. 继电器的定位

继电器有两个状态:吸起状态和落下状态。在电路图中只能表达这两种状态中的一种,应有所规定。电路图中继电器呈现的状态称为通常状态(简称常态),或称为定位状态。在铁路信号系统中遵循以下原则来规定定位状态:

(1)继电器的定位状态应与设备的定位状态相一致,信号平面布置图中所反映的设备状态约定为设备的定位状态。例如一般信号机以关闭为定位状态,道岔以开通定位为定位状态,轨道电路以空闲为定位状态。

(2)根据"故障—安全"原则,继电器的落下状态必须与设备的安全侧相一致。例如,信号继电器的落下应与信号关闭相一致,轨道继电器落下应与轨道电路占用相一致。这样,才能实现电路发生断线故障时导向安全侧。

在电路图中,凡以吸起为定位状态的继电器,其线圈和接点处均以"↑"符号标记之;凡以落下为定位状态的继电器,其线圈和接点处均以"↓"符号标记之。

3. 继电器线圈的使用

对于有两个线圈参数相同的继电器,它的线圈有多种使用方法:可以两个线圈串联使用;可以两个线圈并联使用;也可以两个线圈分别使用或单线圈单独使用。

无论哪一种使用方法,都要保证继电器的工作安匝和释放安匝,才能使继电器可靠工作。

第二节 信 号 机

为指示列车运行及调车作业的命令,铁路必须根据需要设置各种信号机和信号表示器,它们是各种信号系统中不可缺少的组成部分,用来形成信号显示,指示运行条件。信号显示方式的使用,必须严格按《铁路技术管理规程》(以下简称《技规》)的规定执行。

一、固定信号分类

1. 按设置部位分类,固定信号可分为地面信号和机车信号

地面信号是设于车站或区间固定地点的信号机或信号表示器,用来防护站内进路或区间闭塞分区及道口。机车信号设于机车驾驶室内,用来复示地面信号显示,以及逐步成为行车凭证使用。

2. 按信号机构造分类,地面信号机可分为臂板信号机和色灯信号机

臂板信号机是以臂板的形状、颜色、数目、位置表达信号含义的信号机。规定臂板呈水平位置为关闭,与水平位置向下夹45°角为开放,夜间则以臂板信号机上的灯光颜色与数目来显示。臂板信号机须通过机械装置由人工开放,也有通过电动机开放的,后者称为电动臂板信号机。臂板信号机存在较多缺点,难以自动化,不能构成现代化信号系统,正在与所从属的臂板电锁器联锁系统一起被淘汰。

色灯信号机是用灯光的颜色、数目及亮灯状态表示信号含义的信号机。它具有昼夜显示一致、占用空间小等特点,但需可靠的交流电源。目前,采用的几乎全部为色灯信号机。

3. 按用途分类,固定信号可分为信号机和信号表示器两大类

信号机是表达固定信号显示所用的机具,用来防护站内进路、防护区间、防护危险地点,具有严格的防护意义。信号机按防护用途的不同又可分为进站、出站、进路、调车、驼峰、遮断、预告、复示等信号机。另有设于铁路平交道口的道口信号机。

信号表示器是对行车人员传达行车或调车意图的,或对信号进行某些补充说明所用的器具,没有防护意义。信号表示器按用途又分为发车表示器、调车表示器、进路表示器、发车线路表示器、道岔表示器、脱轨表示器等。

4. 按地位分类,信号机可分为主体信号机和从属信号机

主体信号机是能独立地显示信号,指示列车或调车车列运行条件的信号机,如进站、出站、进路、通过、驼峰、调车等信号机。从属信号机是本身不能独立存在,只能附属于某种信号机的信号机,如预告信号机从属于进站信号机、所间区间的通过信号机、遮断信号机;复示信号机从属于进站、进路、出站、驼峰、调车等信号机。

5. 按停车信号的显示意义分类,可分为绝对信号和非绝对信号(亦称容许信号)

绝对信号是指当显示停止运行的信号时,列车、调车车列必须无条件遵守的信号显示。所有站内信号机的禁止信号显示均为绝对信号(但调车信号禁止信号对列车来说不作为停

车信号）。非绝对信号是指列车在列车信号机显示红灯、显示不明或灯光熄灭时允许列车限速通过，并准备随时停车的信号。如自动闭塞区间的通过信号机显示停车信号时，列车必须在信号机前停车，鸣笛一长声，停车等候 2 min，该信号机仍未显示进行信号时，即以遇到阻碍能随时停车的速度继续运行，最高速度不超过 20 km/h。

6. 按安装方式分类，信号机可分为高柱信号机、矮型信号机、信号托架和信号桥

高柱信号机的信号机安装在信号机柱上，一般用于距离要求较远的信号机。高柱信号机具有显示距离远、观察位置明确等优点。因此，为保证安全，提高效率，进站、正线出站、接车进路、通过、预告、驼峰等信号机必须采用高柱信号机。

矮型信号机设于位于建筑限界下部外侧的信号机基础上，一般用于显示距离要求不远的信号机上。因高柱信号机的设置受建筑限界的限制，另外应考虑信号机的设置不影响到发线有效长，站线出站、发车进路、一般情况下的调车信号机等采用矮型信号机。

设于特殊地形和特殊条件下的信号机，其中包括进站信号机，经铁路局批准，亦可采用矮型信号机，如设于桥隧的预告信号机、通过信号机、双线双向自动闭塞区段的反方向进站信号机。

因受限界限制，不能安装信号机柱时，则以信号托架和信号桥代替。信号托架为托臂形结构建筑物，信号桥为桥形结构建筑物，分别如图 1-4(a) 和图 1-4(b) 所示。

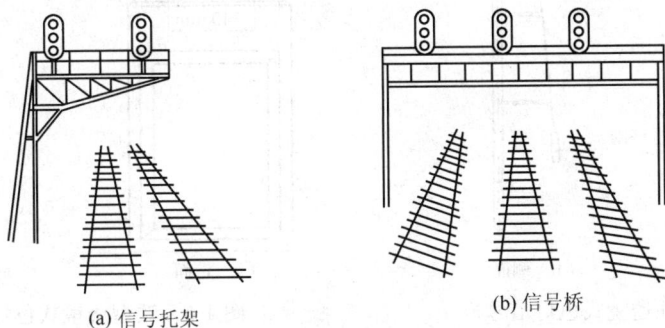

(a) 信号托架   (b) 信号桥

图 1-4　信号托架和信号桥

二、色灯信号机

色灯信号机包括透镜式、组合式和 LED 信号机。

透镜式色灯信号机是以凸透镜组为集光器的色灯信号机。透镜组由无色的外透镜和有色的内透镜组成，显示的颜色取决于内透镜的颜色。它的每个灯位固定一种颜色，多种颜色由多个灯位完成显示，故又称多灯信号机。以前多采用透镜式色灯信号机，因其结构简单、安全方便、控制电路所需电缆芯线少等优点，所以得到广泛采用。但其光系统存在一定的缺点，光通量不能充分利用，在曲线线段上不能连续显示。

组合式色灯信号机则是为提高在曲线上的显示距离而研制的新型信号机。信号机构采用组合型式，一个灯位为一个独立单元，配一种颜色，使用时根据需要进行组合，故称为组合式色灯信号机。它是信号机比较理想的更新换代产品。

LED 信号机的信号点灯单元由 LED 发光二极管构成。LED 信号显示系统作为一种节能、免维护的新型光源被成功运用。

1. 透镜式色灯信号机

XS型透镜式色灯信号机有高柱和矮型两种类型,高柱信号机的机构安装在钢筋混凝土信号机柱上,矮型信号机的机构安装在信号机基础上。

高柱透镜式色灯信号机如图1-5所示。它由机柱、机构、托架、梯子等部分组成。机柱用于安装机构和梯子。机构的每个灯位配备有相应的透镜组和单独点亮的灯泡,给出信号显示。托架用来将机构固定在机柱上,每一机构需上、下托架各一个。梯子用于给信号维修人员攀登及作业。

矮型透镜式色灯信号机如图1-6所示。它用螺栓固定在信号机基础上,没有托架,更不需要梯子。

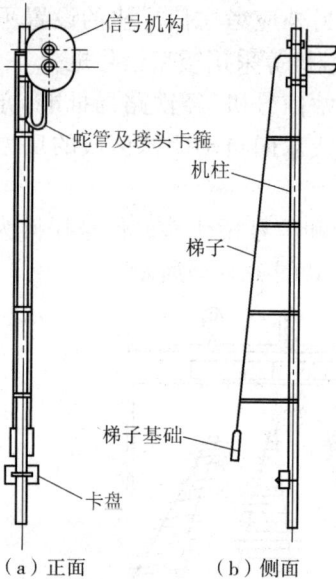

图1-5　高柱透镜式色灯信号机

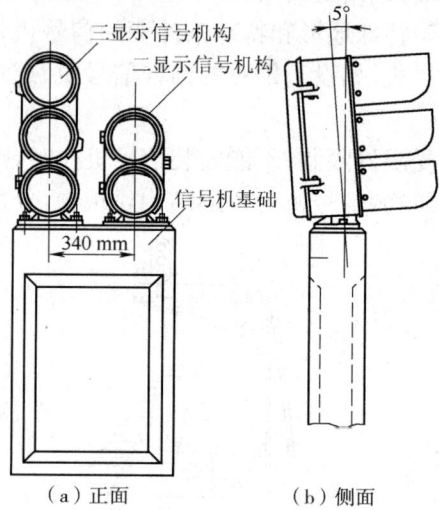

图1-6　矮型透镜式色灯信号机

色灯信号机可构成二显示、三单示和单显示信号机。图1-6为双机构二显示、三显示信号机;图1-5为二显示信号机。各种信号机根据需要还可以分别带引导信号机构或进路表示器。

透镜式色灯信号机的每个灯位由灯泡、灯座、透镜组、遮檐和背板等组成,如图1-7所示。

灯泡是色灯信号机的光源,采用直线双丝铁路信号灯泡。

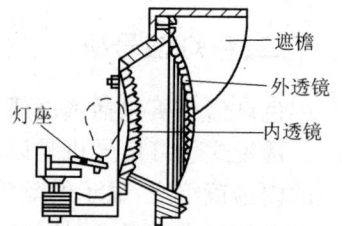

图1-7　透镜式色灯信号机机构

灯座用来安放灯泡,采用定焦盘式灯座,在调整好透镜组焦点后固定灯座,更换灯泡时无需再调整。

透镜组装在镜架框上,由两块带棱的凸透镜组成,里面是有色带棱外凸透镜(可有红、黄、绿、蓝、月白、无色六种颜色),外面是无色带棱内凸透镜。之所以采用两块透镜组成光学系统,是利用光的折射和反射原理,将光源发出的光线集中射向所需要的方向,即增强该方向的光强。这样,就能满足信号显示距离远且具有很好的方向性的要求。信号机构的颜色取决于有色透镜,可根据需要选用。

遮檐用来防止阳光等光线直射时产生错误的幻影显示。

背板是黑色的,构成较暗的背景,可衬托信号灯光的亮度,改善瞭望条件。只有高柱信号机才有背板。一般信号机采用圆形背板。

2. 组合式色灯信号机

透镜式色灯信号机构的光系统射出的平行光线,两侧分别只有 2° 的散角,覆盖面很窄,在曲线线段上只能在局部范围内能看到,即使加了偏光镜也很难在整个曲线范围内得到连续显示。为解决曲线区段信号显示连续性的问题,20 世纪 80 年代研制了适合我国铁路需要的新型组合式信号机构,是信号机比较理想的更新换代产品。组合式色灯信号机适用于瞭望困难的线路,适用于曲线半径 300～20 000 m 的各种曲线和直线轨道上,在距信号机 5～1 000 m 距离内得到连续信号显示。该信号机光系统设计合理,光能利用率高,显示距离远,主光源显示距离可达 1 000 m,如不加偏散镜可达 1 500 m。曲线折射性能强,偏散角度大,可见光分布均匀,能见度高,有利于司机瞭望。组合式信号机每个机构只有一个灯室,使用时根据信号显示要求分别组装成二显示、三显示及单显示机构,故称为组合式。灯室间无窜光的可能。

组合式信号机构由光系统、前表面玻璃、机构壳体、遮檐、瞄准镜插孔五部分组成,如图 1-8 所示。

组合式信号机构的光系统由反光镜、灯泡、色片、非球面镜、偏散镜及前表面玻璃组成。

反光镜是椭球面镜,用来将光源发出的光反射后聚焦起来。机构内可装红、黄、绿、蓝、月白五种颜色的色片,根据需要配备其中的一种颜色。非球面镜用于聚光。偏散镜由多个棱镜及曲面镜组成,是使部分光线按所需方向偏散

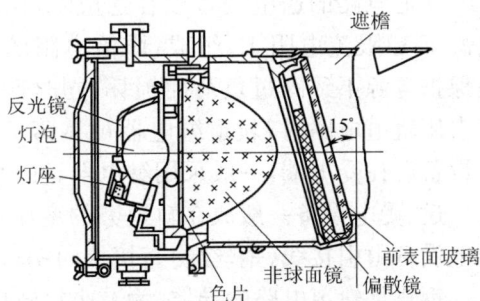

图 1-8　XSZ-135 型组合式信号机构

一定角度的光学元件。用光学性能极好的聚甲基丙烯酸甲酯(俗称有机玻璃)制造,精确度高,透光性能好,性能较稳定。偏散镜还可增强部分近距离能见度,使得在距信号机 5 m 处时也能看到信号显示。

机构的外壳用硅铝合金压铸而成,内外表面均涂无光黑漆,可防止光反射,结构合理,密封性能好且体积小,重量轻,每个机构包括遮檐约 7 kg,便于携带安装。

机构的遮檐采用玻璃纤维增强不饱和聚酯(俗称玻璃钢)制造,重量轻,耐腐蚀性能好,强度高。其几何形状设计成既能遮挡阳光,又能满足偏散光显示的需要。

3. LED 信号机

LED 信号机采用轻便、耐腐蚀的单灯铝合金机构,组合灵活、安装简单。显示距离超过 1.5 km 且清晰可辨,安全可靠。通过监测控制系统的电流,可监督信号显示系统的工作状态,可预警异常情况有助于准确判断故障点,便于及时处理。LED 信号机构重量大大减少,便于施工安装,密封条件好,使用寿命长,可达 10^5 h。用 LED 取代传统的双丝信号灯泡和

透镜组,从而彻底消除灯丝断丝这一多发性的信号故障,可靠性高,聚焦稳定,光度性好,无冲击电流,可以做到免维护,结束了普通信号机定期更换信号灯泡的维修方式,减少维修工作量,节省维修费用。

第三节 轨 道 电 路

轨道电路是利用钢轨线路和钢轨绝缘构成的电路。它用来监督线路的占用情况,以及将列车运行与信号显示等联系起来,即通过轨道电路向列车传递行车信息。轨道电路是铁路信号的重要基础设备,它的性能直接影响行车安全和运输效率。

一、轨道电路概述

1. 轨道电路的基本原理

轨道电路是以铁路线路的两根钢轨作为导体,两端加以机械绝缘(或电气绝缘),接上送电和受电设备构成的电路。最简单的轨道电路如图1-9所示。

轨道电路的送电设备设在送电端,由轨道电源 E 和限流电阻 R_X 组成,限流电阻的作用是保护电源不致因过负荷而损坏,同时保证列车占用轨道电路时,轨道继电器可靠落下。接

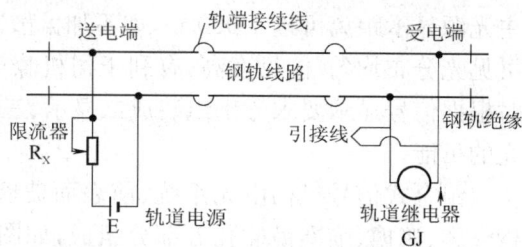

图1-9 最简单的轨道电路

收设备设在受电端,一般采用继电器,称为轨道继电器,由它来接收轨道电路的信号电流。

送、受电设备一般放在轨道旁的变压器箱或电缆盒内,轨道继电器设在信号楼内。送、受电设备由引接线(钢丝绳)直接接向钢轨。

钢轨是轨道电路的导体,为减小钢轨接头的接触电阻,增设了轨端接续线。钢轨绝缘是为分隔相邻轨道电路而装设的。两绝缘节之间的钢轨线路,称为轨道电路的长度。

当轨道电路内钢轨完整且没有列车占用时,轨道继电器吸起,表示轨道电路空闲。轨道电路被列车占用时,它被列车轮对分路,轮对电阻远小于轨道继电器线圈电阻,流经轨道继电器的电流大大减小,轨道继电器落下,表示轨道电路被占用。

2. 轨道电路的作用

轨道电路的第一个作用是监督列车的占用。利用轨道电路监督列车在区间或列车和调车车列在站内的占用,是最常用的方法。由轨道电路反映该段线路是否空闲,为开放信号、建立进路或构成闭塞提供依据,还利用轨道电路的被占用关闭信号,把信号显示与轨道电路是否被占用结合起来。

轨道电路的第二个作用是传递行车信息。例如移频轨道电路中传送的行车信息,为列车运行自动控制系统直接提供控制列车运行所需要的前行列车位置等有关信息,以决定列车运行的目标速度,控制列车在当前运行速度下是否停车或减速。即轨道电路广泛作为传递行车信息的通道。

3. 轨道电路的分类

轨道电路有较多种类,也有多种分类方法。

(1)按分割方式,轨道电路分为有绝缘轨道电路和无绝缘轨道电路。

有绝缘轨道电路用钢轨绝缘将轨道电路与相邻的轨道电路互相隔离,大部分轨道电路是有绝缘的。一般称轨道电路即是有绝缘轨道电路。

钢轨绝缘在车辆运行的冲击力、剪切力作用下很容易破损,使轨道电路的故障率较高。绝缘节的安装,给无缝线路带来一定的麻烦,有时需锯轨,降低线路的轨道强度,增加线路维护的复杂性。电气化铁路的牵引回流不希望有绝缘节,为使牵引回流能绕过绝缘节,必须安装扼流变压器。

无绝缘轨道电路在其分界处不设钢轨绝缘,而采用电气隔离的方法予以隔离。电气隔离式又称谐振式,利用谐振槽路,采用不同的信号频率,谐振回路对不同频率呈现不同阻抗,来实现相邻轨道电路间的电气隔离。无缝线路和电气化铁路希望采用无绝缘轨道电路。

(2)按使用处所分类,轨道电路分为区间轨道电路和站内轨道电路。

区间轨道电路主要用于自动闭塞区段,不仅要监督各闭塞分区是否空闲,而且要传输有关行车信息。一般来说,区间要求轨道电路传输距离较长,要满足闭塞分区长度的要求,轨道电路的构成也比较复杂。

站内轨道电路,用于站内各区段,一般只有监督本区段是否空闲的功能,不能发送其他信息。站内轨道电路除了股道外,一般传输距离不长。

在高速铁路,中间站站内和复杂大站的正线及到发线采用与区间相同的轨道电路,称为一体化轨道电路。

(3)按轨道电路内有无道岔分类,站内轨道电路分为无岔区段轨道电路和道岔区段轨道电路。

无岔区段轨道电路内钢轨线路无分支,构成较简单,一般用于股道、尽头调车信号机前方接近区段、两差置调车信号机之间。

在道岔区段,钢轨线路有分支,道岔区段的轨道电路就称为分支轨道电路或分歧轨道电路。在道岔区段,道岔处钢轨和杆件要增加绝缘,还要增加道岔连接线和跳线。当分支超过一定长度时,还必须设多个受电端。

4. 轨道电路的应用

轨道电路主要用于区间和站内。

区间的轨道电路通常是与自动闭塞制式相一致的轨道电路,按照自动闭塞通过信号机的设置划分闭塞分区,每个闭塞分区就有其轨道电路。

站内轨道电路应用更为广泛。对于继电集中联锁来说,列车进路和调车进路都必须安装轨道电路,牵出线、机待线、出库线、专用线及其他用途的尽头线入口处和调车信号机前方,虽不在进路之内,也应装设一段长度不小于 25 m 的轨道电路,用来保证信号开放后机车车辆接近时完成接近锁闭,及时了解上述线路是否有车接近或占用。

对于列车运行自动控制系统来说,带有编码信息的轨道电路是其车—地之间传输信息的通道之一。

二、25 Hz 相敏轨道电路

1. 97 型 25 Hz 相敏轨道电路

97 型 25 Hz 相敏轨道电路为继电式 25 Hz 相敏轨道电路,采用交流 25 Hz 电源连续供电,受电端采用交流二元轨道继电器,其原理如图 1-10 所示。

25 Hz 电源屏分别供出 25 Hz 轨道电源和局部电源,并且局部电源超前轨道电源 90°。轨道电源由室内供出,通过电缆供向室外,经送电端 25 Hz 轨道电源变压器(BG_{25})、送电端限流电阻(R_X)、送电端 25 Hz 扼流变压器(BE_{25})、钢轨线路、受电端 25 Hz 扼流变压器(BE_{25})、受电端 25 Hz 轨道中继变压器(BG_{25})、电缆线路,送回室内,经过防雷补偿器(Z)、25 Hz 防护盒(HF)给交流二元轨道继电器(GJ)的轨道线圈供电。局部线圈的 25 Hz 电源由室内供出。当轨道线圈和局部线圈电源满足规定的相位和频率要求时,GJ 吸起,轨道电路处于调整状态,表示轨道电路空闲。列车占用时,轨道电源被分路,GJ 落下。

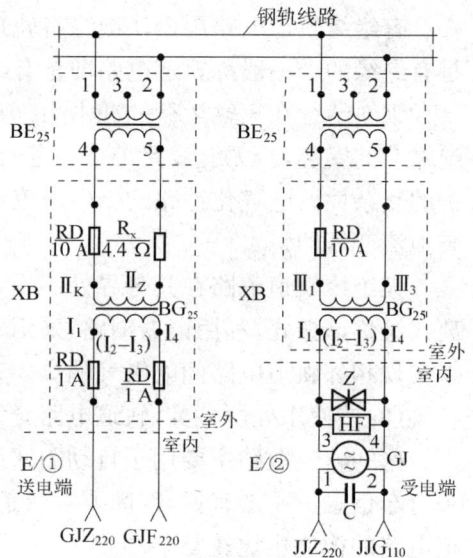

图 1-10　25 Hz 相敏轨道电路原理图

若频率、相位不符合要求时,GJ 也落下。这样,25 Hz 相敏轨道电路就具有相位鉴别能力,即相敏特性,抗干扰性能较高。

防护盒 HF 由电感、电容串联而成,它并接在轨道继电器的轨道线圈上,以抑制 50 Hz 干扰电流,对 25 Hz 信号电流的无功分量进行补偿,起着减小轨道电路传输衰耗和相移的作用。

防雷补偿器 QBF 内有对接的硒片和电容器。硒片用来防雷,电容器 C 用来提高轨道电路局部线圈电路的功率因数,以减小变频器输出电流。

25 Hz 轨道变压器用于 25 Hz 相敏轨道电压中作为供电电源和阻抗匹配用,送电端和受电端用的是同一型号。

25 Hz 相敏轨道电路只能用以检测轨道电路区段是否空闲,不能传输其他信息。因电源频率较低,传输损耗较低,故传输距离长。

2. 一送多受轨道电路

邻接股道的道岔区段一般采用一送两受或一送三受轨道电路,以监督线路完整和有良好的分路检查。当轨道电路分支部分有车占用或跳线折断时,都能有效地进行监督。

一送两受轨道电路、一送三受轨道电路分别如图 1-11(a)和(b)所示。

3. JXW25 型微电子相敏轨道电路

交流二元继电器返还系数较低,约 50%,不利于提高 25 Hz 相敏轨道电路的传输性能;由于其机械结构的原因,易发生接点卡阻,列车进入轨道电路区段轨道继电器不能可靠落下,曾造成重大行车事故;抗干扰能力差,当电力机车升弓、降弓、加速或减速

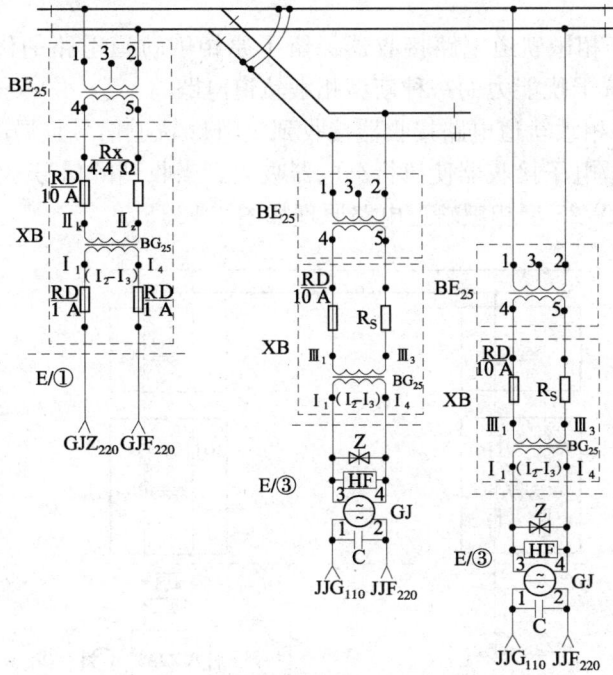

（a）一送两受轨道电路

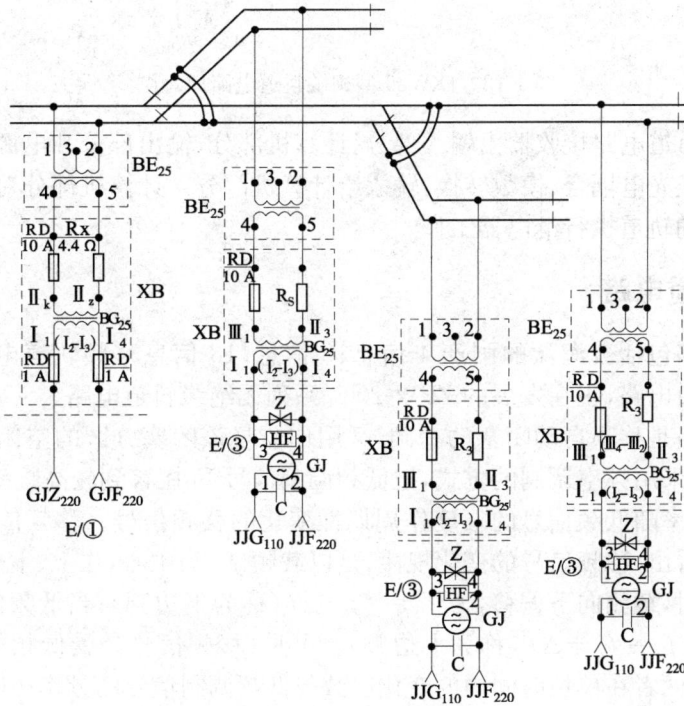

（b）一送三受轨道电路

图 1-11　一送多受轨道电路

时,在轨道电路中产生较大的 50 Hz 脉冲干扰,可能造成继电器错误动作,直接危及行车安全。

JXW25 型微电子相敏轨道电路接收器保留了原相敏轨道电路的优点,克服了其缺点,成为具有高可靠、高抗干扰能力的一种新型相敏轨道电路。

当 25 Hz 微电子相敏轨道电路接收器接收到 25 Hz 轨道信号且局部电压超前轨道电压一定范围的角度时,微电子接收器使执行继电器吸起。当收到的信号不能满足以上条件时,执行继电器落下。JXW25 型相敏轨道电路原理如图 1-12 所示。

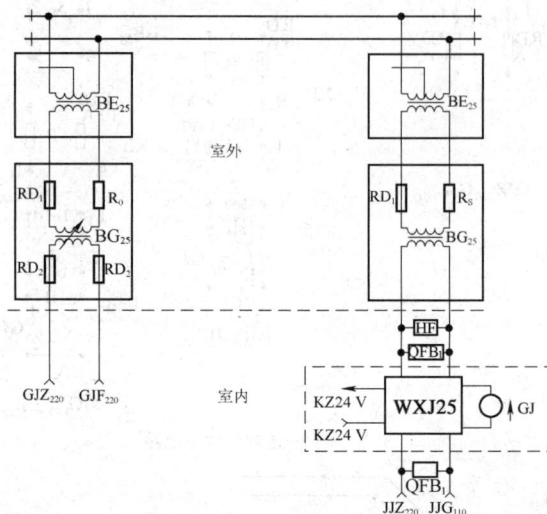

图 1-12　JXW25 型相敏轨道电路原理图

微电子相敏轨道电路接收器由输入部分、计算机部分、输出部分和电源等组成。输入电路是将局部信号经光电耦合、模数转换,输入给计算机部分。计算机部分对信号进行数字处理。输出部分驱动轨道执行继电器工作。

三、移频轨道电路

移频轨道电路包括被淘汰的国产 4 信息、8 信息、18 信息移频轨道电路,UM71、WG-21A 型无绝缘轨道电路,正在发展的 ZPW-2000 系列无绝缘轨道电路。

移频轨道电路是移频自动闭塞的基础,又用作监督该闭塞分区的空闲。它选用频率参数作为控制信息,采用频率调制的方式,把低频调制信号 F_C 搬移到较高频率(载频 f_0)上,以形成振荡不变、频率随低频信号的幅度作周期性变化的移频信号。移频信号波形如图 1-13 所示。从图中可看出,移频信号的变化规律,是以载频 f_0 为中心,作上、下边频偏移,即当低频信号为低电位时,载频向下偏移,为 $f_1 = f_0 - \Delta f$(称为下边频);当低频信号为高电位时,载频向上偏移,为 $f_2 = f_0 + \Delta f$(称为上边频)。可见,移频信号是受低频信号调制的作上、下边频交替变化,两者在单位时间内的变化次数与低频调制信号的频率相同。

ZPW-2000 系列无绝缘轨道电路充分吸收 UM71 轨道电路的技术优势,并实现了重大技术改进和创新,它克服了 UM71 在传输安全性和传输长度上存在的问题,解决了轨道电路全路断轨检查、调谐区死区长度、调谐单元断线检查、拍频干扰防护等技术难题,延长了轨道

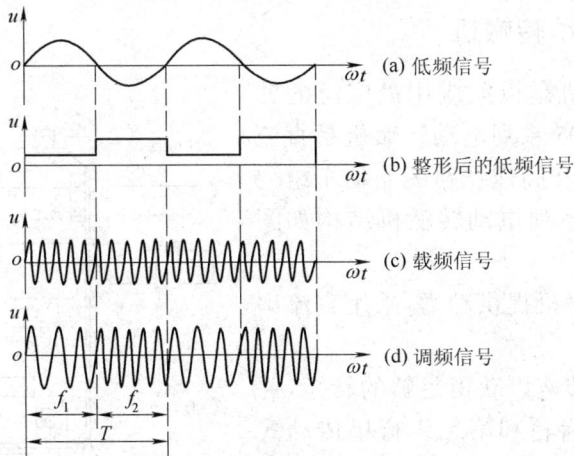

图 1-13 移频信号波形图

电路的传输长度,采用单片微机和数字信号处理技术,提高了抗干扰能力。

无绝缘轨道电路由设于室内的发送器、接收器、轨道继电器和设于室外的调谐单元 BA、空芯线圈 SVA、匹配变压器及若干补偿电容组成。

两个调谐单元 BA_1 与 BA_2 间距离 29 m,空芯线圈 SVA 位于 BA_1、BA_2 的中间。BA_1、BA_2、SVA 及 29 m 长的钢轨构成电气调谐区。电气调谐区又称电气绝缘节,取消了机械绝缘节,实现了相邻轨道电路的隔离。电气绝缘节原理图如图 1-14 所示。

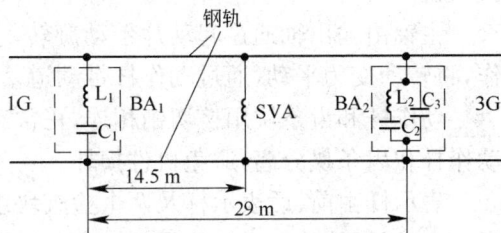

图 1-14 电气绝缘节原理图

电气绝缘节的绝缘原理是利用谐振来实现的。当载频确定后,选择 BA_1 及 BA_2 的参数,使本区段的调谐单元对相邻区段的频率呈串联谐振,只有百分之几欧姆的阻抗(称为"0 阻抗"),移频信号被短路;而对本区段的频率呈容抗,与 29 m 钢轨的电感和 SVA 的电感配合产生并联谐振,有 $2\sim2.5\ \Omega$ 的阻抗(称为"极阻抗"),移频信号被接收。这样,某种载频的移频信号只能限制在本区段传送,而不能向相邻区段传送,没有机械绝缘节就像有绝缘节一样,构成了电气隔离。

第四节 转 辙 机

道岔的转换和锁闭是直接关系行车安全的关键设备。道岔的操纵分为手动、电动两种方式。手动是作业人员通过道岔握柄在现场直接操纵道岔的转换与锁闭,其效率低、劳动强度大,不能适应铁路现代化的要求。手动方式正随着非集中联锁的被改造而不再存在。电动方式,是由各类动力转辙机转换和锁闭道岔,易于集中操纵,实现自动化。转辙机是重要的信号基础设备,它对于保证行车安全,提高运输效率,改善行车人员的劳动强度,起着非常重要的作用。

一、ZD6 系列电动转辙机

ZD6 型电动转辙机是以前应用最广泛的转辙机,已形成系列。ZD6 系列电动转辙机是直流转辙机,用于普速铁路和高速铁路的非动车组列车运行的区域。ZD6 系列电动转辙机结构如图1-15 所示。

电动机为电动转辙机提供动力,采用直流串激电动机。

减速器用来降低转速以获得足够的转矩,并完成传动。由第一级齿轮和第二级行星传动式减速器组成。两级间以输入轴联系,减速器由输出轴和主轴联系。

摩擦联结器由弹簧和摩擦制动板组成,形成输出轴与主轴之间的摩擦连接,防止尖轨受阻时损坏机件。

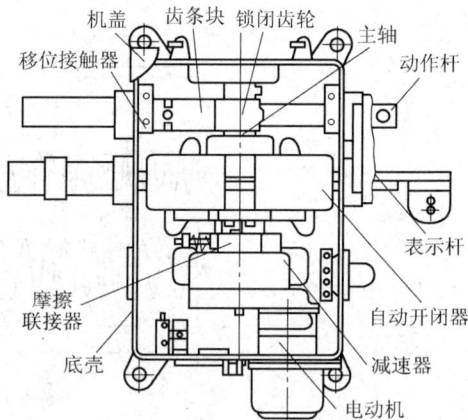

图 1-15　ZD6 系列电动转辙机结构

主轴由输出轴通过起动片带动旋转,主轴上安装锁闭齿轮。锁闭齿轮和齿条块相互动作,将转动变为平动,通过动作杆带动道岔尖轨运动,并完成锁闭作用。

动作杆和齿条块用挤切销相连,正常动作时,齿条块带动动作杆。挤岔时,挤切销折断,动作杆和齿条块分离,避免机件损坏。

表示杆由前、后表示杆及两个检查块组成。表示杆随尖轨移动,只有当尖轨密贴且锁闭后,自动开闭器的检查柱才能落入表示杆缺口,接通道岔表示电路。挤岔时,表示杆被推动,顶起检查柱,从而断开道岔表示电路。

自动开闭器由静接点、动接点、速动片、速动爪、检查柱组成,用来表示道岔尖轨所在位置。

移位接触器用来监督挤切销的受损状态,道岔被挤或挤切销折断时,断开道岔表示电路。

安全接点(遮断接点)用来保证维修安全。正常使用时,遮断接点接通,才能接通道岔动作电路。检修时,断开遮断接点,以防止检修过程中转辙机转动影响维修人员作业。

壳体用来固定转辙机各部安装条件。它由底壳和机盖组成。底壳是壳体的基础,也是整机安装的基础。底壳上设有特定形状的窗孔,便于整机组装和分解。机盖内侧周边有盘根槽,内镶有密封用盘根(胶垫)。

二、外锁闭装置

1. 分动外锁闭

道岔按其锁闭方式可分为内锁闭和外锁闭两种。

内锁闭是当道岔由转辙机带动转换至某个特定位置后,在转辙机内部进行锁闭,由转辙机动作杆经外部杆件对道岔实现位置固定。例如 ZD6 系列电动转辙机就是由其内部的锁闭齿轮的圆弧面和齿条块的削尖齿实现锁闭的。实质上，内锁闭方式锁闭道岔是对道岔可动部分进行间接锁闭。内锁闭虽结构简单，但道岔的两根尖轨由若干根连接杆组成框架结构，使尖轨部分的整体刚性较高，而且框式结构造成的反弹力和抗劲较大；由于两尖轨由杆件连接，当杆件受到外力冲击时，如发生弯曲变形，会使密贴尖轨与基本轨分离，严重威胁行车安全；当列车通过道岔产生冲击时，其冲击力经过杆件将直接作用于转辙机内部，使转辙机部件易于受损，挤切销折断，移位接触器跳开等。因此，内锁式转换设备已不能适应提速的需要，必须采用分动外锁闭道岔转换设备。

当道岔由转辙机带动转换至某个特定位置后，通过本身所依附的锁闭装置，直接把尖轨与基本轨或心轨与翼轨密贴夹紧并固定，称为道岔的外锁闭。即道岔的锁闭主要不是依靠转辙机内部的锁闭装置，而是依靠转辙机外部的锁闭装置实现的。

由于外锁闭道岔的两根尖轨之间没有连接杆，在道岔转换过程中，两根尖轨是分别动作的，所以又称分动外锁闭道岔。外锁闭道岔转换设备消除了内锁闭方式的缺陷，适应了列车提速的要求。

分动外锁闭道岔尖轨转换采用分动方式，设多个牵引点（9 号和 12 号提速道岔两个牵引点，18 号提速道岔三个牵引点，42 号道岔六个牵引点，62 号道岔八个牵引点），做到尖轨全程密贴，以防止尖轨反弹。还做到多点检查尖轨密贴情况。可动心轨也采用多点牵引（12 号、18 号两点牵引，42 号三点牵引，62 号四点牵引）。

2. 钩式外锁闭装置

早期采用的燕尾式外锁式装置在结构受力和安装调整方面不适合我国铁路道岔的实际情况，对道岔尖轨病害的适应能力差，卡阻现象时有发生，故障率较高，产品工艺性差，质量不易控制，于是又研制成钩式外锁闭装置。

钩式外锁闭装置的锁闭方式为垂直锁闭。锁闭力通过锁闭铁、锁闭框直接传给基本轨。锁闭铁和锁闭框基本不承受弯矩，锁闭更加可靠。同时各配件全部是锻造调质处理，具有良好的综合机械性能，避免了原尖轨部分燕尾式外锁闭装置的锁闭铁因承受弯矩和铸造缺陷而出现的断裂现象。钩式外锁闭装置受力结构合理，能有效适应道岔尖轨的不良状态，锁闭可靠，安装调整方便，已取代燕尾式外锁闭装置。

钩式外锁闭装置也分分动尖轨用和可动心轨用两种。

分动尖轨用钩式外锁闭装置由锁闭杆、锁钩、锁闭框、尖轨连接铁、锁轴、锁闭铁组成，其结构如图 1-16 所示。

锁闭杆的作用是通过安装装置与转辙机动作杆相连，利用其凸台和锁钩缺口带动尖轨。第一牵引点锁闭杆与第二牵引点锁闭杆凸台尺寸不同，不能通用。锁钩头部与销轴连接，下部缺口与锁闭杆凸台作用，通过连接铁带动尖轨运动，尾部内斜面与锁闭铁作用锁闭密贴尖轨和基本轨。第一点牵引点锁钩与第二牵引点锁钩也不能通用。

锁闭框固定锁闭铁，支承锁闭杆。锁闭铁与锁钩作用锁闭尖轨和基本轨，导向槽在锁闭杆两侧槽内起导向作用。

锁闭框用螺栓与基本轨连接，锁闭铁插入锁闭框方孔内，并用固定螺栓紧固。尖轨连接铁用螺栓与尖轨连接，由锁轴将其与锁钩连接。锁钩底部缺口对准锁闭杆的凸块，并与锁闭杆共同穿入锁闭框。

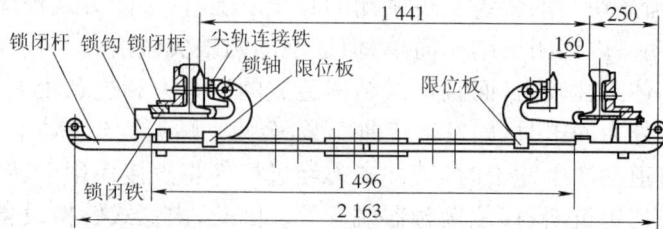

图 1-16　尖轨用钩式外锁闭装置结构图（单位：mm）

可动心轨用钩式外锁闭装置结构原理如图 1-17 所示，亦由锁闭杆、锁钩、锁闭框、锁闭铁组成，但锁闭杆的尺寸、锁钩的外形与尖轨所用完全不同。锁闭框安装在翼轨补强板上，直接与翼轨相连，心轨的凸缘插在锁钩的楔形槽内，心轨在槽内可前后伸缩，通过锁闭杆的横向运动牵引心轨转换并锁闭。

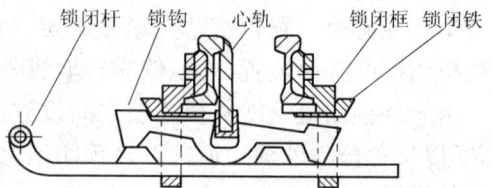

图 1-17　可动心轨用钩式外锁闭装置结构图

三、S700K 型电动转辙机

S700K 型电动转辙机是由于提速需要，从德国西门子公司引进设备和技术，经消化吸收和改进后，迅速在全路主要干线推广运用的转辙机。经数年的实践表明，该型转辙机结构先进，工艺精良，不但解决了长期困扰信号维修人员的电机断线、故障电流变化、接点接触不良、移位接触器跳起和挤切销折断等惯性故障，而且可以做到"少维护、无维修"，符合中国铁路运营的特点和发展方向。

S700K 型电动转辙机的产品代号来自德文"SimenS-700-Kugelgewinde"，其含义为"西门子—具有 6 860 N(700 kgf)保持力—带有滚珠丝杠"的电动转辙机。

1. S700K 型电动转辙机的特点

(1)采用交流三相电动机，不仅从根本上解决了原直流电动转辙机必须设置整流子而引起的故障率高、使用寿命短、维修量大的不足的缺点，而且减少了控制导线截面，延长了控制距离，单芯电缆控制距离可达 2.5 km。

(2)采用直径 32 mm 的滚珠丝杠作为驱动装置，延长了转辙机的使用寿命。

(3)采用具有簧式挤脱装置的保持联结器，并选用不可挤型零件，从根本上解决了由挤切销劳损造成的惯性故障。

(4)采用多片干式可调摩擦联结器，经工厂调整加封，使用中无需调整。

2. S700K 型电动转辙机分类

S700K 型电动转辙机规格齐全，不仅能满足道岔尖轨、可动心轨的单机牵引，而且也能满足双机、多机牵引的需要。

S700K 型电动转辙机的机身是通用的，经配件组装，可组成不同种类。不同种类的转辙机，动作杆有不同的动程，表示杆也有不同的动程，转换力不同，也可以根据需要重新进行组合成为新的种类。

根据安装方式不同,每一种类又分为左装、右装两种。

不同种类的 S700K 型电动转辙机不能通用。

3. S700K 型电动转辙机结构

S700K 型电动转辙机主要由外壳、动力传动机构、检测和锁闭机构、安全装置、配线接口五大部分组成,其结构如图 1-18 所示。

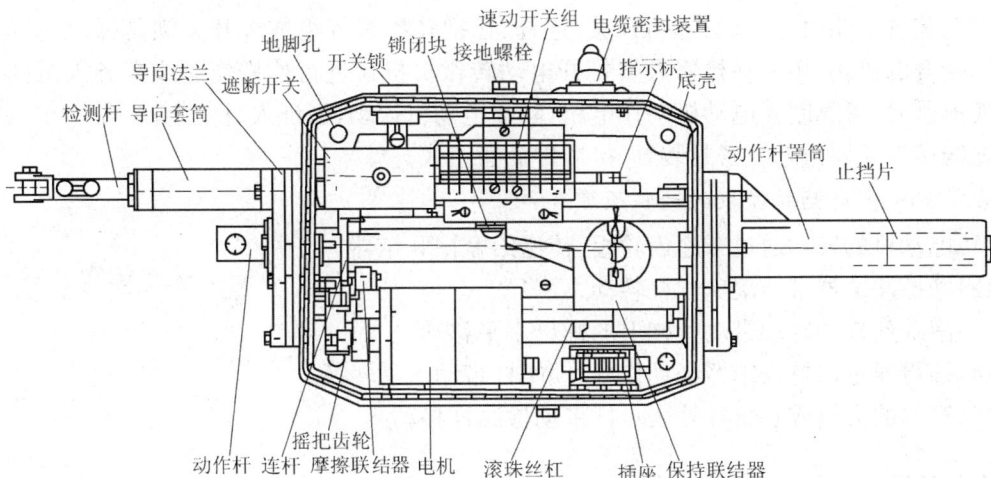

图 1-18　S700K 型电动转辙机结构图

外壳主要由铸铁底壳、机盖、动作杆套筒、导向套筒、导向法兰等组成。

动力传动机构主要由三相交流电动机、齿轮组、摩擦联结器、滚珠丝杠、保持联结器、动作杆等组成。三相交流电动机为转辙机提供动力。齿轮组由摇把齿轮、电动机齿轮、中间齿轮及摩擦联结器齿轮组成,将电动机的旋转驱动力传递到摩擦联结器上,并将电动机的高速转速降速,以增大旋转驱动力,适应道岔转换的需要,这是转辙机的第一级降速。摩擦联结器将齿轮组变速后的旋转力传递给滚珠丝杠。滚珠丝杠相当于一个直径 32 mm 的螺栓和螺母,当滚珠丝杠正向或反向旋转一周时,螺母前进或后退一个螺距。它一方面将电动机的旋转运动变成丝杠的直线运行;另一方面起到减速作用,减速比取决于丝杠的螺距。保持联结器是转辙机的挤脱装置,利用弹簧的压力通过槽口式结构将滚珠丝杠与动作杆连接在一起。当道岔的挤岔力超过弹簧压力时,动作杆滑脱,起到整机不被损坏的保护作用。根据现场实际需要,保持联结器可采用可挤型和不可挤型。可挤型是指保持联结器利用其内部弹簧的压力将滚珠丝杠和动作杆连接在一起,弹簧的挤岔阻力可分别设定为 9 kN、16 kN、24 kN、30 kN 等,当道岔的挤岔阻力超过弹簧设定压力时,动作杆滑脱,实现挤岔时的整机保护。不可挤型是工厂将保持联结器内部的弹簧取消,放一个止挡环,用于阻止与动作杆相连的保持栓的移动,成为硬连接结构。挤岔锁定力为 90 kN。当道岔挤岔阻力超过 90 kN 时,挤坏硬连接结构的保持联结器,需整机送回工厂修理。

检测和锁闭机构主要由检测杆、叉形接头、速动开关组、锁闭块和锁舌、指示标等部分组成。检测杆随尖轨或心轨转换而移动,用来监督道岔在终端位置时的状态。道岔在终端位置,当检测杆指示缺口与指示标对中时,锁闭铁及锁舌应能正常弹出。锁闭块的正常弹出使速动开关的有关启动接点闭合及表示接点断开,并用于阻挡转辙机的保持联结器的移动,实现转辙机的内部锁闭。速动开关实际上是采用了沙尔特堡接点组的自动开闭器,它随着尖轨或心轨的解锁、转换、锁闭过程中锁闭块的动作自动开闭,以自动开闭电动机动作电路和道岔表示电路。

安全装置主要由开关锁、遮断开关、连杆、摇把孔挡板等组成。开关锁是操纵遮断开关闭合和断开的机构,用来在检修人员打开电动转辙机机盖进行检修作业或车务人员插入摇把转换道岔时,可靠断开电动机动作电路,防止电动机误动,保证人身安全。

配线接口主要由电缆密封装置、接插件插座组成。

4. S700K型电动转辙机的动作原理

(1)电动机的转动通过减速齿轮组,传递给摩擦联结器。

(2)摩擦联结器带动滚珠丝杠转动。

(3)滚珠丝杠的转动带动丝杠上的螺母水平移动。

(4)螺母通过保持联结器经动作杆、锁闭杆带动道岔转换。

(5)道岔的尖轨或心轨经外表示杆带动检测杆移动。

四、ZD(J)9型电动转辙机

ZD(J)9型电动转辙机是为我国铁路提速的需要研制的。借鉴了国内外成熟的先进技术,结合我国铁路线路和道岔的实际情况进行了优化设计,并根据道岔的不同转换动程和转换力及交流、直流不同供电方式开发的系列产品,其具有转换力大、效率高等特点。既适用于多点牵引分动外锁闭道岔的转换,也可用于尖轨联动的内锁闭道岔的转换。

ZD(J)9系列电动转辙机采用滚珠丝杠减速,效率较高。交流系列采用三相380 V交流电动机,故障少,电缆单芯控制距离长。根据需要可配置直流系列转辙机。

ZD(J)9型电动转辙机结构。由底壳、盖、电动机、减速器、摩擦联结器、滚珠丝杠、动作杆、左右锁闭杆、接点组、安全开关组、挤脱器、接线端子等组成,如图1-19所示。

ZD(J)9型电动转辙机分成ZDJ9型交流系列和ZD9型直流系列,两者的区别仅在于分别采用交流电动机和直流电动机。交流转辙机电源电压为AC 380 V,直流转辙机电源电压为DC 220 V。

五、ZY系列电液转辙机

电动液压转辙机(以下简称电液转辙机)是采用电动机驱动、液压传动方式来转换道岔的一种转辙装置。液压式转辙机取消了齿轮传动和减速器,简化了机械结构,将机械磨损减至最低程度,减少了维修工作量且适用于提速道岔。但液压传动对液压介质要求较高,对元件要求也高,传动效率较低。

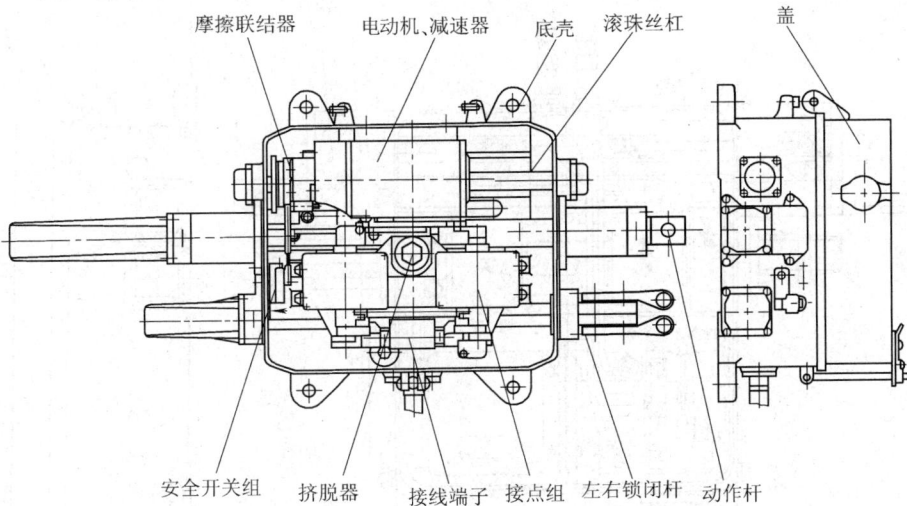

图 1-19　ZD(J)9 型电动转辙机结构图

（图中标注：摩擦联结器　电动机、减速器　底壳　滚珠丝杠　盖　安全开关组　挤脱器　接线端子　接点组　左右锁闭杆　动作杆）

ZY 系列电液转辙机分为普通型和快速型,普通型电液转辙机又分为直流电液转辙机和交流电液转辙机。

ZYJ7 型与 SH6 型转换锁闭器配套用于多点牵引道岔上(也可多机多点牵引)。

1. 液压传动

液压传动是用液体为工作介质来传送能量的。油压传动是液压传动的一种,是利用油液的压力来传递能量的。

液压传动的特点:易于获得很大的力或力矩,并且易于控制;易于实现直线的往复运动,直接推动工作机构,适合牵引道岔尖轨移位;易于调整调速比;输出功率大、体积小;传动平稳、均匀;在往复和旋转运动中,可以经常快速而无冲击地变速和换向;易于获得各种复杂的动作;易于布局及操纵,根据需要可增设多个牵引点;易于防止过载事故;操纵力较小;自动润滑,元件的寿命较长;易与电气设备配合,制作出性能良好、自动化程度很高的复合控制系统。

液压传动的缺点:容易出现泄漏;油的黏度随温度变化会引起工作机构的不稳定性;空气渗入液压系统后会引起系统工作不良;元件精度要求高,不易加工,价格较贵,对使用维修的要求较高;液压油易受污染,从而加剧元件的磨损和堵塞,使整机性能下降,寿命缩短,甚至损坏。

2.ZYJ7 型电液转辙机

ZYJ7 型电液转辙机由主机和 SH6 型转换锁闭器两部分组成,分别用于第一牵引点和第二牵引点。ZYJ7 型电液转辙机、SH6 型转换锁闭器结构图分别如图 1-20 和图 1-21 所示。

ZYJ7 型电液转辙机主机主要由电动机、油路系统、接点系统、锁闭杆、动作杆等部分组成。SH6 型转换锁闭器(亦称副机)主要由油路系统、挤脱接点、表示杆、动作杆组成。

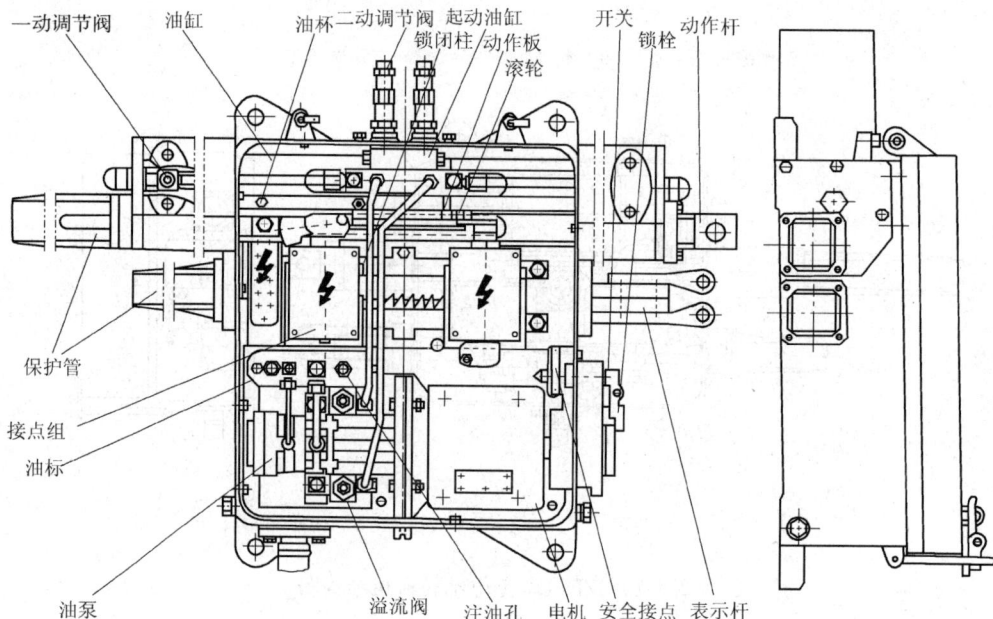

图 1-20　ZYJ7 型电液转辙机结构图

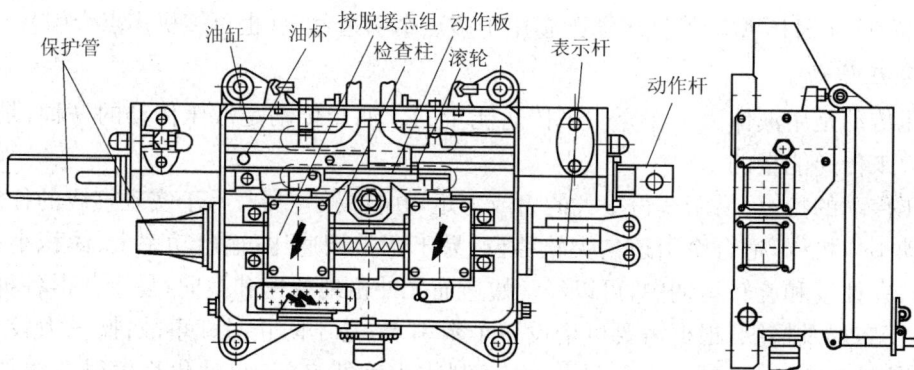

图 1-21　SH6 型转换锁闭器结构图

电动机采用交流三相异步电动机。

油路系统可分成四部分:油泵、操纵控制装置、执行机构和辅助装置。油泵是整个系统的动力源,用以将机械能变成液压油的压力能。调节阀、单向阀、溢流阀等组成操纵控制装置,用以调节液压油的压力、流向和流量,从而实现不同的工作循环。油缸是系统的执行机构,可以把液压油的压力能变成机械能。滤清器、油池是辅助装置。

动作杆上装设两个活动锁块,与油缸侧面的推板配合工作。动作杆外侧有圆孔,用销子和外锁闭杆连接。转换道岔时,油缸带动推板,推板推动锁块,锁块通过轴销与动作杆相连。道岔转换至锁闭位置时,推板将动作杆上的锁块挤于锁闭铁斜面上。

主机的伸出与拉入位置各设一根锁闭杆,外端通过长、短外表示杆与尖轨相连。内方开有方槽,与接点组系统的锁闭柱方棒相配合。当尖轨转换到位锁闭后,锁闭柱落入锁闭杆上的方槽内，使接点接通相应的表示电路。由于锁闭杆上方槽为矩形，锁闭柱下端也为矩形，所以具有锁闭作用，故称为锁闭杆。两锁闭杆分别连接在两尖轨上，一根作锁闭杆，另一根即作为斥离尖轨的表示杆。

副机的伸出与拉入位置各设一根表示杆，外端通过长、短表示杆与尖轨连接。内方开有斜槽，与接点组系统的检查柱下端斜角相配合，检查道岔位置。当尖轨转换到位锁闭时，检查柱下端落入表示杆缺口，使接点接通相应位置的表示电路。副机表示杆不起锁闭作用。挤岔时，检查柱上提断开表示电路。

电液转辙机可采用普通自动开闭器，也可采用沙尔特堡型速动开关。

挤脱器安装在 SH6 型转换锁闭器上。挤脱器与锁闭铁经定力机构与机壳连在一起。当道岔被挤时锁闭铁位移，转换接点组断开表示电路，及时给出挤岔表示。

当电动机带动油泵逆时针方向旋转时，油泵从油缸右侧腔内吸出油，泵出的液压油经活塞杆中心圆孔注入油缸的左腔，即左腔内为高压油，由于活塞杆固定不动，所以高压油推动油缸向左移动。当油缸动作到位时，油泵从右边的单向阀吸出油，泵出的液压油经左侧的滤清器和溢流阀回到油池。电动机带动油泵顺时针方向旋转时，油泵从油缸左侧腔内吸入油，泵出的高压油通过活塞杆空腔进入油缸右侧，使油缸右腔为高压，此时油缸向右移动。

当道岔转换至定位位置时（例如拉入），推板的拉入锁闭面与拉入锁块的锁闭面相吻合使锁块不能移动，拉入锁块的斜锁闭面与锁闭铁拉入锁闭面相互吻合，使锁块和动作杆不能伸出，此时称为转辙机拉入锁闭状态。

当电动机启动，泵出的高压油推动油缸向伸出方向移动时，推板随油缸移动，移动 25 mm 时推板拉入锁闭面全部退出拉入锁块的锁闭面。此时，转辙机为解锁状态。推板继续移动，即带动伸出锁块、销轴、动作杆移动，动作杆又带动拉入锁块离开锁闭铁拉入锁闭面，迫使拉入锁块移动，拉入锁块动作面跟随推板拉入动作面。这时转辙机进入了转换状态。

油缸和推板继续移动，至伸出锁块锁闭面将要与锁闭铁伸出锁闭面接触，则进入增力状态。这时伸出锁块由推板伸出动作面和锁闭铁伸出锁闭面接触。此后推板再向前，即为增力阶段。推板继续移动，伸出锁块斜锁闭面与锁闭铁伸出锁闭面完全密贴吻合，转辙机为伸出锁闭状态。

3. ZYJ7GZ 轨枕型液压转辙机

为满足我国提速线路需要，研制了新型道岔转换系统——ZYJ7GZ 轨枕型电液转换系统。该系统包含 ZYJ7GZ 型电液转辙机及其配套的安装装置、外锁闭装置等。它能转换、锁闭国内现有各种规格、型号的外锁闭道岔，并能正确反映尖轨及可动心轨的位置和状态。

ZYJ7GZ 型电液转辙机是在 ZYJ7 基础上改进的新型电液转辙机，整套系统继承了ZYJ7 的优点，并将转辙机和转换锁闭器安装在两基本轨的中间钢枕内，大大改善了道岔区段的轨道动力学性能。液压站和中转盒分别安装在钢枕的头部，其中，液压站也可下道安装。整套系统重量轻、安装简便灵活、易于维护、不妨碍工务养护，具有转换平稳、运用稳定、占地位置小等优势。

图 1-22 为 ZYJ7GZ 型电液转辙机尖轨—动外锁及安装装置示意图。

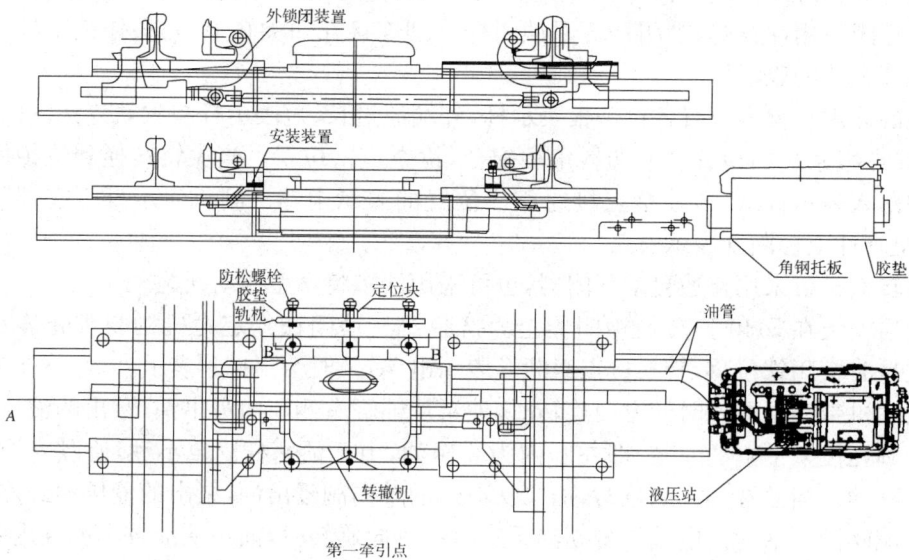

图 1-22　ZYJ7GZ 型电液转辙机尖轨一动外锁及安装装置示意图

　　ZYJ7GZ 轨枕型电液转换系统主要由电液转辙机主机、液压站(第 1 牵引点处)、SH6GZ 型转换锁闭器、中转盒(第 2 牵引点处)、钩形外锁闭装置及安装装置等组成。

　　ZYJ7GZ 型电液转辙机油路系统为封闭式系统,当电机带着油泵旋转,使油缸左右移动时,为了改善交流电机起动特性,与油缸并联了启动油缸。液压站上一动调节阀和二动调节阀用于调节主机油缸与副机油缸,在转换道岔时实现同步动作。

第五节　信号电源屏

　　信号电源屏是集中联锁、自动闭塞、驼峰信号设备等的供电装置。电源屏必须保证不间断地供电,并且不受电网电压波动和负载变化的影响,还要保证供电安全。

一、信号电源屏的发展概况

1. 铁路信号电源屏的发展

　　信号电源屏最初于 20 世纪 60 年代后期出现在我国铁路,几经改进,不断完善,逐渐形成种类齐全的信号电源屏系列。

　　信号电源屏主要是随着交流稳压器的发展而发展的。早期的电源屏曾采用过饱和电抗器、自耦变压器式稳压器等交流稳压设备,它们或因稳压性能较差,或因可靠性不高,而于 20 世纪 70 年代改用感应调压器进行交流稳压,20 世纪 90 年代又采用参数稳压器、无触点补偿式稳压器,在稳压性能方面有所改进。

　　信号电源屏内采用的控制电路由最初的铁磁三倍频率器改用晶体管分立元件组成的差动放大电路,进而改用由集成运算放大器组成的比较放大电路。由 CJ10 型交流接触器改为交流电源转换接触器、西门子或施耐德接触器,中间继电器改为电源屏用信号继电器。20

世纪 90 年代还用断路器代替熔断器,用隔离开关代替闸刀开关,大大提高了可靠性。电源屏在结构、工艺方面也不断有所改进。

最重大的发展是,从 2000 年开始,出现了智能型电源屏。它采用微型计算机技术,完成对电源系统的自动监测,并可远程监控;引入高频电力电子技术,对各种输入、输出单元和交、直流电源进行模块化,提高了供电质量和可靠性,实现了无维修化,使信号电源技术有了突破性的发展,以满足不断发展的信号设备的供电需要。

2. 智能型铁路信号电源屏的出现

进入 20 世纪 80 年代或 20 世纪 90 年代后,我国铁路信号技术加快发展步伐,出现了众多现代先进信号技术,而作为信号系统的供电设备,却严重滞后于信号技术的发展。存在较多问题,主要表现在:

(1)以车站集中联锁为供电核心的信号电源屏,已经不能满足各种信号技术的要求,派生出多种单一功能的各类电源设备,如 25 Hz 轨道电源屏、区间电源屏、计算机联锁电源屏、三相转辙机电源、UPS 等,集中在电源室(或继电器室)内,使电源室的面积不断扩大,制式混杂。

(2)各种电源屏稳定性、可靠性差,智能化程度低,尽管一些改进型的电源屏采用了一些高可靠的元器件,但整体结构和工作方式基本不变。系统技术落后,故障率高,难于维护和管理。

(3)在两路输入电源转换过程中,部分电源回路与继电集中联锁结合不严密,影响行车安全。轨道电路电源,尤其是 25 Hz 相敏轨道电路电源,在两路输入电源转换过程中由于瞬间停电,造成轨道继电器及其复示继电器落下,致使控制台闪红光带或关闭已开放的信号机。继电器电源经稳压、变压、整流后,由电容器渡过两路电源转换的供电间断,若电容器容量不够,会使照查继电器落下,来电后不能自动恢复,使信号机关闭。站内轨道电路电码化、自动闭塞、站内与区间结合电路等,正逐渐采用微电子技术,在电源转换时,造成设备复位,重新自检,将使站内和区间的信号机关闭。

鉴于以上弊端及现代信号技术发展的需要,亟需研制新型信号电源系统,因此智能型电源屏应运而生。智能型电源屏虽有多种制式,但共同的特点是具有自动监测功能和模块化结构。

3. 铁路信号智能电源屏的规范化

早期使用的铁路信号智能电源屏存在标准不统一、功能不规范、可靠性较低、维修管理不方便等问题,信号电源故障逐年上升,给铁路运输造成了不良影响。因此,在对现有铁路信号智能电源屏故障情况进行了分析的基础上,依据《铁路信号电源屏技术条件》编制了《铁路信号智能电源屏技术条件》,要求在生产、检验、工程验收和维护管理等工作中执行。

该技术条件较现有信号智能电源屏有以下改动:智能电源屏的概念及其监测单元定义;增加了交流电动转辙机电源种类;确定了输入电源工作和稳压方式;规定了同类电源模块必须做到互换;增加了当"电网质量无法保证时,应增加稳压净化设备"的条款;统一了智能电源屏的面板布局、机柜外形尺寸和颜色、模块插箱的几何尺寸、插接件的端子号;统一了监测单元与微机监测系统的通信协议;规定了防雷器件的设置和接地端子及模块的冗余方式;确定了过流短路防护要求;明确了隔离、分束及相位要求。

二、非智能信号电源屏

按用途分,信号电源屏可分为继电联锁电源屏、计算机联锁电源屏、驼峰电源屏、区间电源屏、25 Hz 轨道电源屏、三相交流转辙机电源屏等。

继电联锁电源屏是 6502 电气集中联锁的供电装置,主要供给继电集中联锁所需的各种交、直流电源。按容量分为 5 kV·A 小站电源屏、5 kV·A 中站电源屏、10 kV·A 中站电源屏、15 kV·A 大站电源屏和 30 kV·A 大站电源屏。

计算机联锁电源屏是为满足计算机联锁对电源的较高要求而设计的供电装置,它的电路结构基本上与继电集中联锁用电源屏相同,只是增加了计算机所用电源。计算机联锁电源屏按容量分为 5 kV·A、10 kV·A、15 kV·A、20 kV·A 和 30 kV·A 五种。

驼峰电源屏是驼峰信号设备的供电装置,在驼峰调车场,继电器和转辙机电源有其特殊要求,在两路引入电源转接时不允许断电,必须保证转辙机正常转换,因而必须设置直流备用电源且能浮充供电,驼峰电源屏视所采用的转辙机类型不同,分为电动型和电空型两种,按容量分为 15 kV·A 和 30 kV·A 两种。

区间电源屏是移频自动闭塞供电装置,现自动闭塞均采用集中设置方式,由区间电源屏供给本站管辖范围内区间各信号点的信号机点灯电源和移频轨道电路电源。

三相交流转辙机电源屏是专供提速区段交流转辙机用的电源屏,S700K、ZYJ7、ZDJ9 型转辙机均采用 380 V 交流电源,由该电源屏供电。按容量又分为 5 kV·A、10 kV·A、15 kV·A、30 kV·A 四种。

25 Hz 轨道电源屏是专供电气化区段 25 Hz 相敏轨道电路用的电源屏,它提供 25 Hz 的轨道电源和局部电源。按变频原理,25 Hz 轨道电源屏分为铁磁变频式和电子变频式。按容量,分为小站(800 V·A)、中站(1 600 V·A)、中站(2 000 V·A)、大站(4 000 V·A)四种,分别适用于不超过 20、40、60 和 120 个轨道区段的车站。

各型电源屏(除三相交流转辙机、25 Hz 轨道电源屏)的最主要区别是采用不同的交流稳压器。采用的交流稳压器不同,具体电路就有很大的区别。用于电源屏中的交流稳压器,有属于第一类交流稳压器的感应调压器、自动补偿式稳压器,它们都需要控制电路,而感应调压器尚需要驱动电动机,有属于第二类交流稳压器的稳压变压器和参数稳压器,它们都是基于铁磁谐振原理构成的交流稳压器,不需要控制电路,相对而言,结构比较简单。

三、信号智能电源屏

铁路信号智能电源屏,是指运用计算机技术,具有对铁路信号电源设备系统的运行状态、运行故障、参数进行实时监测、显示、记录、存储、故障报警和管理功能的电源屏。信号智能电源有多种类型。

1. 智能型铁路信号电源屏的技术特征

智能化电源屏虽制式众多,但具有共同的技术特征。

铁路信号智能电源屏的最主要技术特征是设有监测模块,具有自动监测功能,实现了电源系统的实时状态和故障的监测及远程监控和管理。

此外,各种智能型电源屏都不同程度地实现了模块化,即将各种交、直流电源按用途设计成不同的模块,用户根据需要选择模块,构成供电系统。

铁路信号智能电源屏广泛采用电力电子技术,包括无触点切换技术、逆变技术、锁相技术、软开关技术、功率因数补偿技术、并联均流冗余技术、安全防范技术等,以保证供电系统的可靠性。

2. 铁路信号智能电源屏的基本原理

铁路信号智能电源屏一般由两路输入电源转换单元、电源模块、智能监测系统,以及输入配电单元、输出配电单元等部分组成。

(1)两路输入电源转换单元

两路输入电源转换单元具有两路交流输入电源的自动切换或手动切换控制和系统的输入防雷等功能,把各相电源分配给其他屏的各电源模块。

两路三相交流电源通过交流接触器控制交流电的接入或断开。为防止两路交流接触器同时吸合,采用了机械互锁和电气互锁技术。

(2)电源模块

①直流模块

直流模块提供各种直流电源。直流模块采用高频开关电源技术,其电路框图如图1-23所示。交流输入电源经过模块内部高压整流、有源功率因数校正技术(PFC)、DC/DC、整流滤波,输出直流电源。在输入端采用PFC,使功率因数大于0.99,最大限度地减小对电网的影响。采用脉宽调制(PWM)技术和自主均流技术,使均流不平衡度小于5%,多模机并机运行时,具有理想的均流性能。可采用"$n+1$"方式并联运行。输出端除将PWM波整流滤波还原为直流电源外,还经防电磁干扰线滤波器(EMI),进一步滤除干扰电压,保证直流输出。模块具有输入过压/欠压、输出过压/欠压、过温、输出过流、负载短路等保护和告警功能。设置短路回缩特性,即使长期短路模块也不致损坏。设有CPU监控板,可与监控模块通信。

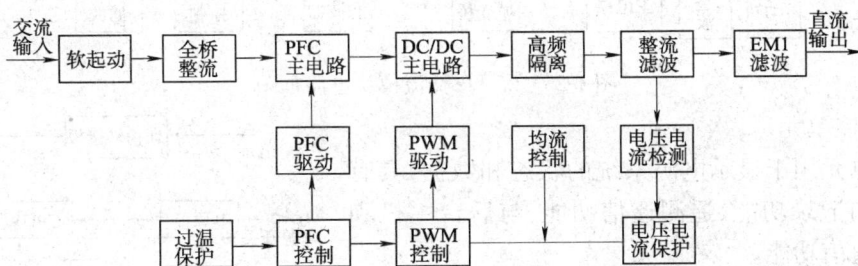

图 1-23 直流模块电路框图

②交流模块

交流模块提供各种交流电源。采用高频开关技术进行交流稳压,其电路框图如图1-24所示。输入端经全波整流后,采用PFC技术,使功率因数大于0.99,最大限度地减小对电网的污染。主电路为DC/AC逆变电路,采用PWM技术,通过调节PWM波的脉宽,获得稳定的纯正弦交流电。输出端除LC滤波器后,尚有EMI滤波器,以充分滤除干扰电压。

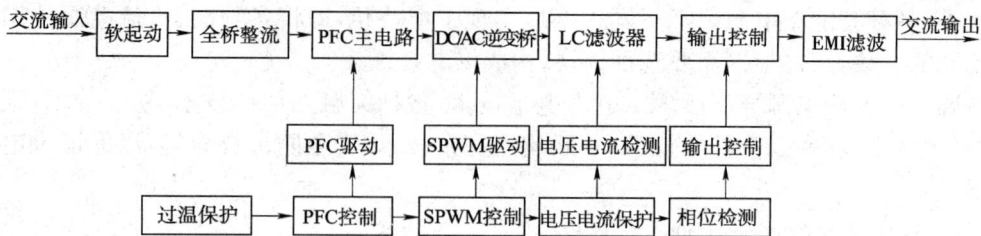

图 1-24　交流模块电路框图

③25 Hz 交流模块

模块内有轨道电源和局部电源两部分,提供 25 Hz 轨道电源和局部电源,局部电源超前轨道电源 90°。

25 Hz 交流模块与交流模块不同之处在于:一是变频为 25 Hz,这由逆变电路完成;二是局部电源超前轨道电源 90°,这由同步控制电路完成。25 Hz 交流模块电路框图如图 1-25 所示。

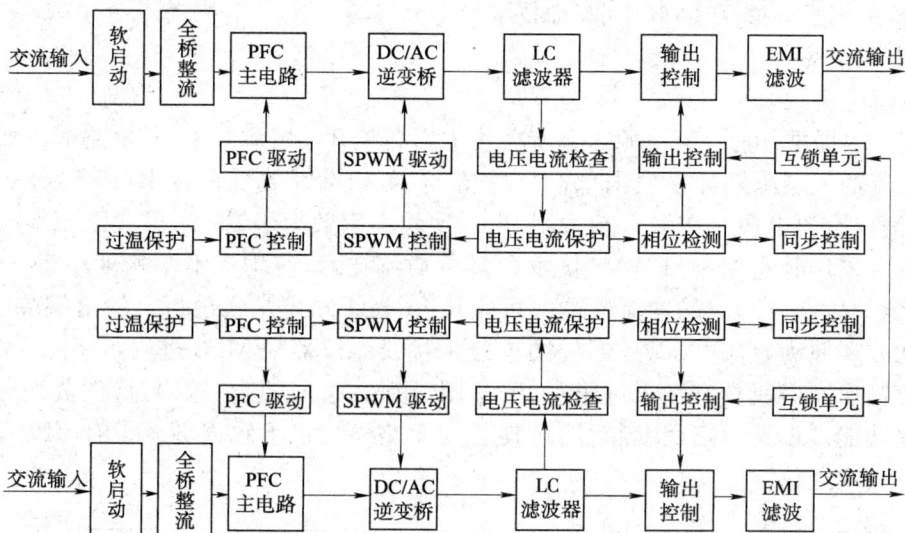

图 1-25　25 Hz 交流模块电路框图

(3)监控单元

监控单元用于显示电源系统的状态和数据,具有故障告警和记录功能、遥测遥信功能、与后台主机和下级设备通信功能。

监控单元的结构如图 1-26 所示。

监控单元前面板上有 LCD 液晶显示器、键盘和 LED 显示灯。液晶显示屏采用 CCFL 背光液晶,用于

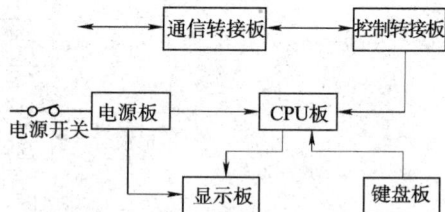

图 1-26　监控单元的结构图

显示电源系统的各种状态和数据。可在液晶显示器上非常直观地查阅系统的运行参数,并可通过按键操作,界面全中文,每步操作都有相应的提示和帮助。每屏的最右边四行是菜单,由对应的四个功能键选择,左边是显示的内容。

后面板上有多个通信接口,分别用于与电源模块、交、直流配电单元、上级监控中心通信。

第六节 铁路信号电缆

一、铁路信号电缆

铁路信号电缆是主要的信号传输线路,它用来连接室内、外信号设备。电缆和电缆连接设备——电缆盒和变压器箱构成电缆网络。遥控、遥信及信息处理等设备的传输线路,宜设于通信干线传输线路中,不采用电缆。

铁路信号电缆分为普通信号电缆、综合扭绞信号电缆和铁路数字信号电缆。

普通信号电缆的导电芯线采用标称直径 1.0 mm 的软铜线,为绝缘单线,层绞结构,适用于一般信号传输和作为分支电缆线路。

综合扭绞信号电缆为星绞结构,每一星绞组内有 4 芯导线,另外有对绞 2 芯导线和层绞单芯导线,适用于有一定要求的信号传输和作为主干电缆线路。

数字信号电缆除了星绞结构外,主要采用内屏蔽方式。

铁路信号电缆按护套类型分为塑料护套信号电缆、综合护套信号电缆、铝护套信号电缆。

集中联锁和自动闭塞区间的信号电缆,应采用综合护套、铝护套和数字信号电缆。有特殊要求的设备,如计轴设备、应答器等设备应采用专用数字信号电缆。

音频信号设备的传输通道(含维修电话线)应采用信号电缆中的星绞组或对绞组芯线,用于音频数据传输时,必须采用通信电缆或信号电缆中特设的低频通信四芯组电缆芯线。

二、铁路数字信号电缆

1. 铁路数字信号电缆的研制

我国铁路信号电缆,经多年使用,基本满足继电集中联锁、原有自动闭塞的要求。但是随着铁路信号技术的进步与发展,对信号电缆传输性能和可靠性提出了新的要求,现行铁路信号电缆已不能满足这些要求,存在以下问题:

(1)铁路信号系统中,计算机联锁、信号集中监测、调度集中与列车调度指挥系统正在广泛应用计算机和通信技术,而现行信号电缆没有规定通信技术指标,不能满足传输要求。

(2)近年来,我国自行研制和引进的部分轨道电路,系统载频范围已达 2 000 Hz 以上,现行信号电缆因电容指标偏大,无法与其配套使用。我国已研制出 SPT 铁路数字信号电缆,与 ZPW-2000 系列轨道电路配套使用。

(3)大功率交流电动转辙机已在铁路提速线路上普遍使用,其工作电压从已往的直流 220 V 变为交流 380 V,电流由单相直流 2 A 变为三相交流 5 A,转换时间由 2 s 变至 5~7 s。当电动转辙机远离信号楼时往往还将电压再调高,如此已接近现行信号电缆最高允许使用电压 AC 500 V,需进一步提高电缆传输强电的安全性能。

(4)信号机点灯、转辙机控制(强电)、移频轨道电路、计轴信息、工作电话等使用信号电缆同缆传输,现行信号电缆因没有串音防护指标,故现场使用时存在相互间的干扰影响。

综上所述,研制新型铁路信号电缆已势在必行,目标为在替代现有信号电缆的基础上,应达到通信电缆的指标,可同缆传输信号集中监测数据、列车调度指挥系统底层信息,实现信号通信兼容,强电、弱电共缆传输,各种信息的共缆传输。

2. 铁路数字信号电缆主要特征

(1)绝缘单线

绝缘单线采用3层共挤结构,即将内皮层、中间发泡层、外皮层,一次共挤包在铜导体上,其主要优点是:

①皮层塑料能与导体良好地粘结在一起,保证绝缘层的防潮性和牢固性。

②中间发泡层为氮气物理发泡塑料,与传统化学发泡相比泡孔小而密且互不联通,因而获得了很高的发泡度,绝缘层的高发泡度意味着四线组工作电容下降,线路传输衰减常数降低。

③外皮层使用电缆高密度聚乙烯绝缘,耐磨性好,强度优良,耐环境老化性能是普通低密度聚乙烯的10倍以上,从根本上解决了原有铁路信号电缆中存在的绝缘层老化龟裂问题。

由于单线颜色母粒仅存在于外皮层中,绝缘电阻和耐电压击穿强度明显提高,是原有铁路信号电缆的3倍以上。由于单线生产过程实现了计算机在线检测与调控,结构尺寸一致性好,工作线对直流电阻差降低了50%。

(2)四线组绞合

四线组采用高速精密星绞绞合工艺,每根单线均为主动恒张力放线,特有的绞合预扭装置使四线组节距精度与对称性高度稳定,电容耦合系数达到最小值。

(3)内屏蔽通信四线组单元

电缆中通信四线组单元用复合铜带纵包实现电磁屏蔽的目的,并沿铜带外表加添了一根铜导线作为泄流线,以确保屏蔽层在电缆敷设施工和长期使用中具备稳定可靠的屏蔽性能。

(4)成缆

为了改善电缆的串音指标,在成缆工序中合理设计各四线组绞合节距的匹配,四线组绞合节距由原来的4种增加到6种,通过线组不同绞合节距的配合,降低组间直接系统性耦合,达到了减小串音的目的。

3. 铁路数字信号电缆主要性能

与非数字铁路信号电缆相比,铁路数字信号电缆通过以上结构设计和工艺措施,工作电容指标由 50 nF/km 降低到 29 nF/km,电容耦合系数平均值由 141 pF/km 降低到 81 pF/km,等同于长途对称通信电缆指标,其他指标也基本达到通信电缆指标。

此外,铁路信号领域越来越多地采用光缆。

复习思考题 ▶▶▶▶

1. 信号基础设备包括哪些? 各起什么作用?

2. 简述继电器的结构和工作原理。

3. 安全型继电器有哪些特点? 有哪些主要品种?

4. 简述时间继电器如何延时吸起？

5. 简述交流二元继电器的结构和特点。

6. 继电器如何应用？

7. 按用途分信号机如何分类？

8. 色灯信号机有哪几种？简述它们的结构和特点。

9. 简述轨道电路的组成和基本原理。

10. 轨道电路如何分类？

11. 轨道电路如何应用？

12. 简述 97 型 25 Hz 相敏轨道电路的结构和工作原理。

13. 什么是一送多受轨道电路？

14. 简述微电子相敏轨道电路的结构和工作原理。

15. 简述移频轨道电路的结构和工作原理。

16. 简述 ZD6 系列电动转辙机的结构和工作原理。

17. 什么情况下要采用外锁闭装置？

18. 简述 S700K 型电动转辙机的结构和工作原理。它有哪些技术特征？

19. 简述 ZD(J)9 系列电动转辙机的结构和工作原理。

20. 简述 ZY 系列电液转辙机的结构和工作原理。它有哪些技术特征？

21. 比较直流转辙机和交流转辙机的异同。

22. 信号智能电源屏有哪些技术特征？

23. 简述信号智能电源屏的结构和工作原理。

24. 比较信号智能电源屏和非智能电源屏的异同。

25. 铁路数字信号电缆有哪些主要特征？

第二章 联锁系统

联锁系统即车站信号系统,用来实现进路、道岔、信号机之间的联锁关系,操纵道岔和信号机。联锁系统分为非集中联锁和集中联锁两大类,集中联锁又分继电联锁和计算机联锁。非集中联锁系统已逐渐被淘汰,随着信号技术的不断发展,计算机联锁将逐步取代继电联锁。

第一节 联锁的基本概念

一、联 锁

1. 联锁的定义

车站内有许多线路,它们用道岔联结着。列车和调车车列在站内运行所经过的径路,称为进路。按各道岔的不同开通方向可以构成不同的进路。列车和调车车列必须依据信号的开放而通过进路,即每条进路必须由相应的信号机来防护。信号、道岔、进路之间的这种相互制约的关系,称为联锁关系,简称联锁。

2. 联锁的基本内容

联锁的基本内容包括:防止建立会导致机车车辆相冲突的进路;必须使列车或调车车列经过的所有道岔均锁闭在与进路开通方向相符合的位置;必须使信号机的显示与所建立的进路相符。

进路上各区段空闲时才能开放信号。如果进路上有车占用,却能开放信号,则会引起列车、调车车列与原停留车冲突,这是绝对不允许的。

进路上有关道岔在规定位置才能开放信号。如果进路上有关道岔开通位置不对却能开放信号,则会引起列车、调车车列进入异线或挤坏道岔。信号开放后,其防护的进路上的有关道岔必须被锁闭在规定位置,而不能转换。

敌对信号未关闭时,防护该进路的信号机不能开放,否则列车或调车车列可能造成正面冲突。信号开放后,与其敌对的信号也必须被锁闭在关闭状态,不能开放。

二、联锁图表

联锁图表是车站联锁系统间联锁关系的说明,采用图和表的形式来表示。它由信号平面布置图和联锁表两部分组成。联锁图表说明车站信号设备之间的联锁关系,显示了进路、道岔、信号机及轨道电路区段之间的基本联锁内容。电路设计是根据联锁图表的要求严密进行的,联锁试验和竣工验收时也以联锁图表作为检查工程质量的重要依据。因此,联锁图表必须认真编制,避免任何差错和遗漏。

1. 信号平面布置图

信号平面布置图是编制联锁表的主要依据,为满足编制联锁表的需要,信号平面布置图上一般应有以下主要内容:

(1)联锁区及非联锁区中与信号设备有关的线路布置及编号。

(2)联锁道岔、信号机、信号表示器、轨道电路区段(含侵限绝缘区段)等有关设备及其编号和符号。

(3)尽头线、专用线、机务段及无岔区段的轨道电路区段编号。

(4)正线和到发线的接车方向,区间线路及机车走行线的运行方向。

(5)站舍、站台、信号楼(或值班员室)及扳道房等的符号。

(6)信号楼(或值班员室)中心公里标,联锁道岔和信号机距信号楼(或值班员室)中心的距离。

(7)进站信号机外方制动距离内有超过 6‰ 下坡道时的换算坡度数。

2. 联锁表

联锁表是根据车站信号平面布置图所展示的线路、道岔、信号机、轨道电路区段等情况,按规定的原则和格式编制的。联锁表以进路为主体,逐条地把排列进路需顺序按压的按钮、防护该进路的信号机名称和显示、进路要求检查并锁闭的道岔编号和位置、进路应检查的空闲轨道电路区段名称,以及与所排进路敌对的信号填写清楚。

三、联锁系统

控制车站的道岔、进路和信号,并实现它们之间的联锁的设备,称为联锁系统。以前,我国铁路的联锁系统曾大量使用电锁器联锁,后来又大力发展继电联锁,现在则主要是计算机联锁。

1. 继电联锁

用电气的方法集中控制和监督全站的道岔、进路和信号机,并实现它们之间联锁的设备称为电气集中联锁系统,简称电气集中联锁。若是用继电器组成的电路来进行控制并实现联锁的设备,称为继电式电气集中联锁,简称继电集中联锁或继电联锁。

继电集中联锁采用色灯信号机,道岔由转辙机转换,进路上所有区段均设有轨道电路,在信号楼进行集中控制和监督。

由于继电集中联锁把全部道岔、进路和信号集中起来控制和监督,在一定程度上实现了站内行车指挥的自动控制,能准确及时地反映现场行车情况,不再需要分散控制时所需要的联系时间,而且完全清除了因联系错误而引起的事故,因而大大提高了行车安全程度和作业效率,并且极大地改善了行车人员的劳动条件。继电集中联锁具有操作简便、办理迅速、表示完善、安全可靠等一系列优点。

2. 计算机联锁

20 世纪 80 年代以来,在大力发展继电联锁的基础上,又研制成计算机联锁。计算机联锁用计算机系统及其程序完成全部联锁逻辑运算,仅保留接口继电器。它的室外设备和继电集中联锁一样。计算机联锁进一步提高了可靠性,扩展了功能,并方便设计、施工、维修和使用。计算机联锁正在迅速发展,是车站联锁系统的发展方向。

第二节 6502电气集中联锁

电气集中电路曾有过多种制式,但经使用,并几经改进和完善,6502电气集中被认为是较好的定型电路,而得到广泛应用。

一、6502电气集中联锁的主要技术特征

6502电气集中是组合式电路,即按道岔、信号机和轨道电路区段为基本单元设计成定型的单元电路,称为继电器组合,简称组合。将各种组合按站场形状拼装起来即成为组合式电路。组合式电气集中具有简化设计、加速施工、工厂预制、便于维修等优点。6502电气集中几乎是用定型组合拼成的,只需设计少量零散电路。

6502电气集中采用双按钮选路方式,只需按压两个进路按钮,就能转换道岔、开放信号,而且不论进路中有多少组道岔均能一次转换,简化了操作手续,提高了效率。

6502电气集中采用逐段解锁方式,它把进路分为若干段,采用多次分段解锁的方式,即列车或调车车列出清一段解锁一段。这样,就提高了咽喉区的利用率。

二、6502电气集中的设备组成

电气集中包括室内设备和室外设备,其组成如图2-1所示。室内设备有控制台、区段人工解锁按钮盘、继电器组合及组合柜、电源屏、分线柜等。室外设备有信号机、转辙机、轨道电路,以及连接室内、外设备的电缆线路。

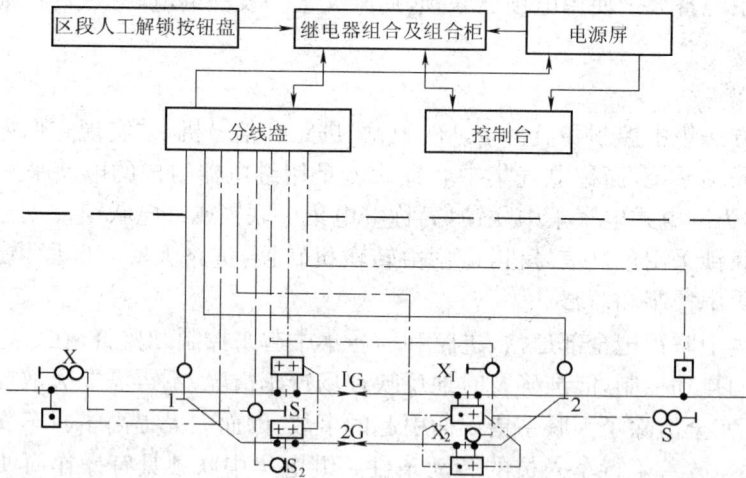

图2-1 电气集中设备的组成

1.室内设备

(1)控制台

控制台是车站值班员指挥列车运行和调车作业的控制中心,用来控制道岔的转换和信号的开放,并对进路、信号、道岔进行监督。控制台设于信号楼控制台室或车站值班员室内。

（2）区段人工解锁按钮盘

区段人工解锁按钮办理故障解锁；在特殊情况下也可用来关闭信号。

（3）继电器、继电器组合和组合架

继电器插在继电器组合中，组合安装在组合架上。组合和组合架的数量取决于车站规模。

（4）电源屏

电源屏是电气集中的供电装置，供给稳定、可靠、符合使用条件的各种交、直流电源。

（5）分线盘

分线盘连接室内、外设备，完成相互间的电气联系。

2. 室外设备

（1）信号机

①进站信号机

进站信号机装设在车站的列车入口处，用来防护车站，指示进站列车的运行条件，保证接车进路的正确和安全可靠。进站信号机采用黄、绿、红、黄、月白五个灯位的色灯信号机。

②出站信号机

出站信号机装设在有发车进路的车站正线和到发线端部，用来防护区间，作为列车占用区间的凭证，指示列车可否进入区间；与发车进路及敌对进路相联锁，信号开放后保证发车进路安全；指示列车在站内的停车位置。出站信号机一般兼作调车信号机。

③调车信号机

调车信号机用以指示站内各种调车作业，如取送、摘挂、转线、转场、整编、机车出/入库等。调车信号机为两显示。点亮月白灯，准许调车车列越过该信号机。点亮蓝灯，禁止调车，调车车列不得越过该信号机。

④预告信号机

预告信号机的作用是预告进站信号机等主体信号机的显示。在非自动闭塞区段，进站信号机为色灯信号机时，应设色灯预告信号机。在自动闭塞区段，进站信号机前方的第一架通过信号机已经起到预告信号机的作用，不再设预告信号机。为区别于其他通过信号机，在该信号机机柱上涂以三道黑斜线。

（2）轨道电路

对于站内股道和道岔区段，凡是在列车进路和调车进路上都必须安装轨道电路，以监督轨道上有无车占用。牵出线、机待线、出库线、专用线及其他用途的尽头线入口处和调车信号机前方，虽不在进路之内，也应装设一段长度不小于 25 m 的轨道电路，用来保证信号开放后机车车辆接近时完成接近锁闭，及时了解上述线路是否有车接近或占用。

（3）转辙机

联锁区段内的道岔都要安装转辙机，用以可靠地转换和锁闭道岔。

（4）电缆线路

电缆线路是连接室内、外设备，传送信息的通道。

三、6502 电气集中的工作原理

6502 电气集中电路的动作层次是：先选择进路，再锁闭进路，然后开放信号，最后是解锁进路。

6502 电气集中电路是继电逻辑电路，包括网路电路和局部电路。网路电路的形状与站场形状相似。6502 电气集中电路分为选择组电路和执行组电路两大部分。

所有联锁关系，包括检查道岔位置正确、轨道电路区段空闲且锁闭、敌对进路未建立且锁闭在未建立状态，都由继电电路完成。某进路的所有联锁条件均满足，防护该进路的信号机即开放。列车或调车车列驶过进路后，进路自动解锁。各种解锁条件的检查也通过继电电路进行。这些联锁条件都通过有关的继电器接点来检查，即所有联锁功能都是通过继电电路实现的。

1. 选择组电路

选择组电路的作用是记录车站值班员操纵进路的命令，按要求自动选通所需进路；控制道岔转换；并确定进路的始、终端，以构成执行组电路的动作条件。

选择组电路由记录电路和选路网路组成。

（1）记录电路

记录电路由按钮继电器和方向继电器组成，记录按压进路按钮的动作，区分进路的性质和运行方向。

按钮继电器电路用来记录车站值班员排列进路时按压按钮的动作。

方向继电器电路的作用，是记录所办进路的性质和运行方向。

（2）选路网路

选路网路包括选岔电路和开始继电器电路。在 7 条网路线中，1～6 线是选岔电路网路线，组成六线制选岔电路，用来在排列进路的过程中自动选出进路上的各有关道岔所需的位置，即选出应该动作的道岔操纵继电器；第 7 线是开始继电器励磁网路，用以检查所选进路和所排进路的一致性。进路选定后，继续记录进路的始端和终端，构成执行组电路的动作和区分条件。

①选岔网路

每条进路的开通方向是由道岔的位置来确定的。为了控制道岔的转向，对应每组道岔设有道岔定位操纵继电器和道岔反位操纵继电器，分别控制该道岔转向定位或反位。当始、终端按钮继电器吸起后，自动选出进路上的道岔位置，使进路上各道岔的道岔定位操纵继电器或道岔反位操纵继电器按选路要求励磁。用道岔操纵继电器的前接点来接通道岔控制电路，使道岔转换。

②辅助开始继电路

在进路选出，记录电路复原之前，为了继续始端按钮继电器的工作，通过进路选择继电器和方向继电器供出的条件电源，使辅助开始继电器励磁。

③开始继电器电路

开始继电器在进路排通（即道岔转到进路要求的位置）后励磁，继续记录工作，用来确定进路在执行组网路中的始端。

开始继电器电路用来完成检查进路的选排一致性,这对列车和调车车列的安全运行十分重要。为使长调车进路上各调车信号由远至近顺序开放,采用使 7 线网路进路上各调车信号的开始继电器由远至近顺序励磁的方法,来控制调车信号机的开放顺序。

④终端继电器电路

终端继电器用来继续记录调车进路的终端,用进路终端处的进路选择继电器吸起和同方向的调车方向继电器供出的方向电源构成其励磁条件,以确定调车进路的终端,作为执行组网路的区分条件。

2. 执行组电路

(1)执行组电路的作用和组成

执行组电路的作用是检查进路中的道岔位置、区段空闲、未建立敌对进路,实现道岔区段锁闭和开放信号,以及完成进路的解锁。执行组电路可分为信号检查、区段检查、信号开放、锁闭及解锁等环节。

执行组电路主要由 8 条网路线组成。8 线是信号检查继电器电路,用来检查开放信号的可能性,即进路空闲、没有建立敌对进路、道岔位置正确。9 线是区段检查继电器和股道检查继电器电路,用来检查区段空闲,实现进路锁闭。10 线是区段检查继电器自闭电路,用来防止利用区段故障解锁方式使进路迎面错误解锁。11 线是信号继电器电路,检查进路上各区段处于锁闭状态、道岔位置正确,以及迎面敌对进路检查,符合条件即可开放信号。12、13线为进路继电器网路,用来实现进路锁闭,完成进路的正常解锁、取消、人工解锁、调车中途返回解锁及引导锁闭等。14、15 线是控制台光带表示灯电路。

除了 8 条网路线外,执行组电路还包括一些局部电路,如道岔控制电路、信号点灯控制电路、取消继电器电路、接近预告继电器电路、照查继电器电路、传递继电器电路、锁闭继电器电路,以及控制台的各种表示灯电路、报警电铃电路等。

(2)执行组电路的任务

①转换道岔

由选岔电路上各道岔操纵继电器的吸起接通各对应的道岔启动电路使道岔转换,转完后由道岔表示电路给出表示。

②锁闭进路

在选择组电路检查选排一致的基础上,根据其所确定的进路始端和终端,检查有无开放信号的可能,即检查道岔位置正确、进路空闲、未建立敌对进路后锁闭进路中的道岔并排除敌对进路,完成进路锁闭。

③开放信号

在检查了具备开放信号的全部条件之后,信号继电器励磁,用其前接点接通信号点灯电路,开放信号。

④进路解锁

进路用完后,由解锁电路解锁进路,使电路全部复原。有正常解锁、人工解锁、取消进路、调车中途返回解锁及故障解锁等不同情况。

⑤开放引导信号和引导解锁

在进站信号不能正常开放允许信号时,需要由引导信号电路来开放引导信号,并在引导进路用完或引导信号关闭后将其解锁。根据不同的情况,有引导进路锁闭和引导总锁闭两种方式。

⑥给出表示

在执行组电路的工作过程中,控制台盘面要有相应的表示,以便车站值班员监督命令的执行情况,观察信号设备的运用状况,以及列车或调车车列的运行动态。

由上述可见,执行组电路的动作程序是,先由道岔控制电路转换道岔,再由锁闭电路将进路锁闭,最后由信号控制电路使信号开放。在列车或调车车列驶过进路后,由解锁电路将进路解锁。所以执行组电路的动作正确与否,直接影响行车安全和车站作业效率。

(3)道岔控制电路

ZD6 系列直流转辙机采用四线制、六线制道岔控制电路,S700K、ZDJ9 型和 ZYJ7 型交流转辙机采用五线制道岔控制电路。

道岔控制电路由道岔启动电路和道岔表示电路组成。

道岔启动电路,为三级动作,由道岔一启动继电器检查道岔解锁后才励磁。再由道岔二启动继电器转极控制电动机转动方向。最后由电动机使转辙机将道岔转向定位或反位。

道岔表示电路,当道岔转换完后,由道岔一启动继电器落下接通道岔表示电路,按道岔开通位置的规定,以自动开闭器的定位接点接通道岔定位表示继电器电路,以自动开闭器的反位接点接通道岔反位表示继电器电路,反映道岔开通的位置。

(4)取消继电器电路

要取消进路,就得办理取消手续。取消进路必须同时按下本咽喉的"总取消"按钮和被取消进路的"始端信号"按钮,使预先锁闭进路在信号关闭后随即解锁。当进路处于接近锁闭时,解锁进路就应办理人工解锁手续,要同时按压本咽喉的"总人工解锁"按钮和进路的"始端信号"按钮,信号关闭后进路经过规定的延时时间后才解锁。

为了取消进路,对应进路的始端不论列车进路还是调车进路均设有一个取消继电器,它与总取消继电器和总人工解锁继电器共同完成以下各种电路的取消。

(5)信号检查继电器电路

信号检查继电器在进路的始端部位,由开始继电器的前接点将其接入第 8 线网路,经检查 8 线上的联锁条件符合后励磁,达到锁闭进路和开放信号的目的。

开放信号前,检查是否具有开放信号的可能,有可能才准许将进路锁闭。信号检查继电器仅对开放信号的基本条件进行检查,即进路空闲、道岔位置正确、敌对进路未建立。满足上述三项条件,它励磁,就可以将进路锁闭。

取消进路时,通过信号检查继电器的励磁检查进路的空闲。人工解锁进路时,在进路解锁前验证本咽喉没有办理其他进路的人工解锁,在进路延时解锁过程中,用信号检查继电器的励磁监督列车或调车车列是否冒进信号,以保证解锁进路的安全。

(6)区段检查继电器和股道检查继电器电路

6502 电气集中采用逐段解锁制。以各个道岔区段作为锁闭与解锁对象,因此对每个道岔区段和咽喉区有列车经过的无岔区段都要设一个区段检查继电器,作用是锁闭与解锁道岔,并锁闭本咽喉的敌对进路。对应每个能接车的股道的两端,各设一个股道检查继电器。它的作用是锁闭另一咽喉的迎面敌对进路。

每个区段检查继电器的 3-4 线圈是励磁电路,并接在 9 线上。股道端股道检查继电器的 1-2 线圈经终端继电器的前接点接在 9 线上,与同股道另一端的照查继电器的前接点并接后接在 9 线网路上。

10 线网路用来防止列车迎面解锁和保证进路人工解锁、调车中途返回解锁的正常进行。进路上每个道岔区段内的道岔,应在车占用时才准许做解锁准备。进路正常解锁时,车占用了哪个区段,才准许该区段的区段检查继电器落下,为区段解锁做准备,而车未驶入的运行前方道岔区段的所有区段检查继电器均应保持励磁。因而可防止在错按"事故"按钮和"总人工解锁"按钮时造成道岔区段错误解锁而影响行车安全。为了防止进路运行前方道岔区段产生迎面错误解锁,专设了区段检查继电器 1-2 线圈的 10 线自闭网路,使列车运行前方区段的区段检查继电器保持励磁,防止产生进路迎面解锁。

(7)接近预告继电器电路

接近预告继电器用来区分进路是预先锁闭还是接近锁闭。它们平时处于励磁状态。信号开放后,用信号继电器后接点断开接近预告继电器自闭电路,由接近区段轨道继电器前接点区分进路是预先锁闭还是接近锁闭。

(8)照查继电器电路

为了防止车站两端咽喉向同一股道办理迎面敌对进路造成车辆迎面碰撞的事故,就应对同一股道的两端建立迎面敌对进路的情况进行互相检查。照查继电器的作用就是禁止同时建立两咽喉向同一股道办理的迎面敌对进路。严禁上、下行咽喉同时向同一股道办理接车进路,也严禁一个咽喉向某股道接车时另一咽喉又向该股道办理调车进路,以上列车进路对列车进路、列车进路对调车进路都规定为敌对进路,电路上都不准同时建立。然而两咽喉同时向同一股道办理迎面调车进路则不算敌对进路,电路上允许同时建立。

(9)信号继电器电路

检查了开放信号的基本条件符合后,区段检查继电器将进路上的道岔锁闭;敌对进路的开始继电器和终端继电器的落下排除了本咽喉的敌对进路;照查继电器将同股道另一咽喉的迎面敌对进路锁在未建立状态,这些都为开放防护该进路的信号准备了条件。此后,即由信号继电器来控制信号机显示允许灯光。平时信号继电器落下,使防护进路的信号机点亮禁止灯光。建立进路,检查了一系列联锁条件后,信号继电器吸起,使防护进路的信号机点亮允许灯光,为此信号开放。显然,信号继电器直接控制着信号显示,它对行车安全极为重要。

信号网路也是构成站场相似的网状电路,由开始继电器和终端继电器的接点作为电路的区分条件,以道岔定位表示继电器和道岔反位表示继电器的接点构成站场网路,以使网路上相同条件的接点为信号继电器励磁共用,既可节省继电器接点,又可防止迂回电路和敌对进路。列车信号继电器和调车信号继电器,均是通过开始继电器接入 11 线网路和其他共用网路中的。

信号继电器电路检查的主要联锁条件有:进路空闲、敌对进路未建立并被锁在未建立状态、道岔位置正确并被锁在规定位置上。

(10)信号点灯电路

作为进站信号机控制信号显示的继电器,除列车信号继电器外,还有引导信号继电器、正线继电器、通过信号继电器、绿黄信号继电器。用这五个继电器接点的组合,可控制六种信号显示。

出站信号机的列车信号继电器的励磁,表示已满足发车的联锁条件。往主要方向发车时,用主信号继电器励磁表示办理的是主要方向的发车进路。在三显示自动闭塞区段,用二离去继电器吸起,反映自动闭塞第二离去闭塞分区的空闲。用以上继电器接点组合完成四种显示。在四显示自动闭塞区段,出站信号机也为四显示。用二离去继电器和三离去继电器来区分是点黄灯、绿黄灯还是绿灯。

(11)进路解锁电路

进路锁闭后开放信号,列车或调车车列按信号显示驶过进路后,进路就必须正常解锁。在办理进路后因故要取消该进路,分别不同情况有取消和人工解锁。此外,在调车作业中还存在着调车中途返回解锁。在进行进路解锁时,必须是信号关闭后,证明车确实占用过并出清了该进路或符合其他一些必要条件。这些都由进路解锁电路来完成。各种锁闭的进路,经12、13线网路检查解锁条件符合后使进路解锁。

对区段锁闭中的道岔单独进行解锁,同时按下"总人解"按钮和"事故"按钮使使区段解锁。

(12)引导信号电路

为实现引导锁闭和开放引导信号,对应每一架进站信号机和接车进路信号机,都设置一个引导信号组合,其组合中设引导按钮继电器、引导信号继电器和引导解锁继电器。对每一咽喉,在电源组合中设引导总锁闭继电器。

①引导进路锁闭

在进站信号机或接车进路信号机因故不能正常开放时,例如允许信号灯泡断丝;接车进路上某一轨道电路故障不能建立正常接车进路时,采用引导进路锁闭方式开放引导信号。

②引导总锁闭

在不是由于道岔被挤而造成的接车进路上某道岔失去表示时、向调车线上接车、向非接车进路的股道上反向接车时,采用引导总锁闭方式开放引导信号,构成全咽喉道岔总锁闭。

(13)表示灯电路和报警电路

在控制台上设有各种表示灯。车站值班员通过它们的表示了解室内、外信号设备的运用状况及列车的运行情形。表示灯只在车站值班员注视的情况下才起作用,为此对重要的情况,如道岔被挤、列车信号主灯丝断丝等,除表示灯外还应有音响报警电铃,当信号设备发生故障时,信号维修人员借助表示灯可分析和判断故障的性质和范围,以便及时排除故障。

表示灯包括:进路按钮表示灯、排列进路表示灯、信号复示器、轨道光带表示灯、取消进路和人工解锁进路的表示灯、道岔按钮表示灯、道岔表示灯、电源表示灯,以及各种报警表示灯等。

报警电路包括:跳信号报警电路、列车信号主灯丝断丝报警电路、挤岔报警电路、断路器报警电路等。

第三节　计算机联锁

继电联锁性能较稳定,曾经得到了普遍采用,但其由继电器组成逻辑电路,难于表达和实现复杂的逻辑关系,因而功能不够完善,安全性尚有欠缺,不便于与现代化信息系统联网,经济上没有优势,势必为更高层次的联锁系统——计算机联锁所取代。

计算机联锁用计算机和其他一些电子、继电器件组成具有"故障—安全"性能的实时控制系统。它与继电集中联锁相比具有十分明显的技术经济优势,无论在安全性、可靠性、经济性等方面都是继电集中联锁无法比拟的,而且设计、施工、维修和使用大为方便。它是车站联锁系统的发展方向。

一、计算机联锁概述

1. 计算机联锁的特点

它与继电集中联锁相比,主要区别是:

(1)利用计算机对车站值班员的操作命令和现场监控设备的表示信息进行逻辑运算后,完成对信号机、道岔及进路的联锁和控制,全部联锁关系由计算机及其程序完成。

(2)计算机发出的控制命令和现场发回的表示信息,均能由传输通道串行传输,可节省大量干线电缆,并使采用光缆传输成为可能。

(3)用屏幕显示代替表示盘,大大缩小了体积,丰富了显示内容,简化了结构,方便使用。

(4)采用积木式的模块化硬件和软件设计,便于站场变更,并易于实现故障检测分析功能。

与继电集中联锁相比,计算机联锁具有以下优点:进一步提高了安全性、可靠性;增加和完善了联锁功能;方便设计、施工和维护。

2. 计算机联锁系统的功能

计算机联锁系统除完成6502电气集中的全部功能外,还可扩展以下功能:

(1)具有溜放功能,能满足平面溜放调车作业的需要。

(2)选用大屏幕显示器时,屏幕上除能显示电气集中表示盘上的所有表示外,还增加了时间显示、音响信号、语音报警和汉字提示。

(3)具有检错、诊断、储存记录功能,故障可被诊断至板级。

3. 计算机联锁系统的组成

各种制式的计算机联锁其结构有一定差异,但基本原理相同。

计算机联锁系统的功能要求与性能要求均比较高,既要求具有友好而准确的人—机界面,同时又要求具有高可靠性与高安全性,需要采用上、下两层乃至多层的分层结构。

计算机联锁系统可分为人—机对话层、联锁层和监控层,相应地可由人—机对话计算机、联锁计算机及控制器来承担各层的任务。这样,整个系统可以分为上、下两层,即上层为人—机会话层,下层为联锁层,其具体结构如图2-2所示。

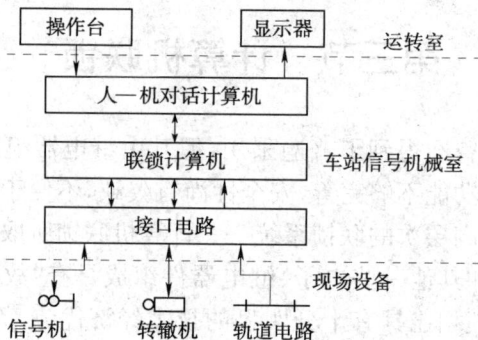

图 2-2　计算机联锁系统结构图

（1）人—机对话计算机

人—机对话计算机接收来自控制台的操作输入，判明能否构成有效的操作命令，并转换成约定的格式，输送给联锁计算机。另外，接收来自联锁计算机的表示信息，将它们转换成显示器能够接受的格式。

（2）联锁计算机

联锁计算机接收来自人—机对话计算机的操作命令，接收来自人—机对话计算机的室外监控对象的状态信息，进行联锁逻辑运算，发出控制道岔转换和开放信号的控制命令。

（3）控制器

控制器用来实现对象群与室内联锁机之间的联系。它接收来自联锁机的控制码，经过变换形成控制命令以驱动相应的控制电路；它又接收监控对象的状态信息，经过编码再传送到联锁计算机。保留继电集中采用的现场设备。

系统软件分为人—机对话处理、联锁逻辑处理、执行表示三个软件包，各个软件包之间由专用的系统管理软件沟通。

4. 计算机联锁系统冗余结构

为了提高系统的可靠性和安全性，计算机联锁系统大多采用了冗余结构。按联锁机冗余的方式，分为双机热备、二乘二取二、三取二三类。

最早出现的计算机联锁曾采用单机机构和双机冷备结构，其可靠性和安全性远远不能满足车站联锁的严格要求。于是，改为双机热备结构，即联锁机由双 CPU 构成热备系统。

在双机热备系统中，一个 CPU 执行联锁（主机），另一 CPU 虽然也进行联锁运算（热备），但无控制输出。对主机故障的检测是由一个 CPU 执行两套功能相同而编码各异及诊断程序来实现的。双机热备结构是故障切换系统，当主机发生故障时，只有备机处在无故障的热备状态，才允许替代主机工作，或者说才允许切换，否则可能产生危险后果。在不允许切换时，除非主机的 CPU 发生了故障，否则应坚持工作，以免造成全站作业的瘫痪。另外，故障修复后，联锁机内的程序进程和数据必须与主机取得一致时方允许作为热备机使用，否则也是危险的。以前，我国大部分计算机联锁是双机热备型。但是，双机热备系统是靠单机自我测试和监督的系统结构，由单机运行不能保证安全，而且存在着双机切换的问题，切换失败将产生危险后果，因此已基本上停止发展。

在二乘二取二系统中,两个CPU构成一个子系统执行联锁任务(主机),另两个CPU处于热备状态(备机)。在二乘二取二系统中,主机采用两个CPU各执行一套编码相同的联锁程序,对两个CPU的操作进行比较以检测故障。二乘二取二系统具有高可靠性和安全性,是目前计算机联锁的主流制式。二乘二取二冗余结构如图2-3所示。

在三取二系统中,对3个CPU的运算结果两两进行比较,当有两个结果相同(当然包括三个结果完全相同)时,则认为正确无误。三取二冗余结构如图2-4所示。三取二系统不能满足信号维修的要求,已停止发展。

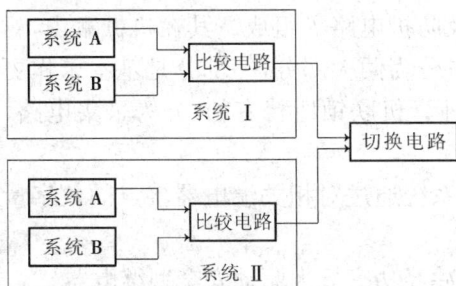

图 2-3 二乘二取二冗余结构图

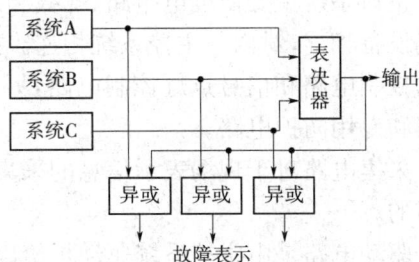

图 2-4 三取二冗余结构图

二、双机热备型计算机联锁

以前,我国大部分计算机联锁是双机热备型,有TYJL-Ⅱ型、DS6-11型、JD-ⅠA型、VPI型等,目前除VPI型外,都已停止生产。

1. TYJL-Ⅱ型计算机联锁系统

TYJL-Ⅱ型计算机联锁系统曾经是我国铁路使用最多的计算机联锁系统。

TYJL-Ⅱ型计算机联锁系统为分布式多微机系统,主要由监控机(又称上位机)、控制台、联锁机、执表机、继电接口电路、电务维修机、电源屏和室外设备组成,其系统框图如图2-5所示,其中监控机、联锁机、执表机均为双套,具有热备切换功能。

系统(不包括现场设备)可划分为三个层次:监控机为上层,联锁机是核心层,第三层是继电接口电路。系统的上层使用通用的局域网实现各子系统之间的连接;监控机与控制台之间通过视频线等线缆和切换装置组成的专用显示和命令通道连接。监控机与联锁机、执表机之间通过专用的联锁总线实现安全信息的通信连接,联锁总线是实时的现场控制总线,是系统的核心总线。

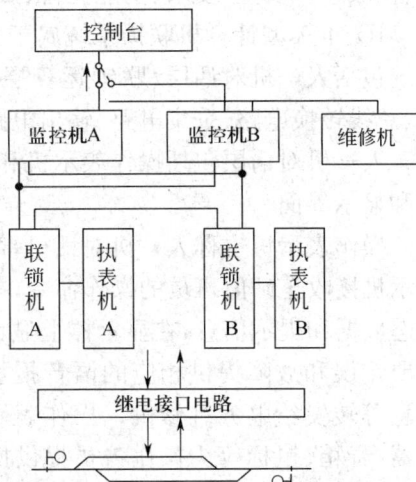

图 2-5 TYJL-Ⅱ型计算机联锁系统框图

监控系统是计算机联锁系统的操作界面的人—机接口,主要完成控制台屏幕显示、操作处理、进路预选、站场变化及设备工作状态记录、错误提示等功能。监控机是监控系统的核心,采用标准的通用工业控制计算机。

控制台是系统使用的直接人—机界面部分,主要功能是采集控制命令信息和实现与监视控制机的通信,由监控机管辖。目前推广应用最多的是 LCD＋鼠标。

联锁机柜由上到下依次大致可分为电源层、计算机层、采集层、驱动层和零层。执表机柜结构与联锁机柜相近,只是没有联锁运算功能。只有联锁机柜的容量不能满足车站监控对象数量的需要时,才设执表机。联锁机完成系统的调度、通信、诊断及现场信息的采集、联锁逻辑的运算和控制命令的输出等功能,包括选路、动作道岔、锁闭进路、开放信号、关闭信号、解锁进路等关键的联锁运算。

接口系统主要由继电电路、配线和结合电路及防护电路等组成。其在机械室内,对外与现场设备相连,对内与主控系统相连。接口系统可分为两大部分,一部分是基本未作更改的道岔控制电路和信号点灯控制电路,另一部分是计算机联锁所特有的,分为采集电路、驱动电路和专用防护电路。

采集电路对于现场表示信息的采集是由主控系统通过对相关继电器接点的数字量采集完成的。

驱动电路是由主控系统驱动板给出的动态脉冲经功率放大驱动安全型继电器。

防护电路是为重雷区内增强系统雷电防护能力而设的,对电气化区段牵引电流的侵入亦有相当的防护能力。

电务维修机是计算机联锁系统的重要辅助设备,用来储存记录系统的全部运行信息,为维修人员提供人—机界面,与其他系统的连接一般也是通过维修机实现的。

电源包括:系统电源、机柜电源、动态电源和切换电源。

2. JD-ⅠA 型计算机联锁

JD-ⅠA 型计算机联锁系统采用最新的计算机技术、总线技术、网络技术,是性能可靠、符合"故障—安全"要求、功能完善、操作简单、维护方便的车站联锁系统。

JD-ⅠA 型计算机联锁系统属于分布式计算机控制系统,其特点是分散控制、集中管理。系统包括人—机对话层、联锁运算层、执行层,系统结构如图 2-6 所示。操作表示机、联锁机、总线转换电路、采集电路、输出电路均为双套,构成双机热备型计算机系统。

人—机对话层包括操作表示机和电务维修机,为车站值班人员和电务维修人员提供操作和显示界面。

操作表示机也称人—机对话机,简称上位机,它和联锁机构成上、下位分层结构。操作表示机接收车站值班员的操作命令,并通过网络通信传送给联锁机;接收来自联锁机的站场状态数据和提示信息,在显示器上显示站场情况、系统工作状态、提示信息和报警信息等,对主要错误和故障提供相应的语音报警;将站场状态数据及提示信息、报警信息、系统状态信息等转发给电务维修机。操作表示机采用双机热备工作方式。在运转室,通过车务监视器、音箱、鼠标等为操作人员提供操作表示界面,同时还可提供后台监视器,便于车站值班员监视前台操作及站场运行情况。这些都是操作表示机的外部设备。

电务维修机通过电务维修网与操作表示机相连,它实时监视计算机系统的运行情况;实时监视、记录、再现车站值班员的操作情况,车站内列车的运行情况;记录再现信号设备故障、输入、输出电路故障;记录系统软件故障;打印有关记录;通过电话线和 Modem 远程登录电务维修网,使维修中心具有远程诊断功能。

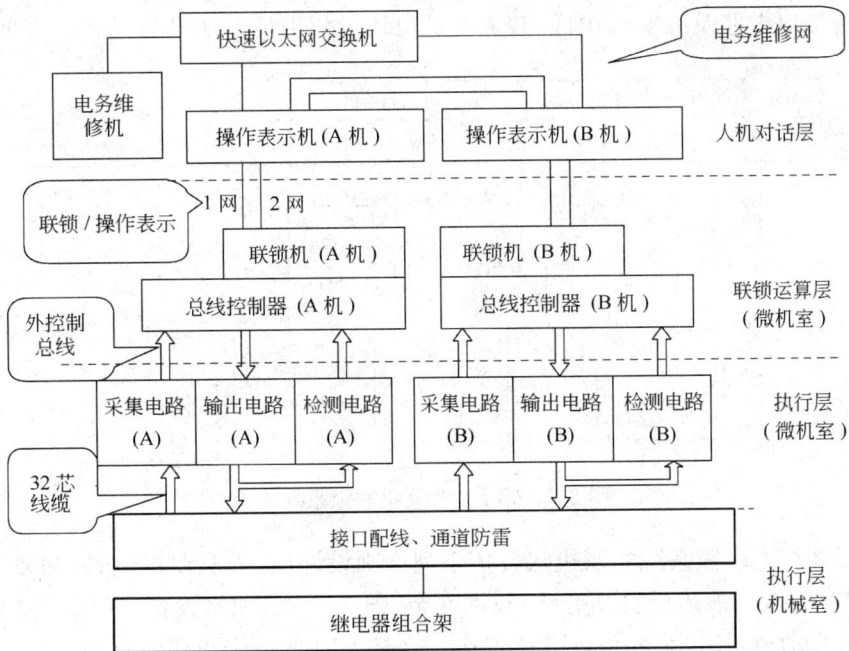

图 2-6　JD-IA 型计算机联锁系统结构框图

联锁层包括联锁机和总线转换电路。联锁机也称下位机,根据接收的操作命令和采集的站场信息进行联锁运算,发出控制命令。联锁机采用双机热备的动态冗余结构,两套联锁机互为主备,一套作为主机运行,另一套则作为备机运行。两套联锁机同时接收操作命令,采集站场状态信息,并进行联锁运算,但只有主机才输出运算结果,如果主机判断出自身发生故障,则通过倒机电路自动切换到备机,此时备机即作为主机运行。在双机切换和重启时,不影响整个系统的运行,实现了动态无缝切换。

JD-ⅠA 型计算机联锁系统的采集、输出电路采用外部控制总线方式。外部控制总线通过插在总线上的转换板与计算机总线交换信息。外部控制总线可提供测试返回信号,可对输出电路进行回读检测。

联锁机通过采集机箱的采集电路采集接口继电器接点的状态。

输出驱动电路根据联锁机的控制命令产生动态脉冲,驱动偏极继电器。驱动电路的输出又通过回读检测电路进行检测。

执行层包括采集电路、输出电路、接口配线、通道防雷及接口继电器,完成采集和驱动任务,进行设备的连接和防雷。

JD-ⅠA 型计算机联锁系统的操作表示机和联锁机之间用双通信网进行通信。采集、输出电路采用外部控制总线方式,通过总线转换板与计算机 ISA 总线交换信息。采集、输出电路通过电缆与接口继电器组合柜相连。

3. VPI 型计算机联锁系统

VPI 型计算机联锁系统是国外专利技术,结合中国铁路运营技术要求进行二次开发,满足铁路专用要求的、高可靠的安全型信号联锁系统。

VPI 型计算机联锁系统由人—机界面(MMI)模块、联锁机、网络接口、系统维护台(SM)与室外设备接口电路及电源等组成,较大车站可增设值班员台(GPC),如图 2-7 所示。

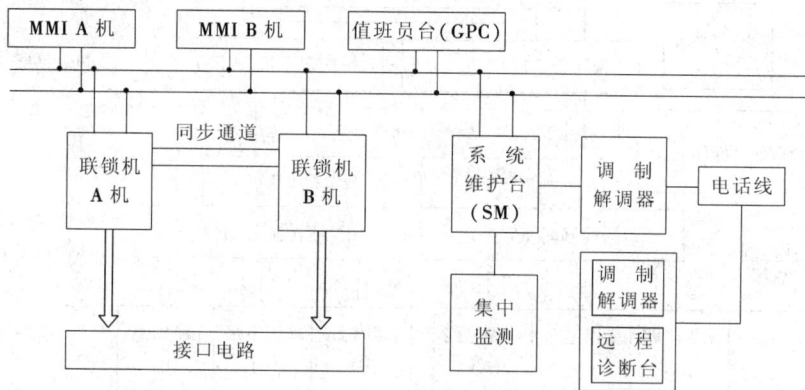

图 2-7 VPI 型计算机联锁系统框图

VPI 型计算机联锁系统的双机热备按下列原则设计:联锁机双机热备;MMI 双机热备;UPS 双机热备;双机故障后自动旁路;双网冗余;任一 UPS、网络设备、联锁机和 MMI 正常,应保证系统自动重组时,系统仍可继续工作。这是 VPI 的一个重要特点。

联锁机是整个系统的心脏,它包含双套联锁机和切换电路。每个联锁机由安全型印制电路板和非安全型印制电路板组成。

人—机界面模块(MMI)是 VPI 与操作员之间的人—机接口,命令由操作员给出,它可以直接与 VPI 的非安全型输入板接口,VPI 用鼠标作为输入模式,它能模拟整个车站站场、轨道电路、信号、道岔等,并给出不同表示,同时用汉语语音系统给出语音提示或报警。

VPI 型计算机联锁系统采用基于集线器的星形结构和 10 M 以太网技术,冗余网络结构进一步加强网络系统的可靠性。

系统维护模块主要为计算机联锁完成系统维护及接口设备监测的功能。本模块包括一台工业控制计算机、接口设备数据采集机、一台 15 英寸彩色显示器、一台激光打印机、鼠标、键盘。作为联锁计算机系统的模块,它实现以下功能:网管子、系统维护、运行记录、远程登录诊断、接口设备在线监视和记录。

三、二乘二取二计算机联锁

为进一步提高计算机联锁系统的可靠性,开发了二乘二取二计算机联锁。该计算联锁系统的联锁机有两套,每套内有双 CPU,满足"故障—安全"要求。属于这类计算联锁的有与国外合作的 EI32-JD 型、DS6-K5B 型和 TYJL-ADX 型,国产化的 iLOCK 型、DS6-60 型和 TYJL-Ⅲ型。

1. EI32-JD 型计算机联锁

EI32-JD 型计算机联锁系统采用日本信号株式会社研制的硬件系统(EI32 电子联锁系统硬件)、JD 型软件系统。

EI32-JD 型计算机联锁系统属于分布式计算机控制系统,也称集散型测控系统,其特点是分散控制,集中信息管理。系统包括人—机会话层(操作表示层)、联锁运算层、执行层。系统结构如图 2-8 所示。

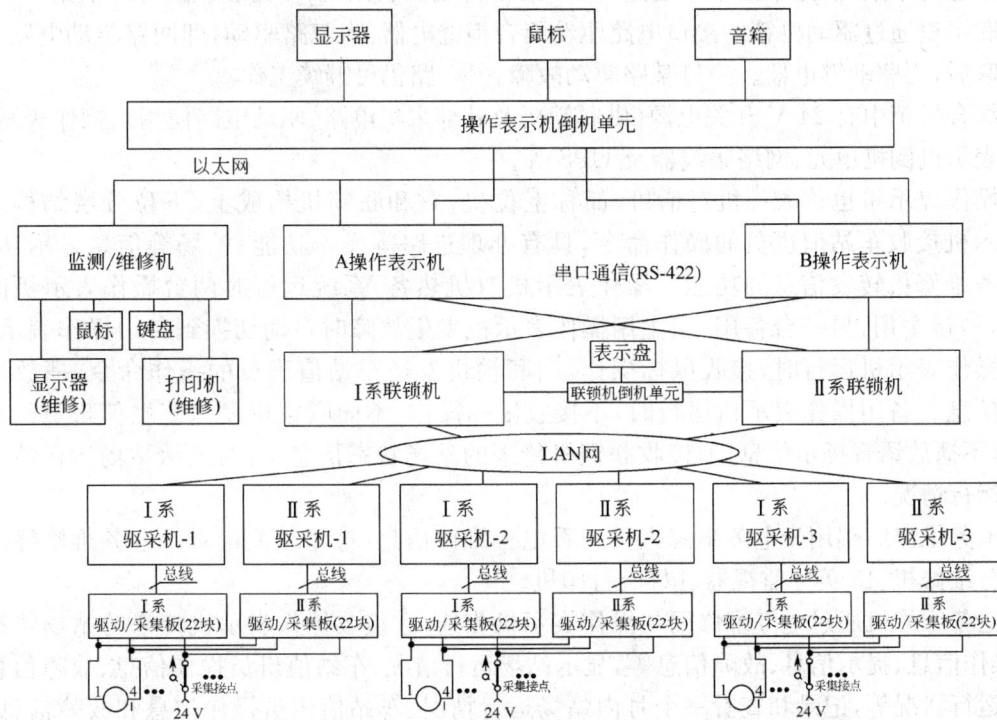

图 2-8　EI32-JD 型计算机联锁系统结构框图

在运转室,通过前台监视器、鼠标、音箱等为车站值班员(信号员)提供操作表示界面。还可以提供后台监视器,便于车站值班员监视前台操作及站场运行情况。

在微机室,有联锁机柜、综合机柜、电务维修终端。

联锁机柜内有 24 V 开关电源(供驱采机使用)、联锁机箱(包括Ⅰ系联锁机、Ⅱ系联锁机、联锁机倒机单元)、驱采机与驱动机箱(包括驱采机和驱动电路)、采集机箱(安装采集电路)及和组合架间的配线接口。

联锁机也称下位机,它接收操作表示机下发的操作命令,进行联锁运算,根据运算结果产生控制命令,并通过 LAN 通信将控制命令传送到驱采机;通过 LAN 通信接收驱采机传送的站场状态信息,并将站场状态信息、提示信息、故障信息等传送给操作表示机。

联锁机采用双系热备的动态冗余结构,两套联锁机互为备用,不分主次。每套联锁机内为二取二结构,双 CPU 分别运算,比较一致后输出。系统运行期间,一套联锁机作为主机运行,另一套联锁机则作为备机运行。两套联锁机同时接收操作表示机发送来的操作命令,同时通过 LAN 通信接收两套采集电路所采集的站场状态信息,进行联锁运算,产生相应的控制命令。两套驱动电路则通过 LAN 通信接收联锁机的控制命令,但最终根据主用联锁机的控制命令控制自己的动态驱动电路产生输出,进而驱动继电器动作。

驱采机控制采集电路的工作：通过 LAN 通信，将采集到的站场状态信息传送到联锁机；通过 LAN 通信，接收联锁机传送的控制命令；并根据控制命令控制相应的驱动电路。

采集电路在驱采机的控制下采集组合柜继电器的状态：为双路采集，即每个采集点都通过两路进行采集，两路采集结果通过 LAN 通信传送到联锁机，作为联锁运算的依据。

联锁机通过驱动机箱的接口电路驱动组合柜继电器：为双路驱动，即两路驱动电路的输出并联后，再驱动继电器。一旦某路驱动故障，另一路仍可继续工作。

综合机柜中有 24 V 开关电源（供联锁机及外部采集电路、驱动电路使用）、操作表示机、操作表示机倒机单元、网络集线器及 UPS 等。

操作表示机也称人—机对话机，简称上位机，它和联锁机构成上、下位分层结构。操作表示机接收车站值班员的操作命令，具有办理进路等操作功能、站场等信息显示功能、给电务维修机转发信息的功能。操作表示机双机热备，系统运行时两台操作表示机同时工作，一台主用，另一台备用，当主用操作表示机发生故障时自动切换到备用操作表示机。主用操作表示机运行时，接收鼠标操作，向联锁机发送车站值班员的操作命令，播放语音提示信息。备用操作表示机运行时，不接收鼠标操作，不向联锁机发送车站值班员的操作命令，不播放语音提示信息；但接收联锁机传来的站场状态信息，实时显示站场运行情况和系统运行情况。

电务维修终端用于电务维修人员查看电务维修信息，打印相关记录。电务维修终端包括电务维修机、15 英寸监视器、鼠标、打印机。

电务维修机通过电务维修网与操作表示机相连，它接收操作表示机传来的站场状态信息、操作信息、提示信息、故障信息等，显示站场运行情况、车站值班员操作信息、故障信息和系统运行状况等，记录和查看一个月内站场运行情况、车站值班员操作信息和故障信息等，为调度监督、信号集中监测等提供接口。系统软件运行在 Windows 操作系统环境下，用 C++语言编写，整个系统人—机界面友好、操作简单，为事故分析、维修计算机联锁系统提供帮助。

EI32-JD 型计算机联锁系统保留了继电集中的执行电路，包括道岔启动电路、信号机点灯电路、轨道电路及各种联系电路。

2. DS6-K5B 型计算机联锁

DS6-K5B 型计算机联锁系统的联锁计算机和输入/输出电路采用日本京三公司的 K5B 型产品，将 DS6-11 型计算机联锁系统的联锁程序移植到 K5B 系统中。

DS6-K5B 计算机联锁系统由控制台、控显分机、电务维护台、联锁机、输入/输出接口（在 K5B 系统中这部分电路称作"电子终端"，用字符"ET"表示）、继电器接口电路和电源组成，系统结构如图 2-9 所示。

DS6-K5B 型计算机联锁系统由人—机界面层、联锁逻辑层、执行层组成。

人—机界面层包括控制台、控显分机和监测机，实现控制台操作、站场图形显示、系统设备故障监视等功能。

联锁逻辑层为联锁计算机，实现联锁逻辑运算、输入/输出控制、诊断信息处理及二重系管理等。

执行层为电子终端，实现驱动现场设备、采集现场设备状态。

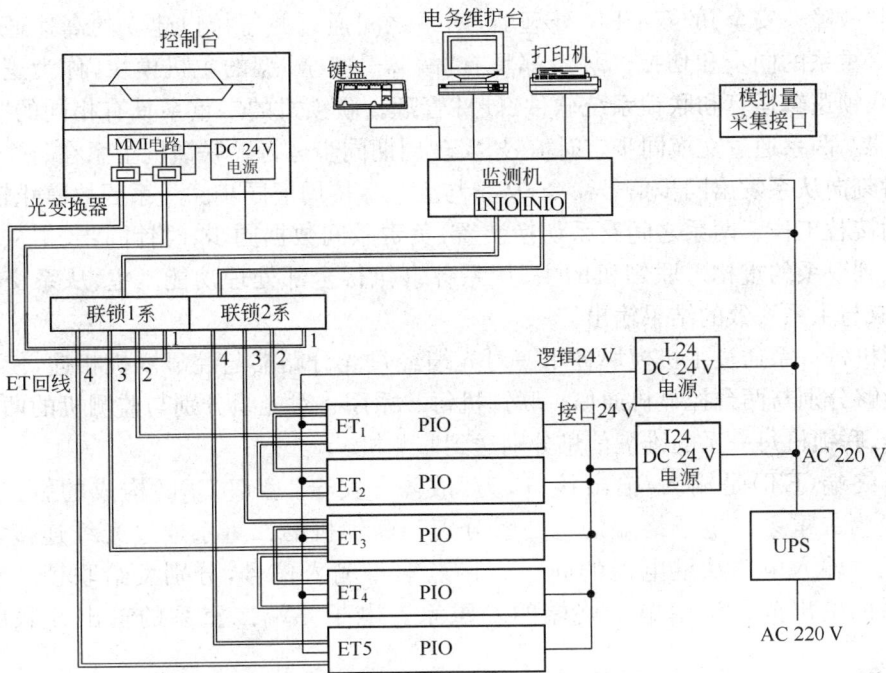

图 2-9　DS6-K5B 型计算机联锁系统结构框图

　　K5B 型计算机联锁系统分别安装在联锁机柜、电子终端柜、计算机电源柜内,另设监控柜。在联锁机柜内安装联锁计算机。联锁计算机的二重系安装在一个机架内,每一系有 3个电路板。在联锁机柜和电子终端柜内总共可安装 5 个电子终端机架。各站根据站场规模大小决定实际使用多少个电子终端架及电子终端架是否采用级连方式。在电源柜内安装了直流 24 V 电源和 UPS。

　　控制台由控显分机和操作和显示设备组成。控显分机采用标准工业控制机,双机热备,装载相同软件。每一台控显机内安装了两个采用光缆连接的串行通信接口板,用于同联锁机的二重系通信。控显双机的工作方式为双机热备,无扰切换。控显机转换箱用于操作显示设备与控显双机之间的转换。控显机配备专用 TDCS/CTC 通信接口,可与调度集中系统结合。操纵表示设备多采用鼠标和显示器,此时每个计算机可以带有自己的鼠标和显示器,也可以通过控显转换箱切换,共享一套鼠标和显示器。显示器的数量根据站场规模不同可配置一台或多台。

　　电务维护台设备由监测机、显示器、键盘、打印机等组成。监测机采用 PC 总线工控机,为单机。监测机内安装两个带有光电转换的的串行通信接口板,用于与联锁机二重系通信。从联锁机接收全部现场设备动作状态信息和系统诊断报警信息,并记录在实时数据库中,可以随时查询、显示和打印监测结果。监测机通过串行通信接口可从信号集中监测系统取得模拟量检测信息。电务维护人员可以通过键盘、显示器、打印机查询或打印输出各类监测信息。监测机通过通信接口可以与 TDCS/CTC 等其他系统结合,监测机通过调制解调器与维修中心相连,实现远程诊断。

联锁机由并列二重系组成,以主从方式并行运行,主、从系各自执行全部处理功能。每一系采用"故障—安全"的双 CPU 处理器,两系之间通过并行接口建立的高速通道交换信息,实现二重系的同步和切换。每系都具有"故障—安全"型的主机模块,称为逻辑控制单元,用于联锁逻辑运算和联锁系统软件、硬件管理。联锁机的二重系具有相同的"故障—安全"处理器。两系通过交换同步定时信号,实现周期同步运行。联锁机主系在每个处理周期的启始时刻向从系发出同步信号命令,从系与主系保持周期同步。一系因故停止输出时,另一系自动接替工作。两系之间有系切换装置,负责系间数据同步、时钟同步、主从系管理监视和单系到双系的重构。联锁机的主、从系各自执行全部处理功能。主、从系交换处理结果,从系取与主系一致的结果输出。

联锁机每一系通过主机模块各用一对光缆经过光分路器与控显双机相连,使联锁的每一系都能够分别与两台控显机通信。联锁机每一系用一对光缆分别与监测机的两个光通信接口相连,联锁机每一系的维护信息分别送到监测机。

电子终端(ET)是输入/输出接口,为"故障—安全"型双 CPU 构成的智能控制器,系统设置为二重系。电子终端的每一系分别和联锁机的二重系通过光纤连接。电子终端二重系的输入电路从继电器的同一组接点取得输入信号,分别发给联锁二重系。联锁二重系的输出分别送给电子终端的二重系。电子终端二重系的输出并联电路连接负载。

电子终端输入采集信息,通过有效的自检测功能,能够检测出输入电路的故障,保证输入信息的安全性。电子终端输出电路,按故障导向安全的原则设计。因此输出驱动和输入采集均采用静态方式,直接驱动安全型继电器,这就简化了接口电路设计,方便系统维护。

K5B 型计算机联锁系统的电源由一套 UPS 和两路直流 24 V 稳压电源组成。UPS 和直流 24 V 稳压电源都安装在电源柜中。

3. iLOCK 型计算机联锁系统

iLOCK 型计算机联锁系统是在引进成熟的安全型专用联锁机技术的基础上,结合 VPI 系统联锁软件及人—机界面等开发成果,完成"二乘二取二"计算机联锁系统的技术国产化产品。

iLOCK 型计算机联锁系统是在一般的"二取二"安全结构基础上,再增加独立的"故障—安全"校验模块、采用 NISAL 专利技术,构成的智能安全型计算机联锁系统。

iLOCK 型计算机联锁系统由联锁处理子系统(IPS)、人—机界面子系统(MMI)、值班员台子系统(GPC)、诊断维护子系统(SDM)、冗余网络子系统(RNET)、电源子系统(PWR)组成。iLOCK 型计算机联锁系统基本结构如图 2-10 所示。

联锁处理子系统是整个 iLOCK 型计算机联锁系统的核心,它由两套"二取二组合故障—安全"加"NISAL 反应故障—安全"的专用联锁机(IPS A 和 IPS B)组成,根据需要可以分中央逻辑控制(CLC)和区域逻辑控制(ZLC)的分层结构。

人—机界面子系统(MMI)提供了 iLOCK 型计算机联锁系统与用户之间的人—机接口,它采用高分辨率的彩色显示器作为系统的表示设备,车站值班员用鼠标等操作工具办理各种作业,系统给与简洁明了的表示和语音提示。

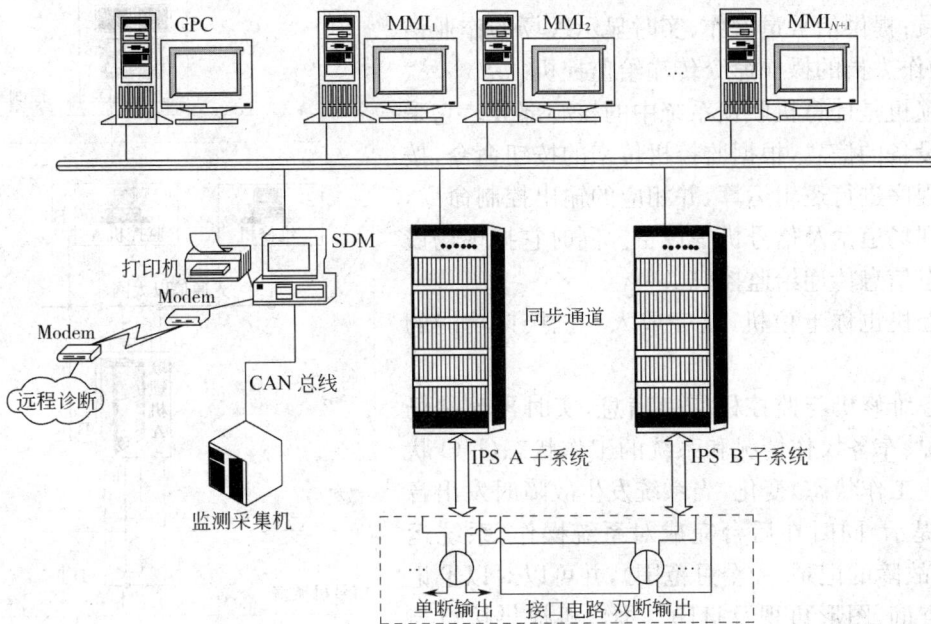

图 2-10　iLOCK 型计算机联锁系统基本结构框图

诊断维护子系统 SDM,主要完成系统诊断维护及接口设备在线监测的功能,由工业控制计算机、彩色显示器、激光打印机、鼠标、键盘等组成,根据需要还可提供双套热备,可以联网,提供远程诊断功能。SDM 可与信号集中监测站机构成二合一系统(信号集中监测与诊断维护系统),以提高整个系统的综合化水平,充分发挥了计算机的处理能力,减少了硬件配置和维护。

iLOCK 型计算机联锁系统采用基于高速交换机的以太网冗余网络结构,进一步加强了网络系统的可靠性。通过网络通信的各子系统均安装有两块以太网接口卡,将其接入冗余网络,一条网络故障,各子系统可以自动通过另一条网络通信,并在 SDM 子系统中给出故障诊断信息,便于及时维护。

4. TYJL-ADX 型计算机联锁系统

TYJL-ADX 型计算机联锁系统采用由日立公司提供核心硬件系统、开放软件平台,将 TYJL 型计算机联锁系统的联锁软件成功地移植过来,进行系统集成,并对外围系统进行了重新配置和进一步的优化,完善了系统功能。

TYJL-ADX 型容错计算机联锁系统是一个多层次、多微处理器的分布式控制系统。它由联锁机、控制台、监控机、维修机、配电柜等部分组成,如图 2-11 所示(图中未标出配电柜)。另可设远程诊断终端。

TYJL-ADX 型计算机联锁系统采用二乘二取二安全冗余结构,由Ⅰ系和Ⅱ系组成。在正常工作情况下,一系工作,一系备用。系统除故障切换、人工切换之外,还具有定时切换方式。两系在同步运行时,当备系检测到主系工作异常时进行故障切换。系统提供的定时切换功能可由平台设定定时切换的时间。

控制台将站场表示、进路状态、操作结果显示给操作人员；提供信号员操作；实时显示现场的作业情况；将操作人员的操作命令传输给监控机。

联锁机是计算机联锁系统中的核心部分。它采集现场设备的信息，根据监控机传来的按钮命令，按照联锁程序进行逻辑运算，并相应的输出控制命令，以控制现场道岔及信号机等设备。同时它把现场设备的状态信息传递给监控机。

监控机也称上位机，是完成人—机接口功能的设备。

电务维修机与监控机交换信息，实时再现站场行车情况、车务操作情况和系统的工作状态(I/O状态和模块工作状态)变化，当系统发生故障时发出音响报警提示，同时在后台完成对系统操作、系统运行、系统故障的记录(一个月范围)，并可以对以上记录进行查询、图形再现及打印。维修机提供接口与信号集中监测系统、远程诊断系统、TDCS/CTC等进行数据交换。

综合配电设于系统综合柜中，为系统的各个部分提供稳定可靠的工作电源。

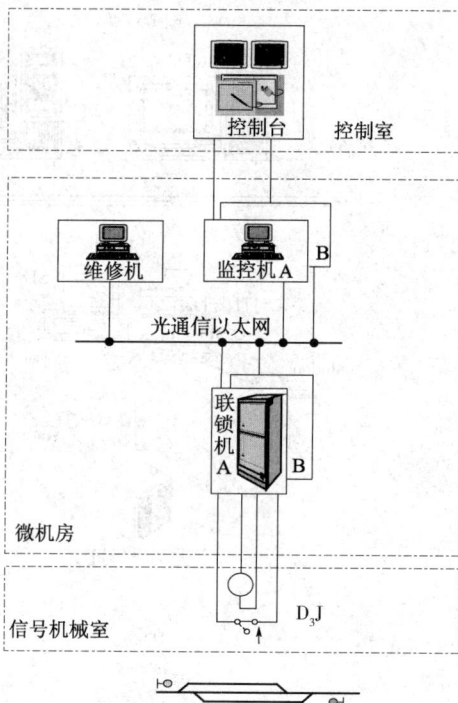

图 2-11　TYJL-ADX 型计算机联锁系统的结构框图

四、区域计算机联锁

整个控制区域只要在中心站设一套联锁主机，控制操作与联锁逻辑运算集中在中心站完成，其他车站不设联锁机和控制台，只设电子终端和接口设备。集中联锁逻各站电子终端间采用光纤构成的安全局域网连接，传输信息高速、安全，而且不需另设专用传输设备。

区域联锁的控制范围内，不需要另设站间闭塞或场间联系电路，实现车站区间一体化，进一步提高安全保障性能。配备设备监视装置，在中心站能自动监测、记录全线内设备的运用情况，能完成故障定位和故障排除。

能在整个控制区域集中控制和调度，全面掌握全线列车运行和车站应用状态，合理指挥行车，保证列车安全、正点运营，并能提高列车通过能力。平时车站不需办理行车作业而能够节省人力。另外可节省大量室外电缆，降低工程总投资。

复习思考题 ▶▶▶▶

1. 什么是联锁？
2. 联锁包括哪些基本内容？
3. 联锁图表有什么作用？
4. 什么是联锁设备？分哪几类？

5. 6502 电气集中联锁有哪些主要技术特征？

6. 简述 6502 电气集中的设备组成。

7. 简述 6502 电气集中电路的动作层次。

8. 简述 6502 电气集中选择组电路的工作原理。

9. 简述 6502 电气集中执行组电路的工作原理。

10. 计算机联锁有哪些特点？

11. 计算机联锁系统具备哪些功能？

12. 简述计算机联锁设备的组成。

13. 计算机联锁系统有哪几种冗余结构？

14. 举例说明双机热备型计算机联锁系统的结构和工作原理。

15. 举例说明二乘二取二计算机联锁系统的结构和工作原理。

16. 什么是联锁区域计算机联锁？

17. 为什么说计算机联锁是车站联锁的发展方向？

18. 为什么要发展二乘二取二计算机联锁系统？

19. 比较计算机联锁和继电联锁的异同。

20. 联锁系统采用了哪些信号基础设备？

第三章 闭塞系统

闭塞系统是保证区间行车安全、提高运输效率的设备。我国铁路目前主要使用半自动闭塞和自动闭塞。半自动闭塞主要运用于单线铁路，自动闭塞主要用于双线铁路。为满足铁路运输发展的需要，闭塞系统正进行大规模的技术改造，半自动闭塞除繁忙区段改建成自动闭塞外，主要应解决区间空闲检查的问题，即配套计轴设备或区间长轨道电路，构成自动站间闭塞；自动闭塞则改造为统一制式的 ZPW-2000 系列自动闭塞。

第一节 闭塞系统概述

一、闭 塞

区间指的是两个车站(或线路所)之间的铁路线。两个车站之间的区间称为站间区间，车站与线路所之间的区间称为所间区间。根据区间线路的数目，区间分为单线区间、双线区间和多线区间(如三线区间)。

车站向区间发车时，必须确认区间无车，在单线区间还必须防止两站同时向一个区间发车。为此要求按照一定的方法组织列车在区间的运行，一般称为行车闭塞法，简称闭塞。用以完成闭塞作用的设备称为闭塞系统。

最初采用的闭塞制度是时间间隔法，即两列列车之间按时间表间隔一定的时间运行，当先行列车出发后，经过一定的时间，方允许后续列车出发。由于先行列车可能在途中减速或因故停留在区间，而且列车运行速度可能和预定计划不一致，所以这种方法不可靠。电报和电话应用于铁路行车，即所谓电报或电话闭塞，曾起过很重要的作用。但当联系错误时，会危及行车安全，故必须采用两站间闭塞系统相互联锁的办法，即空间间隔法。

空间间隔法控制两运行列车之间保持一定的距离，一个区间(或闭塞分区)同时只允许一列列车运行，因此能保证安全。它比起时间间隔法来，是一个很大的进步。

行车闭塞制式大致经历了：电报或电话闭塞——路签或路牌闭塞(人工闭塞)——半自动闭塞——自动闭塞的发展过程。目前我国铁路，双线多采用自动闭塞，单线多为半自动闭塞。

二、闭塞系统

按闭塞方式的不同，闭塞系统主要有半自动闭塞、自动站间闭塞和自动闭塞。

半自动闭塞以出站信号机的允许信号显示作为发车凭证，发车站的出站信号机(或线路所的通过信号机)必须经两站同意，办理闭塞手续后才能开放，列车进入区间自动关闭；而且在列车未到达接车站以前,向该区间发车用的所有信号机都不得开放,这就保证了两站间的区间内同时只有一列列车运行。继电半自动闭塞,是以继电电路的逻辑关系完成区间的闭塞作用的。半自动闭塞区间不设轨道电路,不能监督列车在区间是否遗留车辆,列车的整列到达必须依靠车站值班员的人为确认,以专用的"复原"按钮发送到达复原信号之后,区间才能解除闭塞,因此是半自动的。

目前我国铁路在单线区段普遍使用的64D型继电半自动闭塞,由于没有区间检查设备,区间的占用或空闲情况及列车是否完整到达均需由车站值班员人工确认,因此,存在着不安全因素。一旦车站值班员违章和疏忽,错误办理解除闭塞而向有车占用的区间发车,就会造成车毁人亡的重大事故。为确保单线区段的行车安全,完善和改进现有64D型继电半自动闭塞的功能,提高运输效率,减轻车站值班人员的劳动强度,需要逐步对现有的半自动闭塞进行技术改造,增加区间空闲与占用状态的检查设备。在半自动闭塞区段,配套计轴设备或长轨道电路,可自动地确认列车的完整到达,使区间闭塞系统自动复原,构成自动站间闭塞。无需车站值班员确认列车完整到达,缩短了车站办理接发车时间,相应地提高了区间通过能力。克服了在没有区间空闲检查设备状况下半自动闭塞区段因区间遗留车辆、车辆溜逸和错误办理事故复原等造成的不安全情况。

自动闭塞是在列车运行中自动完成闭塞作用的。它将一个区间划分为若干闭塞分区,每个闭塞分区的起点装设通过信号机,列车运行时借助车轮与轨道电路接触发生作用,自动控制信号机的显示。这种方式不需要办理闭塞手续,又可开行追踪列车,既保证了行车安全,又提高了运输效率。自动闭塞比其他各种闭塞方式都优越,是先进的闭塞方式,它对于保证区间行车安全、提高区段通过能力,起着非常显著的作用。自动闭塞又是列车运行控制系统的重要组成部分和基础设备。我国铁路的自动闭塞将获得大力发展。

第二节　半自动闭塞

半自动闭塞具有设备简单、动作稳定、使用方便、维修容易、投资少、安装快等优点,符合我国铁路运营的实际需要,因而得到广泛的应用。它在保证行车安全、提高运输效率及改善劳动条件等方面发挥了显著的作用。但在铁路运输不断发展的情况下,它又暴露了一些缺陷,需要进一步改进。

一、半自动闭塞的基本概念

半自动闭塞以出站信号机的允许信号显示作为发车凭证,发车站的出站信号机必须经两站同意,办理闭塞手续后才能开放,列车进入区间出站信号机自动关闭;而且在列车未到达接车站以前,向该区间发车用的所有信号机都不得开放,这就保证了两站间的区间内同时只有一列列车运行。

继电半自动闭塞在各区间的相接车站都装有半自动闭塞机,以继电电路的逻辑关系完成区间的闭塞作用。图3-1是单线继电半自动闭塞示意图。

闭塞机应完成以下作用:

(1)甲站要向乙站发车,必须区间空闲并得到乙站同意后,才能开放出站信号机。

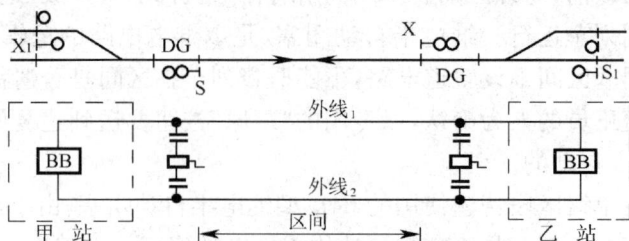

图 3-1　单线继电半自动闭塞示意图

（2）列车从甲站出发后，区间闭塞，两站都不能向该区间发车。

（3）列车到达乙站，车站值班员确认列车整列到达，办理到达复原后，区间才能解除闭塞。

半自动闭塞与车站联锁系统发生联锁关系，使得半自动闭塞电路能反映车站是否排列好并锁闭好发车进路或接车进路，列车是否出发和到达；而车站联锁电路开放出站信号机必须检查已办好区间闭塞手续，区间开通。因此它们必须有结合电路。

半自动闭塞与继电集中联锁、计算机联锁都能很方便地相结合。

二、64D 型继电半自动闭塞的构成

64D 型继电半自动闭塞系统由半自动闭塞机、半自动闭塞用的轨道电路、操纵和表示设备及闭塞电源、闭塞外线等部分组成。此外，还包括车站的进、出站信号机。它们之间用电路相连，以实现彼此间的电气联系。为了实现闭塞系统之间的相互联系和控制，在相邻两站属于同一区间的两台闭塞机之间，用两条外线连接。64D 型继电半自动闭塞系统间的联系如图 3-2 所示。

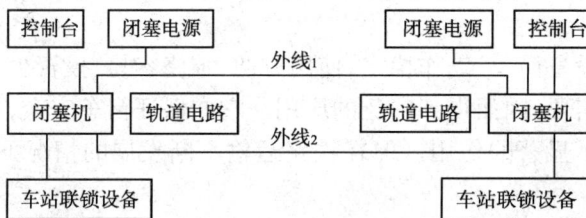

图 3-2　64D 型继电半自动闭塞系统间的联系示意图

闭塞机由继电器和电阻、电容器等元件组成，它们构成半自动闭塞电路，完成闭塞作用。在继电集中联锁车站，做成半自动闭塞组合 B_1、B_2，安装在组合柜上。

在每个车站两端进站信号机内方的半自动闭塞用轨道电路的作用，一是监督列车的出发，使发站闭塞机闭塞；二是监督列车的到达，然后由车站值班员办理到达复原。由于这两个作用（尤其是第一个作用）的重要性，即轨道电路不仅能稳定可靠地工作，而且要满足"故障—安全"要求。

继电半自动闭塞的操纵和表示设备有：按钮、表示灯、电铃和计数器，这些元件安装在车站控制台上。

继电半自动闭塞的外线原来是和站间闭塞电话线共用的,但随着干线电缆或光缆线路的发展,最好将闭塞机外线和闭塞电话线分开。由于通信传输手段的现代化,光纤传输和无线传输越来越普遍,于是出现了将闭塞信号通过编码,由光缆或无线进行传输,以代替电缆传输。

三、64D 型继电半自动闭塞的电路工作原理

为使电路简单明了,便于掌握,将 64D 型继电半自动闭塞电路按功能不同设计成独立的单元式电路。它由线路继电器电路、信号发送器电路、发车接收器电路、接车接收器电路、闭塞继电器电路、复原继电器电路、轨道继电器电路和表示灯电路等 8 个单元电路组成。

1. 线路继电器电路

线路继电器电路的作用是发送和接收闭塞信号。它由正线路继电器和负线路继电器组成。在每个闭塞区间两端的线路继电器是对称的,每端串联两个线路继电器,正线路继电器接收正极性的闭塞信号,负线路继电器接收负极性的闭塞信号。

2. 信号发送器电路

信号发送器电路的作用是发送闭塞信号。它由正电继电器和负电继电器组成。

正电继电器吸起向闭塞外线发送正极性的请求发车信号、同意接车信号和出发通知信号等闭塞信号。请求发车信号是闭塞机在定位状态时才能发出的信号,当本站值班员按下"闭塞"按钮时发送。同意接车信号是在收到对方站的请求发车信号、本站闭塞机转为接车状态后才能发送的信号,当本站值班员按下"闭塞"按钮时发送。出发通知信号是在列车自发车站出发,进入发车站进站信号机内方第一个轨道区段时,闭塞机自动发出的信号。

负电继电器吸起向闭塞外线发送自动回执信号、到达复原信号、取消复原信号和事故复原信号四种负极性的闭塞信号。自动回执信号是接车站收到请求发车信号之后,自动向发车站发送的证实信号。到达复原信号是在列车完整到达接车站后,由接车站值班员办理到达复原时发送的信号。取消复原信号是在本站请求发车之后和列车未出发之前由车站值班员办理取消闭塞时发送的信号。事故复原信号是当闭塞机发生故障不能正常复原,而办理事故复原时发送的信号。

3. 发车接收器电路

发车接收器电路的作用是记录发车站闭塞机状态的。它由选择继电器、准备开通继电器和开通继电器组成。

选择继电器电路有两个作用:一是区分自动回执信号和复原(到达复原、取消复原、事故复原)信号;二是请求发车后检查出站信号机是否开放。自动回执信号和复原信号都是从对方站发来的负极性脉冲,为了区分这两种代表不同意义的负极性信号,用选择继电器吸起证明接收的是自动回执信号;而选择继电器落下证明接收的是复原信号。

准备开通继电器电路的作用是接收自动回执信号。当收到自动回执信号时,准备开通继电器吸起并自闭,将闭塞机转至准备开通状态。

开通继电器电路的作用是接收对方站发来的同意接车信号,并将闭塞机转到开通状态。

4. 接车接收器电路

接车接收器电路的作用是记录接车站闭塞机的状态。它由回执到达继电器、同意接车继电器和通知出发继电器组成。

回执到达继电器有两个作用:一是接收对方站发来的请求发车信号,与同意接车继电器一起构成自动回执信号电路;二是记录列车到达。因为这两个作用不是同时完成的,所以可由一个继电器来兼用,而设计成两组电路,用通知出发继电器接点来区分这两组电路。在收到列车出发通知信号之前,因通知出发继电器落下,此时回执到达继电器吸起作为发送回执信号之用;而在收到列车出发通知信号之后,因通知出发继电器吸起,此时回执到达继电器吸起作为记录列车到达之用。

同意接车继电器的作用是接收请求发车信号。同意接车继电器吸起后将闭塞机转为接车状态,并为发送同意接车信号做好准备。

通知出发继电器的作用是接收列车出发通知信号。

5. 闭塞继电器电路

闭塞继电器电路的作用是反映区间的闭塞状态。闭塞继电器吸起时,表示区间空闲,闭塞机在定位状态;闭塞继电器落下时,表示区间闭塞,闭塞机在闭塞状态。

6. 复原继电器电路

复原继电器电路的作用是用来使闭塞机复原。有四种情况:

(1)对方站办理复原(取消复原时本站为接车站,到达复原时本站为发车站)时,收到对方站发来的负极性脉冲,并证实此负极性脉冲是复原信号而不是自动回执信号。

(2)在本站办理到达复原(本站为接车站)或取消复原(本站为发车站)时,车站值班员按下"复原"按钮。办理到达复原时,列车出清接车站进站信号机内方第一个轨道电路区段;而在办理取消复原时,列车在发车站尚未出发。

(3)在本站办理事故复原时,车站值班员按下"事故"按钮。

(4)当在路用列车或机外调车需越出进站信号机占用区间时,车站值班员都应按照发车手续办理闭塞,然后开放出站信号机。当路用列车或机外调车进入区间后,两站闭塞机都闭塞。待路用列车或调车车列返回到本站时,由本站值班员确认后,按下"事故"按钮,办理事故复原。

7. 轨道继电器电路

闭塞机中的轨道继电器是现场轨道继电器的复示继电器,其作用是用来监督列车出发和到达,并以此来控制闭塞电路的动作。

8. 表示灯电路

表示灯电路的作用是用于表示闭塞机的各种状态。

发车表示灯有五种状态:定位状态,无表示;请求发车,亮黄灯;区间开通,亮绿灯;发车闭塞,亮红灯;列车到达:作为接车站时,亮红灯。

接车表示灯有四种状态:定位状态,无表示;邻站请求发车,亮黄灯;同意接车,亮绿灯;接车闭塞,亮红灯。

第三节 自动站间闭塞

64D型继电半自动闭塞,由于区间没有列车占用检查设备,不能检查区间是否空闲,到达复原需人为确认,既危及行车安全,又影响运输效率。特别严重的是,在区间有车占用的情况下还能用事故复原解除闭塞,造成"双发"的可能性。列车在区间丢车或车辆溜逸至区间时,都不能发现,严重影响行车安全。为此,必须增加区间空闲检查设备,和继电半自动闭塞系统配套,自动检查区间占用或空闲,实现列车到达后的自动复原,构成站间自动闭塞。这是半自动闭塞的现代化方向。

自动站间闭塞不同于半自动闭塞,其不必人工办理闭塞和到达复原;也不同于自动闭塞,其区间不划分闭塞分区,不设通过信号机。

区间检查设备有两类:计轴器和长轨道电路。采用计轴技术的优越性在于:能对长区间进行检查;具有较高的可靠性、安全性及适用性;在国外铁路应用较为普遍,并产生了很好的运用经验和经济、社会效益。因此,目前多采用计轴技术。

在自动闭塞区段,反方向运行时,按自动站间闭塞行车,这时由轨道电路监督区间的占用与否。

一、计轴设备

计轴设备是用于完成计算机车车辆进出区段的轮轴数,分析计算区段是否有车占用的一种技术设备。它具有检查区间占用与空闲的功能,而且不受轨道线路的道床状况等影响。它记录和比较驶入和驶出轨道区段的轴数,作为检查区段的安全设备,其作用和轨道电路等效。

1. 计轴设备的组成

计轴设备由室内设备和室外设备两部分组成,如图 3-3 所示。室外设备有轮轴传感器(或称磁头)K_1、K_2 和电子连接箱;室内设备有运算器、继电器等,或采用微型计算机构成计轴器主机系统 ACE。室外设备和室内设备通过传输线路相连接。

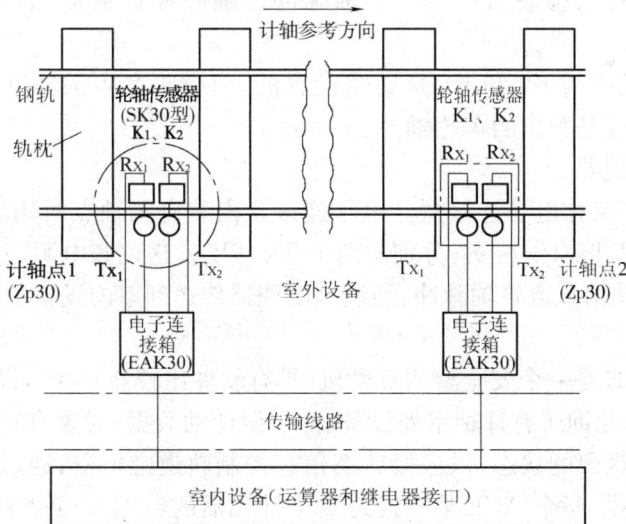

图 3-3　计轴设备组成图

计轴设备分为以下部分:

(1)计轴点,包括传感器和电气连接箱,主要用于产生车轴脉冲。

（2）信息传输部分，用来传递信息。

（3）计数部分，包括计数、比较、监督、表示等装置，对计轴点产生的车轴脉冲进行计数和确定列车运行方向，比较计轴点入口和出口所记轴数及记录计数结果。

（4）电源，提供可靠的供电。

2. 计轴设备的部件

（1）轮轴传感器

轮轴传感器又称磁头，为变耦合式电磁有源传感器，设有发送线圈和接收线圈，利用车轮铁磁体改变两者之间耦合关系，使电感或互感在车轮通过时发生变化，而产生轮轴信号。

设 K_1 和 K_2 两组磁头，每组磁头又由 1 个发送磁头（Tx）和 1 个接收磁头（Rx）组成。发送磁头的信号来自电子连接盒的发送接收板。由于电磁感应作用，在接收磁头中感应出交流信号。该信号送到电子连接盒的发送接收板，输出一相应的直流电压。发送磁头和接收磁头由绕在铁氧体磁芯上的线圈和一并联电容组成，发送线圈和接收线圈磁芯的位置及钢轨的几何形状，如图 3-4 所示，使得发送线圈 S

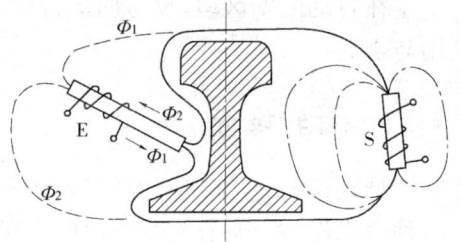

图 3-4　磁头原理图

和接收线圈 E 所产生的磁通环绕过钢轨后形成两个磁通 Φ_1、Φ_2，它们以不同的路径、相反的方向穿过接收线圈 E。在无车轮经过传感器时，此时磁通 Φ_1 远大于 Φ_2，在接收线圈内感应出一定的交流电压信号。当车轮经过传感器，由于车轮的屏蔽作用，Φ_1 减小，而 Φ_2 增大，使 $\Phi_2 > \Phi_1$，在接收线圈内感应的交流电压相位与发送电压相反，这个载有轮轴信息的信号，经整形、检波后产生一个轴脉冲。轴脉冲形成后，计轴过程完全由软件来完成。

由于两条轨上的磁头 K_1 和 K_2 是交错设置的，两磁头产生的轴脉冲在时间上先后不同，可以判别是进入或是驶出的车轮轴。

（2）计轴运算处理器

计轴运算处理器又称电子连接盒。电子连接盒内装有测轴点所用的电子电路印制板，电子连接盒各接一对 Tx/Rx 磁头，分别向两个 Tx 线圈发送调频电源，并接收及处理来自相应 Rx 线圈的信息，输出直流轮轴脉冲，经调制解调器传送到室内设备的结合电路。

（3）计轴运算器

计轴运算器 ACE 是一个安全型的双微机（具有软件比较器）系统，设于室内。

ACE 的任务为：轮询所有计轴室外设备，并取得计轴数据；对来自计轴室外设备的数据进行运算，确定计轴区段的状态，以区段状态信息控制轨道继电器；通过串行数据网络与相邻 ACE 交换计轴数据（每个 ACE 最多发送 4 个计轴器的数据）；通过串行数据网络向联锁系统输出所有计轴区段的状态；微机的自检、接口的自检、计算机或并行口发生与安全有关的故障时，均做出安全反应。

计轴设备与系统的结合采用了安全型继电器电路。为实现对后续列车的防护及系统故障—安全的需要，对原计轴设备新开发了计出功能，并增加了轨道监督电路。

（4）轴数显示器

轴数显示器是计轴检测设备的一部分，放置在信号机械室内，其主要作用为监视计轴设备的工作状态，显示进入区间的列车轴数。

轴数显示器的不同显示状态可以反映当前区间不同的状况：区间空闲、区间占用、区间负轴、列车进入区间、列车离开区间、计轴器设备故障。

（5）计轴检测盒

计轴检测盒每一计轴区间设一个，它是计轴设备的一部分，安装在信号机械室内，其主要作用是监测计轴闭塞系统的运行状态，指示设备工作状态，给出各种故障提示，为维修人员提供区间是否占用，设备是否故障及故障类型等信息，以便及时进行故障处理，保障计轴闭塞系统可靠的工作。

计轴检测盒设以下表示灯：区间占用表示灯、负轴故障表示灯、接收故障表示灯、本站复零表示灯、本站设备故障表示灯、计轴检测盒工作表示灯、载波检测表示灯。

3. 计轴设备的基本工作原理

计轴设备利用轨道传感器、计数器来记录和比较驶入和驶出轨道区段的轴数，以此确定轨道区段的占用或空闲，其工作原理是，当列车出发，车轮进入轨道传感器作用区时，发车站微机开始计轴，轮对经过传感器磁头时，向微机传送轴脉冲，微机开始计数，并判定运行方向，确定对轴数是累加计数还是递减计数。系统规定，凡进入防护区段的轮轴数进行累加运算，凡离去防护区段的轮轴数进行递减运算。列车进入区间，计轴器对轮轴进行计数，并发出区间占用信息，列车全部通过车轴计轴点时，停止计数，并经传输线向对方站发送本站所计的发车轴数。当列车到达接车站计轴点时，由于列车是驶离区间，计轴器进行减轴运算，同时接车站在列车全部通过后，将所计轴数，再传递给发车站。然后两站的微机同时对驶入区间和驶离区间的轮轴数进行比较运算，两站一致时，发出区间空闲信息表示，这时微机控制闭塞系统自动复原，否则区间仍将处于占用状态。未办理闭塞时有车溜入区间，就自动断开闭塞电路，并发出声光报警。

4. 计轴设备在区间闭塞中的应用

计轴设备在区间闭塞中与其他设备结合，可以构成：监督区间状态的半自动闭塞、自动站间闭塞。

（1）监督区间状态的半自动闭塞

在单线区间采用64D型继电半自动闭塞时，可以与其相结合，监督区间有车占用或空闲状态，实现64D型继电半闭塞系统自动复原。在两分界点（车站）之间，各设一对计轴器，通过闭塞外线相联系。当发车站办理完闭塞手续后，列车出发，当车轮轮轴通过轮轴传感器时，计轴设备就计算出进入区间的车轮轮轴数，并向接车站传送进入区间的车轮轮轴数。列车到达接车站，经过轮轴传感器时，计轴设备就计算出驶出区间、进入接车站的轴数。如果进入和驶出区间的车轮轮轴数相等，设备就发出区间"空闲"信息，使接、发车站的64D型继电半自动闭塞机自动复原。采用计轴器监督区间状态可以防止发生错误办理时，造成危及行车安全的事故。

（2）自动站间闭塞

自动站间闭塞也是在现有64D型继电半自动闭塞的基础上增加计轴设备构成两站间的

自动闭塞。当发车站办理发车进路时,区间自动构成闭塞状态,并切断对方站的发车进路。出站信号机开放,应连续检查闭塞正确及区间空闲,列车出发后,解除闭塞前,两站防护区间的出站信号机均不能开放。当列车到达接车站后,经检查区间空闲后,自动解除闭塞。

二、计轴自动站间闭塞系统构成

计轴自动站间闭塞系统是在现有 64D 型继电半自动闭塞系统的基础上增加计轴设备、计轴专用电源、计轴检测盒、滤波器、计轴综合电缆、与原 64D 型继电半自动闭塞的结合电路,以及防雷设备等构成的,其系统构成如图 3-5 所示。该计轴设备采用直流供电,站间数据通信与继电半自动共线传输方式。

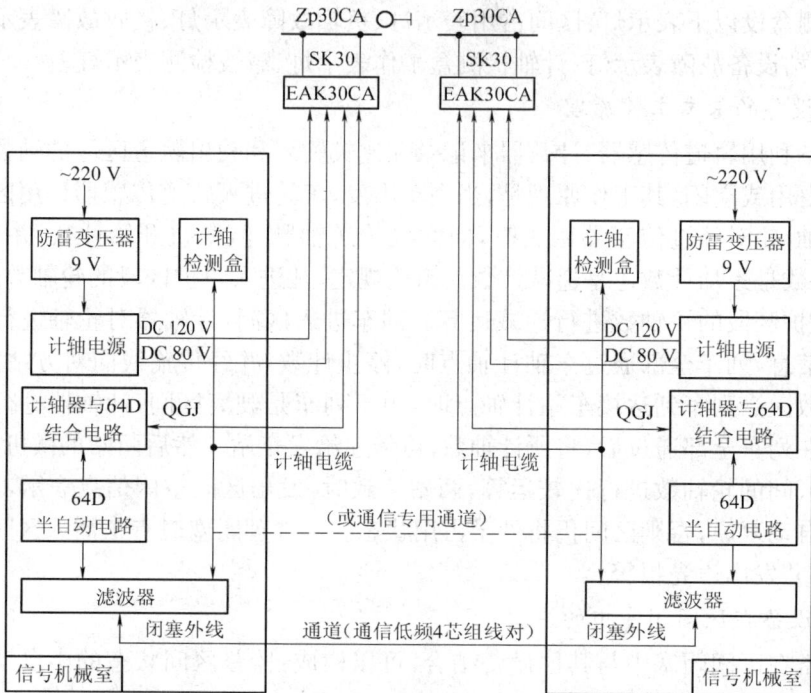

图 3-5 计轴自动站间闭塞系统构成框图

采用计轴器作为区间空闲与占用状态的检查设备,每个区间安装两套,分别设在两站进站信号机内方 2～3 m 处。计轴器由车轮传感器(磁头)和电子连接盒(计轴运算处理器)组成。车轮传感器包括两组磁头,每组磁头又由 1 个发送磁头和 1 个接收磁铁组成。两组磁头安装在同一侧钢轨上,其作用为采集列车轮轴信息。

计轴专用电源用于提供计轴器工作电源和动作区间轨道继电器的电源,以及点亮控制台表示灯的电源。

计轴检测盒用于检测计轴设备工作状态,并提供区间占用、本站计轴故障、邻站计轴故障、本站计轴复零、邻站计轴复零、检测盒工作灯及通道通信状态监督灯等计轴设备工作状态指示。

计轴设备与原 64D 型继电半自动闭塞的结合电路每个区间的两端站各设一套。在计轴设备发生故障时,仍可使用半自动闭塞。

三、自动站间闭塞电路

计轴设备与系统的结合采用了安全型继电器电路。计轴设备与原 64D 型继电半自动闭塞的结合电路每个区间的两端站各设一套，主要由区间轨道继电器、区间轨道辅助继电器、闭塞自动办理继电器、站间闭塞继电器、人工闭塞按钮继电器、人工闭塞继电器、路票列车记录继电器、同意接车复示继电器等组成，以及与闭塞按钮继电器、复原按钮继电器、事故按钮继电器、发车锁闭继电器、接车锁闭继电器、半自动轨道继电器、负电继电器、复原继电器电路的结合。

1. 区间轨道继电器电路

区间轨道继电器电路反映区间空闲与占用状态，区间轨道继电器吸起说明区间空闲，区间轨道继电器落下说明区间占用。

区间轨道继电器由计轴设备驱动。

2. 区间轨道辅助继电器电路

在自动站间闭塞运行时为区间轨道继电器的复示继电器；在半自动闭塞运行时，使区间轨道继电器保持吸起，不再检查区间空闲。

3. 人工闭塞按钮继电器电路

人工闭塞按钮继电器平时落下。按下"闭塞切换"按钮时，人工闭塞按钮继电器吸起；拉出"闭塞切换"按钮，人工闭塞按钮继电器落下。

4. 站间闭塞继电器电路

站间闭塞继电器平时吸起，反映处于站间闭塞状态。

在未按下"闭塞切换"按钮、未办理闭塞、未办理发车进路、区间空闲的情况下，站间闭塞继电器吸起。按下"闭塞切换"按钮时，站间闭塞继电器落下。

5. 人工闭塞继电器电路

人工闭塞继电器平时落下，反映处于半自动闭塞状态。

在未办理闭塞、未办理发车进路、区间空闲的条件下，可通过"闭塞切换"按钮进行两种闭塞方式的切换。按下"闭塞切换"按钮后，使人工闭塞继电器吸起；拉出闭塞切换按钮，断开人工闭塞继电器自闭电路。

当计轴设备故障时，使用一次电话闭塞法，方可按半自动闭塞运行，此时，要使人工闭塞继电器励磁吸起。

6. 路票列车记录继电器电路

路票列车记录继电器用以记录的路票列车出发及到达。

当计轴设备故障时，列车出发前，双方站车站值班员确认区间空闲后，各自破封按下"闭塞切换"按钮，停用计轴设备，经用一次电话闭塞法确保区间空闲后，使路票列车记录继电器吸起并自闭。路票列车记录继电器吸起后，使人工闭塞继电器吸起，此后按半自动闭塞方式运行。在计轴设备恢复后，拉出"闭塞切换"按钮，路票列车记录继电器电路被断开。

7. 闭塞自动办理继电器电路

在不改变原半自动闭塞电路基本结构前提下,用该继电器完成原由人工办理的请求发车和同意接车手续,实现闭塞的自动办理。

闭塞自动办理继电器平时吸起。

对于发车站,办理发车进路时,使闭塞自动办理继电器落下。发车进路解锁后,闭塞自动办理继电器复原。

对于接车站,收到对方站请求发车信号后,使闭塞自动办理继电器继续吸起。发完自动回执信号后,利用闭塞自动办理继电器的缓放,自动发送同意接车信号。

8. 同意接车复示继电器电路

因接点不够用,设同意接车继电器的复示继电器。

第四节 自动闭塞

一、自动闭塞概述

1. 自动闭塞的基本概念

自动闭塞是根据列车运行及有关闭塞分区状态,自动变换通过信号机显示的闭塞方式。这种方式不需要办理闭塞手续,又可开行追踪列车,既保证了行车安全,又提高了运输效率。自动闭塞比其他各种闭塞方式都优越,是先进的闭塞方式。

采用自动闭塞的区段,将站间区间划分为若干个小区间,叫做闭塞分区。在每个闭塞分区入口处(始端)装设通过信号机,如图 3-6 所示。通过信号机指示列车能否占用运行前方闭塞分区。在整个自动闭塞区段,各闭塞分区都设有轨道电路。通过轨道电路将列车运行和通过信号机的显示联系起来,根据列车运行自动变换通过信号机的显示,在列车运行过程中自动完成闭塞作用,无需人工参与,故称为自动闭塞。

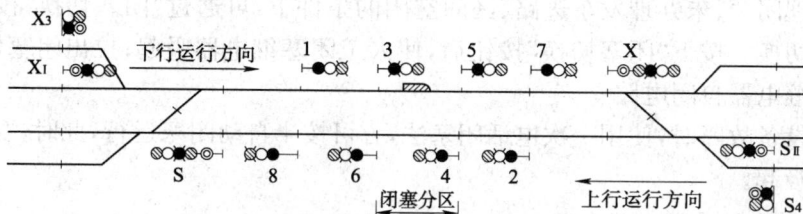

图 3-6 自动闭塞示意图

2. 自动闭塞的优点

自动闭塞和半自动闭塞相比,有以下优点:

(1)由于两站间的区间允许续行列车追踪运行,就大幅度地提高了行车密度,显著地提高区间通过能力。

(2)由于不需要办理闭塞手续,简化了办理接发列车的程序,因此既提高了通过能力,又大大减轻了车站值班员的劳动强度。

（3）由于通过信号机的显示能直接反映运行列车所在位置及线路状态，因而确保了列车在区间运行的安全。

3. 自动闭塞分类

（1）双向自动闭塞和单向自动闭塞

自动闭塞按行车组织方法可分为单线双向自动闭塞、双线单向自动闭塞和双线双向自动闭塞。

在单线区段，既要运行上行列车又要运行下行列车。为了调整双方向列车的运行，在线路两侧都要装设通过信号机，这种自动闭塞称为单线双向自动闭塞，如图 3-7 所示。

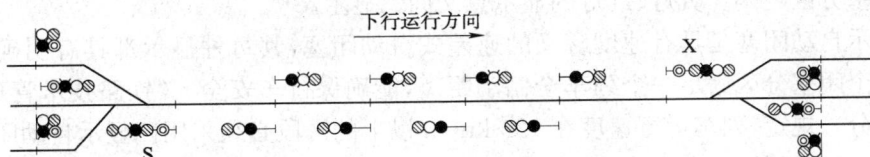

图 3-7　单线双向自动闭塞

在双线区段，以前多采用单方向运行的方式，即一条铁路线只允许上行列车运行，而另一条铁路线只允许下行列车运行。为此，对于每条铁路线仅在一侧设通过信号机，这样的自动闭塞称为双线单向自动闭塞，如图 3-6 所示。

为了充分发挥铁路线路的运输能力，在双线区段的每条线路上都能双方向运行列车，这样的自动闭塞称为双线双向自动闭塞。反方向一般按站间闭塞行车。双线双向自动闭塞如图 3-8 所示。

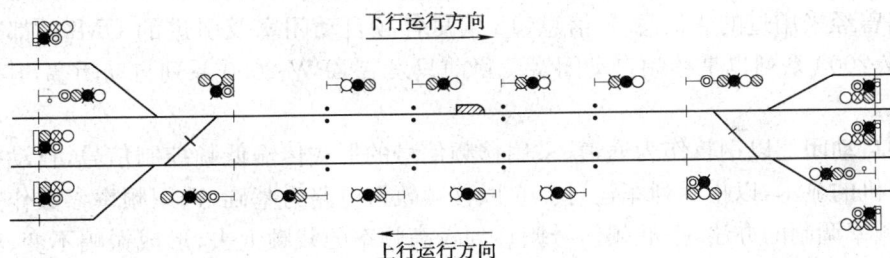

图 3-8　四显示自动闭塞

双线单向自动闭塞只防护列车的尾部，而单线和双线的双向自动闭塞必须对列车的尾部和头部两个方向进行防护。为了防止两方向的列车正面冲突，平时规定正方向通过信号机亮灯，反方向通过信号机灭灯。只要在需要改变运行方向，而且在区间空闲的条件下，由车站值班员办理一定的手续后才能允许反方向的列车运行。所以单线自动闭塞和双线双向自动闭塞必须设改变运行方向电路。

（2）三显示自动闭塞和四显示自动闭塞

三显示自动闭塞区段的通过信号机采用三显示机构，自上而下是黄、绿、红灯，能预告列车运行前方两个闭塞分区的状态。绿灯点亮时，准许列车按规定速度运行，表示运行前方至少有两个闭塞分区空闲。黄灯点亮时，要求列车注意运行，表示运行前方有一个闭塞分区空闲。红灯点亮时，列车应在该信号机前停车。当货物列车在设于上坡道上的通过信号机前停车后启动困难时,该信号机上应装设容许信号。容许信号显示一个蓝灯,准许列车在通过信号机显示红灯的情况下不停车,以不超过 20 km/h 的速度通过,运行到次架通过信号机,并随时准备停车。

在列车速度和行车密度不断提高的情况下,在一些繁忙的客货混运区段,各种列车的运行速度和制动距离相差很大,三显示自动闭塞难以满足运营要求,于是出现了四显示自动闭塞。四显示自动闭塞在三显示自动闭塞的基础上增加绿黄显示,如图 3-8 所示,其能预告列车运行前方三个闭塞分区的状态。信号机构仍采用三显示,自上至下依次是绿、红、黄。绿灯和黄灯同时点亮,表示运行前方有两个闭塞分区空闲。绿灯点亮时,表示运行前方有三个及以上闭塞分区空闲。黄灯、红灯的显示意义同三显示。

四显示自动闭塞是具有速度含义的速差式自动闭塞,其每种显示都具有明确的速度含义。用两个闭塞分区满足一个列车全制动距离,能确保行车安全。《铁路技术管理规程(普速铁路部分)》规定,列车运行速度在 120 km/h 以上的区段必须采用四显示自动闭塞。四显示自动闭塞还可压缩列车追踪间隔,以进一步提高行车密度。

此外,按设备放置方式可分为分散安装式自动闭塞和集中安装式自动闭塞,以前大多采用分散安装式,目前均采用集中安装式;按是否安装钢轨绝缘可分为有绝缘自动闭塞和无绝缘自动闭塞,以前大多采用有绝缘自动闭塞,目前均采用无绝缘自动闭塞;按信息特征可分为交流计数电码自动闭塞、极频自动闭塞和移频自动闭塞,以前三种制式的自动闭塞都采用过,目前均采用移频自动闭塞。

4. 移频自动闭塞

移频自动闭塞是目前我国应用最为广泛的自动闭塞,也是今后自动闭塞的发展方向。我国铁路曾经采用过的 4 信息、8 信息、18 信息移频自动闭塞及引进的 UM71,都是移频制式。ZPW-2000 系列也是移频自动闭塞。目前只发展 ZPW-2000 系列自动闭塞,其他制式都予以淘汰。

移频自动闭塞以钢轨作为通道,采用移频信号的形式传输低频控制信号,自动控制区间通过信号机的显示,以指示列车运行。它以移频轨道电路为基础,选用频率参数作为控制信息,采用频率调制的办法,把低频信号搬移到较高频率的载频上去,形成振幅不变、频率随低频信号作周期性变化的移频信号。

ZPW-2000 系列移频自动闭塞载频中心频率 f_0 选为 1700-1 Hz、1700-2 Hz、2000-1 Hz、2000-2 Hz、2300-1 Hz、2300-2 Hz、2600-1 Hz、2600-2 Hz 八种,是为了防止钢轨绝缘双破损后两相邻轨道电路产生错误动作,所以相邻轨道电路采用不同的载频。在双线区段,由于上、下行线路之间存在邻线干扰,所以上、下行线路采用不同的频率,上行线用 1 700 Hz 和 2 300 Hz,下行线用 2 000 Hz 和 2 600 Hz。频偏 Δf 为 11 Hz。低频为从 10.3～29 Hz,每隔 1.1 Hz 一个,共 18 个,各低频代表不同的行车信息。

在移频自动闭塞区段,移频信息的传输是按照运行列车占用闭塞分区的状态,迎着列车的运行方向,自动地向前方闭塞分区传递信息的,如图 3-9 所示,若下行线有两列列车 A、B 运行,A 列车运行在 1G 分区,B 列车运行在 5G 分区。由于 1G 有列车占用,防护该闭塞分区的通过信号机 7 显示红灯,这时 7 信号点的发送设备自动向前方闭塞分区 2G 发送 26.8 Hz 调制的、中心载频为 2 300 Hz 的移频信号。当 5 信号点的接收设备接收到该移频信号后,使通过信号机 5 显示黄灯。此时 5 信号点的发送设备自动地向前方闭塞分区 3G 发送以 16.9 Hz 调制的、中心载频为 1 700 Hz 的移频信号。当 3 信号点的接收设备接收到该移频信号后,使通过信号机 3 显示绿灯。同样,3 信号点的发送设备又自动地向前方闭塞分区 4G 发送 13.6 Hz 调制的、中心载频为 2 300 Hz 的移频信号,当 1 信号点的接收设备接收到此移频信号后,使通过信号机 1 显示绿灯。1 信号点的发送设备又自动地向前方闭塞分区 4G 发送 11.4 Hz 调制的、中心载频为 1 700 Hz 的移频信号。由于续行列车 B 已进入 5G 分区,可按规定速度继续运行。如果列车 A 由于某种原因停在 1G 分区,则当续行列车 B 进行 4G 分区,司机见到通过信号机 5 显示绿、黄灯,则应注意减速运行。当续行列车 B 进行 3G 分区,司机见到通过信号机 5 显示黄灯,则应进一步减速运行。当续行列车 B 进入 2G 分区时,由于通过信号机 7 显示红灯,司机采取制动措施,使列车 B 能停在显示红灯的通过信号机 7 的前方。这样,就可根据列车占用闭塞分区的状态,自动改变地面信号机的显示,准确地指挥列车的运行,实现自动闭塞。

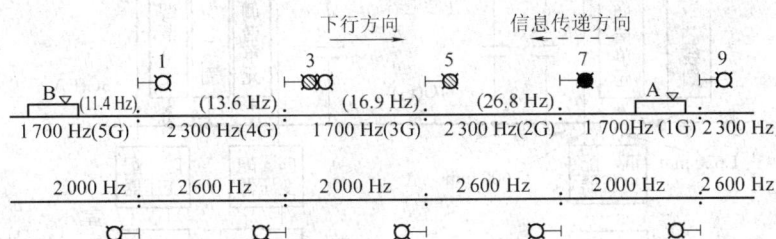

图 3-9 移频自动闭塞的工作原理

二、ZPW-2000A 型无绝缘自动闭塞

ZPW-2000 系列自动闭塞充分吸收 UM71 的技术优势,并实现了重大技术改进和创新。它克服了 UM71 在传输安全性和传输长度上存在的问题。在轨道电路传输安全上,解决了轨道电路全路断轨检查、调谐区死区长度、调谐单元断线检查、拍频干扰防护等技术难题,延长了轨道电路的传输长度。采用单片微机和数字信号处理技术,提高了抗干扰能力。

1. ZPW-2000A 型自动闭塞的特点

(1)在解决调谐区断轨检查后,实现了对轨道电路全程断轨的检查,大幅度减少了调谐区死区长度(20 m 减小到 5 m 以内),实现了对调谐单元的断线检查和对拍频信号干扰的防护,大大提高了传输的安全性。

(2)利用新开发的轨道电路计算软件实现了轨道电路参数的优化,大大提高了轨道电路的传输长度,将 1.0 $\Omega \cdot$ km 道床电阻的轨道电路传输长度提高了 44%(从 900 m 提高到 1 300 m),将电气—机械绝缘节的轨道电路长度提高了 62.5%(从 800 m 提高到 1 300 m),改善了低道床电阻轨道电路工作的适应性。

(3)用 SPT 国产铁路信号数字电缆取代法国的 ZCO$_3$ 型电缆,线径由 1.13 mm 降至 1.0 mm,减少了备用芯组,加大了传输距离(从 7.5 km 提高到 10 km),使系统的性价比大幅度提高,显著降低了工程造价。调谐区设备的 70 mm^2 铜引接线用钢包铜线取代,方便了维修。

（4）用单片微机和数字信号处理芯片代替晶体管分立元件和小规模集成电路，提高了发送移频信号频率的精度和接收移频信号的抗干扰能力。

（5）系统中发送器采用"$N+1$"冗余，接收器采用成对双机并联运用，提高了系统可靠性，大幅度提高了单一电子设备故障不影响系统正常工作的"系统无故障工作时间"。

2．ZPW-2000A 型无绝缘自动闭塞的组成

（1）ZPW-2000A 型无绝缘自动闭塞的系统结构

ZPW-2000A 型无绝缘自动闭塞系统有电气—电气绝缘节（JES-JES）结构和电气—机械绝缘节（JES-BA//SVA′）结构两种。两者电气性能相同。现以后者为例予以介绍，其系统构成如图 3-10 所示。

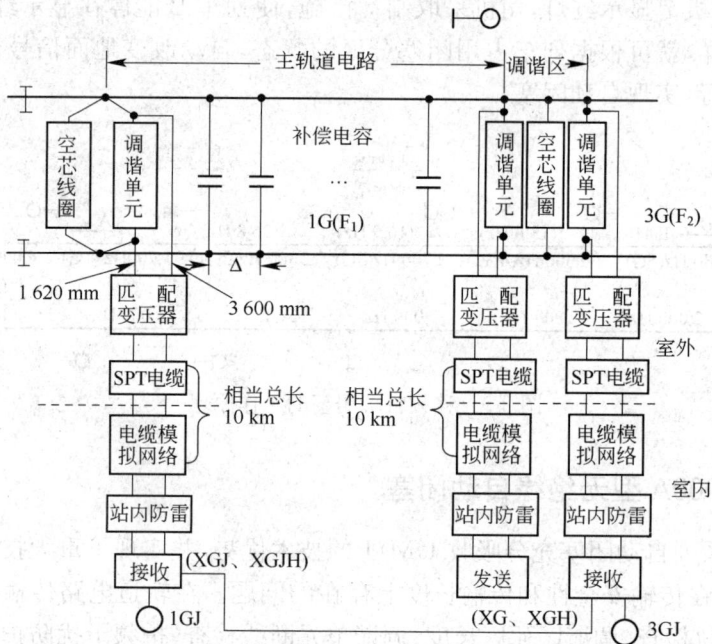

图 3-10　ZPW-2000A 型自动闭塞的系统结构图

ZPW-2000A 型无绝缘自动闭塞由室内设备和室外设备组成。室内设备包括发送器、接收器和电缆模拟网络，室内设备包括调谐单元、空芯线圈、匹配变压器及若干补偿电容。

ZPW-2000A 型无绝缘轨道电路将轨道电路分为主轨道电路和调谐区短小轨道电路（以下简称小轨道电路）两部分，并将小轨道电路视为列车运行前方主轨道电路的所属"延续段"。

发送器同时向线路两侧主轨道电路、小轨道电路发送信号。接收器除接收本主轨道电路频率信号外，还同时接收相邻区段小轨道电路的频率信号。

上述"延续段"信号由运行前方相邻轨道电路接收器处理，并将处理结果形成小轨道电路轨道继电器执行条件（XG、XGH）送本轨道电路接收器，作为轨道继电器（GJ）励磁的必要检查条件（XGJ、XGJH）之一，如图 3-11 所示。

这样，接收器用于接收主轨道电路信号，并在检查所属调谐区小轨道电路状态（XGJ、XGJH）条件下，动作本轨道电路的轨道继电器（GJ）。另外，接收器还同时接收邻段所属调谐区小轨道电路信号，向相邻区段提供小轨道电路状态（XG、XGH）条件。

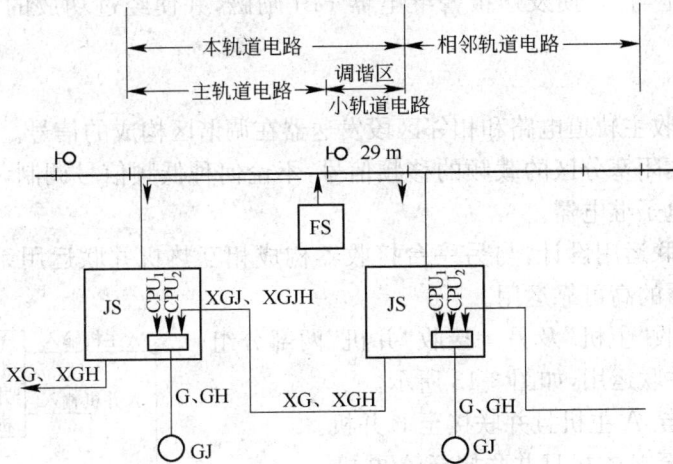

图 3-11 ZPW-2000A 型接收器示意图

（2）室内设备

室内设备包括发送器、接收器、衰耗器和电缆模拟网络等。发送器、接收器、衰耗器安装在移频柜上，电缆模拟网络等安装在综合柜上。

①发送器

发送器用来产生高精度、高稳定性、足够功率的的移频信号；可根据轨道电路的具体情况，通过输出端子的不同连接，获得不同的发送电平；对移频信号进行自检测，故障时给出报警及"$N+1$"冗余运用的转换条件。发送器采用"$N+1$"冗余方式，以保证系统的高可靠运用。

发送器的原理如图 3-12 所示。

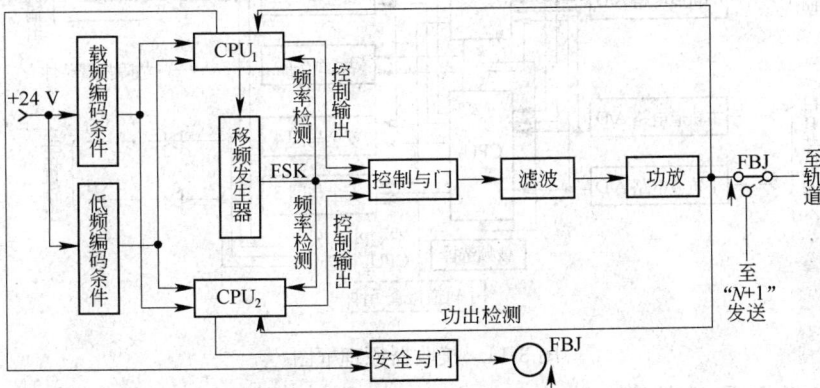

图 3-12 发送器的原理框图

同一载频编码条件、低频编码条件源，以反码形式分别送入两套微处理器 CPU_1、CPU_2 中，其中 CPU_1 控制"移频发生器"产生低频控制信号为 F_c 的移频键控信号 FSK。移频信号分别送至 CPU_1、CPU_2 进行频率检测。检测结果符合规定后，即产生控制输出信号，经"控制与门"使移频信号送至滤波环节，实现方波—正弦波变换。功放输出的移频信号，送至两 CPU 进行功出电压检测。两 CPU 对 FSK 信号的低频、载频和幅度特征检测符合要求后,打开安全与门,使发送报警继电器FBJ励磁,并使经过功放的移频信号输出至轨道。

②接收器

接收器用来接收主轨道电路和相邻区段发送器在调谐区构成的信号。接收器为无选频方式,接收到对应本闭塞分区的载频的移频信号,不论何种低频信号调制,都使轨道继电器吸起,相当于一个电子继电器。

接收器双机并联运用设计,与另一台接收器构成相互热机并联运用系统(或称"0.5+0.5")以保证接收器的高可靠运用。

接收器由本接收"主机"及另一接收"并机"两部分组成,构成成对双机并联运用,如图3-13所示。

A主机输入接至A主机且并联接至B并机。

B主机输入接至B主机且并联接至A并机。

A主机输出与B并机输出并联,动作A主机相应执行对象(A GJ)。

B主机输出与A并机输出并联,动作B主机相应执行对象(B GJ)。

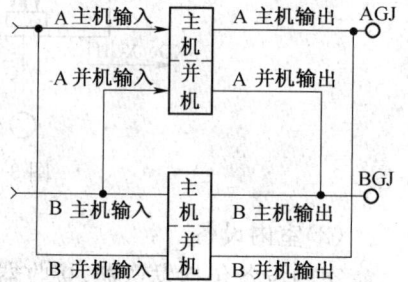

图3-13 双机并联运用原理框图

接收器采用数字信号处理芯片(DSP)进行解调,并具有对调谐区轨道电路的输入、调整、采集、执行环节,如图3-14所示。

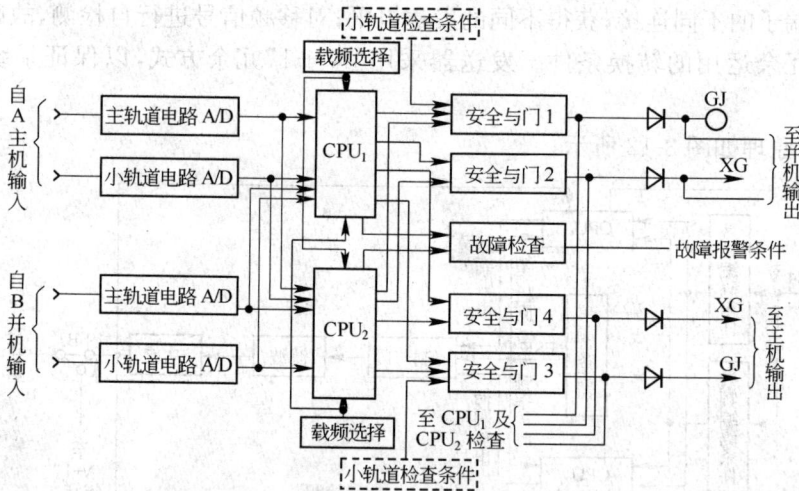

图3-14 接收器原理框图

主轨道电路A/D、小轨道电路A/D为模数转换器,将主机、并机输入的模拟信号转换成计算机能处理的数字信号。

CPU₁、CPU₂完成主机、并机载频判定、信号采样、信息判决和输出驱动等功能。

安全与门1~安全与门4将两路CPU输出的动态信号变成驱动继电器(或执行条件)的直流输出。

载频选择电路根据要求,利用外部的接点,设定主机、并机载频信号,由CPU进行判决,确定接收器的接收频率。

接收器根据外部所确定载频条件,送至两 CPU,通过各自识别,并通信、比较确认一致,视为正常,不一致时,视为故障并报警。外部送进来的信号,分别经过主机、并机两路模数转换器转换成数字信号。两套 CPU 对外部四路信号进行单独的运算,判决处理。表明接收信号符合幅度、载频、低频要求时,就输出 3 kHz 的方波,驱动安全与门。安全与门收到两路方波后,就转换成直流电压带动继电器。如果双 CPU 的结果不一致,安全与门输出不能构成且同时报警。电路中增加了安全与门的反馈检查,如果 CPU 有动态输出,那么安全与门就应该有直流输出,否则就认为安全与门故障,接收器也报警。如果接收器收到的信号电压过低,就认为是列车分路。

③衰耗器

衰耗器用作对主轨道电路的接收端输入电平调整;对小轨道电路的调整(含正、反方向);给出有关发送、接收用电源电压、发送功出电压;给出发送、接收故障报警和轨道占用指示灯等;提供监测条件。

④站防雷和电缆模拟网络

电缆模拟网络的作用是调整区间轨道电路传输的特性,可视为室外电缆的一个延续,补偿实际数字信号电缆,使补偿电缆和实际电缆总距离为 10 km,以便于轨道电路在不同列车运行方向电路时的调整,以保证传输电路工作的稳定性。它直接接在室外电缆的入口处,送、受电端成对使用。

站防雷电路用作对通过传输电缆引入室内雷电冲击的防护(横向、纵向),以保护模拟网络及室内发送、接收设备。

(3)室外设备

①调谐单元

调谐单元是由电感线圈和电容器组成的二端网络。它对于一定的频率形成谐振,实现电气隔离。

②空芯线圈

空芯线圈由铜线绕成,无铁芯,带有中间抽头,主要用来平衡两根钢轨间的不平衡牵引回流。

③匹配变压器

匹配变压器按传输通道参数和载频频率进行设计,以实现轨道与铁路数字信号电缆的匹配连接,获得最佳的传输效果。

④补偿电容器

补偿电容器的作用是保证轨道电路传输距离和接收端信号有效信干比。

三、闭塞分区电路

闭塞分区电路包括接收电路、发送编码电路和内方闭塞分区联系电路、通过信号机点灯电路。

ZPW-2000 系列自动闭塞采用的是无选频方式,接收器没有低频选放电路,只要收到本闭塞分区的载频,不论何种低频,轨道继电器均吸起,即相当于一个电子继电器。因此,各闭塞分区电路的发码及通过信号机点灯,均与其内方各闭塞分区的状态相联系,由 1GJ～5GJ反映其内方各闭塞分区的状态;而各接近区段的发码及通过信号机点灯,都与进站信号机的状态相联系。当运行速度在 160 km/h 以下时,需反映运行前方 3 个闭塞分区的状态,将运行前方各闭塞分区由近及远分别命名为 1G~3G;当运行速度在 160~200 km/h 时,需反映运行前方 5 个闭塞分区的状态,将运行前方各闭塞分区由近及远分别命名为1G~5G;当运行速度在 200 km/h 以上时,需反映运行前方 7 个闭塞分区的状态,将运行前方各闭塞分区由近及远分别命名为 1G~7G。现以 160~200 km/h 时情况予以说明。

对于一般信号点,其运行前方各闭塞分区的状态用 1GJ~5GJ 来反映,如图 3-15 所示。

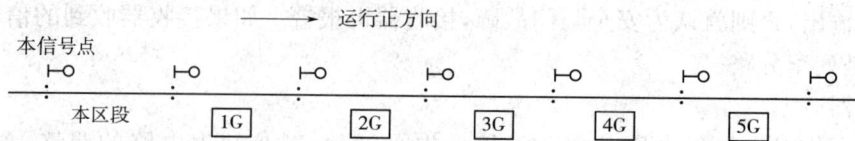

图 3-15　一般信号点运行前方各闭塞分区

对于二接近区段和三接近区段,用反映进站信号机状态的继电器来代替 GJ。

一般闭塞分区的通过信号机定位点绿灯,其闭塞分区电路又称 LL 信号点。由 1GJ~5GJ 编码,其编码情况见表 3-1。

表 3-1　自动闭塞编码

次一架通过信号机显示	5GJ	4GJ	3GJ	2GJ	1GJ	发送信息码
红					↓	HU
黄				↓	↑	U
绿黄			↓	↑	↑	LU
绿		↓	↑	↑	↑	L
绿	↓	↑	↑	↑	↑	L2
绿	↑	↑	↑	↑	↑	L3

通过信号机由 1GJ、2GJ 来区分点黄灯、绿黄灯和绿灯。当本区段和运行前方两个区段空闲,GJF↑ 和 1GJ↑、2GJ↑ 的情况下,点绿灯;当本区段和运行前方第一个区段空闲,GJF↑ 和 1GJ↑,运行前方第二个区段占用 2GJ↓ 的情况下,点绿黄灯;仅本区段空闲,GJF↑,前方第一个区段占用 1GJ↓ 的情况下,点黄灯;本区段占用,GJF↓,点红灯。

区间设备分设于两端车站,因与两站管辖区分界处两侧面的闭塞分区要互相利用对方的有关条件,故必须设站间联系电路。

在高速铁路,其不再由继电器接点编码,而由列控中心的计算机编码。列控中心驱动红灯继电器 HJ、黄灯继电器 UJ、绿灯继电器 LJ,由它们来区分点黄灯、绿黄灯和绿灯。

四、改变运行方向电路

在单线自动闭塞区段,平时规定方向的通过信号机开放,而反方向的通过信号机灭灯,反方向的出站信号机也不能开放。只有在区间空闲且原发车站变为接车状态而不能再向区间发车时,经办理一定手续,改变了运行方向后,反方向的出站信号机和通过信号机才能开放,此时规定运行方向的通过信号机和出站信号机不能开放。

在双线双向自动闭塞区段,反方向不设通过信号机,凭机车信号的显示运行。反方向运行时,通过改变运行方向,转换区间的发送和接收设备,并使规定方向的通过信号机灭灯。改变运行方向这一任务是由改变运行方向电路完成的。改变运行方向电路的作用是,确定列车的运行方向,即确定接车站和发车站;转换区间的发送和接收设备;转接区间通过信号机的点灯电路。

对应于车站的每一接车方向设一套改变运行方向电路,相邻两站间该方向的改变运行方向电路由 4 根外线联系组成完整的改变运行方向电路。对于单线区段,一般车站每端需一套改变运行方向电路。对于双线双向运行区段,一般车站每端需两套改变运行方向电路。

四线制改变运行方向电路由方向继电器电路、监督区间继电器电路、局部电路、辅助办理电路和表示灯电路等组成。

复习思考题 ▶▶▶▶

1. 什么是闭塞?
2. 闭塞设备分哪几类? 各有什么特点?
3. 什么是半自动闭塞?
4. 闭塞机要完成哪些作用?
5. 简述 64D 型继电半自动闭塞的组成。
6. 简述 64D 型继电半自动闭塞的工作原理。
7. 什么是自动站间闭塞? 为什么要发展自动站间闭塞?
8. 简述计轴设备的构成和基本工作原理。
9. 计轴设备在区间闭塞中如何应用?
10. 简述计轴自动站间闭塞系统的组成。
11. 自动站间闭塞电路要完成哪些作用?
12. 什么是自动闭塞?
13. 自动闭塞有哪些优点?
14. 自动闭塞如何分类?
15. 移频自动闭塞有哪些技术特征?
16. 简述 ZPW-2000A 型无绝缘自动闭塞的组成。
17. 闭塞分区电路要完成哪些作用?
18. 什么情况下要采用改变运行方向电路? 它起什么作用?
19. 比较半自动闭塞、自动站间闭塞、自动闭塞的异同。
20. 闭塞系统采用了哪些信号基础设备? 闭塞系统与联锁系统有哪些联系?

第四章 列车运行控制系统

机车信号、列车运行监控记录装置和列车运行超速防护系统都属于列车运行控制系统。列车运行控制系统自动控制列车运行，用来保证行车安全，并以最佳运行速度驾驶列车。随着列车速度和行车密度的不断提高，对列车运行安全的要求越来越严格，列车运行控制系统得到了迅速发展。

第一节　列车运行控制系统概述

列车运行控制系统简称列控，是保证列车安全、快速运行的设备。列控系统包括地面设备和车载设备。列控系统的地面设备包括轨道电路、应答器、列控中心、无线闭塞中心等。列控系统的车载设备包括机车信号、列车运行监控记录装置和列车运行超速防护设备等。

一、从列车自动停车到列车超速防护

1980 年起，我国铁路推广列车自动停车装置，在我国铁路迅速普及，起到一定的作用。但列车自动停车装置功能简单，没有与列车运行速度联系起来，一旦司机按压"警惕"按钮，即解除了自动停车功能，使它不能在红灯前连续地起作用，仍然存在着冒进信号的可能。为了有效地控制列车运行，减少列车冒进、超速行驶引起的事故，必须加速研制列车运行超速防护。我国铁路曾试验和采用多种列车运行超速防护系统，但是，就全国铁路而言，在第六次大提速前还没有建立起完整的列车运行控制系统。

在此期间，研制成并推广使用 LKJ-93 型列车运行监控记录装置（以下简称运器），后又改进为 LKJ 2000 型，运器的功能是监控列车速度，在司机欠清醒或失控的情况下，对列车实施紧急制动，并且可记录运行情况，了解机车运用质量和司机操作水平，对保证列车运行安全、改善对司机、机车的管理发挥了积极作用。但是运器从达不到行车凭证要求的机车信号中提取信息，其本身硬、软件达不到"故障—安全"要求，所需地面数据不是由地面实时传递，而是储存在机车上，按列车坐标提取，一旦发生差错将危及行车安全，其监控部分不符合超速防护所要求的"故障—安全"原则，只能作为一种过渡设备使用。

《铁路技术管理规程（普速铁路部分）》第 101 条规定：最高运行速度不超过 160 km/h 的列车，机车信号设备与列车运行监控记录装置结合使用，轨道车等自轮运转特种设备使用轨道车运行控制设备（GYK）。

列车运行控制系统是当今各国普遍采用的安全技术设备。我国铁路结合高速铁路建设，进行总体规划，系统设计，分步实施，积极发展中国列车运行控制系统（CTCS）。

二、列车超速防护系统的基本原理

随着列车速度的提高和密度的加大，要求列车根据运行速度和前行列车位置及线路状态，在必要时对采取制动操作的时机作出逻辑判断，以便对列车运行进行控制。若使用以人为主的列车自动停车去完成这一任务是困难的，不能满足保证行车安全和提高线路通过能力的要求。列车速度提高到 160 km/h 时，紧急制动距离为 1 400 m；而提高到 200 km/h 时，紧急制动距离将超过 2 000 m。而司机视觉能力对信号作出判断的最少时间为 3～5 s（若遇阴雨雪雾判断更为困难）。当判断时间内列车走行距离不能小于制动距离时，就构成不安全因素，必须由列车超速防护系统去控制列车运行。

一般采用轨道电路提供前行列车位置的信息，应答器提供线路条件，或者利用无线信道提供所有信息。列车上设有接收器，接收信息后，计算允许的限制速度；车轴上的速度传感器获得列车运行的实际速度；将两速度送入计算机系统进行比较，如实际速度超过限制速度，列车超速防护的车载设备就发出制动命令，使列车自动地制动。当列车速度降至列车超速防护所指示的速度以下时，便自动缓解。而运行操作仍由司机完成。

列车制动控制模式分为分级制动模式和一次制动模式。

分级制动是以闭塞分区为单元，根据与前行列车的运行距离来调整列车速度，各闭塞分区采用不同的低频频率调制，指示不同的速度等级，在此基础上确定限速值。

一次制动是按"目标—距离"制动的。根据距前行列车的距离或距运行前方停车站的距离，由车载计算机根据目标距离、列车参数和线路参数计算出列车制动模式曲线，按制动模式曲线控制列车运行。一次制动方式最能合理地控制列车运行速度，是发展方向。

测速有车载设备自测和系统测量两种方法，车载设备自测有测速发电机、路程脉冲发生器、光电式传感器和霍尔式脉冲转速传感器等方法。系统测量有卫星测速和雷达测速等方法。需采用两路测速，以对机车车轮空转、蠕滑、死抱等引起的误差进行修正。

测距是通过测速与轮径完成的，必须不断地对轮径进行修正。

三、CTCS

2003 年，原铁道部组织全路有代表性的信号控制专家组成专家组，参照 ETCS 欧洲列控标准，研究制定了我国的 CTCS 发展装备暂行技术标准，即《CTCS 技术规范总则（暂行）》。

CTCS 就是中国列车运行控制系统（Chinese Train Control System）的英文字头，CTCS 系统分为 CTCS-0 级、CTCS-1 级、CTCS-2 级、CTCS-3 级和 CTCS-4 级五个级别。

CTCS-0 级为既有线的现状，是由通用式机车信号和列车运行监控记录装置组成的系统。

CTCS-1 级是由主体化机车信号、安全型列车运行监控记录装置和点式应答器组成的系统。

CTCS-2 级是基于轨道电路加应答器传输列车运行信息的点连式列控系统。

CTCS-3 级是基于 GSM-R 无线通信实现"车—地"信息双向传输、无线闭塞中心生成行车许可的列控系统,并采用轨道电路等方式检查列车占用。

CTCS-4 级则是完全基于无线(GSM-R)传输信息的列车运行控制系统。

CTCS-2 级以上设备具备超速防护功能。

四、列控系统的基本工作原理

CTCS-2 级和 CTCS-3 级列控系统采用"目标—距离"速度控制模式,根据目标距离、目标速度及列车本身的性能,确定列车制动曲线,采取连续式一次制动模式控制列车运行。如图 4-1 所示,实线为"目标—距离"速度监控曲线,为一条连贯光滑的曲线。虚线为列车实际运行速度曲线。列车实际运行速度必须在监控曲线之下。如果超速碰撞了速度监控曲线,列控车载设备将自动触发常用制动或紧急制动,防止列车超速运行。

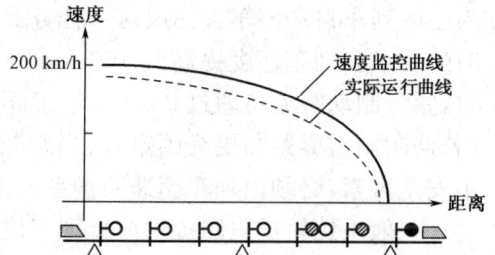

图 4-1 "目标—距离"速度控制

为计算得到速度监控曲线,由轨道电路发送行车许可和前方空闲闭塞分区数量信息,由应答器发送闭塞分区长度、线路速度、线路坡度等固定信息,或由无线方式提供所有信息信息。列控车载设备接收上述信息,通过"前方空闲闭塞分区数量"和"闭塞分区长度"信息,获得目标距离长度,并结合线路允许速度、线路坡度和对应列车的制动性能等固定参数,实时计算得到速度监控曲线,并监控实际运行曲线处于速度监控曲线下方,保证列车安全运行。

五、CTCS 的应用

160 km/h 以下线路可采用 CTCS-0 级列控系统。全路大部分普速铁路为 160 km/h 以下线路,均以地面信号机作为指挥列车的行车凭证,利用联锁和自动闭塞系统,配合车载"机车信号＋监控装置"构成 CTCS-0,作为行车安全的辅助设备。加上司机的人工介入,CTCS-0 级可以满足使用要求。但由于地面提供的信息不足,CTCS-0 不得不采用司机人工介入的方式,一旦司机失误,仍存在严重的不安全因素。随着列车的提速,交路延长,问题的严重性日益明显,亟需地面补充相关信息,以减少人工介入,消除安全隐患。

200~250 km/h 高速铁路一般采用 CTCS-2 级列控系统,城际铁路一般也采用 CTCS-2 级列控系统。CTCS-2 级列控系统具有与列车运行监控记录装置 LKJ 的接口。当列车超速防护系统正常工作时,由 ATP 控车。当地面设备不满足 CTCS-2 级条件或列车超速防护设备故障时,由 LKJ 控车。

300~350 km/h 高速铁路应采用 CTCS-3 级列控系统。CTCS-2 级作为 CTCS-3 级的后备系统,在无线闭塞中心或无线通信故障时,由 CTCS-2 级列控系统控制列车运行。

第二节　机车信号车载设备

机车信号自 20 世纪 80 年代在我国铁路迅速普及,对行车安全起到了显著作用。机车信号的技术水平也不断得到提高,并出现了高可靠的通用机车信号。

一、机车信号概述

1. 机车信号

机车信号又称机车自动信号，是用设在机车司机室的机车信号机自动反映运行条件，指示司机运行的信号显示制度。为实现机车信号而装设的整套技术设备称为机车信号设备。

为保证行车安全，提高运输效率及改善司机的劳动条件，在机车上应安装机车信号，在地面线路上也安装相关地面设备，使机车上能接收到反映地面信号的信息。机车信号是单方向的控制设备，只能从地面向车上传递信息。

2. 机车信号的作用

机车信号能复示地面信号机的显示，改善司机的瞭望条件。由于风、雪、雨、雾等气候条件不良或隧道、弯道等地形条件不良时，司机往往不能在规定距离内确认信号显示，存在冒进信号的危险。尤其是在行车密度大、列车速度快及载重量大的区段，要求增大制动距离，发生冒进信号的可能性更大。采用机车信号后，就能较好地避免自然条件的干扰，大大提高司机接受信号的可靠性，其效果十分显著。

目前，随着机车信号可靠性的提高，机车信号已开始从辅助信号转为主体信号，如在双线双向自动闭塞区段，反方向不设通过信号机，仅在分界点处设停车标志，以机车信号作为行车凭证。

3. 机车信号分类

按机车接收地面信息的时机分，机车信号可分为连续式和接近连续式。

连续式机车信号能在整条线路上连续不断地反映线路状态和运行条件，用于自动闭塞区段。

接近连续式机车信号是在车站的接近区段和站内连续地反映地面信号显示，广泛用于半自动闭塞区段。在进站信号机前方接近区段的地面设备发送与进站信号机显示相符的信息，站内正线接车进路和侧线股道发送与出站信号机显示相符的信息，其他线路则没有信息。

4. 机车信号的发展

最初，由于历史的各种原因，我国铁路自动闭塞的建设，出现了不同线路、不同区段建有不同制式的自动闭塞，特别是在枢纽地区，周边相连的几条线路自动闭塞制式大都在两种以上。和三种自动闭塞制式相配套，按机车接收地面信息的特征分，机车信号曾经有移频、极频和交流计数电码三种制式。当时是相应于不同的自动闭塞制式，配套相应制式的机车信号，相互之间不能兼容，并且电气化区段与非电气化区段也不兼容。造成进入枢纽的列车，在安装一套机车信号时，不能保证机车信号在枢纽内连续不间断的显示。各制式间机车信号不通用，给机车长交路运行带来一定的影响，甚至一台机车安装两种以上车载设备等。

为了解决以上的问题，就提出机车信号通用化的问题。机车信号通用化即用一套机车信号设备能接收各种制式的地面信息。1991 年研制成第一代通用式机车信号——非电化区段通用式机车信号，1992 年研制成第二代通用式机车信号——电化区段通用式机车信号，1995 年第三代的 JT1-A/B 型数字化通用式机车信号。

从铁路运输的要求来看,列车速度越来越高,机车交路越来越长,对机车信号的要求也越来越高。JT1-A/B型通用式机车信号较好地解决了机车交路在不同自动闭塞制式的问题,即多制式通用的问题及与运行监控记录装置结合、提供信息的问题。但是,通用式机车信号存在着可靠性不高的缺点,未按主体化进行设计,不能成为行车凭证使用。随着机车信号地位的提高,各方对机车信号问题有了进一步的深入和统一的认识,提出了机车信号作为行车凭证的概念,2002年,完成了第四代的JT1-CZ2000型机车信号车载系统的研制。JT1-CZ2000型机车信号,采用多项先进技术和系统化的安全设计方案,满足铁路信号"故障—安全"原则,具有数据记录功能,在地面信号具备条件时可作为作为行车凭证应用。目前,采用的是JT1-CZ2000型机车信号。

二、JT1-CZ 2000型机车信号车载系统

JT1-CZ2000型机车信号车载系统和地面发送设备共同构成完整的机车信号系统,在地面信号系统条件具备及相应的维护管理条件具备情况下,JT1-CZ2000型机车信号车载系统可作为行车凭证使用;在上述条件不具备的情况下,可作为一般通用式机车信号使用。

1. 主要技术特点

(1)提高车载设备系统安全性和可靠性

从接收主机、感应器、显示器、电源等部分整体考虑,并增加了机车信号记录器和机车信号自动闭环测试仪,来提高整个车载系统的可靠性。

(2)采用先进的数字信号处理技术,提高了系统的抗干扰能力

采用先进的32位浮点高速DSP运算及频域、时域相结合分析方式的处理方法,提高了系统的抗干扰能力,使其抗干扰性能比JT1-A/B型有较大提高。

(3)具有功能完善的机车信号数据记录功能

可记录接收的信号波形及有关数据,为故障分析、查找及维护管理创造了良好条件。

(4)采用模块化设计方法,利于各模块的更换升级

JT1-C2000型机车信号车载设备采用双套主机各自线圈独立取样,独立工作,双套热备冗余,输出故障自动切换。

2. 系统功能

(1)接收功能

可接收《机车信号信息定义及分配》规定的各类制式的信号。

(2)输出功能

机车信号输出设有并口输出和串口输出。并口输出提供8位机车信号显示输出信号、3位速度等级信号、1位过绝缘节信号、1位制式区分信号。设备留有CAN总线或RS-485输出,可与监控设备进行大容量信息传输。

(3)载频锁定或切换功能

地面提供载频切换信息码时,设备能自动实现载频锁定或切换。

3. 设备构成

JT1-CZ2000型机车信号车载系统由机车信号主机(含机车信号记录器)、机车信号机、双路接收线圈等构成。JT1-CZ2000型机车信号车载系统设备的构成如图4-2所示。

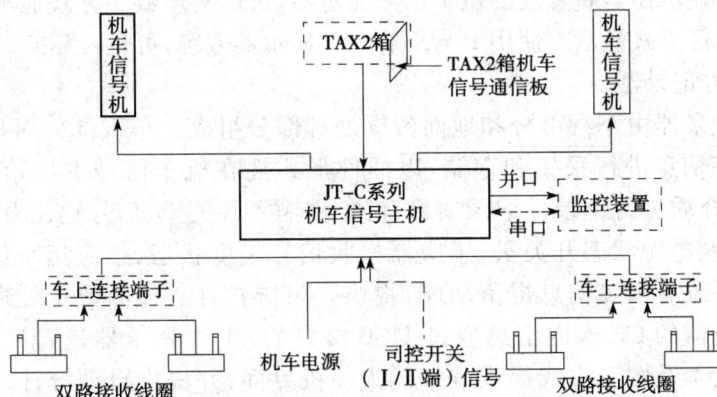

图 4-2　JT1-CZ2000 型机车信号车载系统设备的构成框图

JT1-CZ2000 的双套热备是指由机车信号主机内双套主机板、双路电源、双路接收线圈共同组成的双套热备系统。

（1）机车信号主机

主机把从接收线圈接收到的轨面信息通过 A/D 芯片转换、DSP 数字信号处理进行译码分析，控制相应的输出显示，使机车前方运行条件的信号显示通过接线盒传送到机车上的显示机构和机务的监控装置。

机车信号主机和接线盒实现了一体化。

主机箱包括：记录板、主机板 A、主机板 B、连接板、电源板Ⅰ、电源板Ⅱ。

主机板完成信号接收及输出工作，两块主机板完全相同，与接线盒的双套电源、双路接收线圈构成双套热备冗余系统。每块主机板内采用二取二容错安全结构，即每块主机板中有两路独立接收译码通道，两路的译码输出进行比较，比较一致才有效输出。双套主机热备故障切换是自动的，上电时双机中的哪一套主机投入工作是随机的。

记录板上插有能实时记录机车运行过程中各种动态信息的大容量 CF 卡和用于完成转录的 USB 插口。

连接板实现电源分配、主机状态显示、并口输出的双套切换等功能。

电源板作为机车信号车载设备的电源转换装置，把机车上的 110 V 电源通过滤波及转换变化成供主机工作的相对稳定的 50 V 电源。

（2）双路接收线圈

双路接收线圈的每路接收线圈对应机车信号主机中的一块主机板。接收线圈中一路存在故障时，主机可以通过自动切换控制电路，把对应正常接收线圈的主机转换成工作机，提高了系统可靠性。

（3）机车信号机

为了提高显示器的可靠性，JT1-CZ2000 系统要求使用双面 8 色灯 LED 机车信号显示器或双面点阵式显示器。

双面 8 色灯 LED 机车信号显示器选用了专为机车信号显示设计的 LED 信号灯，其光谱纯、发光柔和、抗震性强、可靠性高、耐压高。

双面点阵式显示器是新开发的机车信号显示器,可以实现数字方式显示,也可以实现模拟现有色灯的图像方式显示。使用上与现有色灯显示器兼容,可直接互换。

(4)机车信号记录器

机车信号记录器由车载部分和地面数据处理部分组成。车载部分对机车信号运行过程中的有关动态信息进行采集和存储,以插件形式插在机车信号主机箱内,应用大容量CF卡作为记录介质进行记录。记录项目有:条件输入开关量、信号输出开关量、机车信号工作状态开关量、电源状态开关量、感应器接收信号幅度状态、感应接收信号波形,时间、线路公里标。系统有故障信息提示功能,提供了可维护性。地面数据处理部分的主要功能是将车载记录器的 CF 卡内信息通过 USB 接口的 CF 卡读卡器进行读取、转换、显示、回放、分析,以文本及图形方式提供友好的人—机界面,并提供自动统计、分析列表、打印输出等功能。

将记录有机车运用数据的 CF 卡从机车上取出后,利用 CF 卡读卡器,在 PC 机相应的数据分析处理软件控制下,将 CF 卡中的记录数据分别以状态文件和数据波形文件的形式转存到计算机中,然后就可以利用数据分析处理软件对相应的文件进行分析。在分析过程中,可直接通过显示器与 PC 机之间进行信息交互,直观地控制分析过程,得到相应的分析结果,并可将分析结果通过打印机进行打印输出。此外,还可以通过调制解调器,将相应的文件通过网络进行上传,进而得到相应的技术支持。

三、机车信号远程监测装置

机车信号远程监测装置是通过无线信道将车载机车信号有关信息实时传回到地面监测中心,实现对机车信号的远程动态监测和故障诊断的装置。远程监测装置是新一代机车信号车载设备的组成部分,是机车信号可靠性保障措施之一,所实现的远程监测是机车信号维护、检测的重要手段。机车信号远程监测装置面向不同层次的用户,最大程度满足应用需求;为构建全国性机车信号管理网络平台奠定了基础,为电务信息化迈出了重要一步。

1. 机车信号远程监测装置的作用

机车信号远程监测装置在使用 JT-C 系列机车信号的机车上使用。

机车信号远程监测装置通过车载终端经由无线信道实时将机车信号数据及部分列车运行信息传回到地面监测中心,实现用户动态跟踪在线列车,及时掌握机车信号运行情况,对机车信号的动态进行监测和故障诊断。地面和车载通过实时交互,实现对机车信号实时监测,如果出现故障或异常及时报警。实现对机车信号在线诊断,提高其可维护性,可以提高工作效率。提高信号故障处理应急能力,信号安全部门可在办公室而非到现场,当时快速下载故障数据,分析故障原因,能做到尽早排除故障并确定事故责任。

2. 机车信号远程监测装置的特点

机车信号远程监测装置具有以下特点:

(1)传输信息量大、速度快、实时性强。

(2)安全、可靠、准确性高。

(3)容量大。

(4)信息分析全面。

(5)不受地域限制,实现在线远程监测。

(6)实现机车信号在线故障诊断与维护。

3. 系统结构

远程监测装置由车载终端和地面设备两部分组成,其系统结构如图 4-3 所示。

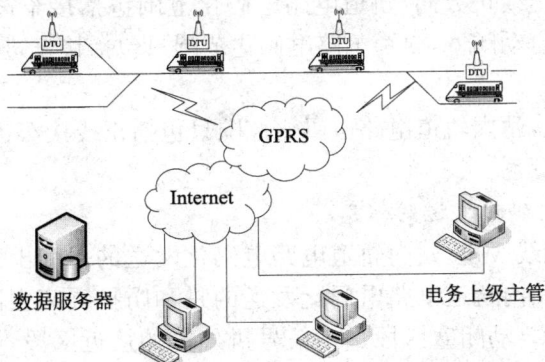

图 4-3 远程监测装置系统结构图

机车信号远程监测车载终端(DTU)安装在机车上,可安装在机车信号主机上,也可单独安装。DTU 主要由监测单元和 GPRS(通用分组无线业务)模块构成。监测单元监测机车信号的运行状况,提取机车信号及轨道电路信息,执行地面服务器的相关指令。GPRS 单元把监测单元提取的信息传送到地面处理服务器,把地面服务器的指令传送给监测单元。

安装在地面的设备为机车信号远程监测地面设备(又称地面监测中心),主要由地面中心数据服务器、客户终端等设备构成。中心数据服务器应具有全天候接入 Internet,并且具备静态 IP 的条件,客户终端只要具备接入 Internet 的条件即可,接入形式不限。

车载终端与地面监测中心通过 GPRS 与 Internet 构成星形网络结构。

第三节 站内轨道电路电码化

在自动闭塞区段,区间采用相应轨道电路,钢轨中传送的是带信号显示信息的信号电流,车上接收设备能直接接收,无需增加地面发送设备。但在站内,各种轨道电路仅能监督是否有车占用,不能发送移频信息。为了保证行车安全和提高运输效率,使机车信号在站内也能连续显示,就需在原轨道电路的基础上加设移频信号发送设备,即进行站内轨道电路的电码化。在高速铁路,中间站站内和复杂大站的正线及到发线采用与区间相同的轨道电路,即一体化轨道电路,就不需要进行轨道电路电码化了。

一、站内轨道电路电码化概述

1. 站内轨道电路电码化

所谓站内轨道电路电码化,指的是非电码的轨道电路在采取一定的技术措施后能根据运行前方信号机的显示发送各种电码。对于移频自动闭塞,电码化就是移频化。

我国铁路站内轨道电路通常采用 25 Hz 相敏轨道电路,它只有占用检查的功能,即只能检查本区段是否有车占用或空闲,不能向机车信号车载设备传递任何信息。如果站内轨道电路不进行电码化,列车在站内运行时机车信号将中断工作,无法保证行车安全。

2. 站内轨道电路电码化范围

站内轨道电路电码化范围是列车进路,但由于技术方面的原因,还不能覆盖全部列车进路。

在自动闭塞区段,正线正方向,轨道电路电码化范围包括接车进路和发车进路;正线反方向,一般均采用站间自动闭塞,轨道电路电码化范围只包括接车进路。侧线轨道电路电码化范围仅是股道。

在半自动闭塞区段,站内轨道电路电码化范围只包括正线接车进路和侧线股道,以及进站信号机外方的接近区段。

3. 站内轨道电路电码化发送的信息

对于接车进路和侧线股道,站内轨道电路电码化发送的是和出站信号机显示相联系的信息。对于发车进路,站内轨道电路电码化发送的是和防护二离去区段的通过信号机显示相联系的信息。对于半自动闭塞区段进站信号机外方的接近区段,站内轨道电路电码化发送的是和进站信号机显示相联系的信息。

4. 站内轨道电路电码化方式

电码化有切换方式和叠加方式两种。切换方式电码化是在被占用时转为发送移频信息,列车占用下一相邻轨道电路区段后恢复原轨道电路,即原轨道电路和移频信息切换使用。最初采用固定切换方式,即本轨道电路区段被占用实现移频化时,起转换开关作用的轨道发码继电器固定在励磁状态,向轨道发送移频信息,待列车压入下一相邻轨道电路区段后,本区段的轨道发码继电器才落下,恢复原轨道电路。此种方式存在着在某些正常的调车作业或列车折返时已移频化的股道轨道电路不能自动恢复的缺点。

为此,改为采用脉动切换方式的轨道电路移频化。即某一轨道区段移频化时,使传输继电器处于脉动状态,当其励磁时向轨道发送移频信息,失磁时将原轨道电路设备接向钢轨,列车出清时轨道电路自动恢复。此方式不仅克服了上述缺点,而且可以做到移频化电路与车站联锁电路之间的联系最少,从而使各种车站的移频化电路做到基本统一。

在列车提速的情况下,当列车以较高速度通过站内较短的轨道电路区段时,由于传输继电器有 0.6 s 的落下时间而造成“掉码”,使机车信号不能连续工作,不利于行车安全。因此又出现了叠加方式的站内移频化,将移频信息叠加在原轨道电路上,两种类型的轨道信息由隔离器隔离而互不影响。尤其是预叠加方式可提前一个区段发码,能保证机车信号及时接收移频信息,解决了中断发码的问题。目前采用叠加方式。

二、叠加方式轨道电路电码化

叠加方式站内移频化是将移频信息叠加在原轨道电路上。对于正线接车发车进路采用逐段预发码技术,将“占用发码”改为“预先发码”,这样可提前一个区段发码,即列车占用前一区段时,本区段就发码,以保证机车信号接收移频信息的连续性,而没有任何瞬间中断,到发线股道则采用叠加方式,仍为“占用发码”。

电气化区段 25 Hz 相敏轨道电路预叠加 ZPW-2000 移频信息简图如图 4-4 所示。

在正线接、发车进路的站内移频化电路中,列车占用前一区段和列车占用本区段时,向本区段发送移频信息。列车占用下一区段时,停止向本区段发送移频信息。

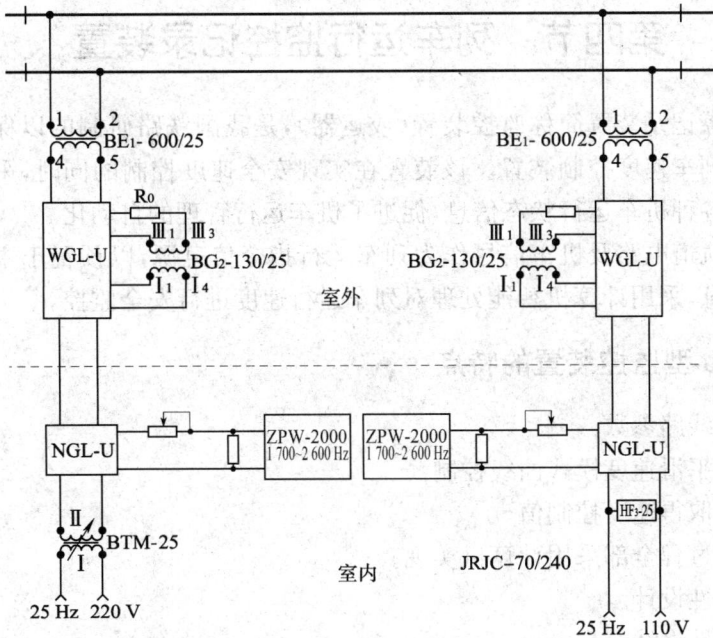

图 4-4　电化区段 97 型 25 Hz 相敏轨道电路预叠加 ZPW-2000 移频信息简图

到发线股道采用的是叠加电码化方式,即占用股道时发码。

隔离设备隔离原轨道电路和移频发送电路,使两者互不影响。隔离设备包括室内隔离设备和室外隔离设备。

室内隔离设备主要是室内隔离盒。室内隔离盒结构如图 4-5 所示,由电容器和电感线圈组成。因为原轨道电路和移频发送电路的频率不同,电容器和电感线圈呈现的阻抗也不相同,25 Hz 电源只送至轨道,而不向移频发送器传送;移频信息也不送至 25 Hz 电源,而只送至轨道。这样,就将两者隔离开来。

二线制电码化电路用的室外隔离盒结构如图 4-6 所示,由电容器、电感线圈和变压器组成。原轨道电路和移频发送电路的频率不同,电容器和电感线圈呈现的阻抗也不相同。

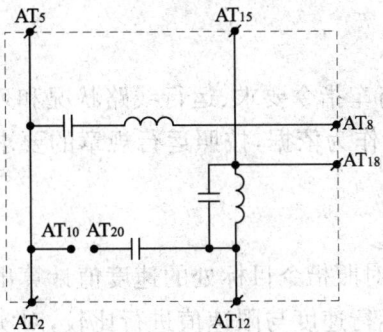

图 4-5　室内隔离盒结构图

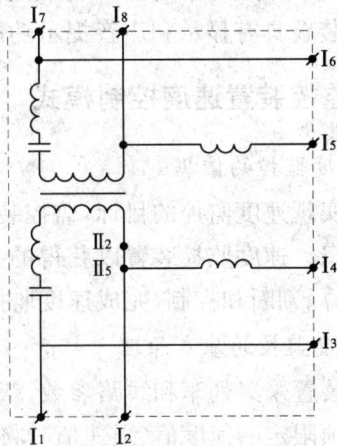

图 4-6　室外隔离盒结构图

第四节 列车运行监控记录装置

列车运行监控记录装置简称监控装置(或运器),是我国铁路研制的以保障列车运行安全为主要目的的列车速度控制装置。该装置在实现安全速度控制的同时,采集记录与列车安全运行有关的各种机车运行状态信息,促进了机车运行管理的自动化。

监控装置以轨道电路及机车信号作为列车运行指令信息源,以预置于主机的方式获取运行线路参数信息,采用计算机智能处理对列车运行速度进行安全监控。

一、LKJ2000 型监控装置的特点

(1)车载存储线路参数。
(2)采用连续平滑速度模式曲线控制。
(3)实时计算取得速度控制值。
(4)主要控制过程全部采用计算机实现。
(5)提高可靠性设计。
(6)提高安全性设计。
(7)采用了图形化屏幕显示器。

二、LKJ2000 型监控装置的功能

监控装置的主要作用,一是防止列车越过关闭的地面信号机;二是防止列车在任何区段运行中超过机车车辆的构造速度、线路允许的最高运行速度和道岔的限制速度。

监控装置具有记录功能,一次性记录包括开机记录和输入参数记录,运行参数记录项目包括:时间、线路公里标、距运行前方信号机距离、运行前方信号机种类及编号、机车信号显示状态、地面传输信息、运行实际速度、限制速度、列车管压力、机车制动缸压力、机车工况、柴油机转速(内燃机车)、原边牵引电流(电力机车)、装置控制指令输出状况(动力切除、常用制动、紧急制动、允许缓解等)、装置报警等。

监控装置具有显示和声音提示功能,由监控装置配置的数码显示器或屏幕显示器实现。

三、监控装置速度控制模式

1. 速度监控的依据

为了实现速度监控的目标,监控装置需要获得行车指令要求、运行线路状况和列车自身状况的信息。速度监控装置以获得的上述各种信息作为依据,按照运行规章的要求进行一系列的计算、判断和控制,完成速度监控功能。

2. 速度监控的基本原理

监控装置采集列车和线路参数,获取运行指令,对照指令目标处的速度值计算出列车运行当前必须限定的速度值(限速值),将采集的实际运行速度与限速值进行比较,对实际运行速度达到限速值的情况发出报警,以切除牵引或制动等控制指令进行速度控制。

3. 速度控制模式

模式限速值和模式曲线是监控装置各控制指令速度值形成的基础。

对于固定模式曲线,监控装置依据线路的曲线和坡道、桥梁、隧道、道岔等的固定限速要求及机车车辆的构造限速要求直接形成模式曲线。

对于降速模式曲线,监控装置根据前方指令目标处的速度控制值的要求,分别按常用制动方式和紧急制动方式数学模型计算取得两个限速值。一般把按常用制动方式数学模型计算取得限速值形成的限速曲线作为模式曲线,而对于没有电控常用制动机构的机车,则把按紧急制动方式数学模型计算取得限速值形成的限速曲线作为模式曲线。

此外,监控装置还设置了报警和切除牵引(俗称卸载)控制指令输出信号,以便在常用或紧急制动执行之前,提醒司机操纵减速或通过切除机车动力实施惰性运行减速,减少制动排风。在监控装置实施常用制动并达到了减速要求后,设有允许缓解的提示功能。

四、LKJ2000 型监控装置系统组成

LKJ2000 型列车运行监控记录装置主要由主机箱、显示器、事故状态记录器(选件)、速度传感器、压力传感器及双针速度表组成,如图 4-7 所示。

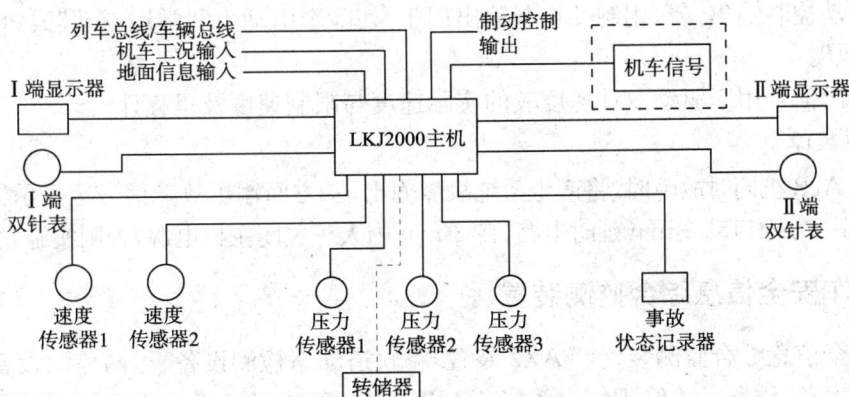

图 4-7　列车运行监控记录装置组成图

主机箱为装置的控制中心,其内部由 A、B 两组完全相同的控制单元组成。

屏幕显示器作为人—机界面的显示器,有数码显示器与屏幕显示器两种。

列车事故状态记录器(黑匣子)将记录 30 min 以内的最新列车运行状态数据(事故发生将自动停止记录),列车走行距离超过 5 m 时,将产生一次相关参数记录。在发生事故后可提供详细、准确的列车运行状态数据。事故状态记录器具备抗冲击性能。

转储器可将车载记录数据转录至地面微机系统供分析处理,其采用大容量非易失性数据存储器。

速度传感器提供速度信息。采用光电式速度传感器,安装在机车轮对上。速度信号的基本配置为二通道(可扩充至三通道),如果二通道速度信号相位相差 90°,则可满足防溜功能的需要。在此功能时,速度信号可分别取自两个速度传感器。

压力传感器提供压力信息,除了检测列车管压力外,还检测机车均衡风缸压力及制动缸压力。

指针式速度指示采用双针速度表。双针速度表的实际速度与限制速度指针依靠装置主机驱动。在装置关机情况下,实际速度指针可由数模转换盒驱动。Ⅰ端双针速度表的里程计指示可由监控装置驱动,在安装了数模转换盒的情况下,也可由数模转换盒驱动。双针速度表照明电源采用机车照明电源。

机车信号信息取自机车信号的点灯条件。

五、信号输入/输出电路

1. 信号输入电路

数字量输入信号包括机车信号点灯条件输入和机车工况信号输入。机车信号输入取自机车信号;机车工况输入取自机车控制回路。

模拟信号输入电路包括压力信号输入和速度信号输入。在通常情况下,输入列车管压力信号、制动缸压力信号及均衡风缸压力信号,仅需输入两路速度信号。速度信号取自安装在车轴上的速度传感器。

2. 信号输出电路

数字信号输出包括常用制动控制输出和紧急制动控制输出。装置提供常用制动控制输出及紧急制动控制输出。常用制动控制输出用于"切除牵引动力""常用制动"或"切断风源"及"制动排风"。

模拟输出信号用于驱动双针速度表的实际速度与限制速度及里程计。

3. 系统故障电路

当主机 A、B 机同时故障时,将产生系统故障输出,一方面输出故障信号至显示器,驱动蜂鸣器报警,另一方面启动 3 min 延时电路,在 3 min 内人工关闭主机电源,否则实施紧急制动。

六、机车安全信息综合监测装置

机车安全信息综合监测装置(TAX2 装置)将轨道动态检测设备、弓网检测设备、无线列调语音录音设备、铁路运输管理信息系统(TMIS)及列车调度指挥系统(TDCS)等与机车运行有关的安全检测及数据传输设备以标准模块单元置于工作平台中。由该平台中的通信记录单元获取监控装置的时间、公里标、速度和车次等信息,综合各功能模块单元检测到的信息进行记录,记录的格式与监控装置的数据记录格式相同,可以用监控装置转储器进行记录数据的转储,并利用监控装置的地面处理软件进行地面分析处理和数据管理。另外,通过装置中的信息传输单元(如 TDCS 单元、TMIS 单元等),可以将列车运行的信息实时传送给有关地面设备,以便实现对机车的动态跟踪管理,提高机车的周转率和利用率。该装置不仅解决了所有检测信息以统一时间、公里标作为基准坐标记录的问题,而且解决了数据的转储、分析管理和"车—地"信息传输问题,同时也节约了资源和便于对设备的统一维护。

第五节　列车运行控制系统

目前,我国 200～250 km/h 高速铁路和城际铁路采用 CTCS-2 级列控系统;300～350 km/h高速铁路采用 CTCS-3 级列控系统。

一、CTCS-2级列控系统

在我国铁路既有线第六次提速中开始采用CTCS-2级列控系统,在动车组列车上装备CTCS-2级列控车载设备,在提速至200~250 km/h线路区段进行CTCS-2级列控地面设备改造。在200~250 km/h的高速铁路采用CTCS-2级列控系统。城际铁路采用CTCS-2级列控系统,并加上ATO。

1.CTCS-2级列控系统结构

CTCS-2级列控系统是基于轨道电路加应答器传输列车运行信息的点连式系统,是采用"目标—距离"模式监控列车安全运行的列车运行控制系统。CTCS-2级列控系统包括列控车载设备和列控地面设备,其系统构成如图4-8所示。CTCS-2级列控系统采用LKJ作为备用模式。

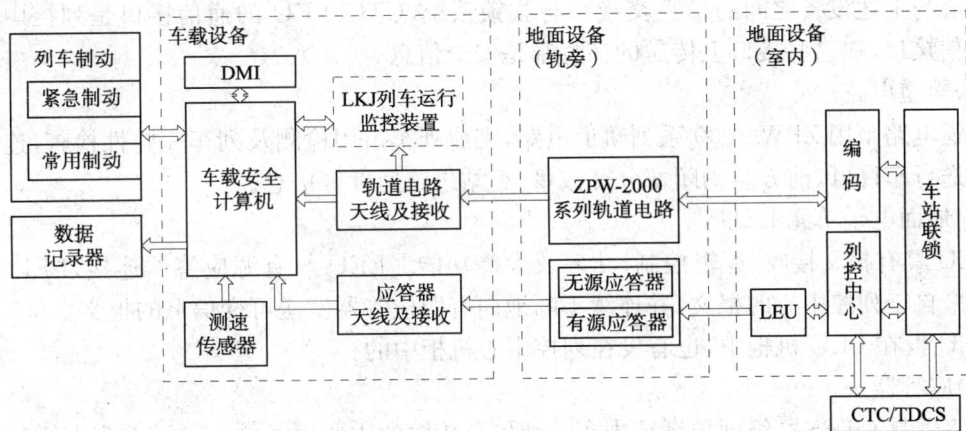

图4-8 CTCS-2级列控系统构成图

列控地面设备由列控中心控制,ZPW-2000系列轨道电路传输连续列控信息,应答器传输点式列控信息。列控车载设备根据地面提供的动态控制信息、线路静态参数、临时限速信息及有关列车数据,生成控制速度和"目标—距离"模式曲线,控制列车运行。列控地面设备与车载设备结构如图4-9所示。

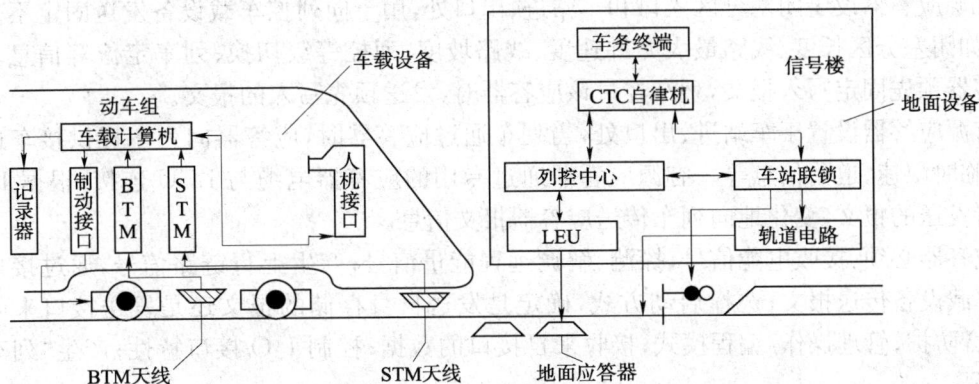

图4-9 CTCS-2级列控系统地面设备与车载设备结构图

2. 列控地面设备

列控地面设备包括列控中心、轨道电路、地面电子单元、应答器,分为轨旁设备和室内设备两部分。

(1)列控中心

列控中心是设于各个车站和区间信号中继站的列控核心安全设备,采用二乘二取二安全冗余结构,其主要包括:系统电源、主机、通信接口单元或接口板及维修终端。列控中心与车站联锁、CTC、临时限速服务器接口,根据调度命令、进路状态、线路参数等产生进路及临时限速等相关控车信息,根据列车占用情况及进路状态,通过设置在车站进、出站端的有源应答器向列车发送可变信息报文,具有发送接/发车进路信息、临时限速信息及进站信号机降级显示等功能。

列控中心的通信包括与联锁系统、CTC、信号集中监测系统及 LEU 之间的通信,以满足列控中心与上述设备之间的信息交换。与联锁系统、CTC、LEU 的通信接口是列控中心的主要通信接口,在这些接口上传送的信息都是安全信息。

(2)轨道电路

轨道电路采用 ZPW-2000 系列轨道电路,完成列车占用检测及列车完整性检查,连续向列车传送行车许可、前方空闲闭塞分区数量、车站进路速度等信息。

(3)地面电子单元 LEU

LEU 具有报文接收、逻辑控制、功率放大等功能。LEU 与有源应答器连接,LEU 周期地接收来自于列控中心的报文,并连续不断地向有源应答器发送可变信息的报文。

LEU 设在 LEU 机柜中,也有设在列控中心机柜中的。

(4)应答器

应答器是 CTCS-2 级列控系统中车—地信息传输的主要设备之一。随着列车运行速度不断提高,仅靠轨道电路发送闭塞信息,在信息量方面已经不能满足列车安全高速行驶的要求,需增加应答器向列控车载设备提供大量固定信息和可变信息。应答器由壳体(黄盒子)、电路板、灌封材料构成。

根据应答器所传输报文是否可变,分为固定信息应答器(无源应答器)和可变信息应答器(无源应答器)。

无源应答器设于闭塞分区入口和车站进、出口处,用于向列控车载设备发送固定不变的数据,如闭塞分区长度、线路最大允许速度、线路坡度、列控等级切换、列车定位等信息。无源应答器预先固定写入报文,列车经过该应答器时,发送预先写入的报文。

有源应答器设置于车站进、出口处,当列车通过应答器时,应答器向列车提供接车进路参数、临时限速、道岔信息等。有源应答器通过专用的应答器电缆与 LEU 连接,根据 LEU 设备所发送的报文,变化地向列车传送应答器报文信息。

应答器必须:接收电能信号,探测、解调远程能量信号;产生上行链路信号,通过接口向列控车载设备传送报文;选择启动方式,确定是发送自身存储的报文还是发送接口来的报文;串音防护;管理操作/编程模式;接收来自接口的数据;控制 I/O 接口特性;产生"列车通过"信号。

应答器以报文的形式发送信息,因此需要定义报文的格式和所代表的含义。我国列控系统中,应答器报文采用欧洲标准。每条应答器报文都是由一个 50 位的报文帧头、若干信息包及一个 8 位的结束包构成,共计 830 位,每个信息包都具有各自的格式和定义。为了保证传输的安全性和可靠性,要按照欧洲标准对其进行加扰编码,形成 1 023 位的传输报文,应答器、LEU、列控中心中储存、传输的都是 1 023 位的传输报文。

每个应答器(组)都有一个编号,并且该编号在全国铁路范围是唯一的。在每一条报文的帧头中,都要包含该应答器(组)的编号及每个应答器在组中的位置;在链接信息包中,要提供所链接的应答器的编号。每个应答器(组)的编号由大区编号、分区编号、车站编号、应答器单元编号共同构成。应答器编号表示为:大区编号—分区编号—车站编号—应答器单元编号(应答器组内编号)。

3. 列控车载设备

(1)列控车载设备的功能

列控车载设备的功能有:接收与处理轨道电路信息、接收与处理应答器信息、测速测距、超速防护、选择两种车载工作方式、进行 CTCS 级间切换、防溜、与 LKJ 接口、与动态监测设备接口、与动车组接口、机车信号、载频锁定、与乘务员进行信息交互、数据记录等。

(2)列控车载设备的的组成

列控车载设备由车载安全计算机(VC)、轨道电路信息接收模块(STM)、应答器信息接收模块(BTM)、人—机界面(DMI)、速度传感器、列车接口单元(TIU)、运行记录单元(DRU)、轨道电路信息接收天线、应答器信息接收天线等部件组成。

车载安全计算机根据地面连续式和点式设备传输的控车信息、线路数据及列车参数,生成连续式速度监控曲线,监控列车安全运行。

轨道电路信息接收模块用于接收 ZPW-2000 系列轨道电路低频信息,对该信号进行选择和解调,并将信息同时提供给车载安全计算机和列车运行监控装置 LKJ。轨道电路信息接收天线在列车运行头部的第一轴前,利用电磁感应原理接收流经钢轨的信号电流,传送到 STM 主机上。

应答器信息接收模块用于接收处理应答器信息,并将解码得到的应答器报文提供给车载安全计算机。

人—机界面显示列车运行速度、允许速度、目标速度和目标距离,并可接收司机输入。

速度传感器安装在动车组两端车头的第二轴和第三轴上,将各轴的转速转变成电信号后加以输出。该信号的频率和列车速度成比例,传递给车载设备的 VC,VC 通过对该频率的计数来获得速度和距离。

列车接口单元接收来自两套安全计算机的输出指令,比较这两制动指令,进行"或"操作后,作为系统的最终输出。

运行记录单元获取列控车载设备的动作、状态、司机的操作等各种输入/输出信息,采集各节点的状态,可将行车及列控车载设备自身运行状况和节点的状态等关键数据记录到PCMCIA 卡上,并可通过读卡器将数据下载至地面分析管理微机,维护人员根据下载读取记录卡的信息获取列车的运行信息,进行设备运行状况分析。

列控车载设备与车体 NFB 盘、司机操作手柄、LKJ、车体制动控制单元、车辆 MON 监视器相连接。

（3）列控车载设备的特点

①采用"目标—距离"模式曲线控制方式。

②具有兼容性。

③具有自我诊断能力。

④具有实时性。

⑤可靠性、安全性高。

⑥具有可维护性。

（4）列控车载设备的工作模式

①车载列控系统控制方式

车载列控系统有机控（设备制动）优先和人控（司机制动）优先两个可选择的控制方式。

当采用机控优先模式时，在确保列车行车安全、满足旅客舒适度的前提下，对列车制动与缓解的控制均由列控装置自动完成，根据需要司机可追加或实施更强烈的制动控制。此时，制动输出共4挡，1挡紧急制动，3挡常用制动，由设备根据制动的需要自动追加。机控优先模式曲线如图 4-10 所示。当列车运行速度后输出常用制动，列车自动减速，减速至缓解速度以下之后，列控车载设备自动缓解常用制动。

当采用人控优先模式时，列控车载设备只有两挡制动输出，最大常用制动与紧急制动。当列车速度在最大常用制动线以下时，由司机负责实施制动，列控车载设备不干预司机的操作。当列车速度超过最大常用制动后，列控车载设备将触发制动，当速度降低到一定范围内时，由司机缓解。人控优先模式曲线如图 4-11 所示。当列控车载设备输出常用制动，列车自动减速，减速至缓解速度以下之后，如果人工按压"缓解"键后，列控车载设备缓解常用制动。

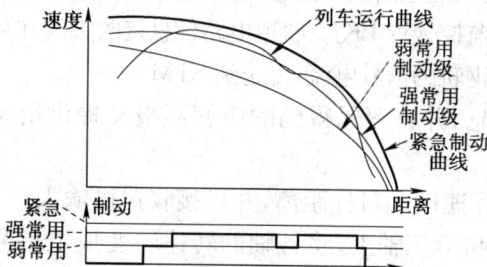

图 4-10　机控优先模式曲线图

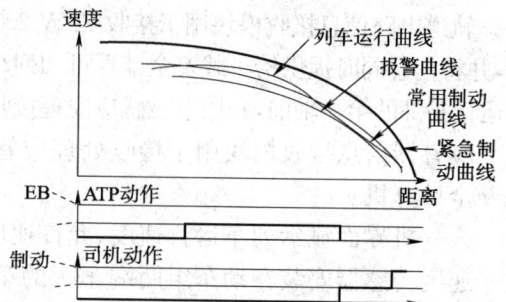

图 4-11　人控优先模式曲线图

②列控车载设备的工作模式

列控车载设备的工作模式可分为 CTCS-2 级工作状态和机车信号工作状态。在 CTCS-2 级工作状态下，列控车载设备具有：待机模式、完全监控模式、部分监控模式、目视行车模式、调车模式、隔离模式。在 LKJ 控车时，列控车载设备工作在机车信号状态下。

a. 待机模式 SB

在列控车载设备默认等级设置为 CTCS-2 级情况下，上电后，列控车载设备自动转入待机模式。在待机模式下，列控车载设备应保持接收轨道电路信息、接收应答器信息等功能有效，不进行速度比较等控制。处于待机模式时，能自动启动防溜逸控制功能。

b. 完全监控模式 FS

完全监控模式是 CTCS-2 中最普通的模式,当列控车载设备具备控车所需的基本数据(轨道电路信息、应答器信息、列车数据)时,列控车载设备转入此模式。它也是列车在区间和车站接车作业时的正常运行模式。在完全监控模式下,列车判断自身位置和停车位置后,在保证列车速度满足线路固定限速、车辆构造速度、停车位置、临时限速等条件的前提下,产生"目标—距离"模式曲线,连续监控列车速度,自动输出紧急制动或常用制动命令,并能通过 DMI 显示列车运行速度、允许速度、目标速度和目标距离等,监控列车安全运行。

c. 部分监控模式 PS

列控车载设备将由于应答器信息接收异常导致线路数据缺失,或者由于其他原因导致列控车载设备无线路数据,以及引导接车时的工作模式定义为部分监控模式。在此模式下,列控车载设备无法详细确定自己的位置,但可以识别轨道电路信息的变化获得相对距离。

d. 目视行车模式 OS

当列控车载设备接收到禁止信号或无信号时,列车停车后,根据行车管理办法(含调度命令),司机经特殊操作(如按压"专用"按钮),列控车载设备生成固定限制速度(20 km/h),列车在列控车载设备监控下运行,司机对安全负责。

e. 调车监控模式 SH

列车进行调车作业时,司机经特殊操作(如按压"专用"按钮)后,转为调车模式,列控车载设备生成 45 km/h 的固定速度模式曲线,限制列车速度,监控列车运行。

f. 隔离模式 IS

将隔离开关操作到隔离位置,隔离列控车载设备的制动输出,列控车载设备转入隔离模式,当机车信号功能正常,向 LKJ 提供机车信号,不输出制动。

在机车信号状态下,STM 和 BTM 的信息接收功能、位置识别功能有效。

③工作模式的转换

列控车载设备的工作模式是在一定的条件下运用的,条件发生变化,相应工作模式也要变化。有些工作模式可以直接进行转换,但有些工作模式不能直接转换,必须间接转换。

动车组同时装备列控车载设备与列车运行监控记录装置(LKJ)。在 CTCS-2 级区段,由列控车载设备控车。在 CTCS-0 级区段或在 CTCS-2 级区段列控车载设备特定故障下,LKJ 结合列控设备提供的机车信号功能,控制列车运行,最高速度不超过 160 km/h。正常情况下,两种控车模式由列控车载设备实现自动转换(无需停车转换);故障情况下,停车手动转换。LKJ 通过 ATP 车载设备接收或记录有关列控状态数据及其对应的操作状态信息。

(5)CTCS-2 级与 CTCS-0 级的切换

动车组同时装备列控车载设备和列车运行监控记录装置 LKJ。在 160 km/h 以上区段,由列控车载设备控车;在 160 km/h 及以下区段,由 LKJ 控车。列车在线路上运行时,需要自动地完成 CTCS-0 级至 CTCS-2 级或相反过程的控车等级的切换,中途不需要列车停车。

为完成上述功能,在地面 CTC~2 级和 CTCS-0 级区段边界增设特殊用途的 CTCS 级间切换应答器。级间切换点一般选择在车站离去区段区间信号机(点)处,级间切换点设三组固定信息应答器,分别是正向预告点应答器、切换执行点应答器和反向预告点应答器,预告点与执行点通常距离 240 m。

级间切换应答器根据功能分别写有切换预告信息和执行信息,当列车通过预告点应答器时,列控车载设备接收到级间切换预告信息,提示列车司机准备开始切换,当列车越过切换执行点应答器后,开始执行切换动作。预告点和执行点应答器信息互为冗余,只要一组应答器工作正常,就可以向列控车载设备提供完整的级间切换信息。

为保证控车权可靠平稳交接,控车权的交接以列控车载设备为主。级间切换时若列车已触发制动,则保持制动作用完成,直至停车或列车发出缓解指令后,再自动切换。如果自动切换失败或其他特殊情况下,司机可以根据列控车载设备指示,手动进行级间切换。

二、CTCS-3 级列控系统

CTCS-3 级列控系统是我国铁路时速 300~350 km 高速铁路的重要技术装备,是我国铁路技术体系和装备现代化的重要组成部分,是保证高速列车运行安全、可靠、高效的核心技术之一。CTCS-3 级列控系统是基于 GSM-R(全球移动通信—铁路)实现车—地信息双向传输、无线闭塞中心生成行车许可的列控系统,采用先进的技术手段对高速运行下的列车进行运行速度、运行间隔等实时监控和超速防护,以"目标—距离"连续速度控制模式、设备制动优先的方式监控列车安全运行,并可满足列车跨线运营的要求。CTCS-3 级用 CTCS-2 级作为后备模式。

1. CTCS-3 级系统结构

CTCS-3 级列控系统包括地面设备和车载设备。地面设备由无线闭塞中心(RBC)、列控中心(TCC)、ZPW-2000 系列轨道电路、应答器(含 LEU)、GSM-R 通信接口设备等组成;车载设备由车载安全计算机(VC)、GSM-R 无线通信单元(RTU)、轨道电路信息接收单元(TCR)、应答器信息传输模块(BTM)、记录单元(JRU/DRU)、人机界面(DMI)、列车接口单元(TIU)等组成。

CTCS-3 级列控系统地面设备总体结构如图 4-12 所示。

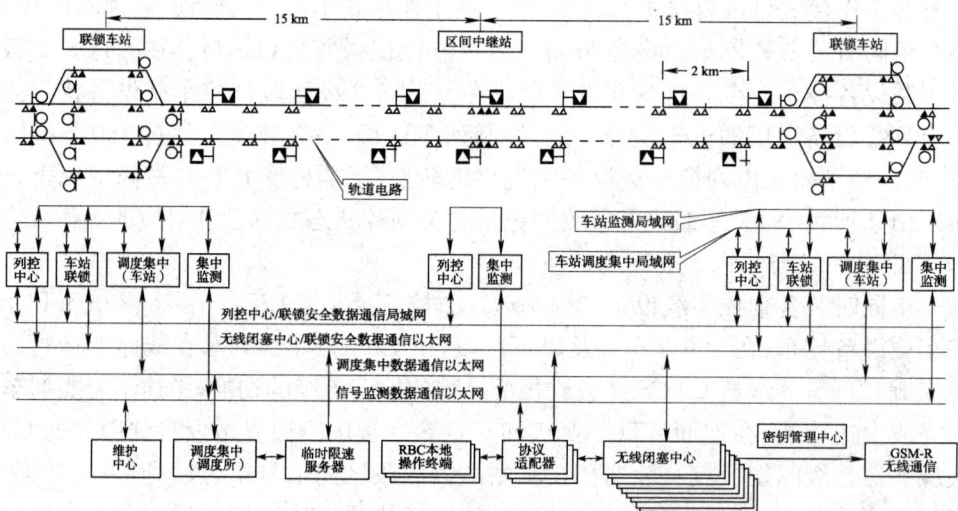

图 4-12 CTCS-3 级列控系统地面设备总体结构图

CTCS-3级列控系统车载设备总体结构如图4-13所示。

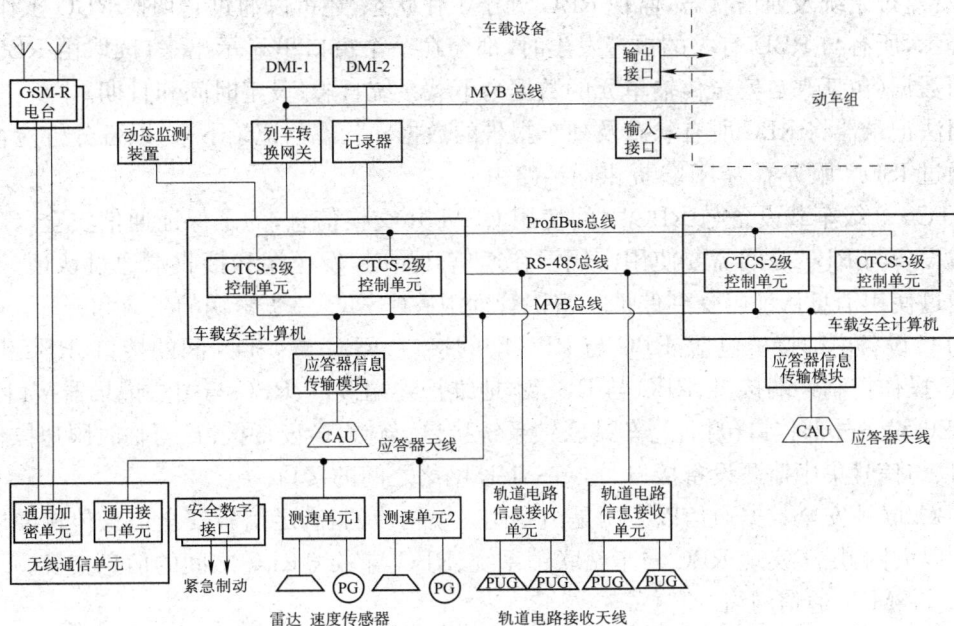

图4-13 CTCS-3级列控系统车载设备总体结构图

2. CTCS-3级列控地面设备

(1)无线闭塞中心RBC

RBC根据轨道电路、联锁进路等信息生成行车许可,并通过GSM-R无线通信系统将行车许可、线路参数、临时限速传输给CTCS-3级车载设备;同时通过GSM-R无线通信系统接收车载设备发送的列车位置和列车数据等信息。

RBC硬件采用冗余安全结构,设备包括:无线闭塞单元(RBU)、协议适配器(VIA)、RBC维护终端、司法记录器(WJRU)、ISDN服务器、操作控制终端和交换机等设备组成,如图4-14所示。

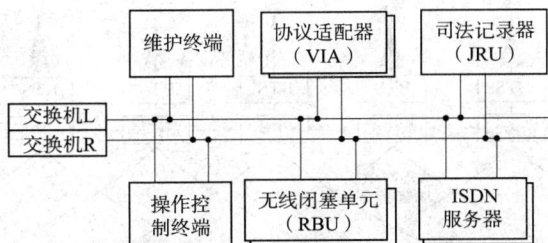

图4-14 RBC硬件结构图

RBC采用安全计算机平台,遵循安全性原则。安全平台由不同的"故障—安全"处理单元和操作系统构成。应用软件采用N版本冗余技术,对运算和表决采用不同的策略。

RBC操作控制终端由服务器和工作站组成,主要完成站场图形显示、进路及列车运行情况显示、列车的登记与注销、紧急操作及RBC系统的维护与诊断等功能。

每台 RBC 设有一个维护终端,主要为维护工程师及其他技术人员提供与 RBU 接口,主要完成:监视系统及通信状态,监视 RBU 处于工作状态,还可以通过它切换 RBU 工作状态。告警提示,所有与 RBU 有关的报警发生时,都会在一个窗口里显示出来;读取由 RBU 存储的诊断数据(包括来自安全传输单元的数据);下载系统日志;设定时间和日期。

司法记录器将 RBC 所有状态及列车报告的数据和状态均记录下来,以备分析检查。

通过 ISDN 服务器为 RBC 提供通话路由。

CTCS-3 级车载设备与 RBC 之间使用 GSM-R 交换信息,为了保证通信安全,CTCS-3 级车载设备与 RBC 之间需要使用密钥。在通信开始时,发送端和接收端通过认证,交换的数据通过使用消息认证码受到保护。密钥管理中心(KMC)负责密钥的生成和分配。

RBC 设备内部接口包括:RBC 与 RBC 间的接口、RBC 与 ISDN 间的接口、RBC 与 VIA 和 RBC 操作控制终端接口、RBC 与 RBC 本地维护终端接口、RBC 与司法记录器接口。

RBC 设备外部接口包括:与车站联锁系统接口、与 CTC 设备接口、与临时限速操作服务器接口、与信号集中监测设备接口、与 GSM-R 网络之间的接口。

RBC/联锁安全数据通信以太网是由专用光缆构成的、满足信号安全信息传输要求的冗余工业以太网,用于实现 RBC 与车站联锁系统、RBC 与邻线 RBC 之间的信息交换。

(2)GSM-R 通信网络

GSM-R 核心网包括移动交换子系统、GPRS 子系统、智能网子系统,应按照全路核心网建设规划建设,各条高速铁路接入相关节点。

采用交织冗余覆盖方案,排序为奇数(1、3、5…)或偶数(2、4、6…)的基站达到的覆盖都分别能够满足系统规定的 QoS 指标,如图 4-15 所示。这种覆盖结构允许在单点(单个基站或单个直放站远端机)故障的情况下仍然能够满足系统规定的 QoS 指标。

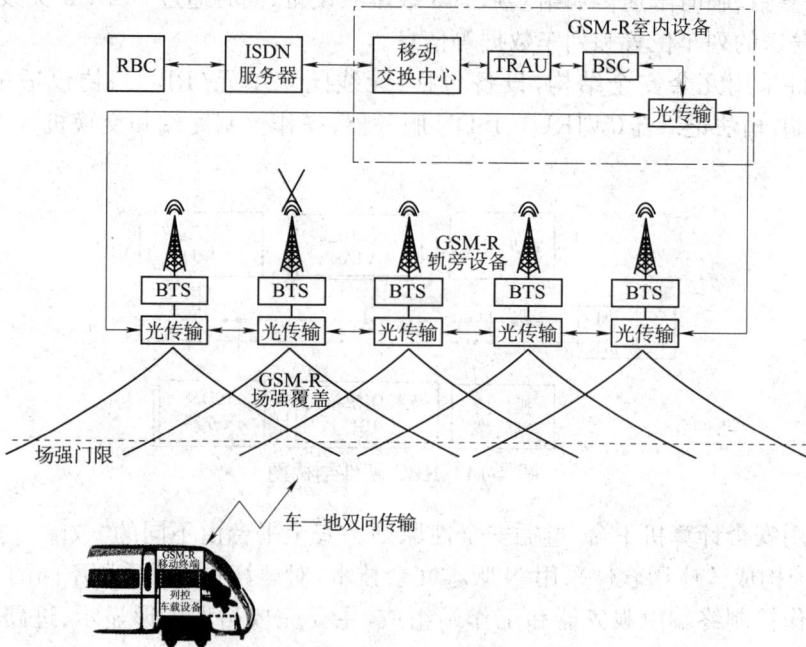

图 4-15　GSM-R 无线覆盖网络图

基站频率配置应满足各类业务正常应用的需求,在两个 RBC 交界区域,还应考虑从一个 RBC 向另一个 RBC 切换时每列车双移动终端使用的容量需求。

(3)列控中心 TCC

TCC 接收轨道电路的信息,并通过联锁系统传送给 RBC;同时,TCC 具有轨道电路编码、应答器报文储存和调用、站间安全信息传输、临时限速功能,满足后备系统需要。

TCC 是 CTCS-2 级列控系统地面子系统的核心部分。根据轨道区段占用信息、联锁进路信息、线路限速信息等,产生列车行车许可命令,并通过轨道电路和有源应答器,传输给车载子系统,保证其管辖内的所有列车的运行安全。TCC 采用二乘二取二安全计算机平台,具有技术成熟、可靠等特点。

CTCS-3 级列控系统各车站、线路所及中继站均设置一套 TCC,中继站间距离一般不超过 15 km,特殊困难地段不能超过 20 km。

TCC/联锁安全数据通信局域网是由专用光缆构成的信号安全信息传输专网,用于实现车站联锁系统与 TCC 之间、车站联锁系统之间、TCC 之间的信息交换。

(4)轨道电路

区间采用计算机编码控制的 ZPW-2000 系列无绝缘轨道电路,轨道电路的传输长度满足相关技术条件的要求。轨道电路的正常码序为:L5—L4—L3—L2—L—LU—U—HU,满足 CTCS-2 级 300 km/h 速度列车安全运行的要求。

复杂大站的正线及股道区段采用计算机编码控制的 ZPW-2000 系列有绝缘轨道电路,其他区段采用 25 Hz 轨道电路。一般车站,全站采用与区间同制式的、由计算机编码控制的 ZPW-2000 系列有绝缘轨道电路。

(5)应答器

应答器向车载设备传输定位和等级转换等信息;同时,向车载设备传送线路参数和临时限速等信息,满足后备系统需要。应答器传输的信息与无线传输的信息的相关内容含义保持一致。

应答器用于向 CTCS-3 级列控系统车载设备提供位置、等级转换、建立无线通信等信息,同时对 CTCS-2 级列控系统车载设备提供线路速度、线路坡度、轨道电路、临时限速等线路参数信息。应答器设置满足 CTCS-3 级系统、兼容 CTCS-2 级系统的要求。

应答器的设置原则为:

①进站信号机处、反向进站信号机处、出站信号机处、区间线路应答器的设置原则同 CTCS-2 级。

②中继站处,上/下行线各设置由 1 有源应答器和 1 个无源应答器组成的应答器组,用于发送临时限速信息,两组应答器之间的距离为(100±5)m。

③为保证调车作业不危及正线运行列车的安全,可根据需要设置由 1 个有源应答器和 1 个无源应答器组成的应答器组,用于提供调车危险信息。

④等级转换分界处,设置预告点和转换点用于提供等级转换信息。在进入 CTCS-3 级区域时,在预告点前方适当距离根据需要设置无线连接点。无线连接点、预告点和转换点设置由两个及以上无源应答器组成的应答器组。

⑤在两个相邻的 RBC 的边界处设置,两个无源应答器组成的应答器组,用于提供 RBC 切换命令、接收 RBC 的 ID 及电话号码。

⑥利用牵引供电换相点前一定距离设置的两个无源应答器组成的应答器组提供过分相信息。

⑦在18号(不含)以上道岔前第二个闭塞分区入口处应设置由1个有源应答器和1个无源应答器组成的应答器组,根据道岔区段及列车运行前方轨道区段空闲条件,向后备系统提供道岔侧向允许列车运行的速度。

⑧当用于定位的应答器组间隔超过1 500 m时,中间应增设无源应答器用于列车定位。

(6)临时限速服务器及操作终端

调度中心设列控系统专用临时限速服务器及临时限速操作终端。用于临时限速的下达与取消。

为了提高临时限速命令的安全性,保证RBC和TCC临时限速命令的一致性、完整性、有效性,以及冲突检测等功能,设列控系统专用临时限速服务器。在调度中心CTC施工调度台,放置一台临时限速专用操作终端,用于施工调度员进行临时限速的相关操作。临时限速专用操作终端直接与临时限速服务器相连接。

3. CTCS-3级列控车载设备

车载设备采用分布式结构,与动车组的接口采用继电器或MVB总线方式。

(1)设备设置原则

车载安全计算机、应答器信息传输模块、安全输入/输出接口、轨道电路信息接收单元、测速测距单元、人—机界面等关键设备均采用冗余配置。

车载安全计算机中既包含CTCS-3级控制单元,也包括CTCS-2级控制单元,两者独立设置,同时运行。车载安全计算机根据地面设备提供的行车许可、线路参数、临时限速等信息和动车组参数,按照"目标—距离"连续速度控制模式生成动态速度曲线,监control列车安全运行。

CTCS-3级控制单元负责在CTCS-3级线路正常运行时的核心控制功能,CTCS-2级控制单元负责后备系统的核心控制功能。两者共用DMI、TIU、测速测距模块、BTM、速度传感器及雷达速度传感器,CTCS-3级控制单元连接GSM-R单元,并负责系统总线管理及统一对外输出。CTCS-2级车载控制单元连接TCR,从TCR获得行车许可信息。

当CTCS-2级控制单元设备控车的时候,CTCS-2级控制单元根据接收到的轨道电路信息和应答器信息计算限速曲线,对列车的速度进行监督控制,并把相关信息通过DMI进行显示。CTCS-2级控制单元监督控制功能的实现,需要CTCS-3级控制单元的辅助和监管,这时CTCS-3级控制单元的作用是:监视整个系统包括CTCS-2级设备的状态是否安全;控制系统的启动包括自检(CTCS-2级控制单元设备自检,当CTCS-3级控制单元授权之后CTCS-2级控制单元也可以检查列车接口);提供访问列车接口通道;提供制动的控制;提供对速度传感器数据的访问通道。

在CTCS-3级设备控车时,CTCS-2级设备仍正常接收轨道电路信息和应答器信息,并根据接收到的地面信息计算限速曲线,根据列车实际运行速度和限速曲线进行比较,但计算和比较结果不作为控制列车的依据和不传送DMI显示,仅作为CTCS-3级控制单元的备用,在CTCS-3级转换到CTCS-2级时能马上投入控车和送DMI显示。

CTCS-3级和CTCS-2级之间的转换分为正常转换和故障转换,正常转换通过转换点地面设置的应答器实现不停车转换;在GSM-R通信中断时,当列车运行速度降至后备系统可控的允许速度后车载设备自动转为 CTCS-2 级设备控车(需司机确认)。

CTCS-2 级控制单元和 TCR 故障不影响 CTCS-3 级的正常运行;CTCS-3 级专用模块(如 GSM-R 模块)故障不影响 CTCS-2 级的正常运行。

(2)设备功能

CTCS-3 级列控车载设备负责接收地面数据命令信息,生成速度模式曲线,监控列车运行,保证列车运行安全,具有以下基本功能:

①自检功能。

②数据的输入和存储。

③界面显示。

④信息接收及发送。

⑤静态曲线比较。

⑥动态曲线计算。

⑦列车定位。

⑧速度的测量及显示。

⑨行车许可和限速命令显示。

⑩行车许可和限制速度的监督。

⑪司机操作的监督。

⑫溜逸防护。

⑬信息记录。

⑭自动过分相。

⑮站名和公里标显示。

⑯在非 CTCS-2 级/CTCS-3 级区段运行功能。

⑰特殊行车功能。

⑱其他防护功能。包括紧急停车、施工防护、进路适应性防护。

(3)主要工作模式

通用的模式有完全监控模式、目视行车模式、引导模式、调车模式、隔离模式、待机模式和休眠模式等 7 种;仅适用 CTCS-2 级的模式有部分监控模式和机车信号模式。

①完全监控模式(FS)

当具备列控所需的全部基本数据(包括列车数据、行车许可和线路数据等)时,列控车载设备生成"目标—距离"连续速度控制模式曲线,并通过人—机界面(DMI)显示列车运行速度、允许速度、目标速度和目标距离等信息,监控列车安全运行。

②目视行车模式(OS)

当地面设备故障、列控车载设备显示禁止信号且列车停车后需继续运行时,根据行车管理办法,经司机操作,列控车载设备按固定限制速度 40 km/h 监控列车运行,列车每运行一定距离(300 m)或一定时间(60 s)司机需确认一次。

③引导模式(CO)

当开放引导信号或出站信号机开放且列车前端距离出站信号机较远(大于 250 m)发车时,列控车载设备生成"目标—距离"连续速度控制模式曲线,并通过 DMI 显示列车运行速度、允许速度、目标速度和目标距离等,车载设备按固定限制速度 40 km/h 监控列车运行,司机负责在列车运行时检查轨道占用情况。

④调车模式(SH)

当进行调车作业时,司机按压"调车"按钮,列控车载设备按固定限制速度 40 km/h 监控调车车列前进或折返运行。当工作在 CTCS-3 级时,经 BBC 同意,列控车载设备转入调车模式后与 RBC 断开连接,退出调车模式后再重新与 RBC 连接。

⑤隔离模式(IS)

当列控车载设备停用时,需在停车情况下,经操作隔离列控车载设备的制动功能。在该模式下,车载设备不具备安全监控功能。列控车载设备应能够监测隔离开关状态。

⑥待机模式(SB)

当列控车载设备上电时,执行自检和外部设备测试正确后自动处于待机模式,车载设备禁止列车移动。当司机开启驾驶台后,列控车载设备中的 DMI 投入正常工作。

⑦休眠模式(SL)

该模式用于非本务端列控车载设备。在该模式下,列控车载设备仍执行列车定位、测速测距、记录等级转换及 RBC 切换信息等功能。

列车立折,非本务端升为本务端后,车载设备可自动进入正常工作状态。

⑧部分监控模式(PS)

在 CTCS-2 级,当车载设备接收到轨道电路允许行车信息,而缺少应答器提供的线路数据时,列控车载设备产生一定范围内的固定限制速度,监控列车运行。

⑨机车信号模式(CS)

当列车运行到地面设备配置未装备 CTCS-3 级/CTCS-2 级列控系统的区段时,根据行车管理办法(含调度命令),经司机操作后,列控车载设备按固定限制速度 80 km/h 监控列车运行,并显示机车信号。当列车越过禁止信号时触发紧急制动。

在 CTCS-3 级或 CTCS-2 级控车时,满足一定条件可进行模式转换。

(4)车载设备接口

①内部接口

车载设备内部接口包含:人—机界面接口、速度传感器接口、雷达接口、运行记录单元接口、轨道电路信息接收单元接口、应答器信息接收模块接口、GSM-R 无线通信单元接口等。

②外部接口

车载设备外部接口包含:动车组接口、GSM-R 接口、动态检测接口、应答器接口、轨道电路接口、司法记录器下载接口、电源接口等。

第六节　轨道车运行控制系统

轨道车运行控制系统 GYK 是专门用于保证轨道车运行安全的系统,是根据轨道车运行和作业特点研制的。它接收轨道电路的信号,对轨道车运行进行监控、报警,记录运行数据和无线列调通话。

一、GYK 的组成

GYK 由主机、人—机界面 DMI、机车信号机、轨道电路接收线圈等组成。主机、DMI 与 LKJ 的相同。机车信号机、轨道电路接收线圈与 JT1-C 的相同。

二、GYK 的功能

GYK 具有轨道电路信号接收、监控、记录、报警、显示和语音提示,无线列调通话记录、信号自检等功能。

1. 监控功能

(1)速度控制

①轨道车在区间正常运行时的速度控制

轨道车在区间正常运行时,采用速度分级控制,根据机车信号信息,以进入闭塞分区后 700 m 处为目标点,计算产生控制曲线,防止轨道车超速或越过关闭的信号机。

②轨道车在区间作业和限度区段运行时的速度控制

轨道车在区间作业和限速区段采用速度连续控制,以轨道车计划停车点或限速区段起点为目标点,计算产生连续的速度控制曲线,防止轨道车越过设定的停车点,防止超过限速区段的限制速度。

③DMI 限速窗口显示常用制动模式限速值,限速曲线为常用制动模式曲线。不具备常用制动控制功能时,DMI 限速窗口显示紧急制动模式限速值,限速曲线为紧急制动模式限速曲线。

④对于不具备常用制动功能的轨道车,当轨道车速度超过常用制动模式曲线,则输出熄火指令;当轨道车速度超过紧急制动模式曲线,则输出紧急制动指令。

⑤熄火指令停车后自动撤除。

⑥常用制动减速后手动缓解。紧急制动输出只能在停车后缓解,司机根据"允许缓解"提示,按压"缓解"按钮后,紧急制动缓解,语音提示:"缓解成功"。

(2)防溜控制

①空挡防溜

当轨道车未加载由停车状态移动时,速度≥3 km/h 或车辆移动距离≥10 m 时,产生防溜报警语音提示"注意手柄防溜",在 10 s 内按压"警惕"键,可解除语音报警,否则输出紧急制动。

②相位防溜

当轨道车由停车状态移动,若速度传感器相位与轨道车运行方向相反,轨道车运行速度≥3 km/h 或车辆移动距离≥10 m 时,产生防溜报警,语音提示"注意相位防溜",在 10 s 内按压"警惕"键,可解除语音报警,否则输出紧急制动。当轨道车运行速度≥10 km/h,继续产生防溜报警,语音提示"注意相位防溜",在 10 s 内按压"警惕"键可解除语音报警,否则输出紧急制动。

③管压防溜

轨道车速度从≥3 km/h 降为 0,停车后的列车管压力与运行时最高管压相比较,管压下降＜80 kPa（一次减压不足 80 kPa），产生防溜报警语音提示"注意管压防溜"，在 5 s 内追加减压≥80 kPa，按压"警惕"键可解除语音报警，否则输出紧急制动。

（3）警醒控制

GYK 在正常监控模式、区间作业进入、区间作业返回模式，速度大于 20 km/h 时，运行 2 min 没有任何操作，GYK 启动警醒控制。开始声光报警时，司机应按压按钮或踩踏踏板，解除报警，若不采取措施则实施制动。

2. 记录功能

具有运行数据记录功能，实时记录日期、时间、公里标、机车信号信息、轨道车工况、运行状态、检修人员/司机操作、系统自检、揭示信息等内容。

3. 报警功能

具有防溜报警、警醒报警、轴温监测报警、故障提示报警等功能。

4. 地面分析软件功能

地面分析软件能实现全程记录分析、多重查询、曲线回放、司机报单、统计分析和网络化管理。

三、GYK 主要特点

只存储低于轨道车允许速度的线路固定限速、里程断链、长大下坡道、特殊区段、车站信息等少量数据，按照速度分级控制和速度连续控制，生成运行模式速度控制曲线；当轨道车速度达到控制模式曲线时，GYK 对轨道车实施常用制动、熄火及紧急制动，监控轨道车安全运行，防止"两冒一超"。

根据轨道车运行和作业特点，GYK 具有五种监控模式：正常监控模式、目视行车模式、调车模式、区间作业模式、非正常行车模式

轨道车在区间正常运行时采用速度分级控制：根据机车信号信息，以进入闭塞分区后 700 m 处为目标点，计算产生控制曲线，防止轨道车超速或越过关闭的信号机。

轨道车在区间作业和限速区段采用速度连续控制：以轨道车计划停车地点或限速区段起点为目标点，计算产生连续的速度控制曲线，防止轨道车越过设定的停车点或超过限速区段的限制速度。

四、GYK 监控模式

1. 正常监控模式

在正常情况下，GYK 根据机车信号信息，按对应的允许速度控制运行。

2. 目视行车模式

目视行车模式是司机控车的固定限速模式。目视行车模式用于：出入库；正常监控遇停车信号或信号突变，停车后，按"解锁"键转入；区间作业遇封闭的停车点，停车后，按"解锁"键；机车信号故障时，停车后，取得调度命令，需继续运行，转入目视行车模式。

3. 调车模式

调车模式是轨道车进行调车作业的固定限速模式，限速值按牵引 40 km/h、推进 30 km/h、

连挂 5 km/h 设置。GYK 按模式限速曲线控制轨道车运行。机车信号变化时,GYK 有语音提示,但不控制。此时,防溜逸控制功能有效,警醒功能关闭。

4. 区间作业模式

区间作业模式有 5 种状态:区间作业进入、区间作业返回、区间作业防碰、区间编组、5 km/h 连挂。运用区间作业模式时,应先在正常监控模式下调用数据。

5. 非正常行车模式

非正常行车模式具有地面信号确认、绿色许可证、路票、引导进站 4 种状态。

另有补机状态,GYK 在补机状态时,DMI 窗口左上角,在控制模式名称提示下方显示"补机状态",主界面显示"补机"字样。在补机状态下,GYK 只记录,不控制。补机模式不显示地面数据。

复习思考题

1. 什么是机车信号? 有何作用? 如何分类?

2. JT1-CZ2000 型机车信号车载系统有哪些主要技术特点?

3. JT1-CZ2000 型机车信号车载系统有哪些功能?

4. 简述 JT1-CZ2000 型机车信号车载系统的设备构成。

5. 机车信号远程监测装置有何作用?

6. 机车信号远程监测装置有哪些特点?

7. 简述机车信号远程监测装置的结构。

8. 为什么要进行站内轨道电路电码化?

9. LKJ2000 型监控装置有哪些特点?

10. LKJ2000 型监控装置有哪些功能?

11. 简述 LKJ2000 型监控装置的组成和工作原理。

12. 简述 CTCS-2 级列控系统的结构和工作原理。

13. 机控优先和人控优先有什么区别?

14. CTCS-2 级列控系统有哪些工作模式?

15. 简述 CTCS-3 级列控系统的结构和工作原理。

16. CTCS-3 级列控系统有哪些功能?

17. CTCS-3 级列控系统有哪些主要工作模式?

18. 比较 CTCS-3 级列控系统和 CTCS-2 级列控系统的异同。

19. 简述轨道车运行控制系统的组成。

20. 轨道车运行控制系统有哪些功能? 主要特点是什么? 有哪些监控模式?

第五章　行车调度指挥系统

TDCS(列车调度指挥系统)和 CTC(调度集中)是应用远动技术构成的铁路行车指挥系统。远动技术按作用主要分为遥信和遥控。一般情况下,遥控系统总包含着遥信系统。CTC 是遥控系统,TDCS 是遥信系统。包括 TDCS 和 CTC 的铁路行车调度指挥系统是铁路信号发展的关键性技术,是随着计算机技术、现代通信技术的发展而发展起来的。无论在信息交换、实时控制及调度决策,还是在控制范围上,越来越显示出其优越性,它们代表了铁路行车信息与控制技术的发展趋势,对于提高运输调度指挥的质量和水平,充分发挥铁路线路通过能力起着积极的作用。

第一节　行车调度指挥系统概述

一、调度集中和调度监督的发展

1. 调度集中和调度监督前期的发展

前期的调度监督仅有监督信号设备状态和列车运行状况的功能,前期的调度集中除了具有前期的调度监督的功能外,主要完成遥控功能,即由行车调度员在调度所远距离地集中控制本区段内各站的信号机和道岔,办理接、发车进路。

我国铁路于 1962 年首次安装调度集中,为继电式极性频率制。以后又开通采用晶体管分立元件的电子调度集中。最多时安装计一千多公里。但终因改修双线、区间无空闲检查设备、设备不配套、本身不稳定等,相继于 20 世纪 70 年代末停止使用。也先后出现过采用晶体管分立元件和采用集成电路的调度监督,曾在一些区段使用,但未大面积推广。

这一阶段,我国调度集中发展非常缓慢,原因是多方面的:如由于我国铁路小站摘挂列车作业较多,调度权经常下放,又因单线区段列车成对运行,难以实现追踪,调度集中没有结合我国铁路运输的情况和特点来研究,难以收到理想的效果;设备所用器件可靠性不高,设备不配套,技术经济效果不显著;运营部门没有采取相应措施,没有建立必要的规章制度,调度人员素质不够高,未进行系统培训,使得设备效能不能充分发挥;在铁路建设中缺乏经济观念,忽视技术改造的作用,在单线运能不足时就等待修建双线。

2. 调度集中和调度监督的微机化

进入 20 世纪 80 年代,在调度集中、调度监督的微机化及相应设备的研究上取得了突破性的成果,在应用上取得稳步发展。微机化调度集中和调度监督的特点是:设备由分立元件向大规模集成电路转化;由布线逻辑向计算机系统转化;由零散设计向标准化、模块化、积木式、高可靠及无维修化发展;由单一功能向多功能扩展;表示设备由盘面式向屏幕式发展;调度集中由单线向双线扩展,调度监督由区段向枢纽、分界口等多方面发展。

1991年开通我国第一条微机化调度集中。但是,仍然没有很好地解决调车作业对于行车的影响,因而没有得到应有的发展。这一时期,调度监督得到较快的发展。

二、TDCS 工程的实施

TDCS(列车调度指挥系统)原称 DMIS(铁路运输调度指挥管理系统),不仅包括调度监督的全部功能,最主要的是全程联网,而且具有运行计划管理功能,特别是运行自动调整功能。TDCS 出现后,就不单独提调度监督了。

TDCS 采用现代信息技术改造传统的落后铁路调度方式,建立起融通信、信号、计算机、数据传输和多媒体技术为一体的运输调度指挥系统。TDCS 用现代信息技术改造传统的落后的铁路调度方式,TDCS 工程的实施将带动整个信号系统向网络化、智能化方向发展,从根本上改变了我国铁路信号在调度指挥手段、行车控制技术和信号技术设备功能等方面的落后面貌,从而提高整个路网的运输能力和效率,全面提高行车安全程度。TDCS 工程是"九五"铁路现代化的重要标志工程,是增强各级运输调度指挥手段、提高运输效率和效益的重要技术改造项目,也是提高铁路信号整体水平,向网络信号发展的龙头工程。

目前,已经全面建成覆盖全路的 TDCS,包括全部干线和绝大部分支线,建成了以行调为核心的现代化铁路运输调度指挥控制管理信息系统,实现了全路运输调度的集中管理、透明指挥、实时监视、自动调整。

三、新一代 CTC 的推广使用

新一代的 CTC 不同于传统的 CTC,具有自动排列进路的功能,实现分散自律和智能化控制,在对列车运行实现调度集中控制的同时,实现对调车作业的集中控制,成功地解决了列车和调车的矛盾。

目前,高速铁路全部采用新一代分散自律的 CTC,普通铁路的主要干线也大力发展新一代的 CTC。

四、综合调度指挥系统的建设

综合调度指挥系统涵盖各种调度,包括行车调度、机车调度、车辆调度、客运调度、货运调度、军事调度、特种调度,以及电力调度、工务调度、电务调度,其中行车调度是各种调度的核心。实现资源共享,综合调度指挥,做到:全线行车指令统一下达,施工计划统一审批,机车车辆运用统一安排。客服资源统一配置,供电系统统一管理,应急处置统一指挥,对于固定设备实现维修管理一体化:全线施工计划统一编制下达,施工组织统一协调,施工天窗统一安排,施工手续统一办理,停、送电统一管理。

第二节　列车调度指挥系统

列车调度指挥系统(TDCS)为调度人员提供先进的调度指挥和处理手段,及时提供丰富、可靠的信息和决策依据,提高其应变能力,减少通话和手工制表,从而充分发挥现有铁路运输设备的能力,提高了行车指挥的技术水平,并改善调度人员的工作条件和环境,改善铁路运输服务质量。并且为中国铁路总公司领导的决策提供真实可靠的信息,实现了调度指挥工作的现代化管理模式。

一、TDCS 网络整体结构

我国铁路调度指挥是以行车调度为核心,站段为基础,实行铁路局和铁路总公司二级调度管理的体制。故 TDCS 设计为三级网络结构,其总体结构如图 5-1 所示。TDCS 是一个覆盖全国铁路的大型网络,由铁路总公司调度中心局域网、各铁路局调度中心局域网构成。局域网间通过专线数字通道远程连接,进行远程信息交换。铁路局调度中心通过通信服务器对基层调度监督设备进行信息收集和处理。

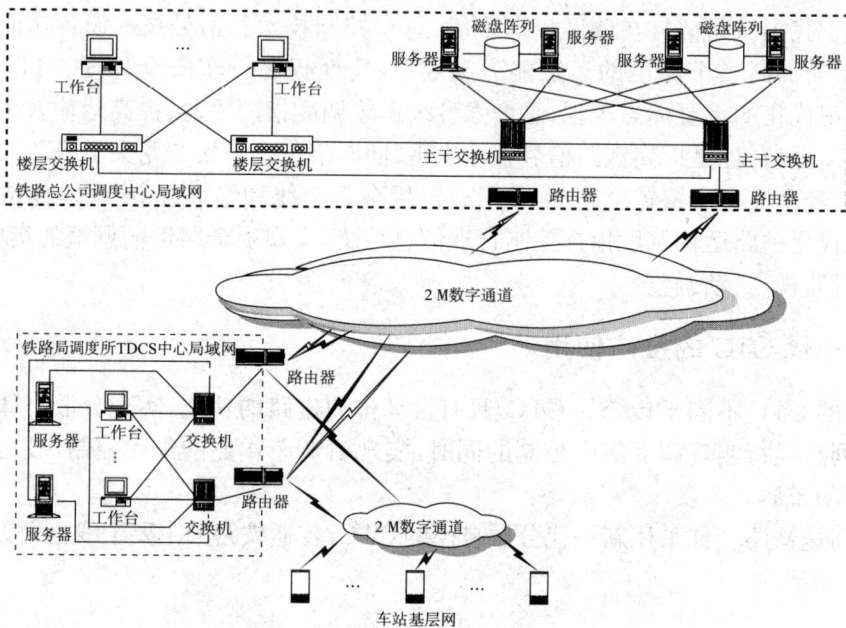

图 5-1　TDCS 网络总体结构图

铁路总公司调度中心调度指挥管理信息系统是 TDCS 的主要组成部分,是 TDCS 系统的核心,位于整个 TDCS 系统的最高层,负责全路运输宏观管理。

铁路局调度中心是 TDCS 的第二层,在各铁路局所在地建有铁路局调度中心局域网。它是一个覆盖全铁路局的信息采集、传输、处理系统,主要为铁路局调度服务。

基层网是 TDCS 的最下层,主要是分界口、枢纽、区段调度监督及其他基层网络(港口、口岸、大企业站),负责基层信息的采集,向铁路局调度中心提供各种所需实时信息。它是整个 TDCS 的基础,信息的来源。

TMIS 是 TDCS 的一个重要信息来源。另外,车辆管理信息系统、集装箱管理系统等需要向各级调度中心移设或互联。

二、系统功能

1. 铁路总公司 TDCS 功能

铁路总公司 TDCS 具备调度实时信息宏观显示、调度实时监视、技术资料查询、显示、报表统计、系统维护及管理、用户培训等功能,以及具备与 TMIS、ATIS(车号自动识别系统)的信息共享,在分界口列车调度指挥管理和跨局客车及行包专列调度指挥管理方面提供了预警和报警功能。

(1)列车动态跟踪

提供全路列车实际位置、车次号信息和列车早晚点信息显示。

(2)信号设备运用状态实时监视

提供全路各车站的进路排列、信号显示、轨道电路实际占用及列车车次号信息的显示。

(3)列车运行宏观显示

对分界口、区段、枢纽的列车运行情况和现场状态的动态数据采集、传送和处理,以图形、图像、文字等方式,直观、灵活地向调度人员及有关领导及时提供准确、可靠和丰富的全路运输状态宏观显示,显示内容包括:分界口交接车;主要干线列车运行正点率;主要干线行车密度;主要干线列车运行晚点原因统计;重点列车跟踪。

(4)列车运行时刻显示查询

输入列车车次号、始发调度日(系统缺省提供当前调度日)和当前所在铁路局等信息后,系统自动搜索相关调度区段的基本运行图、阶段计划和实绩运行图,查询该列车运行信息(早晚点、到发或通过时刻),并采用表格方式显示和打印。

(5)运行图管理

接收铁路局 TDCS 提供的基本运行图、阶段计划和实绩运行图等数据,提供全路各铁路局调度区段列车阶段计划的同步显示,以及列车基本图、实绩运行图的查询显示,并提供多种运行图显示手段,包括:铁路局各区段运行图管理、分界口运行图管理、重点车站运行图管理、指定车站间运行图管理,并辅助生成移动办公查询用基本图数据。

(6)调度命令管理

向铁路总公司调度人员提供通过计算机网络系统编辑、存储、下达、接收与查询调度命令等功能。可以编辑、发送调度命令,处理未发送的调度命令,整理已发送调度命令,查看当前命令回执,查询调度命令历史信息,以文本方式对指定的调度命令进行打印,查询铁路局下发的调度命令。

(7)列车编组管理

实现与 TMIS 的结合并辅以铁路局 TDCS 信息和 T/D 结合信息,获得列车编组顺序表信息,提供列车编组简单的管理功能,实现全路列车简单编组和列车确报信息的查询、显示和打印。

(8)数据统计和分析

根据建立的数据库信息和数据进行统计和分析,提供铁路局间分界口交接车统计;提供全路各条干线列车运行正点率、列车运行密度和早晚点原因统计等。

(9)技术资料管理

提供行调相关的技术资料管理功能:查询、信息显示和打印,以及更新导入。主要包括全国铁路路网图、全路客运营业站示意图、全路货运营业站示意图、全路编组站和示意图、主要枢纽示意图、铁路局间分界口基本列车运行图、救援列车分布信息及列车运行图有关资料等。

(10)调度命令无线传送

查询、显示铁路局采用无线传输通道向车站、列车及其他受令终端传送的调度命令信息。

(11)分界口列车调度指挥管理

提供分界口信息查询、分界口交接车预警和报警、行车监视、运行图管理和技术资料查询等功能,并突出和强化"预警和报警"功能。

(12)跨局客车及行包专列管理

可对跨局客车及行包专列进行列车调度指挥管理,提供信息查询、晚点预警和报警、行车信息监视、旅客列车及行包专列运行图管理、技术资料查询。

(13)事故救援辅助信息管理

在事故状态下,为各种应急预案最大程度地提供事故救援辅助信息并进行管理,通过分析已掌握的各种计划信息、列车运行信息、信号设备状态信息及相关施工、限速、封锁信息及调度人员输入的信息,实时显示各种与事故有关的信息和画面。

(14)仿真培训

通过模拟仿真技术,在仿真培训终端上,实现对调度人员的培训。

(15)提供气象信息

提供铁路沿线天气情况的实时信息和预报,使调度员了解铁路沿线的天气灾害情况。

2. 铁路局 TDCS 功能

铁路局调度所实时掌握局内调度区段的各车站、各分界口、各编组站、各枢纽的列车运行情况、信号设备显示状态,并进行宏观显示,完成阶段计划的调整及调度命令的生成和下达,进行信息汇总、处理,向铁路总公司及相邻铁路局 TDCS 提供行车信息。铁路局 TDCS 可利用显示器或大屏幕所显示的干线宏观图、区段宏观图对现场进行监视,对重点列车进行追踪,进行列车运行正点率统计和列车运行密度统计分析。同时,在铁路局调度所提供 TDCS 与 TMIS 的接口,实现两系统间信息的共享。

铁路局 TDCS 的主要功能有:干线列车运行秩序的宏观显示;铁路局管内列车运行实时监视和历史查询;列车追踪;列车运行图管理;列车紧跟踪报警;车站自动报点;调度命令下达;仿真培训。

列车运行图管理包括:基本运行图的铺划、转换、修改和打印,阶段计划的生成,实绩运行图的绘制,列车运行的调整,行车计划的下达,操作和数据的记录和统计。

3. 车站 TDCS 功能

车站 TDCS 功能主要有:现场动态信息(信号机、轨道区段、道岔、区间状态,列车位置,挤岔报警和灯丝报警)的采集和传送;无线车次号校核;车次跟踪及自动报点;车次和到发点的人工管理;显示本站和邻站信息(区间信号的开放情况及列车在区间的运行情况);调度命令的签收和打印;调度命令无线传送;阶段计划的签收和打印;行车日志的管理;现在车管理。

三、TDCS 的作用

1. 调度办公无纸化

以前大量使用的运行图、部分报表、调度命令本及车站行车日志等停止使用,不同专业调度之间信息的传递也在网上完成,调度员不用纸张只通过简单地单击鼠标即可实现运行图的自动绘制、调整、下达阶段计划和调度命令等操作。

列车运行的到发点由系统自动采集,实绩运行图可自动生成。

2. 流程管理程序化

通过详细描述列调工作中的设备、规则、方式、流程等条件,采用程序智能控制作业流程,规范作业过程管理。

3. 安全检测智能化

强大的防火墙系统和入侵检测系统保证了 TDCS 作为行车设备要求的高度安全性,有效防止了黑客的非法入侵和病毒的侵入。

4. 信息交换网络化

调度员和车站值班员的信息交换全部采用网络传输,替代了原有的电话交流,包括计划的下达、到发点的上报、调度命令的下达等信息。网络下达高速、准确,提高了信息交换的效率和质量,提高了工作效率,保证了系统的高实时性和高可靠性。

5. 机车地面一体化

利用无线列调系统为基础,开发了调度命令无线传输系统,实现了机车和地面的信息交换。

6. 调度指挥无声化

调度员通过计算机网络下达和获取相关的行车信息,实现行车信息共享,不再以电话联系为主要方式,改善了调度所的工作环境。

7. 计划调整智能化

采用人工智能技术编写专家系统数据库,汇集了众多调度员多年实践经验,可以根据现场的实际情况、列车的运行状况、规定的原则,通过决策制定出列车运行调整方案,供调度员参考。调度员确认后可通过系统自动下达到车站并传送到其他相关调度员。

8. 系统设备综合化

在铁路局层实现了不同设备之间的资源共享,优势互补,节约了投资,简化了现场设备,便于维护管理。

9. 设备维护远程化

设备内置远程维护软件,使获得授权的系统维护人员(如厂家)通过计算机网络或电话拨号网可以在异地登录系统,对分布在全局范围内的设备进行远程维护。远程维护技术的运用为电务设备的集中维护、减员增效提供了非常有效的技术手段。

四、铁路总公司调度指挥中心系统(铁路总公司 TDCS)

铁路总公司 TDCS 是高性能、高可靠的系统,由局域网、广域网、服务器、工作站、大屏幕投影系统等组成,其逻辑结构如图 5-2 所示。

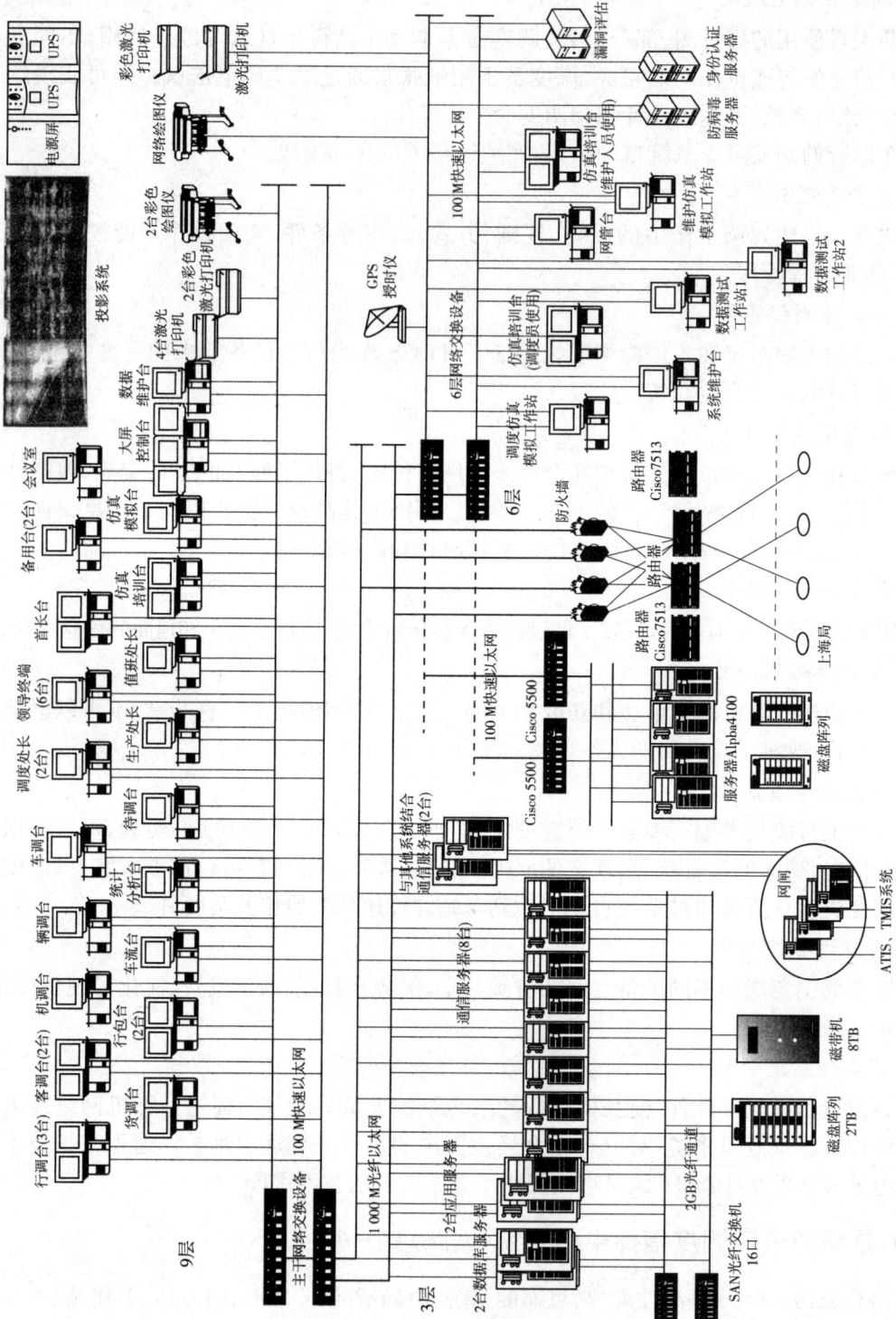

图5-2　铁路总公司TDCS系统

1. 局域网系统

铁路总公司调度中心局域网主要由数据库服务器、工作站、显示系统及各种报表输出系统通过高速以太网连在一起，构成一个为调度指挥服务的局域网。

铁路总公司调度指挥中心 TDCS 网络由主干网和楼层接入网构成。

主干网是铁路总公司 TDCS 网络系统的核心，用来连接小型机、高性能服务器、路由器和楼层接入网交换机、工作站等设备。为使主干网具有支撑实时、多媒体等高性能，铁路总公司 TDCS 采用成熟的 1 000 M 以太网技术，传输介质采用光纤，它为各楼层客户及服务器之间提供高速的信息交换通道。

各楼层用户网采用高效率的 100 M 以太网构成，满足各种工作站等设备的带宽需求。

2. 广域网

铁路总公司调度指挥中心使用路由器，通过 2 M 专线通道方式与 18 个铁路局调度指挥中心连接，进行远程信息交换。

铁路总公司调度指挥中心设有两套路由器设备。铁路总公司对每个铁路局（公司）连接两条 2 M 专线通道，两条通道能均衡信息流量并互为主备，保证远程通信的可靠性。根据今后 TDCS 的发展需要，铁路总公司对铁路局还可适当增加 2 M 专线通道的数量。

3. 服务器

服务器是局域网中的重要设备，系统设置数据库服务器、应用服务器、通信服务器和信息接口服务器。所有服务器共享连接一套存储系统（磁盘阵列和磁带库），对所有工作站提供数据库访问与应用服务。

数据库服务器和应用服务器完成系统的最主要任务，如数据库访问服务、文件访问服务、信息处理、数据统计分析、应用软件服务等。

4. 存储系统

存储系统包括一套存储区域网磁盘阵列和一套磁带库。磁带库能满足数据较长时间备份，并安装管理软件和备份软件，以满足实时备份的要求。

5. 工作站

工作站由铁路总公司调度人员、各级管理人员及维护人员使用。调度人员使用工作站进行日常调度工作，各级管理人员使用工作站行使审批和监督检查的管理职能，维护人员使用工作站实施系统维护。

工作站能提供图形界面，它通过网络访问数据库服务器、应用服务器和通信服务器所提供的数据库服务和应用服务。

工作站可支持单屏或多屏幕显示，以满足不同应用要求。工作站界面友好，操作方便。

6. 大屏幕投影系统

大屏幕投影系统能集多种信息于一体，提供高清晰度、大画面的宏观显示。大屏幕不仅能宏观地显示调度工作站的显示内容，而且能将活动图像通过网络接口的方式以大画面显示出来，为调度人员及有关领导提供图形、图像、文字等多种方式的信息。

借助于大屏幕投影墙控制系统,操作控制人员能对大屏幕进行控制显示操作。操作控制人员还能将大屏幕授权给某些工作站用户使用,使他们能将各自屏幕上的显示内容送至大屏幕上显示,以供调度大厅的现场人员观看。

铁路总公司调度指挥中心调度大厅设置的投影大屏幕墙由 48 台投影仪投影的大屏幕组合而成,48 个屏以 4×12(高×宽)矩阵排列。

大屏幕的划分可根据具体情况来决定,通常将屏幕划为三部分:中部用于铁路运输状态宏观显示,右边用于站场图形细景显示,左边用于地形地貌、天气情况及其他信息的显示。也可将整个大屏幕作为一个具有高分辨率的显示器来使用,如进行重点列车跟踪。

大屏幕投影系统由投影仪、投影屏幕、多屏控制系统(器),以及用于管理投影系统的控制台组成。投影屏幕与投影仪配合使用;控制台用于管理投影系统及用于调试投影显示效果。大屏幕投影系统的关键设备是多屏控制系统,多屏控制系统连接在网络中,操作人员能使用鼠标方便地处理本地工作站上显示的信息,或直接处理显示墙上的信息。多屏控制器是大屏幕系统的中心,其可靠性要求甚高,因此采用两套多屏控制系统主备运行。

在调度大厅还配有与大屏幕系统配套使用的音响系统和录放像设备。

7. 其他设备

铁路总公司调度指挥中心还设置相关设备,主要有网络安全设备、打印机、绘图仪和电源系统等。

网络安全设备包含防火墙、入侵检测、动态口令身份认证、防病毒和漏洞评估等,保证铁路总公司 TDCS 的网络安全。

打印机和绘图仪用于输出报表、图纸及图形资料,在各楼层内还设置网络共享激光彩色打印机和彩色喷墨绘图仪,供所有用户使用。

图像扫描仪用于图形、图像信息的输入和修改。

五、铁路局调度所 TDCS

铁路局调度所系统主要由局域网、广域网、服务器、工作站、大屏幕投影系统等组成。铁路局调度所 TDCS(简称"铁路局 TDCS")设备包括中心机房设备、调度所设备和远程工作站设备三大部分。铁路局 TDCS 通过主、备路由器,经主、备通道与所管辖的车站基层网、相邻局 TDCS 及铁路总公司中心 TDCS 连接,互相交换信息。铁路局 TDCS 各功能台通过交换机与路由器相连,构成主、备星形连接局域网,实现信息交换与共享。铁路局调度指挥中心 TDCS 网络结构如图 5-3 所示。

中心机房设备包括数据库服务器、应用服务器、通信服务器、网络交换机、网络管理工作站、系统维护工作站、电源屏设备、防雷设备和远程通信系统。

调度所设备包括工作站和大屏幕系统。

远程工作站设备包括机务段(折返段)、车务段调度命令工作站和电务段调度工作站。

铁路局 TDCS 采用双网系统,系统重要设备,如服务器、交换机和路由器等的软、硬件均为双套冗余。

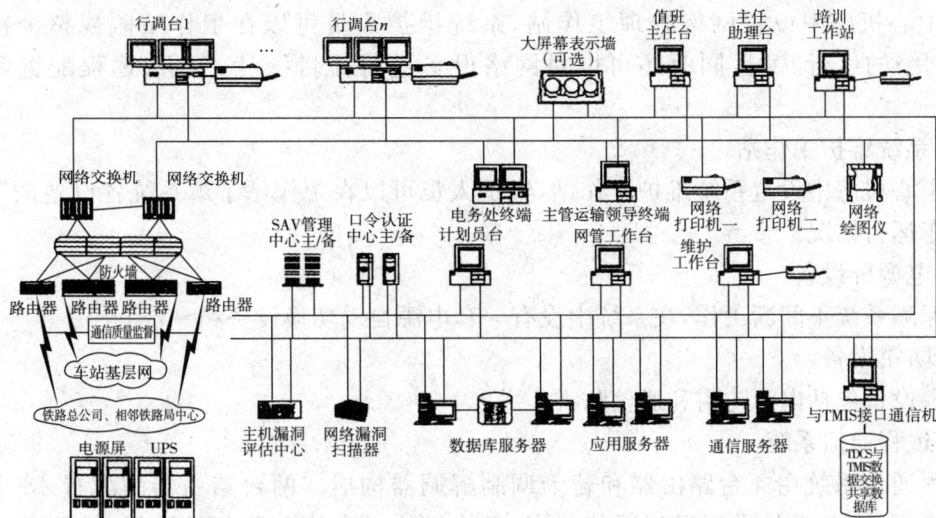

图 5-3　铁路局调度指挥中心 TDCS 网络结构图

1. 中心机房设备

（1）数据库服务器

数据库服务器用于数据管理，它犹如各计算机的文件柜，完成系统的最主要任务，如：数据通信、信息处理、数据库访问服务、文件访问服务、图形显示服务、应用软件服务等。

数据库服务器由小型机、高分辨率彩色显示器、键盘、鼠标器等设备组成。数据库服务器主要完成各种信息的存储和分析统计，如基本运行图、实绩运行图、阶段计划、运行图自动调整及各种分析统计报表。

数据库服务器采用双机配置，共享一台光盘阵列，构成集群环境，实现负载均衡。任一台数据库服务器的故障都不影响系统的运行。光盘阵列用于存储系统数据库及主要应用数据，如各种图像资料。

（2）应用服务器

应用服务器是整个铁路局 TDCS 网的核心设备之一，接收基层数据采集系统的各种实时信息，向网上的所有用户提供共享磁盘和文件系统、地理信息图形显示等应用软件服务支持等。列车运行信息的分析、三小时阶段计划的编制、实绩运行图的保存等主要处理工作都在应用服务器完成。

由于应用服务器的重要地位，所以在硬件方面设置双套高性能的服务器，实现完全的双机热备方式工作，确保硬件系统稳定运行。

（3）通信服务器

通信服务器用于铁路局中心系统和各个车站系统、相邻铁路局、铁路总公司之间的数据交换功能。

（4）网络交换机

为了通信更加可靠，整个铁路局局域网采用双以太网结构。

（5）网络管理工作站

在中心机房中设置网络管理工作站，系统维护人员可以在工作站监视整个铁路局TDCS网络的运行状况，同时还可以对网络设备进行流量统计、分析、远程配置等维护工作。

（6）系统维护工作站

在中心机房中设置系统维护工作站，维护人员可以在工作站了解系统各设备的工作状态和列车运行情况。

（7）电源屏设备

为保障系统不间断工作，在系统中设有一套电源自动切换设备和一台 UPS。

（8）防雷设备

防雷设备包括电源防雷和通信防雷。

（9）远程通信系统

远程通信系统由 4 台路由器和若干调制解调器构成。两台路由器满配置 48 个 2 M远程端口，负责与车站进行远程通信；另外两台路由器负责与相邻铁路局、铁路总公司进行远程通信，采用 2 M 专线通道方式。调制解调器实现与铁路局下辖站段远程终端的通信。

2. 调度所设备

（1）工作站

工作站提供客户应用，调度人员使用工作站进行日常调度工作。工作站能提供图形界面，它们通过网络访问数据库服务器所提供的数据库服务和应用服务。工作站还用于培训和网络管理。

工作站包括行车调度台工作站、基本图维护工作站、调度主任工作站、主任助理工作站、值班主任工作站、分析室工作站和其他工作站。

（2）大屏幕系统

大屏幕投影系统能集多种信息于一体，提供高清晰度、大画面的宏观显示。

为了提供宏观的行车信息显示，可在铁路局调度大厅设置大屏幕投影显示系统或马赛克表示盘设备，投影系统和表示盘内部均设置驱动终端。

3. 远程工作站设备

在机务段（折返段）、车务段设置调度命令工作站，提供调度命令接收和打印功能。在电务段设置电务段调度工作站，显示列车运行、信号设备等信息，并可进行站场显示历史回放。

六、TDCS 基层网系统

TDCS 基层网主要由车站计算机网络设备、车站分机采集及控制设备、车站值班员终端三部分组成。TDCS 基层网系统构成如图 5-4 所示。

1. 车站计算机网络设备

车站计算机网络设备主要由网络集线器、路由器、调制解调器（Modem）组成。

由网络集线器构成车站局域网。车站与铁路局 TDCS 的连接一般通过路由器接入 2 M数字通道，并采用环形、星形或星环形相结合的结构，构成广域网。

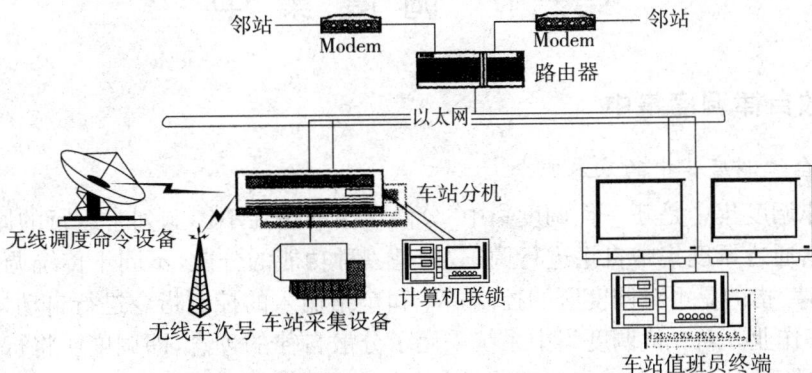

图 5-4　TDCS 基层网系统构成图

2. 车站分机采集及控制设备

车站分机采集及控制设备由中央采集控制单元、开关量采集设备及相应的机柜和机笼组成，一般要求分机采集及控制设备由互为热备的两套系统构成。

车站分机通过串行通信接口接收计算机联锁送来的站场表示信息。车站分机通过串行通信接口同无线车次号设备相连，接收无线车次号信息，同时，同无线调度命令发送装置相连，向列车发送无线调度命令。

车站分机通过 2 M 数字通道将车站采集信息传送到铁路局 TDCS，并将调度所下发的各种计划和调度命令等信息传送到车站网络系统中。

3. 车站值班员终端

车站值班员终端一般配置为双机热备的双屏终端。双机热备保证了系统的可靠性，双屏分别用于站场显示和运统二/运统三的显示。车站值班员终端设备采用低功耗工控机，并配置打印机。车站 TDCS 终端具有车站及邻站显示、车次号管理、行车日志管理、调度命令接收和打印、现在车和甩挂车编组管理、用户登录管理和其他辅助功能。

七、铁路局间分界口 TDCS

在各铁路局已有 TDCS 的情况下，铁路局间分界口 TDCS 由中心机和调度台终端组成，铁路局间分界口 TDCS 构成如图 5-5 所示。

在分界口的主站设置一台中心机，分别与相邻铁路局 TDCS 服务器建立通信，收集相应车站的信息，负责与两个铁路局的终端交换信息。

为调度员提供一套终端设备，可以实时监督分界口各个车站的列车运行信息和列车交接情况。另外，主铁路局的终端配置了网络通信设备，与铁路总公司中心服务器相连，向铁路总公司中心传送分界口信息。

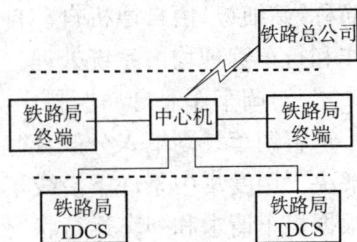

图 5-5　铁路局间分界口
TDCS 构成图

第三节 调度集中

一、分散自律调度集中

1. 分散自律调度集中的基本概念

分散自律调度集中是新一代调度集中"分散",指的是在不影响列车运行的原则下,允许调度所和车站通过调度集中自主进行调车,这是一种功能的分散,不同于传统调度集中的集中控制。"自律"指的是可对调度所的控制指令和车站输入的控制指令进行自动排序,协调列车作业和调车作业。新一代调度集中系统采用了分散自律的理念,即调度所将行车计划下达至车站,由车站系统根据列车运行调整计划完成进路选排、冲突检测、控制输出等核心功能。

新一代 CTC 在已建成的 TDCS 的基础上,充分利用 TDCS 的车次号自动输入校核、运行图自动描绘、调度命令自动下达等技术成果。它自动生成列车阶段调整计划,并下传至各车站的自律机中,自律自主执行,科学合理地解决调度所控制和车站控制的矛盾。它在最大程度上实现调车作业的集中控制,解决了列车作业和调车作业的矛盾。

设在各站的自律机主要用于接收存储调度所的列车运行计划、调车作业计划等,并可以自动按计划进行进路排列,驱动联锁系统执行;接收调度所和本地值班员(信号员)的直接控制操作指令(按钮命令),经与列车计划及联锁关系检查后,确认无冲突后驱动联锁系统执行;对信号设备的表示信息进行分析,确认进路的完整性和信号的正确性,并能对不正常情况进行处理;对车次号进行安全级管理;实时接收车站信号设备状态表示信息,列车及调车作业的跟踪,收集行车运行实际数据,并上传至调度中心;接收邻站的实绩和计划运行图及设备状态信息;接收调度所和本站值班员的进路人工干预,并调整内部处理流程。

2. 分散自律调度集中的功能

分散自律调度集中除了涵盖 TDCS 的全部功能外,主要具有列车进路和调车作业的集中控制功能。

(1)列车进路自动控制

CTC 以列车运行调整计划为依据实现列车进路控制自动化,将列车运行人工控制变为列车运行调整计划计算机自动调控;系统按照列车运行调整计划《车站行车工作细则》(以下简称《站细》),由自律机自动自主控制列车进路,实现进路的自动控制;将过去车务人员的操作和行车管理均由系统处理。

(2)调车作业自动控制

将调车计划纳入分散自律控制的范围,实现调车作业计划的计算机管理、编制和调整;解决了调度集中条件下沿线车站列车和调车相互干扰的问题,按照调车作业计划,由自律机根据机车请求和列车运行状况,自动自主控制调车进路并对调车状况进行监控和报警,实现调车进路的自动控制。

3. 分散自律调度集中系统特点

(1)智能化

自动生成列车进路、自动记录列车实时信息、自动进行运行调整等,最大限度地将行车人员从繁琐的工作及运输安全生产的压力下解放出来,有效地提高调度人员的工作效率,降低调度工作中的差错率。

(2)性能高

在图形处理、网络通信、自动编制阶段计划、列车运行调整计划、数据管理、列车进路生成等一系列算法的设计上,采取了全面优化策略,使得其计算速度完全满足实时性要求。系统设计了多维数据结构,通过一个数据入点,便可方便、快速、准确检测到相关联的信息,极大地提高了运算速度和信息查询能力。

(3)实用性强

数据结构、时刻表结构、车站平面图结构、列车运行图结构,都是采用完全通用的设计算法,根据给定的列车始发和终到站,生成列车进路和初始化的时刻表,大大提高了实用性。根据现场实际工作需要,设置了诸多利于现场调度指挥的功能,例如可随时查看所属任一车站及区间的示意图,可对人工报点信息进行批处理等。

(4)可靠性高

系统注重高可靠性,重要设备采用双机"故障—安全"技术,关键设备做到无扰动切换,软、硬件均采用"故障—安全"技术。

(5)友好性、兼容性、可扩展性好

系统操作手段灵活方便,采用冗余的开放体系结构,硬、软件的设计遵循可扩展的原则,同时预留与其他系统的接口。

(6)调车作业单编制简单合理

调车作业单编制灵活方便,大大地简化了车站值班员的调车操作手续。

(7)非正常作业和系统故障降级处理方式完善

系统在分散自律控制模式下,车站的操作不可解锁调度中心办理的列车进路或关闭列车信号,调度中心的操作不可解锁车站办理的调车进路或关闭调车信号。对于双线自动闭塞区段,通信中断后且未转为非常站控前,调度员不得改变该站来车方向列车运行调整计划设定的车序,自律机按原计划和实际运行情况继续自动执行;列车运行计划执行完,通信仍未恢复正常,该站自动设为自动通过状态。

(8)网络防护功能充分

网络路由器采用端口与 IP 地址、MAC 地址绑定技术,防止非法接入;网络路由器中安装防火墙软件,防止非法攻击;通信前置服务器兼作认证服务器,提供网络认证服务,防止非法访问;过滤非法数据包;在调度中心局域网及车站局域网中安装防病毒及入侵检测系统,及时发现网络病毒和非法入侵。

4. 分散自律调度集中对铁路运输的影响

新一代调度集中利用现代科学技术,不仅提升我国铁路现代化的装备水平,促进现代化信号设备的发展,为铁路信号的网络化、综合化、智能化奠定坚实的基础,而且能以其强大的功能,为铁路运输组织的变革创造条件,方便运力资源的调整,减轻行车指挥人员的劳动强度,为铁路运输减员提效提供空间,必将对铁路运输的发展带来深远的影响:促进行车调度指挥现代化;促使铁路运输组织的彻底变革;在最大程度上实现调车作业的集中控制;实现中间站的无人化作业;使铁路运输企业进一步减员增效成为可能。

二、分散自律调度集中系统的组成

分散自律调度集中系统由铁路局调度中心 CTC 子系统、车站 CTC 子系统和网络子系统组成,其系统结构如图 5-6 所示。

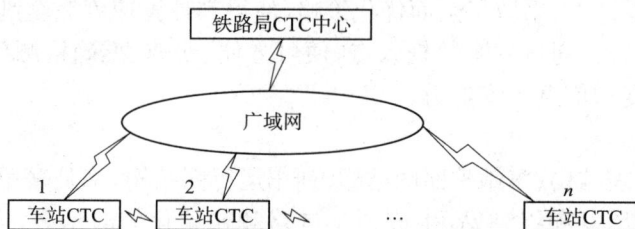

图 5-6　分散自律调度集中系统结构图

1. 铁路局调度中心 CTC 子系统

铁路局调度中心 CTC 子系统包括调度中心设备、调度集中机房设备和调度集中维修设备,其组成如图 5-7 所示。

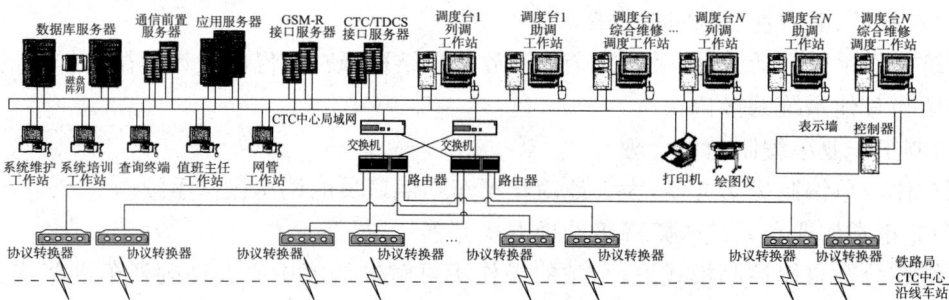

图 5-7　铁路局调度中心 CTC 子系统组成图

（1）调度台设备

调度中心设备主要提供调度所各相关人员的操作界面和培训功能,主要包括:列车调度员工作站、助理调度员工作站（兼控制工作站）、综合维修工作站、值班主任工作站、计划员工作站、统计员工作站、培训工作站和绘图仪等。

列车调度员工作站主要实现管辖区段范围内监督列车运行位置、指挥列车运行的功能,如人工编制和调整列车运行调整计划、下达调度命令、与相邻区段调度员工作站进行交换信息等。CTC 提供详细的列车会让方案,是完成自动控制功能的主要依据。

助调工作站主要实现 CTC 中心人工操作进路、办理闭塞、非正常处理等功能;同时还实现无人车站的调车作业计划的编制、调整和指挥,以及在自律约束条件下调车进路的人工办理等调车相关功能。

综合维修调度工作站主要用于设备日常维护、"天窗"修、施工及故障处理方面的登、销记手续办理,并具有设置临时限速和封锁区间、股道等功能,完成维修调度命令的编辑、下达及审批等功能。对于不繁忙的调度台,可将其功能合并在列调工作站上,也可以将助调工作站以列车、调车作业进行分设。

值班主任工作站供值班主任了解调度集中区段的列车实绩运行图、车站接发车作业情况和调车作业情况，并可发布调度命令及其他管理信息，查询列车运行调整计划和实绩列车运行图，完成高级调度命令的审核工作。

查询终端主要用于各调度工种查询各个调度台的列车运行调整计划和列车实绩运行图的功能。

表示墙系统一般由显示设备及控制器构成，用于显示车站站场作业情况和区间列车运行情况等信息。

培训工作站主要用于调度所各级行车指挥人员提供系统岗位技术培训。

"N＋1"备份工作站作为列调工作站、助调工作站、综合维修调度工作站的备份工作站。

绘图仪用来打印基本运行图或实绩运行图；打印机用来打印调度命令及阶段记事等。

另有电务处、电务段终端，用于给电务处及电务段值班人员了解CTC调度区段的信号设备状态及列车运行信息。

（2）CTC中心机房设备

CDC中心机房设备包括数据库服务器、应用服务器、通信前置服务器、GSM-R接口服务器、CTC/TDCS接口服务器、网管工作站、系统维护工作站、电源设备、防雷设备。

数据库服务器用于存储关键性数据，包括运行图数据、车站信息、区段信息等基础静态数据，以及计划数据、调度命令、站场表示信息、实绩运行图等动态数据，如运行图计划、列车到发点、表示信息等。

应用服务器是整个系统的核心，负责系统的数据收发、数据处理及数据储存等工作；完成运行图的自动调整，负责向CTC中心所有工作站提供行车表示信息、列车编组信息、车次号跟踪信息、列车报点信息等。

通信前置服务器用于CTC中心和车站子系统之间数据信息的交换，主要用于完成调度中心系统与车站千系统的数据交换和通信。

在具备GSM-R通信条件的调度区段需设置GSM-R接口服务器。GSM-R接口服务器实现CTC通过GSM-R系统与列车相关数据的交换。

CTC/TDCS接口服务器将CTC调度区段的信息由TDCS送往铁路总公司及相邻铁路局；与TMIS交换数据；与TDCS调度区段在调度台之间或邻局调度台间进行信息交换。

网管工作站具有诊断报警功能，提供网络拓扑图状态、通道的信息流量和网络连接等信息。

系统维护工作站用于系统设置、调试和技术支持。在授权的情况下，具有远程维护与技术支持功能。同时具有监视系统运行状况的功能，对系统、现场设备运用情况、操作命令及报警信息进行记录、分析、回放、输出和打印。主要用于监视管辖范围内的系统运行状况、信号设备状态及列车运行早晚点情况。

系统培训工作站用于调度员的现场培训。

电源设备采用集中供电方式，由防雷屏、转换屏、稳压屏、20 kV·A UPS电源等组成。

防雷设备包括电源引入防雷和通信线路的通道防雷。

系统的调度中心及车站的网络通信设备的运行状态进行监视，对故障设备进行报警、记录和回放等。

2. 车站 CTC 子系统

车站 CTC 子系统是分散自律调度集中系统的重要组成部分，是系统实现分散自律功能的基本节点，主要包括自律机、车务终端、电务维护终端、综合维修终端、打印机、网络设备、电源设备、防雷设备、联锁系统接口设备和无线通信系统接口设备等组成，分设在信号机械室和车站运转室。车站 CTC 子系统组成如图 5-8 所示。

（1）信号机械室设备

车站自律机完成列车作业的智能控制，即按照列车运行调整计划自动排列列车进路，并根据《站细》规定，防止冲突进路的办理。车站自律机完成调车作业的智能控制，按照《技规》、《铁路行车组织规则》简称《行规》和《站细》对列车进路及调车进路进行可靠分离控制；掌握车站联锁系统对进路命令执行的情况，并根据反馈信息对有关进路进行必要的调整。

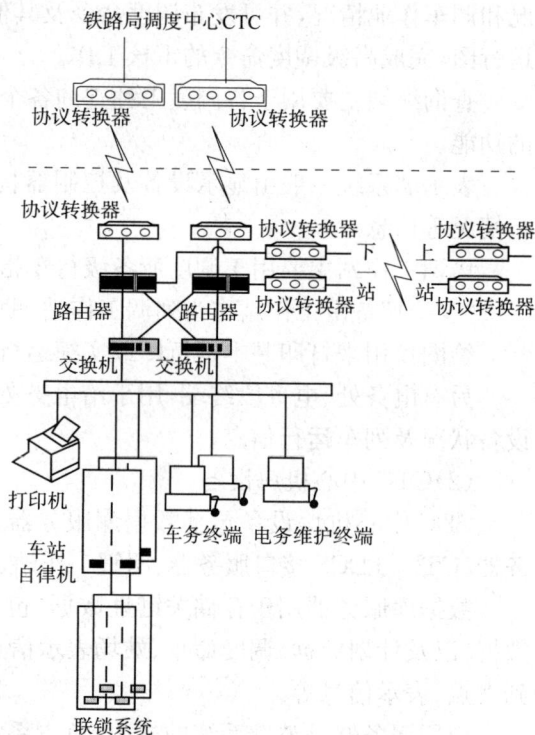

图 5-8 车站 CTC 子系统图

电务维护终端主要监视系统的运行状况，对所有操作控制命令、设备运用情况、故障报警信息和车站网络运行状态等进行分类存储、查询和打印、记录。

综合维修终端用于电务、工务、供电等部门进行设备维修、施工和抢险时现场人员和 CTC 中心的联系。综合维修终端具备"行车设备检查登记簿"的所有内容，经 CTC 中心综合维修调度员同意，可完成日常维护、"天窗"修、施工计划的接收、签认，维修、施工的联系、要点、登记和销记等。无人站要设置综合维修终端。有人站不用设置综合维修终端，施工维修作业在车务终端上完成。

打印机用于打印调度命令及行车日志等。

电源设备包括在线式不间断电源，为车站自律机和车务终端供电。

防雷设备包括电源引入防雷和通信线路的通道防雷。

（2）车站运转室设备

车务终端完成车站调车计划的编制、调车进路的办理及其他操作，所办理的进路要由自律机进行冲突检测后才能送达联锁系统；具有监督列车进路的功能；对于一些大的车站，还具备列车进路指令修改及列车进路办理的功能。

在车务终端上以图表形式显示本站及相邻各两站的实绩运行图、列车运行调整计划等内容；自动生成本站行车日志、完成调度命令签收等功能，并可完成站间透明的显示。

在分散自律控制模式下，在车务终端，可以取消（解锁）由车站办理的调车进路或关闭信号，但不能取消（解锁）铁路局 CTC 中心办理的调车进路。

3. 网络子系统

网络子系统由网络通信设备和传输通道构成,包括CTC中心局域网、系统广域网及车站局域网三部分。其中,系统广域网由CTC中心与车站间及车站与车站间的广域网、CTC中心与CTC中心间的广域网构成。系统的广域网采用环形结构,即CTC中心和所属各车站构成多个环形网络,相邻两站间采用2条物理通道连接,每隔8~15个车站就要有物理通道连接至CTC中心,形成一个单独的环;或者根据具体情况设置抽头站,引2条迂回通道与CTC中心相连。

路由器、交换机、终端设备、以太网适配器及网线等关键网络设备或部件均应采用冗余配置,并且应选用高可靠的网络硬件设备或部件,以提高网络设备的单套可靠性。系统广域网结构应采用冗余路由方式,包括传输通道的冗余和拓扑结构的冗余。

网络子系统结构分为铁路局CTC中心和车站两层,车站只接受其所属CTC中心的控制。

各铁路局CTC中心间能交换列车运行计划、调度命令、站场表示、车次号等信息,并向铁路总公司调度中心发送列车运行计划、站场表示、车次号等信息;各铁路局CTC中心同时还可接收铁路总公司调度中心发出的调度命令。

铁路局CTC中心网络设备主要包括2台路由器、2台交换机、若干协议转换器和网络防火墙等。2台具有三层交换功能的高性能交换机组成了中心双冗余局域网,每台设备配置双网卡,同时接入2台交换机。配置2台路由器,接入双交换机,提供广域网接口,与环头、尾车站及抽头车站的双路由器通过通信通道连接,实现CTC中心与车站的信息交换。

车站网络设备包括2台路由器、2台交换机、不少于4台网络协议转换器和网络防火墙等。2台交换机组成车站双冗余局域网,车站设备配置双网卡,同时连接到2台交换机。2台路由器接入双交换机,提供广域网接口,与相邻车站或CTC中心的双路由器通过通信通道连接,实现车站与CTC中心或车站与车站之间的信息交换。

铁路局调度中心CTC子系统和车站CTC子系统由网络连接,包括网络通信设备和传输通道,构成双环自愈网络,采用迂回、环状、冗余等方式提高其可靠性。

三、分散自律调度集中的控制模式

分散自律调度集中系统有两种控制模式:分散自律控制模式和非常站控模式。

1. 分散自律控制模式

在正常情况下,车站联锁系统处于分散自律控制模式。由CTC中心将列车运行调整计划下达给所辖各站的自律机。自律机根据车站的具体情况,在保证列车计划不受影响、调车作业受到列车计划约束的条件下,自主地将列车计划和调车作业信息变换成列车进路指令和调车进路指令。

在分散自律控制模式下,在调度集中设备上输入命令有效,在车站联锁控制台上的操作无效,联锁系统无法输入命令,此时只有"非常站控"按钮是有效的,其他的按钮全部失效。

分散自律调度集中命令入口有三处:助调工作站、车站车务终端和车站自律机。前两者是人工输入的命令,后者是自动生成的命令。这三处的命令统统下达到车站联锁系统执行。命令来源于CTC中心或车站,不存在CTC中心与车站控制权的转换问题。

为了适应各种车站作业的不同情况,在普速铁路分散自律控制模式的操作方式有以下三种:

(1)中心操作方式

在无人站作业非常少,采用中心操作方式,由CTC中心助理调度员负责该站的列车控制和调车控制的所有作业。

(2)车站调车操作方式

在一般有人站,车站进行调车作业时,常常要使用到发线,如车站值班员具备修改、确认接发车股道的权限,有利于更好地协调接发列车与调车作业,有利于减轻调度员的负担。故采用调车操作方式,由CTC中心负责该站的列车控制,调度员制定列车运行调整计划,安排车站的股道运用;车站负责该站的调车控制,车站制定调车计划,办理调车进路。

(3)车站操作方式

区段站、编组站等大站,由于车流调整的需要,作业比较复杂,如果将区段站和编组站的接发车进路命令控制权设在调度员处,调度员很难彻底掌握现场的实际作业情况,而且调度员作业量会大大增加,可能无法应对日常的本职工作,使得调度集中系统变得不实用。对于这类车站,将权限下放给车站,使得车站能修改列车进路指令或直接办理列车进路,由车站自律机进行各种作业的协调并保证安全性,才能真正减轻调度员的负担。故采用车站操作方式,由调度员负责列车运行计划的调整和下达,车站可以修改列车运行调整计划的内容,包括接发车顺序、到发线、进路"始/终端"按钮、进路被触发的方式(自动或人工)等,车站人员可直接操作"列车"按钮;车站制定调车计划,办理调车进路。

车站操作方式与前两种操作方式的根本区别在于车站值班员是否能修改列车进路指令信息(含接发列车股道、进路"始/终端"按钮等)及是否具备人工直接操作列车按钮的权力。

不管哪种操作方式,自动控制的进路指令是由车站自律机自动生成的;人工进路控制命令不管来自何处,均要经过车站自律机的自律运算和检查。

2.非常站控模式

非常站控,就是在非正常情况发生时(发生某种故障如自律机失效、出现危险情况或在维修施工条件下),将分散自律调度集中系统的控制转为在车站联锁控制台上通过操作按钮办理进路的控制方式。利用设置在联锁控制台上的"非常站控"按钮可将CTC无条件地从分散自律控制模式转为非常站控模式。此时车站联锁系统不接收分散自律调度集中输入的命令。

在非常站控模式下,在联锁控制台上的操作有效,在分散自律调度集中设备上输入命令无效,此时CTC中心不具备直接控制权,在分散自律CTC设备上无法输入命令,自律机本身也停止自动生成命令。

当车站与CTC中心之间的通信完好时,系统仍然具备列车运行调整计划和调度命令的下达、行车信息实时上传至CTC中心、行车日志的自动记录等行车调度功能。

3.模式转换

分散自律控制模式转为非常站控模式是无条件的。分散自律控制模式下,当发生紧急情况时,通过按下联锁显示器上的"非常站控"按钮,可以将CTC的控制模式转为非常站控模式。

非常站控模式下,满足一定条件时(分散自律调度集中设备正常;非常站控下没有未完成的按钮操作),通过再次按下联锁显示器上的"非常站控"按钮,可以将CTC的控制模式转为分散自律控制模式。

车站联锁系统上电时,其操作模式进入非常站控模式。

分散自律调度集中的控制模式状态由CTC的各个操作界面上三个模式表示灯来表示。

(1)非常站控模式灯。在非常站控模式下,该表示灯点亮红灯;分散自律控制模式下该表示灯为灭灯状态。

(2)分散自律控制模式灯。在分散自律控制模式下,该表示灯点亮绿灯;非常站控模式下,该表示灯为灭灯。

(3)允许转回分散自律控制模式灯。点亮为黄灯,反之为灭灯,自律机判断允许非常站控模式转入分散自律模式的条件后,决定该表示灯是否点亮。操作人员根据该表示灯的状态可知CTC是否可以转换控制模式。

四、调度集中的配套系统

实施调度集中的必要条件是车站具备集中联锁(现在均要求采用计算机联锁)、区间具备自动闭塞或自动站间闭塞。

实施CTC后会出现无人站,车站不再配备行车指挥人员,调度所调度员将直接远程进行进路的排列,因此,列车进入区间后是否完整到达的信息必须由调度员掌握,这就要求区间闭塞系统必须能够检查列车的完整到达与否;同时,CTC对进路的自动办理功能也要求闭塞的办理能够随着进路的办理自动构成。自动闭塞和自动站间闭塞能够满足要求,而半自动闭塞无法满足,因此,在半自动闭塞区段建设CTC时,需配套建设自动站间闭塞。

无线通信系统是分散自律调度集中的重要基础,以满足分散自律调度集中对语音、数据通信的功能要求。

调度集中区段的专用调车机车应配套无线调车机车信号和监控装置。

CTC区段应配套建设GSM-R通信系统。

不具备GSM-R条件的CTC区段,车站和在该区段运行的机车均须安装无线车次号校核系统和调度命令无线传送系统,以实现车次号校核、列车停稳等信息由机车向CTC的传送和调度命令(含许可证等)、接车进路预告信息、调车作业通知单等信息由CTC向列车的传送,调车请求等信息由机车向CTC的传送。

不具备GSM-R条件的CTC区段,有专用调车机车进行作业的车站和配属的专用调车机车均须安装无线调车机车信号和监控装置,实现车站的调车联锁信号、调车作业通知单等信息由CTC向机车的传送,调车请求等信息由机车向CTC的传送。

在与CTC系统管辖区段相邻的车站,应配套建设TDCS,并保证接入CTC系统管辖区段的列车车次号的正确,以实现CTC系统的接车进路预告、站间透明、接发车预告等功能。

复习思考题

1. 行车调度指挥系统包括哪些？为什么前期发展缓慢？
2. 什么是 TDCS 工程？
3. 简述 TDCS 网络整体结构的组成。
4. TDCS 有哪些功能？
5. TDCS 有哪些作用？
6. 简述铁路总公司 TDCS 的结构。
7. 简述铁路局调度所 TDCS 的结构。
8. 简述 TDCS 基层网的结构。
9. 简述铁路局间分界口 TDCS 的结构。
10. 什么是分散自律调度集中？
11. 调度集中有哪些功能？
12. 简述铁路局调度中心 CTC 子系统的组成。
13. 简述车站 CTC 子系统的组成。
14. 分散自律调度集中有哪些控制模式？模式间如何转换？
15. CTC 与 TDCS 有何异同？

第六章 编组站信号系统

编组站(及区段站)装备现代化信号设备,是提高解编能力的最有效手段。在编组站信号系统现代化的进程中,重点是驼峰调车的自动化,主要包括驼峰推峰机车速度自动控制、溜放车辆进路自动控制和溜放车辆速度自动控制。

第一节 编组站信号系统概述

一、编 组 站

1. 编组站

编组站是铁路网上集中办理大量货物列车到达、解体、编组、出发和其他列车作业,并为此设有专用驼峰调车设备的车站。编组站的主要任务是货物列车的解体和编组。为保证改编能力,编组站均设有驼峰调车。

根据其性质和作用不同,编组站可分为:路网性编组站、区域性编组站、地方性编组站。

2. 编组站的车场配置

为满足大量改编作业的要求,编组站一般设有多个车场,如主要办理列车到达等作业的到达场;办理列车解体和编组等作业的调车场;办理自编列车出发的出发场;在横列式编组站办理列车到达、出发作业的到发场。此外,编组站还有机车整备和车辆检修设备。

根据编组站的改编作业量不同而具有不同的设计规模,同时也考虑编组站所处的地理位置,其车场有如下配置:

(1)纵列式编组站

同一调车系统内的到达场、调车场、出发场是纵向排列的,如图 6-1 所示。因其三个车场纵向顺序排列,形成"三级"式配置,故又称"三级三场"式编组站。

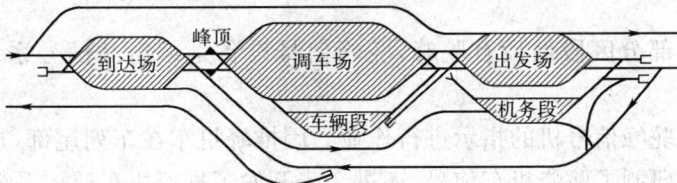

图 6-1 纵列式编组站

(2)横列式编组站

所有车场都横向排列,如图 6-2 所示。因其三个车场的平行配置在同一"级别"上,故又称"一级三场"式编组站。

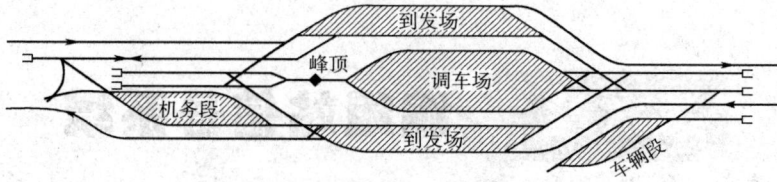

图 6-2 横列式编组站

（3）混合式编组站

各车场既有纵列配置，又有横列配置的编组站，如图 6-3 所示，到达场与调车场为纵列配置，而调车场与出发场则为横列配置。

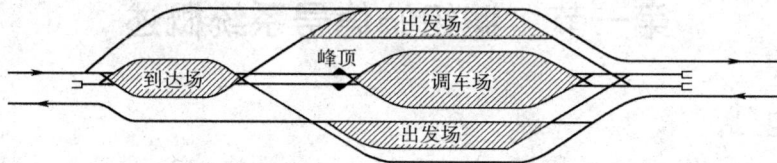

图 6-3 混合式编组站

上、下行列车的到、解、编、发，按一个方向设置的编组站，称为单向编组站，按两个方向设置的编组站，称双向编组站。图 6-4 为三级六场纵列式双向编组站。

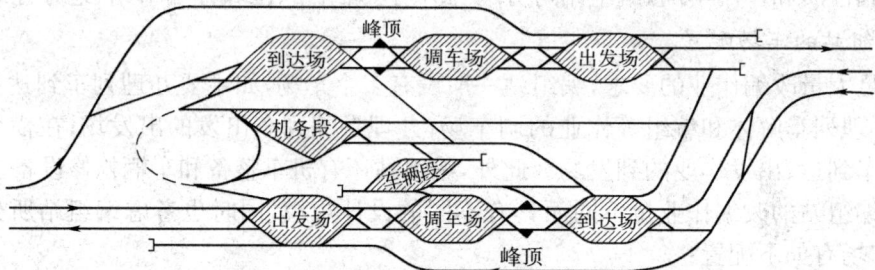

图 6-4 纵列式双向编组站

二、驼峰溜放作业过程控制概况

所有编组站和部分区段站设有驼峰，驼峰信号设备是编组站信号系统的最主要组成部分。

推峰机车根据驼峰信号机的指示进行作业。因推峰机车在车列尾部，加上天气影响，瞭望条件较差。为此研制了驼峰机车信号，还进一步开发了推峰机车遥控系统。

溜放进路控制是按溜放作业要求转换分路道岔，将溜放进路通向目的编组线。人工控制溜放进路需大量扳道人员，效率低，易出错。采用驼峰道岔自动集中，分路道岔由快动转辙机转换，作业人员在开始解体前将目的股道号按钩序存入储存电路。溜放作业开始后进路控制命令随车组溜放不断向前方道岔传送控制命令并自动转换，不再需人工介入。

溜放车组速度控制是对车辆减速器等调速工具进行控制,以保证溜放车组适当的间隔,以及以安全速度与停留车连挂。对溜放车组的速度控制已从手动、半自动发展为自动控制。利用计算机,将各种测量设备提供的参数作为依据,对车辆减速器进行自动控制,即构成自动化驼峰。

三、驼峰的分类

调车驼峰按其技术装备和作业特点可分为非机械化驼峰、机械化驼峰、半自动化驼峰和自动化驼峰。

非机械化驼峰不设车辆减速器等调速工具。

机械化驼峰设有车辆减速器等调速工具,但对车辆减速器的控制采用手动方式。

半自动化驼峰不仅设有车辆减速器等调速工具,而且设有各种测量设备,但对于车辆离开车辆减速器的出口速度由人工设定。

自动化驼峰对于车辆离开车辆减速器的出口速度由计算机设定。

现大型驼峰均建成了自动化驼峰,中、小驼峰也以自动化为发展方向。

第二节　驼峰信号基础设备

驼峰信号基础设备包括信号机、转辙机、轨道电路、车辆减速器、电源、动力设备、控制设备。控制设备视不同类型的驼峰而不同,从手动控制、继电控制到计算机控制。图 6-5 为有峰前到达场的驼峰调车场的信号设备布置。

一、信　号　机

驼峰调车场的信号机主要分为驼峰信号机及调车信号机两大类。

1. 驼峰信号机

驼峰信号机是指示调车车列能否溜放的信号机。它设在峰顶平台与加速坡连接处的峰顶线路最高处。驼峰信号机为高柱、双机构、四灯七显示。各种显示意义为:

绿灯——定速信号,允许车列按规定速度向驼峰推进。

绿闪——加速信号,指示车列加速向驼峰推进。

黄闪——减速信号,指示车列减速向驼峰推进。

红灯——停车信号,不准车列越过该信号机或指示车列停止作业。

红闪——后退信号,指示车列自驼峰退回。

月白灯——调车信号,指示车列到峰下。

月白闪——去禁溜线或迂回线信号,指示车列去禁溜线或迂回线取送车辆。

驼峰信号机上还装有电铃。当驼峰信号机由开放转为关闭时,电铃短时鸣响,通知连结员停止提钩。如在推峰过程中车辆碰倒限界检查器,除关闭驼峰信号机外,也由电铃发出音响报警。

2. 驼峰辅助信号机

因为驼峰信号机进行解体作业时,主要是推送车列运行,不利于司机瞭望信号,所以对于峰前到达场,其每条到发线靠近驼峰调车场的一端,应装设驼峰辅助信号机,如图 6-5 所示。

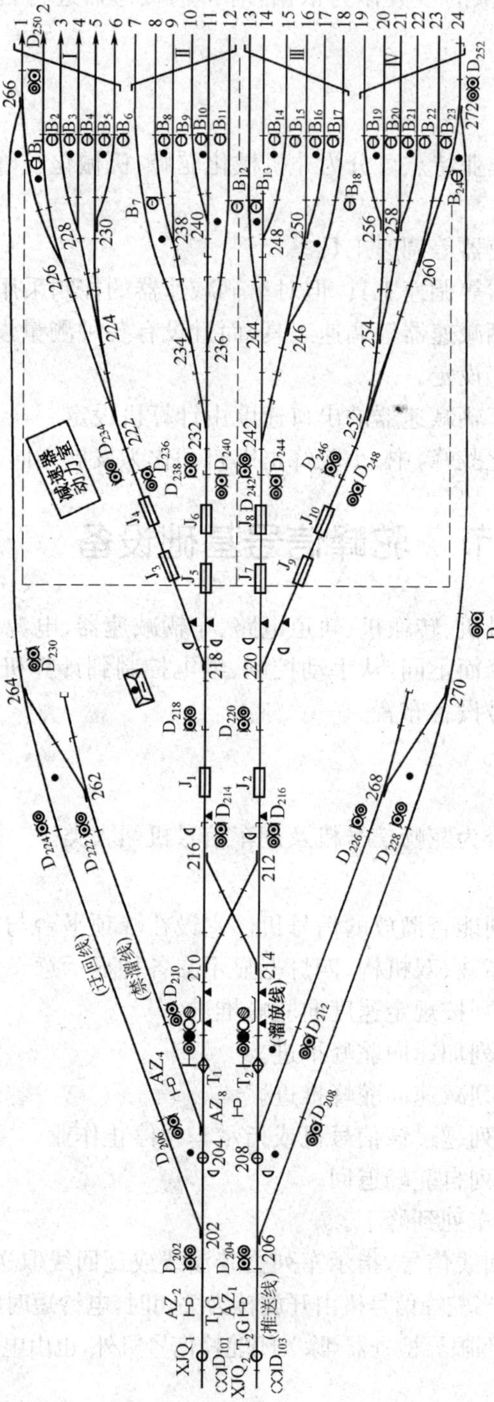

图6-5 驼峰信号设备平面布置图

XIQ₁、XIQ₂—限界检查器；AZ₁、AZ₂—按钮柱；D₁₀₁、D₁₀₃、D₂₀₂~D₂₅₂—调车信号机；T₁、T₂—驼峰信号机；
J₁~J₁₀—车辆减速器；B₁~B₄—线路表示器；T₁G、T₂G—推送线机轨道电路

驼峰辅助信号机,高柱,双机构,四灯八显示。当办理驼峰推送作业后,除复示驼峰信号机的七种显示外,还有黄灯显示,为预推信号,指示车列向驼峰进行预先推送作业。驼峰辅助信号机一般兼作到达列车的停车信号和非驼峰推送作业的调车信号用。驼峰辅助信号机还设有复示信号机,其显示意义同驼峰辅助信号机。

另外,在有峰前到达场的编组站,当到达场的驼峰辅助信号机与驼峰信号机之间距离较长,驼峰信号机显示距离不能满足要求时,可加装驼峰复示信号机。在无峰前到达场的编组站,牵出线上可设驼峰复示信号机。在牵出线弯度较大,不能满足连续显示的要求时,可再增设一架复示信号机。

3. 调车信号机

调车信号机分为峰上的和峰下的两种类型。

峰上调车信号机的布置以满足调车作业的需要为前提。

峰下线束调车信号机用于线束间转线和指示机车上、下峰。每一线束设一架高柱调车信号机。当有两台机车在峰下作业或在编组线上瞭望困难时,可在各编组线上设线路表示器。线路表示灯平时灭灯,线束调车信号机开放,根据道岔开通位置,该有关线路表示器亮白灯。

二、转 辙 机

驼峰调车场峰上道岔采用普通转辙机,峰下分路道岔要求其动作迅速,安全可靠,均采用快动转辙机。转辙机有电动和电空两种类型。

ZD7 型电动转辙机是快动转辙机,其结构与 ZD6 大致相同,其动作时间是 0.8 s。

电空转辙机以压缩空气为动力,由电空阀、工作气缸和自动开闭器等部分组成。电空阀的电磁铁控制压缩空气通路,使工作气缸的活塞移动来转换道岔。电空转辙机动作快,仅为 0.6 s,还具有拉力大、维修简单等优点。有风压设备的驼峰调车场,应尽量采用电空转辙机。

三、轨道电路

轨道电路分为峰上轨道电路、峰下分路道岔轨道电路、编组线警冲标区段轨道电路三种。

峰上轨道电路用于驼峰推送线,与迂回线、禁溜线连接的咽喉区,采用交流连续式轨道电路。

峰下分路道岔轨道电路应以一个道岔划为一个区段,并使之尽量地短(但不得小于最大四轴车内轴距的长度),以缩短车组间隔,提高解体效率。为防止轻车跳动引起分路不良,采用双区段轨道电路。该轨道电路还具有车辆占用时反应快的优点,能满足驼峰作业的要求。分路道岔的轨道电路,岔前应有足够长的保护区段,应能保证车压上尖轨前道岔已转换完毕,使车辆安全通过该道岔。峰下轨道电路还可采用高灵敏轨道电路。

编组线警冲标区段轨道电路是为检查溜放车辆是否进入警冲标内方的编组线,在警冲标外方 3.5 m 至最后分路道岔的尾部绝缘间设的轨道电路。

四、按 钮 柱

按钮柱供峰顶连结员关闭驼峰信号用,一般每条推送线设两个,第一个在峰顶分钩点附近,距驼峰信号机 10～15 m,第二个距第一个 50～60 m。

五、限界检查器

限界检查器是检查车辆下部是否侵入车辆减速器限界的设备，以确定该车辆是否能通过车辆减速器。若不符合要求，不准溜放，以免撞坏车辆减速器。每条推送线设一个，距峰顶 80～100 m。

第三节　驼峰作业过程控制系统

驼峰作业过程控制包括驼峰溜放进路控制、驼峰推送机车速度控制、驼峰溜放速度控制。

一、驼峰溜放进路控制

驼峰溜放进路控制主要是对分路道岔的控制，一般还包括对驼峰信号机和调车信号机的控制。我国铁路使用的溜放进路控制设备先后采用继电式驼峰道岔自动集中、微机式或微机—继电式溜放进路程序控制系统、驼峰自动集中微机控制系统。目前，驼峰自动集中微机控制系统已经纳入驼峰计算机过程控制系统。

1. 驼峰道岔自动集中的基本概念

为提高解体作业效率，驼峰溜放作业不能像电气集中联锁那样"一次排出"进路，而应在各车组保持适当间隔的条件下自峰顶向编组线连续溜放。为此，各车组的溜放进路应"分段排出"，即将溜放进路按分路道岔分成数段，每段中只包含一组分路道岔，随着车组的下溜，各分路道岔按进路要求"分段转换"。分路道岔应在前行车组出清该道岔区段、本钩车组即将占用之前及时转换到进路要求的位置。如不及时转换，车组将溜错股道，成为"外路车"。车组间的适当间隔，正是为了保证分路道岔来得及转换。

可见，准确掌握分路道岔的转换时机，是实现连续溜放的关键，如用人工操纵，难以掌握这一时机且劳动强度很大。因此，普遍采用驼峰道岔自动集中。

驼峰道岔自动集中预先储存各车组的溜放进路命令，溜放时再依次输出和传递进路命令，自动控制分路道岔的转换，为各溜放车组逐段排列溜放进路。采用驼峰道岔自动集中后，不要临时为车组准备溜放进路，可消除人为差错，显著提高作业效率，改善劳动条件。

2. 驼峰自动集中计算机控制系统

继电式驼峰道岔自动集中仅能预排 24 钩命令，对于作业繁忙的编组站已成为进一步提高解体效率的障碍，在解体过程中出现"钓鱼"时必须人工参与，在"编组站信息处理系统"建立后，无法与之联网。为与计算机化的自动化设备配套，经济而迅速地提高编组站自动化程度和作业效率，研制了驼峰溜放进路程序控制系统，并进一步开发了驼峰自动集中计算机控制系统。

驼峰自动集中计算机控制系统是在微机式溜放进路程序控制系统的基础上，将功能扩大到峰上全部联锁范围，实现全微机化的控制，操作手续大为简便。对途停、追钩、错道、钓鱼、分路不良等，都能报警及自动处理，使溜放作业更加安全。

驼峰自动集中计算机控制系统包括以下内容：峰上、峰下调车进路联锁；与到达场联系及推送进路联锁；驼峰信号控制；与编组站信息处理系统接口及作业计划的处理；溜放进路自动控制（包括储存和传递）；与峰尾集中联系；编发线发车锁闭联锁；与调速控制系统接口。

系统由室外设备和室内设备两大部分组成。室外设备包括信号机、转辙机、轨道电路、限界检查器、按钮柱等。室内设备包括设于驼峰值班员室的操作工作站、简化了的驼峰控制台,设于信号机械室的控制机柜、报警打印机、接口组合柜等。

二、驼峰推送机车速度控制

推送速度低会降低作业效率,但推送速度过高会造成"追钩"增多,也会降低作业效率,所以最佳推送速度应随溜放车组组合的不同而变化;这个变化的推送速度要使得各溜放车组间始终保持必须的间隔。

起初采用驼峰机车信号来改善推送机车司机的瞭望条件,使司机随时根据信号显示控制推送速度。驼峰机车信号仅作为驼峰信号机的复示信号,效果不显著。为提高推峰机车速度控制的自动化程度,研制了驼峰推峰机车遥控系统。在自动化驼峰,可与溜放速度计算机联网,实现自动变速推送。在半自动化驼峰,可由驼峰值班员手动操作实现对推送机车的速度遥控。目前,驼峰推峰机车遥控系统已经纳入驼峰计算机过程控制系统。

1. 驼峰无线机车信号

驼峰无线机车信号,是以铁路专用无线电台作为传递信息的工具,将驼峰信号机的显示传送给推峰机车的。这种机车信号设备还具有通话功能,不发送机车信号时,峰顶信号楼的值班人员能与司机彼此通话。具有两条推送线多台机车作业的驼峰编组站,其驼峰机车信号设备的布置如图6-6所示。

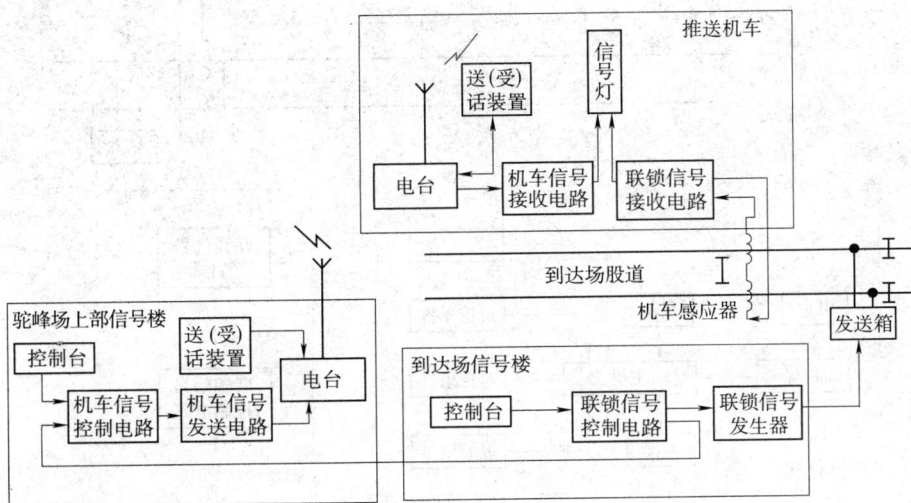

图6-6　驼峰无线机车信号布置图

为使机车信号的显示与到达场排列的推送进路间,实现必要的联锁关系,在到达场安装以下设备:联锁信号控制设备;联锁信号发生器;联锁信号发送箱及联系电缆。

驼峰场的上部信号楼应将驼峰信号机的显示情况通过电台传递给推峰机车,因此,设有以下设备:无线电台(地台);机车信号控制设备;机车信号发送设备;送(受)话装置。

推峰机车推峰时,需通过电台接收机车信号信息,同时,还需接收由轨道传来的联锁信号,以构成机车信号与地面进路的联锁关系。为此,驼峰机车上安装以下设备:无线电台(车台);机车信号接收设备;联锁信号接收设备(包括机车感应器);机车信号灯;送(受)话装置。

推峰机车的车内信号,平时灭灯。在推峰解体或预推时,它应复示地面信号的灯光显示,但必须具备以下条件:推峰机车通过无线电台收到峰顶信号楼发送的"机车信号"信息;通过机车感应器收到由到达场发送的"联锁信号"信息。推峰机车只有同时收到上述两个信息,车内信号才能点灯,并复示地面信号的显示。

机车信号信息反映了驼峰信号机的显示情况,它是在到达场排列了推送或预推进路后,由峰顶信号楼的电台发送的。

联锁信号信息则反映了到达场建立推送进路的情况,即反映建立推送进路的股道和推峰方向。联锁信号是通过轨道电路发送的。为了保证推峰作业的机车能够收到联锁信号,联锁信号只向已建立推送进路并有车辆停留的股道发送,而待命机车则收不到联锁信号。

2. 驼峰推送机车无线遥控系统

该系统用于推送机车调速,可独立使用,也可与溜放进路及速度控制系统构成完整的自动化系统。系统由地面设备及机车设备组成,框图如图6-7所示。地面设备和机车设备均由微机构成,采用模块化设计方式。控制命令及表示信息由无线传输。

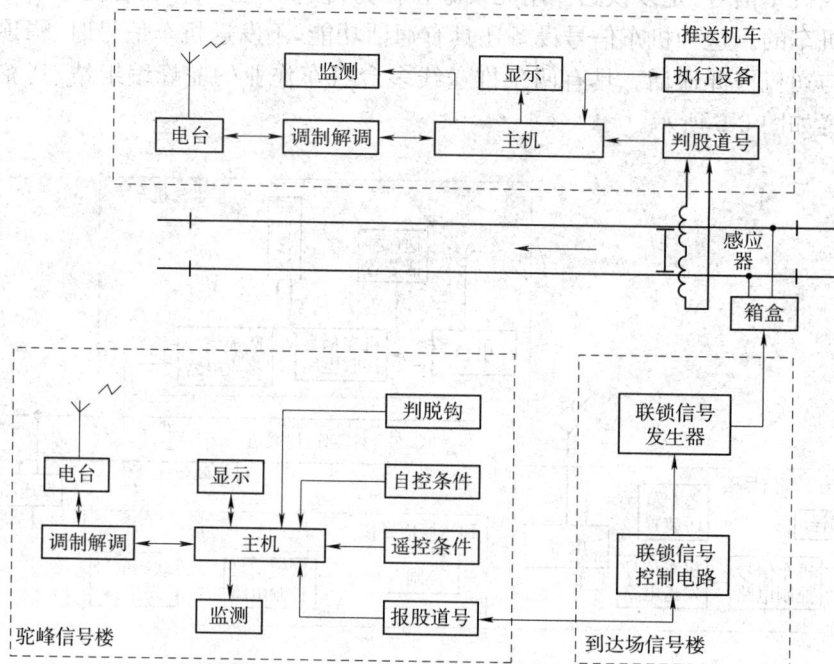

图 6-7　驼峰机车无线遥控系统框图

驼峰信号楼内设地面无线电台、微机、监测与显示装置、送(受)话装置。到达场信号楼内设联锁信号控制电路和发生设备,股道编号发送箱设于到达场各股道入口处。

地面微机包括控制微机和管理微机。控制微机不断从联锁信号控制电路采样,通过股道报号条件电路选出推峰工作股道,由控制台上的控制按钮状态确定发送控制命令的内容。

在与其他自动化系统联网时,由管理微机送入钩计划等信息。这些信息及控制命令经控制微机转换为控制编码经无线电台送给机车。同时又通过无线电台接收被控机车的信息,经控制微机处理后送到管理微机,供其他自动化系统使用,并将有关数据显示在管理微机的显示器上。

联锁信号发生设备采用频率编码方式将股道代码信号由股道编号发送器送入轨道,它与原轨道电路叠加,用于机车与地面信号联锁。

机车控制设备包括机车无线电台、微机、遥控信息接收设备、股道报号接收设备、与机车相关的执行接口电路、制动控制器、速度传感器及显示器。

机车电台在地面电台发送控制命令时处于接收工作状态。机车控制主机通过股道报号接收设备取得机车进入股道的信息,并予以储存。当控制主机由电台接收到控制命令时,此编码不断与接收的控制命令中的股道编码比较。两者一致,才认为地面发送的控制命令是发给本机车的,机车才能通过控制主机执行命令并显示。同时将机车接收的控制命令、实际速度及故障信息等回送给地面设备。

系统以车列实际车辆数、目标速度与实际运行速度的差值及车列运行加速度等作为控制参数,对机车推送速度进行控制,实现变速推送。车上设备具有自动起动、鸣笛、调速、制动停车、前进或后退、过流及动轮空转保护等功能。

三、驼峰溜放速度控制

解体车组一旦与车列脱钩,其速度就失去了机车的控制,必须依靠地面设备进行调速。最主要的调速设备是车辆减速器,通常设置3个制动位:峰下减速器制动位(第一制动位)、线束减速器制动位(第二制动位)和调车线始端减速器制动位(第三制动位)。其中前两组减速器主要用于调整车组之间的间隔,统称间隔制动位。调车线始端减速器主要用于目的制动,称目的制动位。为保证溜放车组间必要的间隔,使道岔按要求转换,不出现两车组占用一台车辆减速器的情况,不发生尾追、侧撞等不安全现象,保证车组能与停留车连挂,要设置驼峰溜放速度控制系统。溜放速度控制系统由调速设备、测量设备和控制设备组成。目前,驼峰溜放速度控制系统已经纳入驼峰计算机过程控制系统。

1. 调速设备

调速设备分为点式和连续式两大类。点式调速设备主要是车辆减速器,连续式调速设备包括各种减速顶。

(1)车辆减速器

车辆减速器是驼峰调车场的主要调速设备,应用最广泛,其设备集中,调速能力大。我国的减速器均为钳夹式,制动时制动钳带动制动梁,制动夹板夹住车轮侧面,依靠摩擦力使车辆减速。其优点是简单、耐用、耗能少。缺点是制动力不够稳定,尤其是车轮侧面被油污污染时制动力减弱,影响调速。

车辆减速器按制动力来源可分为重力式和非重力式。重力式减速器的制动力由车轮荷重通过杠杆产生,其制动力与车重成正比。非重力式减速器通过不同制动等级的动力对车辆进行制动,通常分为4个等级。目前,大多采用重力式减速器。

车辆减速器按动力系统可分为液压型、空压型和电动型,即车辆减速器的动力可以用压力油、压缩空气或电动机拖动。液力传动动作快,有利于自动控制;油泵效率高;油缸、换向阀有自动润滑功能,较易做到无维修化。缺点是压力高,要求良好的密封性能、管道和油液清洁,以免油液外泄和液压阀卡阻。风压传动压力较低,技术要求可相应降低,但传动反应较慢、效率低、消耗多。电动机拖动动作慢,锁闭困难,耗电多,但无需空压站或液压站,结构简单,投资省。

车辆减速器按作业要求可分为间隔制动和目的制动两类。间隔制动减速器用于第一、第二制动位,主要用来调整车组间的溜放间隔。目的制动减速器用于第三制动位,用来使溜放车组与停留车安全连挂。

我国已形成 T·JK/T·JY 减速器系列,它们多为浮轨重力式减速器,即承受车轮荷重的机构主要是浮动的走行轨。该系列减速器有多种型号,现以 T·JK3 型为例介绍其结构和工作原理。T·JK3 型减速器是空压型重力式减速器,它利用被制动车辆的重量,通过浮动的基本轨和制动钳的传递,使安装在制动钳上的制动梁对车轮两侧产生压力,对车辆进行制动而减速。它主要由制动钳组件、制动轨、浮动基本轨、工作气缸及其驱动的四连杆机构和整体道床组成,其结构和制动原理如图 6-8 所示。

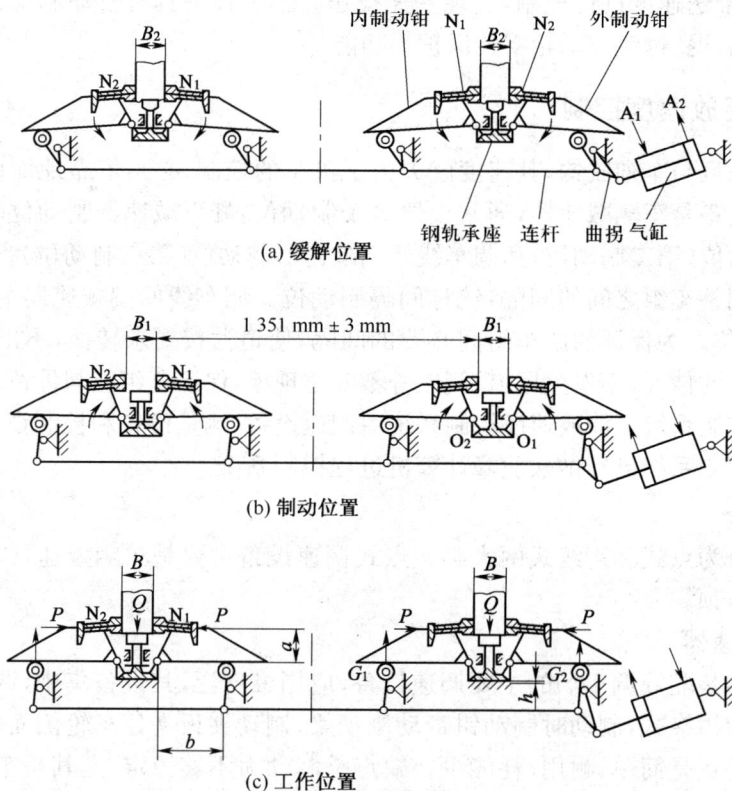

图 6-8 T·JK3 型减速器结构和制动原理

在缓解位置,压缩空气未进入气缸,装在基本轨两侧的制动轨 N_1 和 N_2 之间的开口 B_2 大于车轮厚度,这时车辆通过,车辆减速器不起作用。

在制动位置,压缩空气自入口 A_1 进入气缸,气缸油塞通过活塞杆将曲拐和连杆推到制动位置,使内外制动钳绕制动轴 O_1、O_2 向上旋转,制动轨 N_1、N_2 间的距离缩小到 B_1,B_1 小于车轮厚度,这时车辆减速器准备对进入的车辆进行制动。

在工作位置,车辆进入制动状态的减速器后,车轮将制动轨 N_1、N_2 间的开口由 B_1 挤开到车轮的厚度 B。这时内外制动钳以曲拐滚轮为支点,连同制动轴 O_1、O_2 及钢轨承座同时向上抬升,迫使基本轨浮起。压在其上的车轮的重力经内外制动钳的杠杆传递,使制动轨 N_1、N_2 对车轮产生侧压力进行制动。

当压缩空气进入气缸的外向入口 A_2,驱动活塞将曲拐和连杆拉回缓解位置,解除对车辆的制动。

减速器采用分散的工作气缸直接驱动四连杆机构,可随时对不同车辆组合的车组进行重复制动。

T·JY3 型是液压型重力式减速器,其结构和工作原理与 T·JK3 完全相同,只是将气缸改成油缸。

(2)减速顶

减速顶是一只滑动油缸,内部充以一定数量的液压油和氮气,它不需外部能源和检测控制设备,靠本身液压回路工作。当车速超过临界速度,车轮压减速顶时,减速顶吸收其动能,起到减速作用。减速顶制动能力不大,只有大量使用才能实现有效的制动,但个别失效不会使车组失控。除一般减速顶外,还有外侧顶、单向顶、加速顶、可锁式加减速顶、可控顶等。

2. 测量设备

驼峰溜放速度控制系统要对溜放车组速度进行调整,必须有车组重量、编组线空闲长度、车辆溜放阻力、车组实际溜放速度等参数,来作为决定车组出口速度的依据。这些参数分别由测重、测长、测速设备进行测量,它们是半自动调速系统和自动调速系统的基础设备。

(1)测重设备

车组重量在驼峰调速系统中是不可缺少的基本参数,它的作用:决定非重力式减速器的制动等级,合理选择车辆减速器的打靶出口速度,粗略估计车组走行阻力。测重方案很多,我国大多采用压磁式称重传感器。测重设备可独立工作,在半自动化驼峰控制台上显示车组重量等级,供作业人员选择定速,确定非重力式减速器制动等级时参考;也可作为自动化调速系统采集车辆初始数据的测量设备。

作为独立的测量设备,它包括压磁传感器、光挡或车轮传感器、测重区段轨道电路、信号处理和采集用计算机、重量显示单元。

压磁传感器目前采用的是塞钉式,安装在钢轨腹板中性层的孔内,其核心是厚冷轧硅钢片叠成的圆柱形铁芯,铁芯圆周上有四个均匀分布的凸台,中间有四个通孔,呈对称分布,孔内按对角线方向分别绕以激磁绕组和信号绕组,如图 6-9 所示。

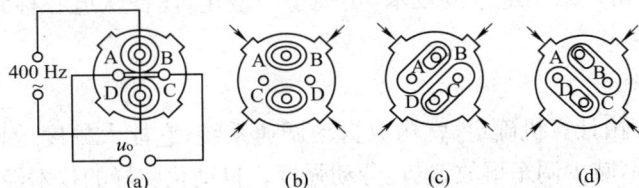

图 6-9 塞钉式压磁传感器

轮重载荷在腹板中性层产生剪切主应力,通过传感器外壳,加载于铁芯的四个凸台。铁磁材料受力时,压缩区导磁率降低,磁阻增加,拉伸区导磁率增加,磁阻降低,此为磁性效应。铁芯不受力时,孔间 A、B、C、D 四个区域导磁率相等,激磁绕组和信号绕组互相正交,不发生磁交链,信号绕组输出电压为零。轮重载荷接近传感器时,磁力线变形,使激磁绕组和信号绕组发生磁交链,信号绕组输出电压幅度正比于轮重,经适当处理可得轮重模拟电压。

测重区段的轨道电路用来传递重量信息,因测重传感器只在峰顶安装而要供全场使用。车辆进入轨道电路,重量信息按道岔开通方向传至下一区段。轨道电路还用于进行分钩判断。

车辆存在探测器由电缆环路和固态电路组成。电缆环路安装在线路上,围成"八"字形,与位于股道旁的固态电路连接。车辆进入检测区段时环路电感量改变,振荡频率偏移,发出区段占用信息。

光挡用来判断分钩,将重量信息分属各车组,以求车组内货车重量的平均值。光挡分钩判断正确性高,与车速无关。为防止人为干扰,光挡应与轨道电路配合使用。

车轮传感器俗称踏板,用于探测车轮经过线路的某一特定位置。踏板用于判断分钩,需和轨道电路配合。测重测得轮重数字量累加,计轴踏板累计轴数,即可得到本车组的平均重量。

(2)测长设备

编组线空闲长度是确定车辆减速器出口速度的主要依据。

我国铁路原使用音频测长设备,其采用"钢轨阻抗—电压—长度"模拟式测长原理,即音频轨道电路输入阻抗与短路点位置近似成正比,测量输入短路阻抗即可获得编组线空闲长度信息。在轨道电路输入端馈以幅度恒定的音频电流,其轨端电压即为音频电流与短路阻抗的乘积,测得该电压即为编组线空闲长度的模拟电压。

音频微机测长设备是换代产品。它用微机采集和处理长度信息,采用"钢轨阻抗—频率—长度"变换原理,其阻抗随长度的变化不断改变信号频率,通过频率的变化来反映车辆的位置。它的优点是便于信号数字化,便于与计算机接口;可测长度长 850 m、精度高;较少调整与维修。后又研制了驼峰工频微机测量设备,计测长度可达 1 100 m。

(3)测速设备

为实现对车辆减速器的自动或半自动控制,必须掌握溜放车组的即时速度和加速度。驼峰测速多采用多普勒雷达,它利用多普勒效应测速。多普勒效应即雷达天线向被测车组发射频率为 f 的微波波束,微波被运动车组反射回来,其频率将偏离 f 而变成 f'。f 与 f' 的差值称为多普勒频率 f_d。f_d 正比于车速,只要测出 f_d,就可获得车组实际溜放速度。多普勒达测速原理如图 6-10 所示。

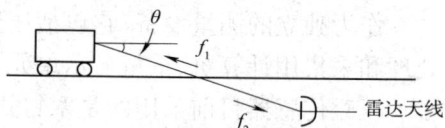

图 6-10 多普勒雷达测速原理图

目前,驼峰测速雷达采用毫米波技术,实现了小型化,设备从道心移到道旁,受外界干扰小、精度高。

3. 自动调速系统

车组的出口速度由计算机确定,就构成自动调速系统,它能大幅度地提高驼峰解体能力,提高车辆安全连挂率,减少调车事故,减轻劳动强度。自动化驼峰的技术经济效果非常显著。

自动调速系统常用半自动调速作为备用手段,即车组的出口速度由作业员确定。

间隔调速,要求调速设备能力大,并允许车组速度较高地通过峰下道岔区,使用车辆减速器比较理想。对于目的调速,曾试验过多种制式,以减速器—减速顶点连式为优。这种系统是我国独创的目的调速优选方案。系统由编组线始端减速器区段、打靶区、小顶群、减速顶连挂区、尾部停车区等组成,如图6-11所示。

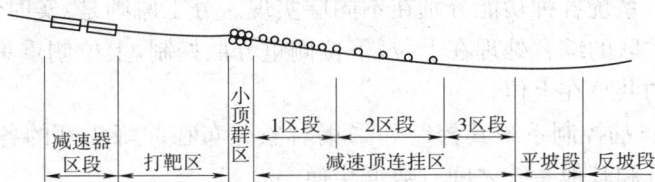

图6-11 减速器—减速顶点连式调速系统的组成图

编组线始端减速器按打靶原则进行半自动或自动控制,有驼峰雷达控制机、测长、测重、车轮传感器、控制计算机等设备。打靶区是驼峰咽喉区和减速顶连挂区之间的缓冲区,便于尽快排空前半场;便于对大组车进行放头拦尾控制。打靶区一般长120～200 m。

小顶群是一组密集布置的减速顶,对进入减速顶连挂区的车组进行速度微调,消除打靶控制的误差,使车组达到安全连挂速度。

减速顶连挂区依靠线路坡度使其继续溜行,依靠减速顶吸收易行车多余动能,使车速保持在减速顶临界速度4 km/h左右,防止超速连挂。其长度通常按一个列车长度扣除打靶区长设计,约为450～600 m。

编组线尾部设平坡和反坡段,用以防止车组溜至尾部调车区,有利于尾部平面调车作业。

点连式调速系统把点式解体能力高及连续式调速精度高的优点结合在一起,有较好的运营效果。

四、驼峰计算机过程控制系统

驼峰计算机过程控制系统是由溜放进路控制子系统、驼峰自动集中子系统、溜放速度控制子系统集成而成,通常采用上、下层集散式控制方式,即集中管理、分散控制。驼峰计算机过程控制系统可以充分利用资源,做到信息共享,提高作业效率。

目前,驼峰计算机过程控制系统主要有TW-2型、TBZK Ⅱ型。

1.TW-2型驼峰计算机过程控制系统

(1)系统组成

TW-2型驼峰自动控制系统是由TWJ-2溜放进路控制子系统、TWZ-1驼峰自动集中子系统、TWK-1溜放速度控制子系统和TWGC-1工频测长子系统集成而成。其控制模块(包括硬、软件)可根据现场需要自由配置和组合,适合大、中、小不同驼峰调车场。系统可集成的主要功能模块包括:驼峰头部联锁和线束调车联锁,溜放进路自动控制,一、二部位车辆减速器自动控制,三部位车辆减速器自动控制,股道空闲长度测量,平面单钩溜放等模块,实现以自动、半自动、手动相结合的控制模式。

TW-2型驼峰自动控制系统采用双机热备方式,故障自动切换,在系统的硬、软件设计上,均采用分层控制结构。

在硬件设计上,系统自上而下分为4层:一层为工作站,二层为上位管理机,三层为下位控制器,四层为智能输入/输出扩展接口。工作站负责系统的人—机界面,采用工业控制机。上位管理机采用工业控制机。下位控制器和输入/输出扩展模块为自行开发研制按功能和范围划分的一组带 CPU 的控制器阵列,负责系统信息的采集、控制指令的输出和包括实时性要求较高的闭环控制运算,是系统的最关键部分。

在软件设计上,系统各种功能分别在不同层实现。分工原则是:实时性要求高的控制在下位处理,信息相关联的综合处理在上位;下位侧重分散控制,上位侧重集中管理;下位负责信息的采集,信息的共享在上位。

TW-2 型驼峰自动控制系统其控制和采集对象分布在驼峰头部的各个地点,由多人进行操作和监督,并且和其他系统之间有数据交换。

TW-2 型驼峰自动控制系统结构由控制微机、雷达、测长、车辆减速器、转辙机、信号机、轨道电路、操作工作站及报警打印机等环节组成,如图 6-12 所示。

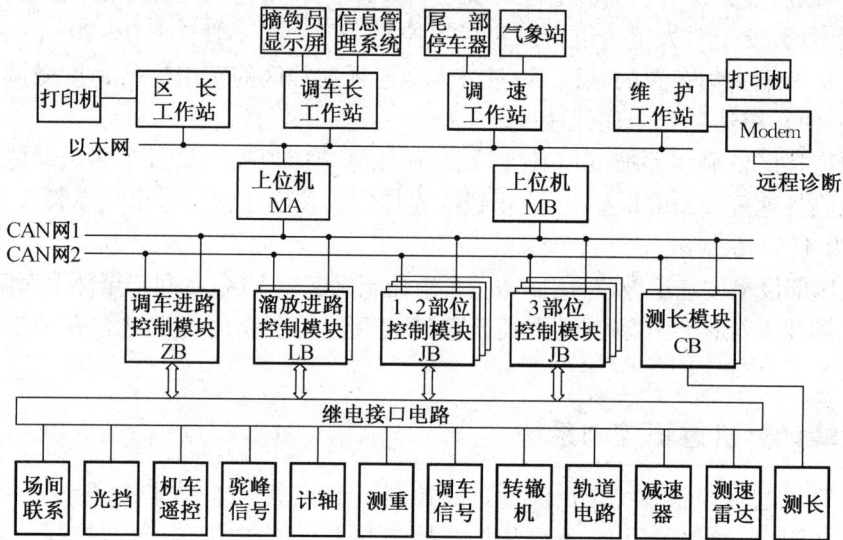

图 6-12　TW-2 型驼峰自动控制系统结构图

室外采集和执行设备主要包括:转辙机、轨道电路、信号机、车辆减速器、测速雷达、轮轴探测器(踏板)、测长轨道电路、测重等。

在控制台室设有多台功能各异的终端(其设置数据与驼峰规模、需设定员有关,通常设 1~4 台工作站)和手动应急控制盘。

调车区长工作站供位于控制台室的区长使用,以显示站场图形窗、溜放窗和测长窗为主,可纵观全场溜放作业过程,用以监督前台的溜放过程,可进行报警查询操作等。该工作站仅用于较大规模的站场,未配置区长工作站的站场其报警查询功能可以通过电务的维护工作站进行。

调车长工作站为核心操作站,供调车长或调车值班员使用。以显示站场图形窗、溜放窗、封锁窗及调车计划窗为主,以表格形式处理调车作业计划,以图形方式显示全场设备状态,并用鼠标办理调车进路或设备单操等作业。根据站场规模配置单屏或双屏显示器。

调速工作站供作业员使用,以显示站场图形窗、溜放窗为主,以图形方式显示有关车辆减速器的信息,可进行半自动定速操作等。对于中等规模以下的调车场,该工作站按设计配置可能与调车长工作站合并,其操作功能在调车长工作站上完成。

手动应急控制盘用于紧急情况下的手动或维修试验用。手动应急控制盘是简化了的控制台,主要用于分路道岔的手动控制及峰上道岔的单独操纵。

室内设备包括上层监督机、维护工作站、TW-2控制机柜等。维护工作站的显示与控制台室内的其他工作站相同,通过该工作站可以完成统计报告、信息查询,监督全场溜放作业过程,进行双机切换等。该工作站特设有维护终端窗,可直接监控下层控制模块。

(2)系统功能

①办理与集中场的场间联系

在溜放开始时,与到达场的场间联系自动办理,推送进路自动选路。

②办理峰上及峰下调车进路的联锁

可自动执行混合型的调车作业计划,除溜放钩外,可按计划逐钩自动执行上、下峰调车进路、禁溜线和迂回线取送车进路,无须操作员介入。

③调车作业计划的自动接收或人工输入及计划的临时改变,按作业需要顺序调用计划;同时建立推送进路,自动或人工控制驼峰信号机。

④自动按计划执行溜放钩,上、下峰钩,禁溜及迂回进路取送钩等作业。

⑤自动控制间隔制动位减速器,调整钩车间隔及保障三部位车辆减速器入口速度。

⑥自动控制目的制动位减速器,调整钩车速度与股道内的停留车安全连挂。

⑦办理股道满线封锁及编发线发车锁闭。

2. TBZK Ⅱ型驼峰计算机控制系统

(1)系统组成

TBZK Ⅱ型驼峰计算机控制系统采用分散控制、集中管理的模式,将驼峰作业按功能划分为驼峰推峰机车控制、驼峰进路控制和驼峰溜放速度控制三部分。各部分分别由独立的计算机完成,并由计算机局域网构成统一的分布式计算机控制系统。系统结构如图6-13所示。

(2)系统特点

①清晰合理的系统结构。系统可以划分为两层,第一层是双机热备的控制机柜;第二层是进路作业机、速度作业机、数据服务器和电务维修机。层间采用以太网通信,消除了系统的瓶颈部位,简化了结构,进而也简化了通信管理逻辑和通信管理软件,既有利于提高系统的可靠性,也便于维护。

②双机热备。控制系统中所有控制计算机均采用双机双通道的完全热备方式。

③双以太网冗余。控制系统中的所有CPU均采用双以太网冗余技术,双网同时工作。任一网络发生故障,均不会影响系统的正常工作,保证了系统通信可靠性的要求。

④实时多任务操作系统。控制系统采用了较高级的操作系统,根本杜绝了因软件原因造成的"死机"现象,彻底抛弃了自启动,显著提高了系统的可靠性。

⑤精细跟踪技术。控制系统采用了精细跟踪技术。系统以峰下每一组分路道岔、车组减速器、雷达、踏板为计算点,依据站场横、纵坐标精确地测定和跟踪,车组的位置、间隔及其变化趋势,为各部位调速、侧撞、途停提供准确依据。

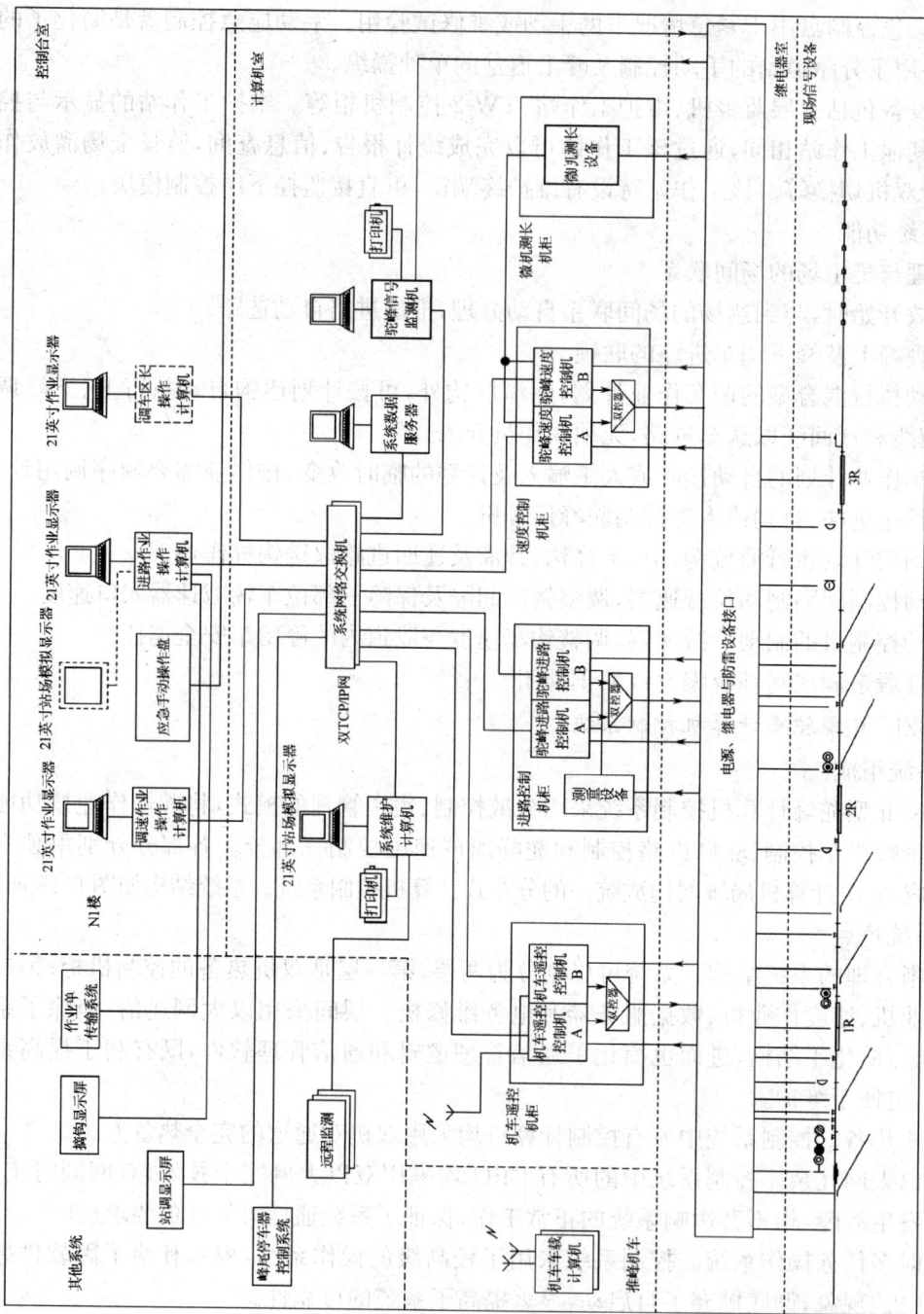

图6-13 TBZK II型驼峰计算机控制系统结构图

⑥数据库技术。控制系统采用了 MY-SQL 数据库技术,可以完成海量数据的存储、检索,快捷且方便。

⑦远程访问。控制系统支持远程访问。利用系统提供的调制解调器,通过电话线可以在异地远程访问系统,检索、查询数据,也可以回放再现溜放过程。远程访问可在控制系统的任意工作时段进行,没有任何限制。

⑧无通信阻塞。控制系统采用较高级的操作系统、双网冗余技术及高水平的网络管理技术,所以采用普通的双绞线即可创造良好的通信环境。控制系统从未出现通信阻塞现象。

第四节 驼峰尾部停车器

停车器设在编组线尾部,平时处于制动状态,对溜放车组起制动停车作用,取代防溜铁鞋,当有机车进入调车线作业时,控制停车器到缓解状态,不对机车起制动作用。根据驼峰及峰尾进路信息,可对停车器进行自动控制,也可进行手动控制,并具有优先权。

一、停车器系统结构

停车器系统结构如图 6-14 所示,包括停车器、计算机房设备、继电器室设备、停车器值班室设备,还要与驼峰控制系统相联系。

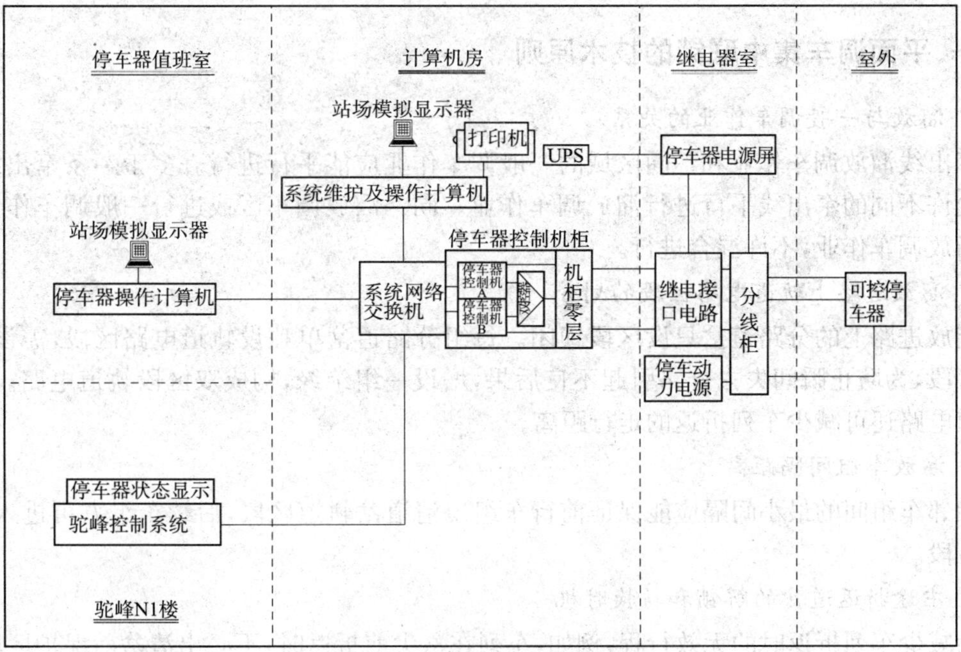

图 6-14 停车器系统结构框图

二、停车器布置

停车器必须安装在直线区段上,尽量集中对齐设置,如遇轨缝可适当调整。

停车器布置有"1＋1"型和"2＋1"型两种。"2＋1"型布置如图 6-15(a)所示,"1＋1"型布置如图 6-15(b)所示。

停车器控制室设备包括停车器控制柜及 UPS、电源屏、组合柜、分线柜、计算机工作台。

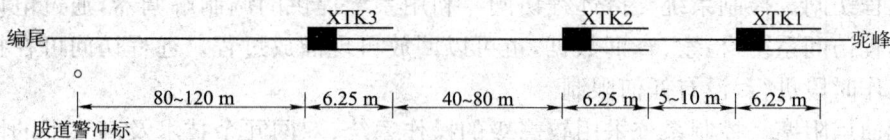

(a) "2+1"型布置图

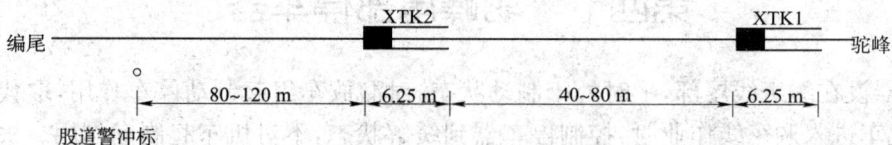

(b) "1+1"型布置图

图 6-15 停车器布置

第五节 峰尾平面调车集中联锁

一、平面调车集中联锁的技术原则

1. 溜放与一般调车作业的关系

牵出线溜放调车作业和不同区域的一般调车作业应能平行进行。多于一条牵出线时，应能允许不同的牵出线平行进行溜放调车作业。同一溜放调车区或进行一般调车作业，或进行溜放调车作业，不许混合进行。

2. 溜放进路上轨道电路区段的划分

溜放进路上的分路道岔只设区段锁闭。每组分路道岔单独设轨道电路区段，需设岔前保护区段，为防止瞬间失去分路引起不良后果，增设一组绝缘，构成双区段轨道电路。双区段轨道电路还可减少车列折返的走行距离。

3. 溜放车组间隔距离

相邻车组间的最小间隔应能保证前行车组出清道岔轨道区段，后续车组方可进入岔前保护区段。

4. 中途折返道岔的解锁和转换时机

为减少车列折返时的无效行程，例如，车列在岔尖前折返时，不必出清岔前保护区段，这时要改变道岔的锁闭条件，使道岔在车列占用岔前保护区的情况下能转换。但为了确保安全，采用延时解锁的方式。

5. 相邻车组的侧冲防护

平面溜放的脱钩速度和车组间隔难于准确控制，目前尚未应用有关的测试设备，有可能出现侧面冲突的危险。可通过测量车辆过岔速度来判断发生侧冲的可能性，例如当过岔速度低于某限定值时,则判定可能发生侧冲,这时应锁闭相关道岔,以防护侧冲的发生。

6. 溜放进路分路道岔的控制

溜放进路上的分路道岔可采用手动单独控制和按预先储存的控制命令自动控制(实际上是半自动控制)的方式。当过程控制系统和信息处理系统联网后,可实现全自动控制。

7. 溜放作业指挥

调车人员随车运行,不能处于固定地点指挥,地面信号机有时也会造成司机瞭望困难。目前的做法是,实现集中联锁后,仍由调车员手信号指挥,多采用无线调车,地面调车信号机显示月白色闪光。

8. 连续溜放进路控制命令的储存、传递、执行时机

采用预排溜放进路的半自动控制方式时,溜放开始前,将进路控制命令(亦称码令,一般为代码形式)预先储存起来。溜放进路分段建立,分段使用,分段解锁。进路控制命令在溜放车组作用下分段传递和执行。

二、平面调车集中联锁的技术条件

(1)溜放进路必须由牵出线通向某一股道或某一指定线路的所有调车进路组成。

(2)溜放区的所有区段均应设置轨道电路,以实现全区域轨道占用的监督。分路道岔轨道电路区段应设岔前保护区段,并设计成双区段轨道电路。

(3)分路道岔的控制如下:

①分路道岔的控制电路应满足一些特殊条件:分路道岔转辙机一经启动,车辆驶入保护区段到达岔尖前,道岔应保证能转换到底;已被操纵的道岔,因故不能启动时,车辆进入保护区段后应自动断开其动作电路,使其不再能转换;自动控制的分路道岔启动后,在规定时间内因故未能转换到底时,在车辆进入轨道电路前应自动转换回原来位置。

②分路道岔为集中联锁道岔时,在授权后方可受溜放控制,应满足上述要求,并设道岔位置表示器。

③连续溜放区的分路道岔应能手动单独控制和自动或半自动控制。

④溜放进路上的分路道岔只设区段锁闭或延时锁闭。

(4)溜放进路的办理过程如下:

①溜放进路的办理有单办和储存两种方式。当采用储存方式时,区段解锁后道岔延时解锁,并且在该溜放区内不允许同时办理其他列、调车进路或其他溜放进路。使用储存方式作业时,应满足作业过程中的要求和提供完善的表示,如储存或循环储存进路控制代码;对储存的进路控制代码进行检查、修改;溜放过程中办理错钩或减钩;作业过程中改变作业方式(如由自动改手动)等。

②溜放进路控制命令储存器的容量应能满足作业的需要。

(5)调车信号机只有满足下列条件时,才能开放溜放信号:

①溜放进路建立后。

②溜放进路具有退路锁闭。

③溜放方向的调车信号机外方有车列时,或退路方向的调车信号机内方直至牵出线末端空闲时。

（6）溜放信号关闭时机

①当车列全部越过溜放方向的调车信号机时。

②当车列在该信号机内方区段分钩并出清后，该信号机及其外方溜放方向的所有信号机均关闭。车组所跨调车信号机及其运行前方的调车信号机继续保持溜放信号，与是否取消溜放无关，直至车组越过该信号机。

③当机车进入退路方向的信号机内方时，该信号机关闭。

④取消溜放时，除在行车组所跨的调车信号机及其运行方向前方的调车信号机外，其他所属调车信号机均关闭。

（7）溜放进路锁闭和解锁的办理

①分钩时自分钩区段前方第一架溜放方向调车信号机内方的进路应随溜放车组的走行分段解锁；若分钩点为溜放方向调车信号机内方第一区段，则该信号机防护的进路亦随溜放车组的前进分段解锁；若分钩点非信号机内方第一区段，则该信号机防护的进路与该信号机外方至牵出线的溜放退路进路相同，当车列退行至信号机外方时该信号防护的进路按中途返回方式解锁。

②通向股道的调车信号机，当机车车列驶入该信号机内方后再全部退回信号机外方，即按分钩处理，该信号机所防护的进路按中途返回解锁，其继续退行出清的进路，亦按中途取消溜放时经 30 s 后机车车辆溜放方向前方空闲的进路解锁，其余进路待机车车辆出清后解锁或采取提前解锁方式以便车列及时改变退路。

③溜放进路不能正常解锁时，可施行区段故障解锁。

④溜放过程中，为保证机车车辆后退的安全，后退进路应处于锁闭状态。机车车辆在岔前折返时，允许道岔在车列占用岔前保护区段的情况下解锁并转换。

（8）预测可能发生的侧冲并实现侧冲防护锁闭。

三、平面调车集中联锁的分类及选用

按功能分，平面调车集中联锁有单钩溜放、连续溜放两种电路类型。单钩溜放电路又分固定牵出线型和非固定牵出线型两种。现多采用单钩溜放。

根据运营需要来选用电路类型。单钩溜放用于溜放作业较少的线束。当中间站、区段站进行溜放，并且同一溜放区内同时只由一台调车机车作业时，宜采用单钩溜放电路。连续溜放适用于对沿摘列车进行站顺等编组作业线束，驼峰调车场尾部有较多连续溜放作业时宜采用连续溜放电路。

用计算机联锁完成联锁功能并增加平面溜放调车作业功能，就是具有平面溜放功能的计算机联锁。

四、平面调车集中联锁的设备组成及功能

1. 平面调车集中联锁的室外设备

（1）单钩溜放的室外设备

单钩溜放，室外不增加任何设备，只是调车信号机具有月白闪光显示。进行溜放作业时，调车信号机显示月白闪光。它指示溜放进路一直锁到股道，有退路锁闭，允许机车后退。当车列在调车信号机前和内方第一个区段分钩后，调车信号机自动关闭。溜出车组后，即使

车列占用接近区段,溜放进路也能随着溜放车组的通过逐段解锁。

(2)连续溜放的室外设备

用于连续溜放的区域,分路道岔要采用快动转辙机,并有道岔位置表示器。轨道电路采用高分路灵敏度的。

为分解溜放车组,判定分钩地点,将轨道电路划分为不小于 11 m(岔前保护区段所需长度)、不大于 21.4 m(车组间距所需长度)的连续小区段。当车列分钩甩出一个车组,在车列和车组间出现一个空闲区段时,利用轨道电路动作记录分钩。

为保证道岔不中途转换,采用测速延时转换道岔方式(利用保护区段测速,根据不同速度的车组离开保护区段后,经不同的延时后转换道岔)和双区段锁闭方式(有车占用保护区段时不能转换道岔)。

为防止前缓后快两车组追钩而发生侧面冲突,有车组测速。

溜放方向的调车信号机,当其前方有车时,自动开动溜放信号(月白闪光),车列越过该信号机,自动关闭。而股道上或退路方向的调车信号机,当车列完全进入股道或退路方向调车信号机外方后,经检查通向牵出线进路空闲、道岔位置正确并锁闭后自动开放。机车后退跨入信号机时,自动关闭。

2. 平面调车集中联锁的室内设备

目前发展的平面调车集中联锁即为带平面溜放功能的计算机联锁,它既完成车站的联锁功能,又具有单钩溜放和连续溜放功能。硬件设备就是计算机联锁的设备,只是显示器上还设有溜放用的按钮和表示灯。它和一般的计算机联锁不同之处,就是必须编制进路命令程序和溜放程序。进路命令程序完成进路命令的储存、检查、修改、增加、删除和取消。溜放程序用以完成溜放作业。

第六节　编组站综合自动化

一、编组站综合自动化

路网性编组站因其在铁路网中的重要地位,担负着繁重的解编任务,作业量大,需要较高的技术层次配置设备,实现综合自动化,以大幅度提高其解编能力。编组站实现综合自动化后,使从列车到达、解体、编组到出发的过程控制和信息处理都自动进行。

1. 系统组成

现阶段,我国编组站综合自动化系统主要由以下五部分组成。

(1)编组站信息处理系统

信息处理系统由计算机与所连接的智能终端和打印机组成。系统接收各方向的到达列车确报,自动获取列车到达信息,自动编制、传递解体编组计划。列车出发后,自动向相邻编组场发出列车确报。能掌握和查询全站现有车位置和状况,自动编制日班计划、阶段计划及各种运输报表。

(2)驼峰作业过程控制系统

该系统包括推峰机车遥控、溜放进路控制、溜放速度控制三个子系统。这三个子系统分成若干个子站通过网络接口连接在一起,再与中央机连接,由其统一管理,以及完成与信息处理系统之间的通信、各子系统间的数据交换、信息处理、存盘打印及人—机对话等功能。

（3）峰尾计算机联锁系统

该系统由计算机自动控制调车进路和平面溜放进路，并且能与信息处理系统联机。

（4）地区调度监督系统

表示编组站内各车场及邻近各站列车运行情况和现场设备状态，使调度员能掌握情况。

（5）站场无线通信系统

供有关行车、调车、车号、商检、列检人员相互联系用。

2. 系统功能和运营效果

编组站综合自动化系统将编组站各个自动化系统联网，能充分发挥各个系统的功能，并使它们互相配合和协调。

编组站信息处理系统担当全站的现车管理和信息处理，自动编制解体钩计划、编组钩计划和取送作业钩计划。

驼峰作业过程控制系统根据信息处理系统自动编制的解体钩计划，对推峰机车实行推送速度自动控制，自动储存和传输溜放进路命令，自动控制溜放进路，自动测量溜放车组参数，自动控制车辆减速器以调整车组溜放速度。

峰尾计算机联锁根据信息处理系统自动编制的编组钩计划自动排列调车进路和平面溜放进路。

编组站综合自动化系统因其将各自动化系统进行最佳匹配和协调，因此具有良好的运营效果，可大幅度地提高解编能力，提高安全程度，减轻作业人员的劳动强度，便于维修，能取得明显的经济效益。同时它又是铁路运营管理自动化不可缺少的重要组成部分和基础。编组站综合自动化是路网性编组站的现代化方向。

二、编组站综合集成自动化系统（CIPS）

我国驼峰自动化技术已跨入国际先进行列，而编组站整体上依然处于不同独立分系统简单堆砌在一起的落后状态。为实现铁路的跨越式发展，按照铁路信息化总体规划的要求，研发了以信息共享为核心、管控一体化为目标的的编组站综合集成自动化系统（CIPS）。

CIPS是编组站综合自动化的实际应用范例，它综合应用管理技术、运输技术、信息技术、自动化技术、系统工程技术，以信息集成为核心，将编组站控制、调度、管理、运营、优化、决策一体化，形成智能闭环系统，提高整体效益，为创建我国编组站信息化与自动化的新模式进行了探索。

CIPS作为管、控一体的集成系统，其分为综合管理系统和综合控制系统两大部分。系统组成如图6-16所示。

1. CIPS总体目标

CIPS通过整合现有已经成熟的各种过程控制分系统，建立共享信息平台，结合调度计划管理，集成创新；实现编组站决策、优化、管理、调度、控制一体化，达到高度综合自动化的目的，从集成中找效率、要效益。

其总体目标体现在以下方面：调度计划自动执行；调度决策指挥自动化；集中控制；提高编组站整体效率，缩短车辆在编组站作业周期；信息资源的充分利用。

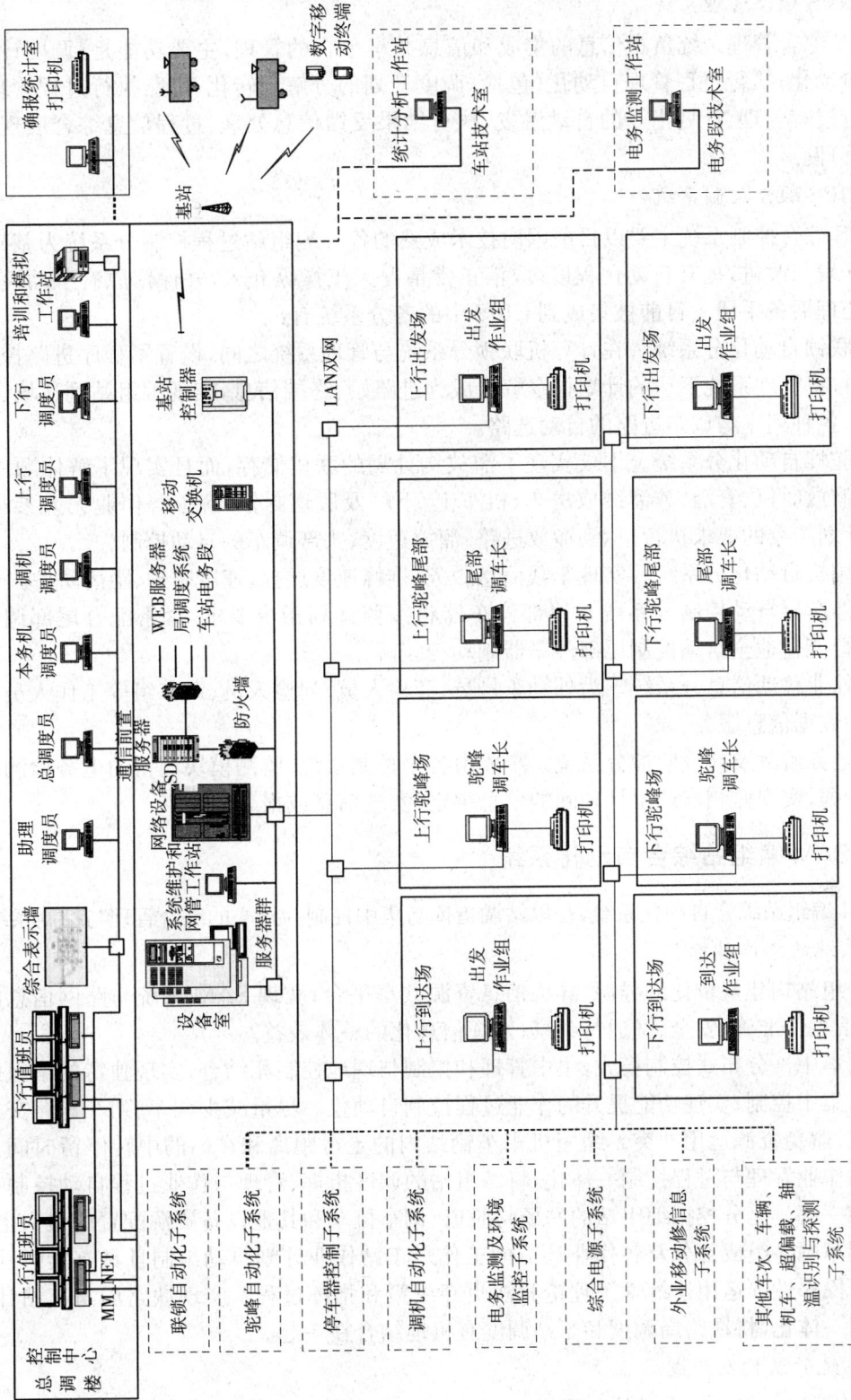

图6-16　CIPS系统组成图(单位:mm)

2. CIPS 综合管理系统

CIPS 综合管理系统负责信息的集成和信息共享平台的管理,主要功能是:调度计划信息管理自动化;执行过程管理自动化(包括:调度计划的分解与转化、进路执行过程管理、非进路执行过程管理、计划指令的自动触发、执行结果反馈信息处理、过程信息综合展现);历史数据管理。

3. CIPS 综合控制系统

CIPS 综合控制系统主要以目前国内技术成熟的各种编组站过程控制分系统为基础,经进一步开发与改进,提升自动化程度,取消正常情况人工操纵介入,并保留原有手动模式作为降级处理后备手段。目前被集成到 CIPS 中的各分系统有:

(1)联锁自动化分系统。在计算机联锁分系统与管理系统之间,设置了程序进路控制模块(PRC),将管理系统下达的计划指令解析成为进路始、终端信息,实现编组站到达场、峰尾及出发场各种列车与调车进路的自动选路。

(2)驼峰自动化分系统。不仅实现了溜放钩计划的联机储存,而且实现了解体顺序、推峰时机、溜放时机、套溜、禁溜线取送车、机车上/下峰及股道封锁/解锁等作业无人参与,自动按照计划指令的要求执行,达到溜放进路、溜放速度、头部调车的自动控制。

(3)调机自动化分系统。实现车载信息服务、推峰速度遥控、速度防护、距离防护。

(4)停车器自动控制分系统。尾部停车器将按照计划指令要求,紧密配合尾部调车作业,更加智能化地全自动控制尾部停车器制动与缓解。

(5)外业移动信息分系统。为外勤车号员、商检人员、列检人员、调车组等工作人员提供无线移动数据信息服务。

(6)电务监测及环境监控分系统。集成由各个控制系统、监测模块测得的电务检测及环境监控数据,实现监测与调度计划间的信息绑定,实现信息或报表的共享。

三、SAM 编组站综合自动化系统

SAM 编组站综合自动化系统,是以站调指挥与集中控制为核心的综合管理与控制系统。

1. 系统的总体目标

为编组站构建规范化的异源、异构信息资源共享平台;实现 SAM 系统与路网信息的融合;确保信息的准确、安全、畅通与共享;发挥信息化的整体效益。

采用集中—分布式控制模式,集中管理和控制与现地控制相结合,实现独特的编组站调度指挥与集中控制;实现功能提升的作业过程控制自动化。尽量减少调车、列车进路交叉和作业干扰;避免资源运用冲突。缩短机车车辆站内的走行距离和在站的中转停留时间。实现编组站作业管理与过程控制一体化,将编组站的调度指挥、管理与作业过程自动控制有机地结合在一起。充分挖掘编组站的站场与股道、调车机车和其他设备资源配置的最大潜力;充分协调车站各组成部分及各作业环节的工作。车站作业计划自动编制且具有实时性、灵活性和可操作性。运用运筹学等理论算法贯穿决策和指挥过程。实现铁路局与车站计划、调度管理一体化,将铁路局调度和车站调度有机地结合在一起。

2. 系统的结构及组成

SAM 系统组成及层次结构如图 6-17 所示。

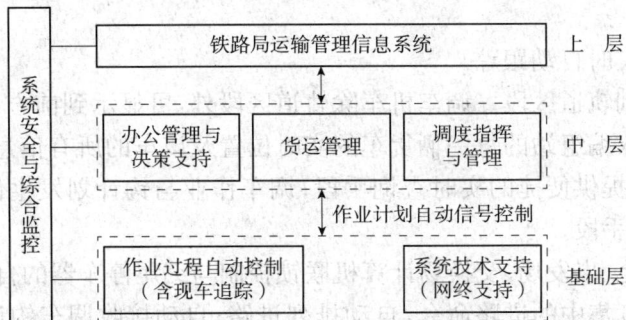

图 6-17　SAM 系统组成及层次结构图

上层是铁路局计划、调度系统,负责协调编组站所需要的信息。从全铁路局的角度规划最优的列车运营方案、列车编组计划,下达临时调整的调度命令。

中层是车站调度指挥与管理系统,负责接收与执行铁路局下达的日班/阶段计划、列车编组计划和临时调整的调度命令。编制车站的日班/阶段作业计划将到发线、调车机车、本务机车、驼峰/牵出线的使用计划,调车作业钩计划,分解到车站各个工作岗位去执行;并将站场、列车及车辆的动态信息实时反馈给铁路局计划、调度系统。

基础层是作业计划自动执行与作业过程自动控制系统,负责接收车站调度指挥与管理系统下达的作业计划,并将其分解成指令下达给相关的控制设备;实现进路自动控制、驼峰溜放控制、计算机联锁控制、尾部停车器控制、调车机车遥控;并将执行结果实时反馈给调度指挥与管理系统。

3.SAM 系统的主要功能

(1)铁路局与编组站信息交互

自动接收铁路局日班计划、阶段计划、调度命令等;自动接收和发送列车预确报、列车到发报点;自动上报计划执行情况、装卸作业情况、实时统计数据、18 点统计报告,站内车辆实时跟踪数据、全站调度表示信息等。

(2)与相关系统和站段的信息沟通

与 TIMS、TDCS、机务管理信息系统、车辆管理信息系统、机务段、车辆段、电务段、工务段、供电段专网及 SAM 系统维修中心等进行信息沟通。

(3)站调智能专家系统辅助决策

自动编制、调整车站阶段计划,自动铺画车站技术作业大表,优化到发线、编组线、调机、驼峰和牵出线使用;计划预演、推算和组织车流;现车管理;根据控制系统作业实绩报告,自动调整车站阶段计划;提供人工确认、人工干预、计算机辅助编制阶段计划的手段;自动下达阶段计划,掌控编组站阶段计划的执行。

(4)自动编制调整调车钩计划

掌控计划的执行情况;提供人工确认、人工干预、计算机辅助编制调车钩计划的手段;自动下达调车钩计划,掌控计划的执行。

(5)编组站调度指挥与集中控制

自动接收接、发车计划和调车钩计划;根据现场作业实际情况,自动修改计划的执行顺序;形成进路的始/终端命令,通过计算机联锁系统,自动排列接/发列车和调车作业进路;提供人工干预的手段。

（6）机车、车辆实时自动跟踪

本务机车跟踪到轨道区段。调车机车除轨道区段外，可显示到前方调车信号机的距离。车辆跟踪可提供进入编组站的每一辆货车的实时位置及该车的所有信息；自动核对到达、出发列车编组顺序表；提供便捷的实时查询手段；调车作业与钩计划发生偏差时自动告警；提供人工干预、修正的手段。

（7）到达场、编尾、出发场、交换场计算机联锁控制与编尾停车器的自动控制

接收编组站调度集中的进路命令，自动排列进路；自动接收调车钩计划，返回计划执行实绩报告；可以提供进路、设备状态等共享信息。

（8）驼峰自动控制

推峰、调车进路的集中联锁控制；与到达场和编发线尾部相关车场联锁和照查；溜放速度和溜放进路的自动控制；在机车遥控模式条件下，自动控制驼峰调机的推峰速度；与其他有关系统联网；系统和设备的监测和维修支持。

（9）调车机车的遥控和综合安全监控

驼峰调车机车的遥控或自控；编尾调机现地遥控；调车机车的综合安全监控；本务机车和调车机车的实时跟踪。

（10）编组站调度表示

显示编组站全貌的大屏幕电视幕墙；有关岗位的工作站或计算机有选择地显示各场、各咽喉区的局部图像。显示内容：站场图形、联锁和驼峰设备状态和测量数据编组站作业状况、机车车辆实时跟踪信息、接发车情况、接/发车及调车计划、关键部位的视频图像、编组站关键性指标的动态显示等。

（11）到达与出发作业自动化

自动核对到达、出发列车编组顺序表；自动检测超载、偏载、超限、车门关闭和施封状况；自动检测热轴、车辆运行故障；利用编组站实时信息无线网指导并简化到达、出发作业，实行现场作业过程的掌控。

（12）编组站资源管理、运营决策支持和办公自动化

支持对全站资源、安全和技术运营方案进行科学管理；查询车站资源的运用情况；调度计划、任务完成情况；运营指标分析；潜在问题预警和报警；安全生产的决策支持。实现全站办公自动化。

（13）货运全面信息化管理

以铁路局货流分析为目标，实现铁路局货调与车站货调一体化，形成车站级货流分析信息平台；铁路整车、集装箱、零担运输业务处理；货运各作业环节信息处理；货运信息查询、货运营销、货运安全、统计、内/外勤、集装箱等各项管理；图形化货场管理。

（14）编组站统计自动化

自动报告列车到、发时间；自动动态统计作业量和各种运营指标；编组站运营指标分析；自动编制和上报各种报表。

（15）编组站关键部位和关键作业岗位的视频监控

监控区域主要是驼峰、峰尾、到达场和出发场两端咽喉区，支持集中控制与指挥；调车场

编组线,支持公安防盗。

（16）系统监测与集中值机

系统设备工况、设备运行关键性参数、供电电源、机房环境的分散监测和集中显示,支持集中值机和状态修。

（17）网络通信支持

编组站综合实时信息网、编组站信号安全信息网、编组站实时信息无线网,提供 SAM 系统各种信息通道;编组站计划调度系统。办公与决策支持系统、货运系统内部网络与编组站综合实时信息网双向沟通,支持编组站信息整合和共享;与 TDCS、相关系统和相关站段专网沟通,实现编组站与路网信息交互。提供综合网络安全防护管理及系统时钟同步控制:SAM 系统时钟与路网标准时钟同步;系统中所有计算机时钟与 SAM 系统时钟同步。

（18）编组站综合数据库

存储编组站基础信息、各种共享信息、计划和控制的历史数据。

（19）系统维护与技术支持

在线诊断、作业过程回放、远程诊断和监控;维修中心对系统运行状况的全天候监视指导和协助故障和事故分析等。

复习思考题

1. 什么是编组站? 它有哪些主要任务? 车场如何配置?
2. 什么是驼峰? 驼峰溜放作业过程如何?
3. 驼峰如何分类?
4. 驼峰信号基础设备包括哪些? 各起什么作用? 各有什么特点?
5. 驼峰溜放进路如何控制? 什么是驼峰道岔自动集中?
6. 驼峰推送机车速度如何控制? 驼峰无线机车信号和驼峰推送机车无线遥控系统有何区别?
7. 驼峰溜放速度如何控制?
8. 简述调速设备的结构和工作原理。
9. 调速设备如何布置?
10. 测量设备包括哪些? 各起什么作用? 简述它们的工作原理。
11. 驼峰计算机过程控制系统集成了哪些功能?
12. 简述 TW-2 型驼峰计算机过程控制系统的组成和工作原理。
13. 简述 TBZK Ⅱ型驼峰计算机控制系统的组成和工作原理。
14. 驼峰尾部停车器起什么作用? 如何布置? 简述其工作原理。
15. 简述峰尾平面调车集中联锁技术原则和技术条件。
16. 简述平面调车集中联锁的分类及选用。
17. 简述平面调车集中联锁的设备组成及功能。
18. 什么是编组站综合自动化? 有什么作用?
19. 简述 CIPS 的组成和工作原理。
20. 简述 SAM 的组成和工作原理。

第七章　道口信号系统

在普通铁路中存在大量道口,为了保证铁路列车、道路上车辆行人安全通过道口,必须安装道口信号系统。在提速区段,道口成为严重的不安全因素,必须拆除或改建为立交。在客运专线,不存在道口。

第一节　道口和道口信号

一、道　口

1. 道口

铁路与道路在同一平面的交叉称为平面交叉。铁路铺面宽度在 2.5 m 以上,直接与道路贯通的平面交叉称为铁路道口,简称道口。道口是铁路和道路交通安全的重要设备。道口按看守情况分为无人看守道口和有人看守道口。

《铁路技术管理规程(普速铁路部分)》第 50 条规定:列车运行速度 120 km/h 及以上线路全封闭、全立交,线路两侧按标准进行栅栏封闭,并设置相应的警示标志。列车运行速度120 km/h 以下的线路,铁路道口、人行过道的设置或拓宽按照铁路总公司有关规定办理。铁路道口、人行过道的等级、标准、铺设、拆除及需否看守,由铁路局决定。

铁路道口应设置警示标志、铁路道口路段标线、司机鸣笛标及护桩,人行过道应设置路障、鸣笛标。根据需要设置栅栏或其他安全防护设施。

有人看守道口应修建道口看守房,设置照明灯、列车接近报警装置、警示灯、遮断信号机和道口自动通知设备,并督促地方道路管理部门设置、维护警示标志、铁路道口路段标线。根据需要设置列车无线调度通信设备。

栏杆(门)以对道路开放为定位。特殊情况下需要以对道路关闭为定位时,由铁路局规定。

道口是铁路和道路交通的结合部,道口安全既关系着铁路行车安全,也关系着道路车辆、行人的安全。随着我国国民经济和交通运输的不断发展,铁路和道路交通日益繁忙,道口安全已经成为突出的社会问题。道口是铁路行车安全的薄弱环节,不能随意设置。为此必须采取有效措施:应尽量考虑设置立体交叉,部分道口改为立交(提速区段必须全部改立交,其他区段视财力尽量改为立交),减少道口数量,将部分无人看守道口派人看守,拆除部分过密和非法设置的道口,增设道口信号系统,制订道口法规等。

我国铁路原有大量道口,最多时达两万多处,经过多年的改造,在提速干线全部将道口改为立交,拆除站内道口,道口数量大减。目前道口主要是在列车运行速度 120 km/h 以下线路的区间,称为区间道口,以下所说的道口,就是指区间道口。

2. 道口设备

道口设备必须保证铁路行车安全,便于道路上的车辆和行人安全顺利地通过铁路。道口设备包括基本设备、防护信号和信号设备。

(1)道口基本设备

道口基本设备包括道口基础设施和看守道口设施。

道口基础设施由道口铺面、道口两侧道路上设置的平台和连结平台的纵坡、道口护桩、道口排水系统等组成。

看守道口设施由道口值班房、道口栏杆或栏门、道口照明、道口电话、道口广播和道口栅栏等组成。

(2)道口防护信号

道口防护信号是指示通过道口的列车、车辆及行人运行的命令,过往道口的列车、车辆及行人必须严格遵守。

道口防护信号包括视觉信号和听觉信号。

道口上使用的视觉信号分为对铁路及有关人员的信号和对道路上车辆及行人的信号。对铁路及有关人员的信号包括司机鸣笛标、遮断信号、火炬信号和手信号。对道路上车辆及行人的信号包括道口自动信号、道口标志、停车(止步)让行标志、禁止驶入标志、人行过道标、道口护桩、限界架和信号旗等。

道口上使用的听觉信号也分为对铁路及有关人员的信号和对道路上车辆及行人的信号。对铁路及有关人员的信号包括口笛、号角、机车鸣笛、响墩、道口自动通知和列车无线调度电话。对道路上车辆及行人的信号包括道口信号音响器、道口广播和机车鸣笛。

(3)道口信号系统

道口信号系统是保证铁路列车、道路上车辆行人安全通过道口的重要设备。在有人看守的道口,它自动通知看守人员列车的接近,使看守人员提前做好准备工作。在无人看守道口,它通过道口信号机向道路方面显示能否通过道口的信号。

二、道口信号

1. 道口信号系统

道口信号是指示道路上的车辆、行人通过或禁止通过道口的听觉和视觉信号,具有这种功能的设备称为道口信号系统。道口信号系统是保证道口安全的重要设备。

道口信号系统有四种类型:道口自动通知;道口自动信号;道口自动通知及道口自动信号;自动栏木。位于区间铁路与道路平交的道口,根据道口的交通繁忙程度和瞭望条件,可采用不同类型的道口信号系统。应根据不同类别的道口,安装不同的道口信号系统,做到既保证安全又节省投资。

(1)道口自动通知

道口自动通知是在列车进入道口接近区段时,道口看守房室内、外音响器应发出列车接近报警音响,道口控制盘上列车接近通知灯应点亮,用指示灯光和音响报警自动通知道口看守员,由道口看守员操纵栏木进行防护,道口看守员确认列车接近后,按压"确认"按钮,切断室内音响。当列车通过道口后,室外音响报警应停止,接近通知灯应熄灭。追踪列车进入道口接近区段,道口控制盘上追踪表示灯应点亮;室内音响器再次发出报警,道口看守员确认后,再次按压"确认"按钮,切断室内音响。

它适用于自动闭塞区段或非自动闭塞区段有可靠交流电源的有人看守道口。列车接近的检测采用闭路式道口控制器,也可利用自动闭塞区段轨道电路或其他列车传感装置采集列车接近通知信息,其安装位置由道口接近区段长度决定。列车接近道口时,用看守房内的道口控制盘上的表示灯和音响信号通知看守员。列车接近时,发出连续音响,看守员确认列车已接近道口,按压控制盘上的"确认"按钮,切断音响,关闭栏木。列车通过道口后,开放栏木,使道路恢复通行。道口自动通知就其本身而言,不是直接起防护作用的信号设备,而是在列车接近道口前通知看守员,再由看守员采用操纵栏木进行防护。

(2)道口自动信号

道口自动信号是当列车接近和离去道口时,自动地向道路方向显示禁止或准许通行的信号。它包括在道路上设置的道口信号机和室外音响设备,适用于无人看守道口。当列车进入接近区段后,道口信号机亮红色闪光信号,室外音响器鸣响,向道路上的车辆及行人发出列车接近道口警报。列车通过道口后,自动切断红色闪光信号和音响信号。

(3)道口自动通知及道口自动信号

道口自动通知及道口自动信号适用于有人看守道口,其室内、外控制设备和报警设备较完善,在道口看守房内设道口控制盘,在道路方面设道口信号机。列车接近时,向道路显示闪光信号和音响信号,给道口看守员和道路上的车辆、行人发出列车接近道口警报。当列车通过道口后,报警音响应及时停止,道口信号机应及时恢复定位。

(4)自动栏木

自动栏木是根据列车接近或离去道口的信息而自动动作的。道口自动通知、自动信号、自动栏木本应同时使用,组成一套较完整的自动道口信号系统;有时条件不具备,才分开单独使用。

2. 道口信号系统的组成

道口信号系统一般由道口信号机、道口控制器、道口音响器、道口闪光器、道口控制盘等组成,如图7-1所示。

道口信号机用于向道路上的车辆、行人显示道口的开放或关闭情况。平时无列车接近道口时,道口信号机亮一个稳定的月白色灯光,表示设备正常,无列车接近。列车接近时,道口信号机的两个红灯交替闪光,同时道口信号机柱顶端的扬声器发出模拟钟声音响,禁止车辆、行人通过道口。当列车出清道口后,红灯熄灭,钟声停响,道口开放。

道口音响器分室内音响器和室外音响器。室内音响器在道口看守房内,列车接近时给看守员发出连续音响信号。设备故障时发生断续音响的报警信号。由振荡器产生连续或断续音响信号。室外音响器即设在道口信号机柱顶端的扬声器。列车接近时向道路上的车辆、行人发出强弱相间的模拟钟声的音响信号。由间歇振荡器产生的 2 Hz 脉冲信号去调制 750 Hz 的正弦信号产生模拟钟声信号。

闪光器在列车接近时使道口信号机向道路显示禁止通行的闪光信号。一般采用弛张振荡器去控制晶闸管开关电路形成闪光。

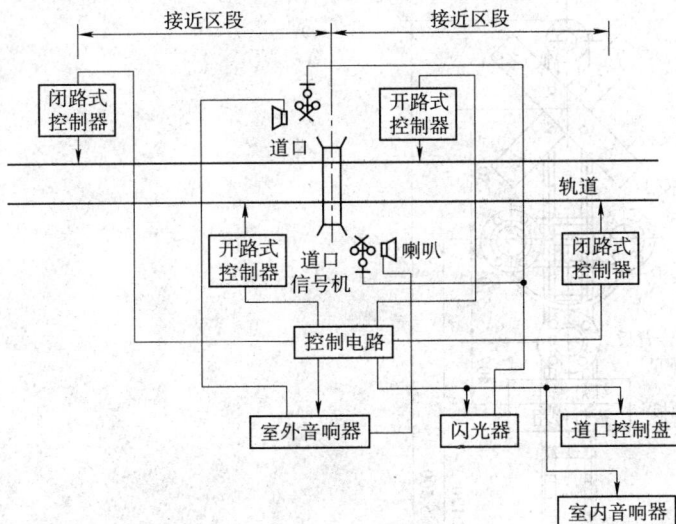

图 7-1 道口信号系统的组成图

道口控制器用来检查列车的接近或离去。道口控制器采用工作频率大于 10 kHz 的高频无绝缘轨道电路。

道口控制盘用于有人看守道口,便于从室内监视列车接近或出清道口及控制道口信号系统。

在交通繁忙或瞭望困难的有看守道口的一端或两端还应设遮断信号机。当道口发生危及行车安全时,向列车发出停车信号。

第二节 道口信号系统

对于不同制式的道口信号,所采用的道口信号机、道口音响器、道口闪光器及道口遮断信号机是大致相同的。

一、道口信号机

道口信号机用于向道路上过往道口的车辆/行人显示道口的开放或关闭情况。

1. 道口信号机的结构

道口信号机由喇叭、交叉板、告知板、灯机构、专用梯子及机柱管接头等组成,如图 7-2 所示。

灯机构包括红灯、月白灯的机构。各个灯机构由机体、偏光镜、平板滤光镜、反光镜、端子板、灯座等组成,如图 7-3 所示。反光镜是旋转抛物面形状的玻璃反光镜。滤光镜是红色的平面滤光镜。偏光镜是无色玻璃透镜,镜内侧是横竖阶梯结构,起偏光作用。

2. 道口信号机的显示

平时无列车接近道口时,道口信号机亮一个稳定的月白色灯光,表示信号设备正常,无列车接近道口,道口处于开放状态。

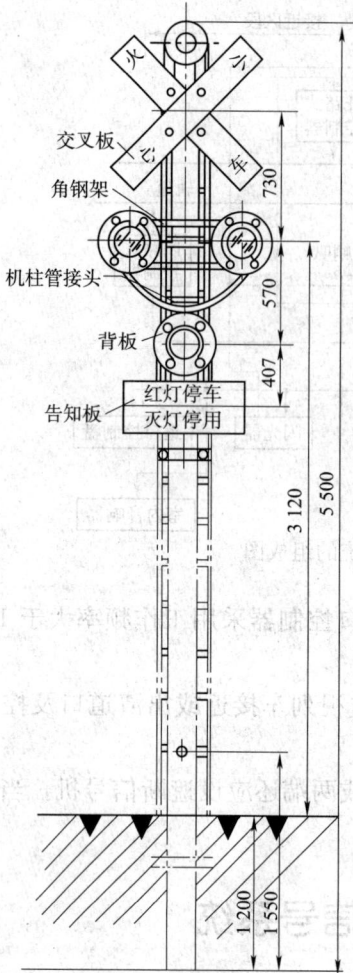

图 7-2 道口信号机组成图(单位:mm)

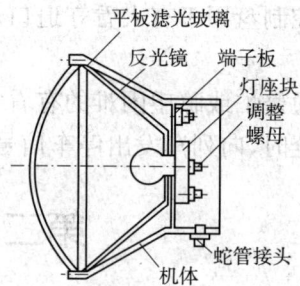

图 7-3 道口信号机的灯机构组成图

当列车进入道口接近区段时,道口信号机的两个红灯交替闪光,表示列车接近道口,禁止车辆、行人通过道口。红灯显示在列车出清道口前不得熄灭。当闪光电源故障时,显示红色稳定灯光。

与红灯交替闪光的同时,设置于道口信号机柱顶端的扬声器模拟钟声音响,告示车辆、行人列车已接近,道口关闭。

当列车尾部出清道口后,红闪灯光熄灭,钟声音响停止,道口开放。

在信号机柱上装有"小心火车"字样的交叉板及"红灯停车"、"灭灯停用"的告知板。告知板上的"红灯停车",表示信号机显示红色灯光时禁止通过道口;"灭灯停用"表示无任何灯光显示时为道口信号机停用,对有人看守的道口,车辆、行人若要通过道口,必须服从道口看守人员的指挥。对无人看守的道口,车辆、行人可自行瞭望,注意安全通过道口。

3. 道口信号机的设置

道口信号机设置示意如图 7-4 所示。道口信号机设于道路车辆驶向道口方向道路的右侧,便于车辆驾驶员和行人确认的地点,距最外侧钢轨的距离不少于 5 m,但也不宜过远。

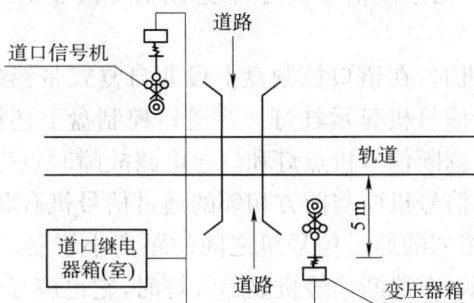

图 7-4　道口信号机设置示意图

每架道口信号机下方分别设一个变压器箱,内设电源变压器、信号变压器和灯丝转换继电器。安装地点以尽力避免妨碍交通。

二、道口遮断信号机

为了保证道口安全,在交通繁忙或瞭望困难的有人看守道口的一端或两端应设遮断信号机和遮断预告信号机,如图 7-5 所示。双方向运行的线路,应在每条线路的道口两侧分别设置上、下行道口遮断信号机和遮断预告信号机。遮断信号机设在距道口中心不小于 50 m处的列车运行方向的左侧。它采用方形背板,在机柱上涂有黑白相间的斜线条。道口遮断信号机是防护道口的安全设备之一。道口遮断信号机、道口遮断预告信号机可采用 LED 信号机。遮断信号机和遮断预告信号机应具有主灯丝监督和报警。

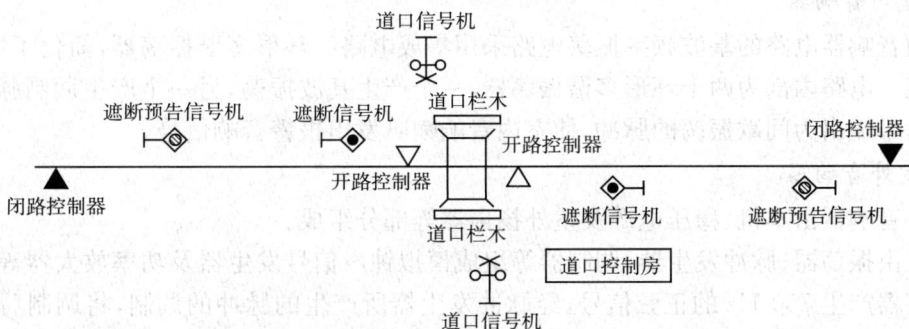

图 7-5　道口遮断信号机和道口遮断预告信号的设置示意图

遮断信号机平时不点灯,不起信号作用。当道口处发生危及行车安全而又无法立即排除的故障时,道口看守人员按压“遮断信号”按钮,使遮断信号机显示红灯。列车司机发现其显示红灯,应立即采取紧急制动措施,使列车停在该遮断信号机外方。可见,遮断信号机起着防止列车与其他车辆相撞的作用。

当遮断信号机显示禁止信号时,允许公路方面通行;当遮断信号机显示进行信号时,禁止公路方面通行。

遮断信号机均应装设预告信号机,采用方形背板。其显示一个黄灯时,表示遮断信号机显示红灯;不着灯时,不起信号作用。

当通过信号机位于道口与遮断信号机之间,遮断信号机显示红灯时,通过信号机亦应显示红灯。

在道口装设遮断信号机时,在道口控制盘上设非自复式带铅封的"遮断信号"按钮和计数器。按下该按钮,使遮断信号机显示红灯。在道口控制盘上还设有遮断信号表示灯和灯丝电路故障表示灯,分别在遮断信号机点灯和灯丝电路故障时点亮。

在自动闭塞区段,遮断信号机应与前方相邻的通过信号机有联系。

当遮断信号机与前方相邻的通过信号机之间的距离小于制动距离时,通过信号机的显示应重复遮断信号机的显示,在遮断信号机显示红灯时,它也应显示红灯。当遮断信号机与前方相邻的通过信号机之间的距离大于制动距离时,则该通过信号机为遮断信号机的预告信号机。遮断信号机显示红灯时,其显示黄灯。

三、道口音响器

道口音响器由室内音响部分和室外音响部分组成,这两部分电路元件安装于同一个盒子内,总称为音响器。当列车进入道口接近区段时,音响器发出声音信号,向道口看守员发出连续报警音响,并向室外过往道口的行人、车辆发出模拟钟声报警音响。当道口信号系统故障或停电时,它还能向道口看守员发出断续故障报警音响信号。

音响器对道口的防护、保证行车安全是非常重要的。当采用"道口自动通知"设备时,音响器是唯一的执行报警的部件。当采用"道口自动通知及道口自动信号"设备时,声光报警能否及时做出,音响器起着重要的作用。

音响器采用集成电路,是新一代产品。

1. 室内音响器

室内音响器电路的基波频率振荡电路采用集成电路的环形多谐振荡器,简化了电路,改善了性能。电路内部为两个环形多谐振荡器,一个产生基波振荡,另一个产生调制脉冲。调制后的信号输出为间歇振荡的脉冲,使室内音响喇叭发出报警音响信号。

2. 室外音响器

室外音响器由本机、稳压电源及室外扬声器等部分组成。

本机由振荡器、脉冲发生器、调制器等组成模拟钟声信号发生器及功率放大器等环节组成。振荡器产生 750 Hz 的正弦信号,经脉冲发生器所产生的脉冲的调制,将调制后的信号经放大后,驱动室外两只扬声器,发出模拟钟声音响信号。

室外音响部分采用大功率音频集成功放电路,使功放电路元件减少,性能好,并带有各种内部保护电路,使电路具有较高可靠性,保证了报警时的声音信号的发出。

道口音响报警信号,声音应调整适当,满足《城市区域环境噪声标准》。

四、道口闪光器

当采用"道口自动通知及道口自动信号"设备时,道口闪光器与道口音响器一样,是道口信号系统的执行部件和重要环节。当列车进入道口接近区段时,闪光器发出闪光信号,输入道口信号机,使道口信号机发出两个红灯交替闪光的信号,向过往道口的行人、车辆发出灯光报警的信号。它对道口的安全防护是非常重要的。

闪光器是利用集成电路构成的新一代产品。它由直流点灯改为交流点灯,并由直接供电改为利用交流输入闪光器后经变压器给道口信号机上的红灯供电,克服了采用直流电源供电存在的问题,以及由于环境温度变化引起电容特性变化导致晶闸管不能可靠关断而使信号机停止闪光的问题。它采用了等幅等宽的方波触发控制电路,显著提高了可靠性,减少元件,降低成本,方便维修。

闪光器由电源变压器、整流桥、集成电路振荡器、三极管、两个双向晶闸管及二极管等构成。

当列车接近道口时,接入闪光器电源,利用多谐振荡器输出的等幅等宽的方波脉冲,用以驱动两个双向晶闸管的控制极,交替控制该两个双向晶闸管的导通和截止,使闪光器产生输出脉冲。

DX06 型闪光音响器则将闪光器和音响器合二为一,由闪光电路、音响电路(包括室内和室外)及充/放电电路组成。

五、道口控制器

道口控制器是道口信号的主要设备,由它取得列车接近或离去道口与否的信息,用来检查列车接近或离去。由于道口控制器的工作频率大于 10 kHz,其高频信号在轨道传输中衰减较大,作用区段较短,为 20~60 m,所以接近区段的轨道电路不需加钢轨绝缘,构成无绝缘轨道电路。因此又称为"道口无绝缘轨道电路收发器",简称"道口控制器"。

道口控制器分闭路式和开路式两种类型,闭路式道口控制器有 14 kHz、20 kHz 两种频率;开路式道口控制器有 30 kHz、40 kHz 两种频率,可以满足各种道口的不同使用要求。

1. 闭路式道口控制器

闭路式道口控制器系统构成如图 7-6 所示,主要由正反馈放大器 FDQ、LC 串联谐振回路、带通滤波器 LPQ、桥式整流器、变压器等组成。并由 LC 串联元件与道口控制器外部相连接的 15 m 长的钢轨构成振荡反馈回路,与道口控制器外部的轨道继电器 GJ 相连,共同完成对列车占用与否的检查。它受轨道电路参数变化的影响,用于不同地区时需要相应调整,作用区段会有相应的变化。

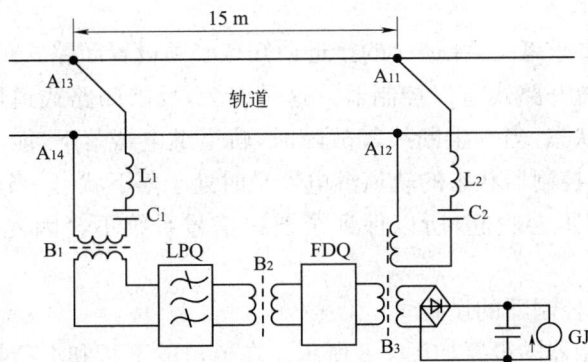

图 7-6 闭路式道口控制器系统构成图

当轨道电路的作用区段空闲时,闭路式道口控制器采用变压器反馈电路,反馈信号经15 m长的钢轨作为反馈回路而形成振荡。振荡输出的一部分信号进行正反馈,另一部分经整流、滤波后使轨道继电器GJ吸起。当列车驶入轨道电路作用区段时,由于列车轮对的分路,使反馈信号由强变弱,而使振荡器停振,轨道继电器GJ失磁落下。当列车尾部出清轨道电路作用区段后,由于反馈信号的恢复,振荡器起振,轨道继电器GJ又吸起。这样,就完成了一次对列车接近与否的检查。将GJ的条件送至逻辑控制电路,便能实现需要"报警"与否的判断和控制。

2. 开路式道口控制器

开路式道口控制器系统构成如图7-7所示,也主要由正反馈放大器FDQ、LC串联谐振回路、带通滤波器LPQ、桥式整流器、变压器等组成,也需与外部的钢轨和轨道继电器GJ一起共同完成对列车占用与否的检查。

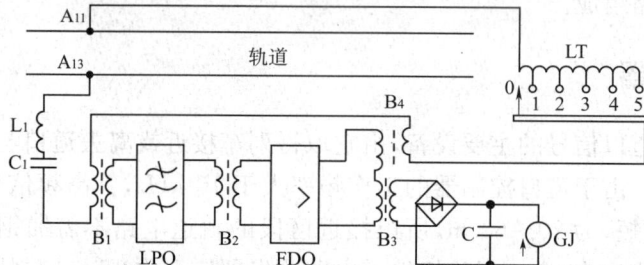

图7-7 开路式道口控制器系统构成图

当轨道电路作用区段内无车时,轨道反馈回路开路,振荡器不振荡,轨道继电器GJ落下。当列车占用轨道电路作用区段时,由于列车轮对的短路使反馈回路闭合而使振荡器起振,轨道继电器GJ吸起。在列车出清轨道电路作用区段后,因反馈回路再次开路而停止振荡,轨道继电器GJ落下。这样,就完成检查列车占用又出清道口的作用。将GJ的条件送至逻辑控制电路,实现了需要"报警"与否的判断和控制。

3. 道口控制器箱

道口控制器箱是为满足道口控制器能在现场就近安装而设计的,用来放置和安装轨道继电器GJ、防震继电器架、道口控制器等设备。

4. 道口控制器的设置

从"故障—安全"要求考虑,在道口的接近通知点必须设置闭路式道口控制器,而在道口的到达通知点必须设置开路式道口控制器。这是因为,反映闭路式道口控制器状态的轨道继电器平时处于吸起状态,当发生断线等故障时,轨道继电器落下,能满足"故障—安全"的要求;反映开路式道口控制器状态的轨道继电器平时处于落下状态,当该道口控制器发生故障断线时,轨道继电器不会吸起,所以保证了道口信号系统不会因此停止报警,以致错误复原。

(1)单线区段道口控制器的设置

单线区段道口控制器的设置如图7-8所示。在道口的下行和上行接近区段内的接近通知点处,如XJ、SJ点各设一个闭路式道口控制器,分别在道口前后,即上、下行的到达通知点处,如 SD、XD 点各设一个开路式道口控制器,由它们共同完成列车信息的采集,以满足报警的要求。

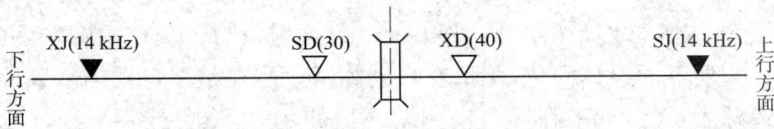

图 7-8　单线区段道口控制器的设置图

（2）双线区段道口控制器的设置

双线区段道口控制器的设置如图 7-9 所示。在双线区段考虑双方向运行,所以双线区段与单线区段一样,需要分别在上行线和下行线的道口的下行方向和上行方向的接近区段内某各设一个闭路式道口控制器（XXJ、XSJ、SXJ、SSJ）,分别在道口的前、后各设一个开路式道口控制器（XSD、XXD、SXD、SSD）,由它们共同完成对列车信息的采集。

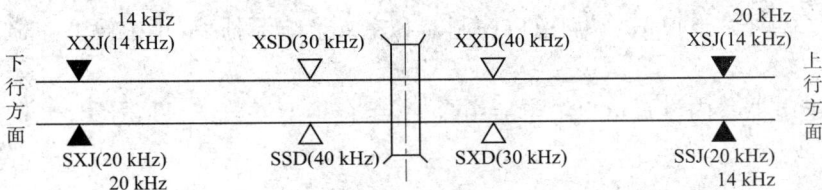

图 7-9　双线区段道口控制器的设置图

六、道口控制盘

道口控制盘是为道口看守员监视和控制道口信号系统而设置的。它设在有人看守道口的道口看守房内,便于看守员瞭望和操纵的地点。设有副看守房的道口,还应设有道口表示盘。

控制盘由盘面和盘箱组成。盘面上装有喇叭、表示灯、按钮、计数器等。

道口控制盘盘面简单明了,操作手续简化,尽可能地减少按钮和表示灯。以道口为单位设置"故障"按钮和"复原"按钮;以线为单位设置"确认"按钮。所有表示灯均采用了发光二极管。盘面布置设计成与道口现场线路设备象形的表示,以便于看守员掌握。

道口控制盘的盘面布置如图 7-10 所示。该图适用于单线区段的道口使用,当双线或多线道口时,只需在控制盘面板和内部配线增加相应的部分即可。

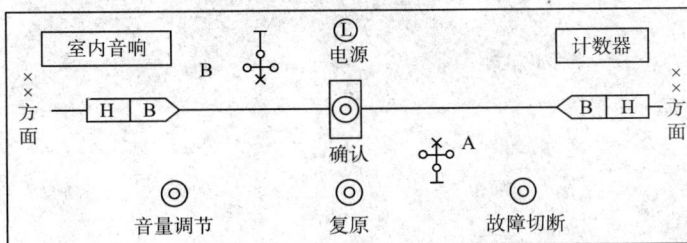

图 7-10　道口控制盘的盘面布置图

盘面只设置与铁路线路象形的一根表示线条（双线设两根，分别代表下行线和上行线），盘面上有一个电源供电表示灯、两（四）个列车接近通知表示灯、两（四）个追踪表示灯、两个道口信号复示器（"A"和"B"），其上分别有两个红灯和一个白灯；还设有两个"确认"按钮、一个"音量调节"按钮、一个"故障切断"按钮和一个"复原"按钮；以及室内音响喇叭和故障复原计数器各一个。为使盘面设计简化，不论在自动闭塞区段还是非自动闭塞区段使用时，在盘面上均设置了追踪表示灯，如果在非自动闭塞区段使用，可取消或不配线，该灯也不会错误点亮。

当列车进入道口接近区段时，道口信号复示器点亮红色表示灯；当道口信号机内某一红灯灯泡主灯丝断丝或灯泡灭灯时，复示器红灯闪亮。

七、DX$_3$型道口信号系统

DX$_3$型道口信号系统除了上述的道口信号机、道口控制器、道口闪光器、道口音响器、道口控制盘外，还需要电路将室内和室外的各部件联系起来，需要继电器构成的逻辑控制电路和电源。除了室外的道口信号机、道口控制器和室外音响器外，都集中设置在道口房继电器室内。

在道口继电器室内设置道口继电器组合柜，组合柜上安放道口信号组合，构成道口信号系统。

复习思考题 ▶▶▶▶

1. 道口信号的作用是什么？是否所有铁路都需要道口信号？
2. 道口信号分成哪种类型？
3. 道口信号系统由哪些设备组成？各起什么作用？
4. 道口信号如何显示？
5. 道口信号如何设置？
6. 道口遮断信号机如何设置？如何显示？
7. 简述道口音响器的工作原理。
8. 简述道口闪光器的工作原理。
9. 简述道口控制器的工作原理。
10. 道口控制盘如何使用？

第八章　信号监测系统

信号监测系统包括信号集中监测系统、道岔监测系统、列控设备动态监测系统。它们提供信号设备的运用状态，为信号维修提供现代化手段，为"状态修"奠定坚实的基础。

第一节　信号集中监测系统

信号集中监测系统是铁路信号系统的组成部分，其是为铁路信号系统的运用和维护提供现代化的手段，也极大地方便各级电务部门的管理。

信号集中监测系统主要是对车站的外电网、转辙机、道岔、信号机、轨道电路及信号电缆回线进行监测和采集，其对外接口主要包括与智能电源屏、计算机联锁系统、列控系统、CTC系统等的接口。

信号主要系统、设备(含车载设备)应具有自诊断、检测、报警、信息储存、状态再现等功能，采用实现全程联网、可远程监测的信号集中监测系统，对地面信号设备进行集中监测。

一、发展信号集中监测系统的必要性

发展信号集中监测是铁路运输生产的需要，是铁路信号技术自身发展的需要，是信号维修改革的需要。信号集中监测系统的发展，对于进一步提高信号设备的安全性、可靠性，强化结合部管理，改善和优化现场维修工作具有划时代的意义。

(1)信号集中监测系统使信号设备具有了自诊断功能，从而大幅度提高了信号系统的安全性。

(2)信号集中监测系统能在信号设备运行的全部时间内，全天候反映设备运用状态，能发现潜伏性故障，排除事故隐患。

(3)信号集中监测系统运用计算机技术，通过逻辑判断，有利于捕捉瞬间故障和间歇故障；通过回放再现，有利于分析故障，分清责任。

(4)信号集中监测系统能够掌握信号设备工作状态和变化趋势，是推行信号设备"状态修"的技术基础，为维修决策提供科学依据。

(5)信号集中监测系统通过联网，将各站信号设备运行信息传送到车间、电务段、铁路局、铁路总公司，便于指导维修工作，加强生产指挥，实现科学管理。

(6)信号集中监测系统通过监督信号设备与供电、车务、工务结合部的有关状态，加强结合部的管理。

信号集中监测系统被称为电务安全的"黑匣子"，它的出现是信号维修技术的重要突破，

它是信号维修体制改革的重要支撑,是信号设备实现"状态修"的必要手段,是信号技术向高安全、高可靠和网络化、数字化、智能化发展的重要标志之一。

二、信号集中监测的功能

1. 模拟量在线监测
(1)电源屏监测
监测电网输入状态、电源屏输出电压。
(2)电源对地漏泄电流监测
监测输出电源对地漏泄电流。
(3)转辙机监测
监测道岔转换全过程中转辙机动作、故障电流、动作时间。
(4)轨道电路监测
监测轨道接收端交流电压。
(5)电缆绝缘监测
监测电缆芯线全程对地绝缘。测试方法为:人工启动、自动测量。
(6)区间自动闭塞监测
监测闭塞分区轨道电路的发送、接收端电压。
(7)站内电码化监测
监测电码化轨道电路的发送端电流、电压。

2. 开关量在线监测
监测按钮、控制台表示、功能型继电器等开关量实时状态变化。

3. 其他监测内容
(1)监测列车信号主灯丝断丝,可按信号机架或架群报警。
(2)对组合柜零层、组合侧面及控制台的断路器进行监测。
(3)记录集中式的区间信号机点灯、区间轨道电路占用状态。
(4)站内电码化发码、传输继电器状态监测并记录。
(5)监测道岔表示缺口、道岔实际位置,对道岔表示缺口超限记录并报警。
(6)对道岔实际位置与室内表示不一致动态监测、记录并报警。
(7)对继电联锁道岔电路的SJ第8组接点封连进行动态监测,记录并报警。

4. 故障报警

(1)一级报警
报警内容涉及行车安全的信息。报警方式为声光报警;人工确认后停止报警,并传送到站机、车间机及段机。
(2)二级报警
报警内容是影响行车和设备正常工作的信息。报警方式为声光报警;报警后,延时适当时间自动停报,并传送到站机及车间机。
(3)三级报警
报警内容是电气特性超标。报警方式为红色显示报警;电气特性恢复正常后自动停报。

三、信号集中监测系统的体系结构

信号集中监测系统体系结构包括系统的层次结构和网络结构。体系结构的划分应符合电务部门监测、维护和管理工作的实际需要。

1. 信号集中监测系统的层次结构

信号集中监测系统的层次结构分为基层结构和上层结构,总体结构如图8-1所示。

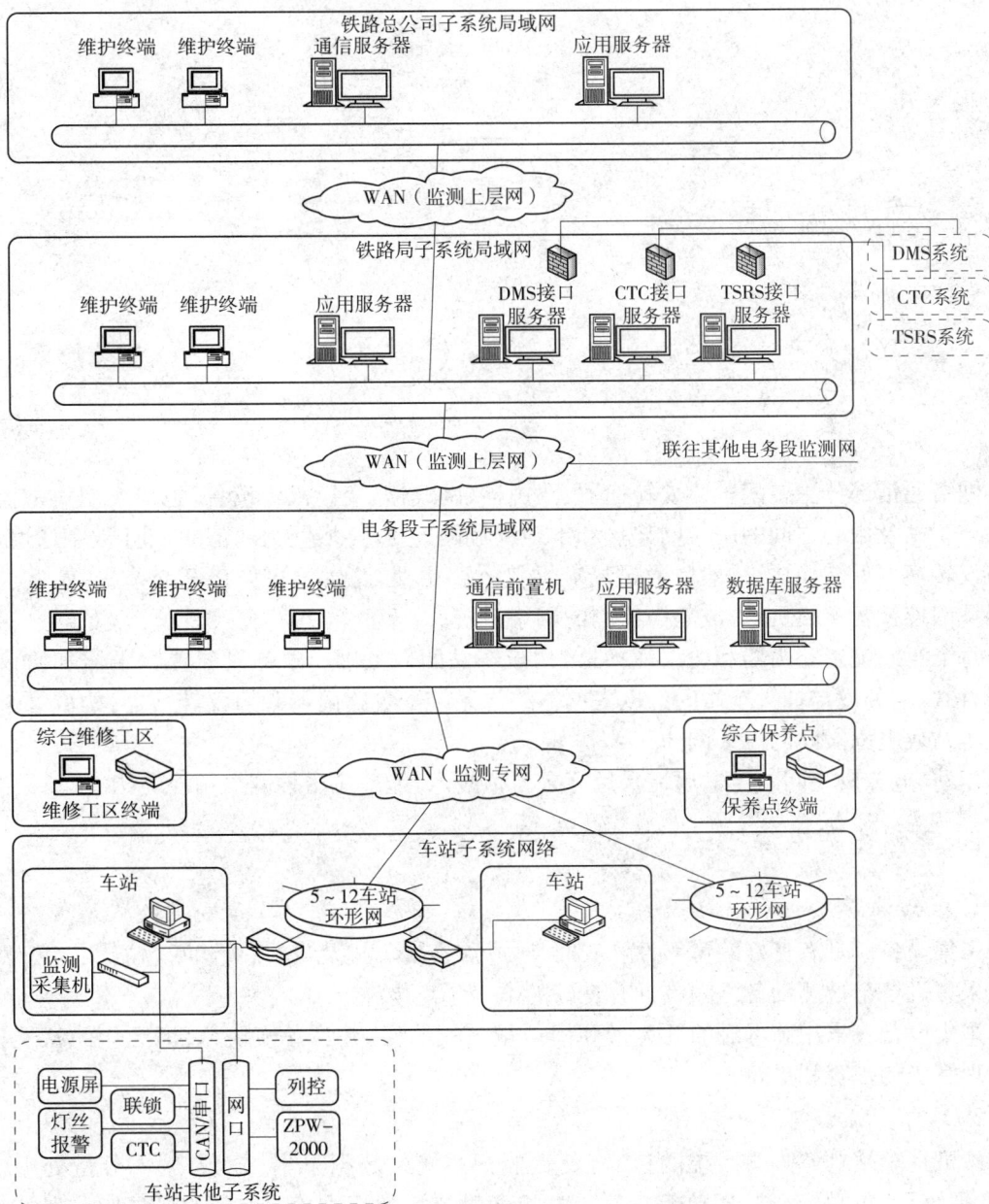

图 8-1 信号集中监测系统总体结构图

基层结构为车站层和信号工区。车站层配置站机和采集设备；信号工区配置监测终端和相应的数据网络设备。

上层结构为电务段、铁路局、铁路总公司。电务段、铁路局、铁路总公司配置应用服务器、监测终端、维护工作站。调度所设置监测终端及相关网络设备。

2. 信号集中监测系统的网络结构

信号集中监测系统的网络结构分为车站、信号工区对电务段之间通信的基层网和电务段对铁路局和铁路局对铁路总公司之间通信的上层网。系统网络结构如图 8-2 所示。

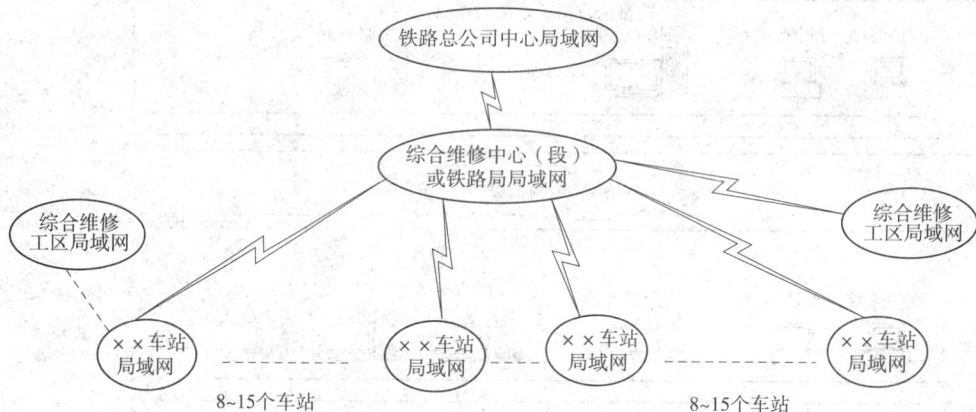

图 8-2　系统网络结构图

网络通信部分主要配置协议转换器、路由器、网线槽、交换机等设备，主要实现集中监测车站与车站及中心之间的广域网连接和本地局域网连接，广域网为通信的 2 M 数字通道，接入协议转换器后转换协议，然后通过局域网接入路由器，路由器再连接至交换机，站机也通过局域网连接至交换机，构成集中监测的网络系统。

每个车站配置路由器和协议转换器，构成车站间以太网。电务段配置路由器和协议转换器，构成电务段与抽头车站间的以太网。终端系统配置路由器和协议转换器，构成终端与相关车站或电务段间的以太网。

车站、电务段之间的传输通道采用冗余自愈技术，能适应多种网络拓扑结构。

四、系统主要设备

1. 采集设备

采集设备应具有良好的可靠性和实时性，并应有抗干扰及自检、自诊断功能。

采集设备与被测设备之间应具有良好的电气隔离措施。

采集设备应采用高可靠的开关量和模拟量采集器件，并具备模块化、标准化的特性，方便实现系统的扩容和更新。

2. 站机

站机是车站电务监测系统的核心，负责监测系统的数据采集、分类、逻辑分析处理、报警、数据统计、汇总、存储、回放等功能。站机通过统一的标准接口与 CTC/TDCS、列控、计算机联锁等系统通信，获取监测信息，提供统一的显示界面。

3. 应用服务器

应用服务器是整个监测系统的中心,应采用双机冗余备份技术以增强系统的可靠性。负责与所辖车站站机、监测终端及上层服务器等节点建立通信连接,进行网络通信和数据交互,并实现数据流调度和信息转发等功能。

4. 监测终端

监测终端包括:信号工区终端、电务段终端、调度中心终端、铁路局终端、铁路总公司终端等,可根据需要设置。

5. 维护工作站

电务段根据需要可设置维护工作站(网络管理终端)。

6. 网络设备

广域网采用独立的传输通道。

7. 接口

采集分机与站机之间采用铁路总公司统一的 CAN 通信协议。

监测系统与计算机联锁系统之间采用带光电隔离的通信接口连接。

监测系统与智能电源屏之间采用带光电隔离的通信接口连接。

监测系统与 CTC/TDCS 之间采用带光电隔离的通信接口连接。

监测系统与列控系统之间采用带光电隔离的通信接口/LAN 接口连接。

监测系统与转辙机表示缺口报警系统之间采用 CAN 通信接口连接。

监测系统预留对计轴设备、道岔监测、视频监控、电务管理信息系统、故障诊断专家系统的接口。

五、信号集中监测系统组成

信号集中监测系统由铁路总公司电务监测中心、铁路局电务监测中心、电务段监测中心、车站监测设备及数据通信广域网组成。

1. 铁路总公司电务监测中心

铁路总公司电务监测中心配置通信管理机、铁路总公司监测终端,其中监测终端的数量可根据需要配置。

通信管理机与铁路总公司各监测终端及各铁路局应用服务器建立通信连接并进行数据交换、转发、监视和管理。并进行时钟自动校核、系统运行状态管理、系统操作日志管理。

铁路总公司监测终端可以调看全路的联网车站,实时查看车站信号设备的工作状态,回放站场存储信息和报表信息,显示车站的报警信息。

2. 铁路局电务监测中心

铁路局电务监测中心配置应用服务器、监测终端和维护工作站。其中应用服务器为双机冗余,维护工作站为单台,监测终端数量可以根据需要配置。

(1)应用服务器

作为整个铁路局集中监测系统的监控中心,应用服务器以星形方式与各个电务段服务器连接,管理全局内所有电务段及车站节点,其主要功能如下:

①负责与所辖电务段应用服务器、铁路局监测终端及铁路总公司通信管理机等节点建

立通信连接,进行网络通信和数据交互,并实现数据流调度和信息路由等功能。

②系统管理

包括:系统在线自检;记录系统运行日志;系统软件的自动升级;提供集中监测系统软件的自动升级配置、管理。

③通信管理

包括:负责监测终端与站机之间有关命令和响应数据的转发;网络通信时数据的压缩/解压及数据的分等级传输;实时显示系统网络的通信状态,实现广域网络管理;数据处理及控制;向所辖车站站机或终端机发送控制命令;根据统一的 GPS 时钟对所辖车站站机或终端进行校核;将站机或终端的关键数据存储到历史数据库;车站报警信息的存储、分类、汇总和统计分析;向各个监测终端提供历史信息的查询。历史信息包括:开关量、模拟量历史报表及曲线、报警及其统计汇总报表、电务维护报表、系统运行日志和状态报表等。

(2)监测终端

铁路局监测终端主要包括铁路局调度终端、试验室终端,可以调看全局的联网车站,实时查看车站信号设备的工作状态,回放站场存储信息和报表信息,显示车站的报警信息。具体功能与铁路总公司终端相同。

(3)维护工作站

维护工作站是铁路局电务监测中心的网络管理终端,配备监测终端的所有功能,并具备网络拓扑图状态管理,实时显示网络节点、通道和车站采集设备的工作状态,通过声音、拓扑图颜色变化来反映当前网络的告警信息。还可实现对网络流量和传输出错率的在线分析。

主要功能有:

①网络管理

在网络拓扑图上动态、实时地监视网络节点的工作状态,网络节点包括:计算机、路由器、交换机等;在网络拓扑图上动态、实时地监视网络通道状态;在网络拓扑图上动态反映网络节点单元的告警,通过声音、拓扑图颜色变化来反映当前网络的告警信息;在网络拓扑图上动态反映网络节点设备的配置情况。用户可以使用专用的网络拓扑图绘制工具定制、修改网络拓扑图;可以在线分析网络流量;可以在线分析网络传输的出错率。

②车站设备管理

可以在线显示车站 UPS、采集机分机及板卡及其他接口单元的状态。支持对系统中主要设备的软、硬件配置管理,包括机器名、设备类型、IP 地址、硬件配置描述、操作系统类型及版本、软件模块配置及版本情况等信息。

3. 电务段监测中心

电务段监测中心是网络系统的中枢部分,是电务段管内各站的集中监测数据和网络通信的管理中心。整个监测系统以电务段监测中心为集中管理、监控的中心。电务段监测中心配置应用服务器、监测终端和维护工作站及相应的数据网络通信设备及通信防雷器件。其中应用服务器为双机冗余,维护工作站为单台,监测终端数量可以根据需要配置。

(1)应用服务器

应用服务器是整个监测系统的中心。应用服务器双机热备,以环形方式与各个车站连接,每隔 8~15 个车站形成一个环,环内具体车站数量根据通信传输系统节点情况确定。应用服务器管理全段内所有车站节点。其基本功能是,负责与所辖车站站机、监测终端及铁路局服务器等网络建立通信连接,进行网络通信和数据交互,并实现数据流调度和信息路由等功能。

站机数据经广域网数据传输系统到达应用服务器,服务器对数据进行分类、存储和处理,根据终端要求分发给各联网终端。

系统管理、通信管理、数据处理及控制功能均与铁路局应用服务器相同。

(2)监测终端

电务段监测终端主要包括电务段调度终端、试验室终端、车间终端、工区终端,具体功能与铁路总公司、铁路局终端相同。

车间终端、段终端用于人—机操作,管理和查看权限范围内车站的站场及有关数据,并作报表的汇总显示,数据报表和数据图形可由打印机打印输出,同时各级终端能显示相应的通信网络结构拓扑图及通信状态,具备一定的的网络管理功能。

(3)维护工作站

维护工作站作为网络管理终端,主要功能有网络管理和车站设备管理两类,具体功能与铁路局维护工作站相同。

4. 车站监测设备

车站监测设备是信号集中监测系统的基础部分,负责数据的采集、分类、处理和存储,实现车站信号设备、区间信号设备的实时监测、故障分析、诊断和人—机对话、显示与查看。

车站监测设备主要由站机、采集机、维护终端、网络通信部分、电缆绝缘测试部分、外电网监测箱组成。正线车站、线路所、动车所及中继站分别设置站机、采集机各 1 套及相应的网络通信设备。

集中监测机柜在车站按车站大小配置一台或多台机柜。

(1)站机

站机集中处理各种采集机采集的实时信息,并进行显示和存储,为操作人员提供人—机界面。根据对信号设备监测的结果,人—机界面实现车站作业状态及设备运用状态的实时显示和各种数据的查询功能。站机将本站监测信息传送到服务器,为实现远程监测和管理提供基础。

站机能够提供足够的接口与其他系统(计算机联锁、CTC/TDCS、列控、智能电源屏、转辙机表示缺口报警等)连接。站机可以按照标准的协议从这些系统接收信息,完成实时监测、故障分析、诊断和人—机对话、处理数据、存储数据、查看数据、网络传输数据等。还可以按照标准的协议向其他系统提供信息。

站机系统应用软件是一个多任务系统,其功能是从采集机中取得数据,完成本站数据分类、逻辑分析处理、报警、数据统计、汇总、存储、回放等功能,并有站场显示和操作界面,查看所有采集数据。

站机主要功能如下:

①显示及存储

a. 站场运用状态图的实时显示与回放,站场图可放大、缩小和全屏显示,可通过鼠标任意拖动。

b. 可以通过表格、图形的方式查看开关量的实时和历史状态。可根据用户定制的内容进行显示:多个开关量状态信息可在同一表格、图形中显示,方便用户对开关量动作时序进行比较、分析。

c. 所有采集的实时模拟量数据都可通过实时测试表格、历史数据表格、日报表、实时曲线、日曲线、月曲线、年趋势线进行全方位的表现。可根据用户定制的内容进行显示，多种模拟量类型的多个模拟量信息可以在同一表格、图形中显示，方便用户对数据的比较、分析。

d. 显示转辙机动作电流曲线，分析转辙机动作参数。

e. 控制台按钮操作记录，包括"列车"按钮、"调车"按钮、"破封"按钮、"故障通知"按钮，并提供历史记录查询。

f. 关键设备动作次数及时间表，包括转辙机动作次数；"破封"按钮运用次数；区段占用次数；"列车"按钮、"调车"按钮运用次数；"故障通知"按钮运用次数、列车、调车信号开放次数等。提供统计记录查询。

g. 电缆绝缘和电源对地漏泄电流需要人工命令进行测试，提供用户测试入口。电缆绝缘测试用多种方式供用户选择：全测、单测、自定义多路组合测，方便用户使用。可以查看测试报表记录和变化曲线。

h. 环境监控信息采用图形化的方式进行直观的显示。提供历史查询、回放功能。

i. 提供轨道电路分路残压测试报表记录、查询。

j. 开关量和模拟量滚动数据存储。可以根据硬盘的剩余空间大小，自动调整数据存储时间。存储时间最小不低于10天。

②报警及事件管理

a. 一、二、三级报警和预警

一级报警是涉及行车安全的信息报警，包括：挤岔报警；列车信号非正常关闭报警；火灾报警；"故障通知"按钮报警（需要人工确认）。报警方式：声光报警，人工确认后停止报警，并通过网络上传到各级终端。

二级报警是影响行车或设备正常工作的信息报警，包括：外电网输入电源断相/断电报警；外电网三相电源错序报警；外电网输入电源瞬间断电报警；列车信号主灯丝断丝报警；断路器脱扣报警；转辙机表示缺口报警；自动闭塞系统故障报警，区间信号机故障报警，发送通道补偿电容故障等；集中监测通信故障报警；环境监测中明火、烟雾、玻璃破碎、门禁、水浸等报警；CTC/TDCS系统的车站分机故障、车务终端故障及通道故障等报警；列控中心系统的控制主机故障、与计算机联锁通信故障、与CTC/TDCS系统通信故障、与LEU通信故障等报警；计算机联锁系统设备故障报警。报警方式：声光报警，报警后延时适当时间自动停报，并通过网络上传到各级终端。

三级报警是电气特性超限或其他报警，包括：各种模拟量的电气特性超限报警；与CTC/TDCS、计算机联锁、列控中心、智能电源屏等系统通信接口故障报警。报警方式：红色显示报警，电气特性恢复正常后自动停报，可通过网络上传到车间/工区终端。

根据电气特性变化趋势、设备状态及运用趋势等进行逻辑判断并预警，如模拟量变化趋势预警、道岔运用次数超限预警、补偿电容断线预警。报警方式：预警显示为蓝色。预警可通过网络上传到车间/工区终端。

b. 提供报警和预警历史信息的查询。

c. 重要报警提供人工确认操作界面及记录。

d. 对设备故障及报警进行汇总、统计并提供查询。

e. 对系统运行事件、用户操作事件进行记录及提供历史查询。

③系统管理

a. 对用户登录、修改配置、标调等权限进行管理。

b. 系统具有自检功能。

c. 实时显示 CAN 状态图、采集板状态图、各种接口通信状态图等,方便用户对系统的维护。

d. 在不涉及数据配置修改的情况下,可以自动监测最新版本的程序。

e. 自动进行时钟校核,保证系统时间的一致性。

④数据处理及管理

a. 配置文件、历史数据可以方便地导入/导出。

b. 可以进行空调的自动控制和人工控制。

c. 回放文件可以方便地导出到可移动存储设备,并提供回放工具,方便用户回放、分析、处理,可以对存储的再现文件进行管理。

d. 曲线和各类报表都可以打印。曲线可以导出为标准格式的图形文件,报表可以导出为通用文件,方便用户对资料的采集和调阅。

e. 通过对用户、密码等权限的管理,使具有一定权限的用户可以对电气特性参数和报警上、下限进行调整。

f. 向上层网络(服务器、终端)传送各种实时数据,包括开关量、模拟量、报警、预警及各种状态和系统信息。接收并执行上层的命令,根据需要向上层网络传送响应数据。

⑤辅助功能

a. 可以对天窗修作业进行登记、查询。对天窗修作业期间发生的报警进行提示、记录,但不进行声光报警及网络上送。

b. 可以实时显示相邻车站的站场信息。

c. 电务维修智能分析及辅助决策。

信号集中监测系统记录了信号设备运用中的大量数据,可以进一步加强对信号设备的故障分析、故障定位功能,充分发挥计算机强大的数据运算分析能力,以提高判断故障原因的准确性、故障处理方法的有效性、对现场故障处理的指导性,有利于调度指挥。

利用实时采集的控制台状态数据、开关量和模拟量测试数据进行分析,可以分析判断出信号设备的故障情况,并给出其可能的故障原因提示。

(2)站机维护终端

站机维护终端即为集中监测系统的站机部分,主要实现对监测信息的统计汇总、逻辑处理、界面显示、网络通信及与其他外部系统的接口。本系统与其他系统如列控中心、计算机联锁、CTC 等均采用以太网口。

(3)采集机

①外电网监测箱

外电网监测箱采集两路外电网输入相电压、线电压、电流、频率、功率等。

外电网监测箱由外电网隔离采集箱和外电网监测单元组成。隔离采集箱安装电流采样的电流互感器和电压采样的保险、隔离电阻,它们都是无源元件,确保隔离采集的稳定性。

隔离采集箱外就近安装外电网监测单元完成外电网信息的采集。

②综合采集机

综合采集机主要实现对电缆绝缘、电源屏输出对地漏泄电流、排架断路器报警、列车信号机点灯回路电流、报警继电器状态等的监测。

③轨道采集机

轨道采集机主要实现对 25 Hz 轨道电路的轨道接收端交流电压、相位角的采集。

④道岔采集机

主要实现对道岔电流、道岔一启动继电器、定/反位表示继电器的采集。

⑤集成采集机

集成采集机主要实现对道岔表示交、直流电压的采集。

⑥绝缘漏流测试组合

主要实现对信号电缆回线对地绝缘和电源屏输出对地漏泄电流的监测。

第二节　道岔监测系统

一、系统结构

当道岔监测系统作为子系统与信号集中监测系统结合时,现场采集分机将数据传送给信号集中监测系统,其结构如图8-3所示。

当道岔监测系统单独构成网络时,系统主要由中心综合维护工作站、中心网络设备、车站处理工作站、车站网络设备、现场采集分机组成,如图8-4所示;现场采集分机可根据采集对象的数量、类型,采集多个道岔的信息,并附有相应的传感器和配线。

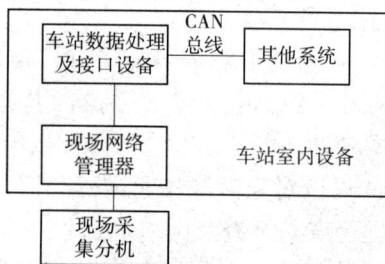

图 8-3　道岔监测系统作为子系统与信号集中监测系统结合时的结构图

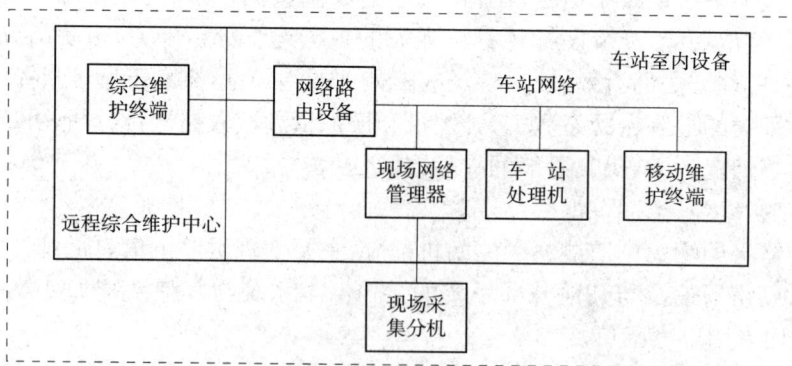

图 8-4　道岔监测系统单独构成网络时的结构图

二、监测内容

道岔状态监测包含以下参数:

(1)每个牵引点的转辙机电流、电压、转换时间。

（2）转辙机转换力和动态力。

（3）振动加速度。

（4）尖轨、可动心轨与基本轨、翼轨的密贴和斥离状态。

（5）环境温度、湿度。

（6）转辙机表示杆缺口。

三、主要部件

1.现场采集分机

现场采集分机安装在所监测道岔旁的箱盒内，是数据处理装置，具有以下功能：向传感装置提供电源；接收传感装置的检测信号并进行初级处理；向室内传输变化量数据。

2.传输通道

道岔监测系统至综合维护中心宜采用数字通道。

现场采集分机到车站室内采用数据传输，可提高可靠性和抗干扰性，采用时分制完成实时功能。使用数字信号电缆，传输距离不小于 2 000 m。

3.传感器

传感器包括：位移传感器、测力传感器、振动传感器和电压传感器、电流传感器等。

传感器外壳应为金属结构，有良好的防护外界撞击能力，接线头（输入电源和数据输出端及连接线）应进行密封处理，不渗水、绝缘性能良好，防护等级应满足要求。传感器连接线及连接线套管应采用防腐密封绝缘，并具有一定强度的护套电缆。

（1）位移传感器

位移传感器用来监测道岔密贴状态。

（2）测力传感器

测力传感器监测转辙机的转换力和列车通过时的动态力。

（3）振动传感器

振动传感器监测转辙机的振动加速度。

（4）电压传感器、电流传感器

电压传感器、电流传感器分别监测转辙机的动作电压、电流。

4.现场网络管理器

现场网络管理器的主要功能是实时接收和处理现场采集分机传回的数据，对采样信息进行分析、判断后，将结果进行报警、显示、存储，通过 CAN 总线把数据传给信号集中监测系统，并具有一定的数据存储能力。

第三节　列控设备动态监测系统

一、系统概况

列控设备动态监测系统（DMS）由列控车载信息采集装置（简称 DMS 车载设备）、DMS 数据中心和用户终端组成。在铁路总公司和相关铁路局设置 DMS 数据中心，在铁路总公司、铁路局和站段设置用户终端。DMS 车载设备安装在动车组内,在列车运行过程中,对列控车载设备运行状态信息、应答器信息、无线闭塞中心(RBC)报文信息和轨道电路信息等进行实时监测,并将监测数据通过 GSM-R 网络或公网 GPRS/3G 实时传回数据中心,经过数据分类、判断、处理和分析,完成列控车载系统及相关地面设备工作状态的实时监测和分析。DMS 采用成熟的信号处理、计算机、数据传输和网络通信技术,实现对列控车载设备等工作状态的实时监测和预警分析,供维护人员对列控车载、地面设备运行状态的实时监测和分析,科学、快速指导现场维护和故障应急处理工作,提高了维护工作的针对性和时效性。

目前,全路所有动车组均已安装了 DMS 车载设备,实现了列控设备运行的实时监测,对及时分析和处理列控设备运行故障发挥了重要作用,并形成了铁路总公司监督指导,铁路局数据管理,电务段分析运用维护的管理模式。同时,DMS 通过信息扩展为铁路机务和运输调度部门实时掌握动车组运行状态及司机操作状况提供了重要手段。随着高速铁路建设的快速发展,DMS 作为动车组列控车载设备的监测平台,正在向综合化、智能化、专业化方向不断的完善和发展。

系统具有实时、兼容、先进、独立、安全、透明传输、数据智能分析、管理界面清晰等特点。

二、系统功能

1. 列车运行状态的实时监测

DMS 车载设备在动车组运行过程中实时采集动车组运行速度、经/纬度等运行基本状态,并通过 GSM-R 网络或公网 GPRS 实时传输至地面 DMS 数据中心,结合各类线路基础数据库获取列车运行线路、里程、上/下行、前方车站、前方信号机、所属铁路局、始发/终到等运行状态信息,通过用户终端软件进行实时的直观图形显示,实现铁路运输调度、电务、机务等部门用户对动车组运行状态信息的实时监测。

2. 列控车载设备实时监测

DMS 车载设备在动车组运行过程中通过与列控车载设备、CIR 设备等接口,实时采集列控车载设备运行状态及报警、应答器状态及报文、轨道电路、RBC 报文、CIR 设备车次号等信息,并实时传输至地面数据中心,结合信号库、应答器库等电务基础数据库进行综合计算分析后,通过用户终端进行实时直观图形显示和报警提示,使铁路电务列控设备运用管理部门能够实时监测列控车载和地面设备的工作状态,分析列控系统相关数据,及时指导现场维修维护,保证设备正常稳定运行。

3. 智能分析和实时报警

DMS 能够根据车载设备发送的列控动态数据,结合应答器库、信号库、线路库等基础数据库进行智能分析。智能分析内容包括非正常停车分析、列控车载设备报警分析、应答器报警分析和轨道电路报警分析等。DMS 通过用户终端软件实现非正常停车信息、列控车载设备异常、应答器异常、轨道电路异常及司机操控安全项异常等报警功能,实时弹出报警对话框,提示设备运用维护管理部门及时分析和处理。

4. 快捷查询和历史回放

用户通过 DMS 用户终端软件,可以按照运行线路、动车组编号和车次号不同的检索方式进行数据查询和图形跟踪,同时可以通过选择日期、车号、车次对历史数据进行图形回放分析。用户终端支持数据列表、图形及应答器数据的查询和导出。

三、系统结构

1. DMS 硬件架构

DMS 由 DMS 车载设备和 DMS 地面设备组成。地面设备主要由铁路总公司 DMS 数据中心(包含网络传输部分硬件)、铁路局 DMS 数据中心及各级用户终端组成,如图 8-5 所示。

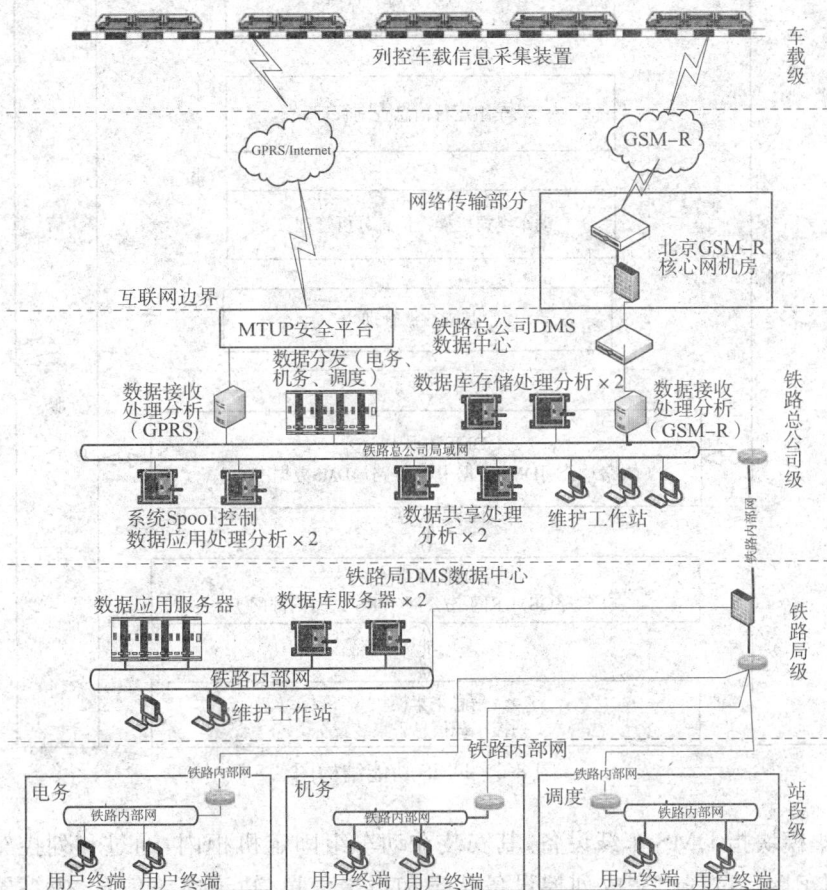

图 8-5 DMS 硬件架构框图

DMS 整体设计采用多层物理架构,包括车载设备层、铁路总公司 DMS 数据中心层、铁路局 DMS 数据中心层和各级用户终端层。

DMS 车载设备负责列控信息的实时采集并发送至铁路总公司 DMS 数据中心。

铁路总公司 DMS 数据中心负责全路动车组 DMS 车载设备实时采集数据的集中收集、综合分析、分类存储和按照权限将数据分发至相关铁路局 DMS 数据中心。

相关铁路局 DMS 数据中心负责本局数据的接收、存储、分析和按照业务类型分发至各级用户终端。

电务、机务和运输调度等部门根据需要分别设置用户终端。电务、机务和运输调度用户分别通过用户终端实现列控设备实时监测、动车组司机操控信息实时监测和动车组运行状态实时监测。

2. DMS 功能结构

DMS 按功能分成信息采集模块、通信网络、地面 DMS 数据中心、系统功能平台、信息安全机制和信息共享服务六大模块,其结构如图 8-6 所示。

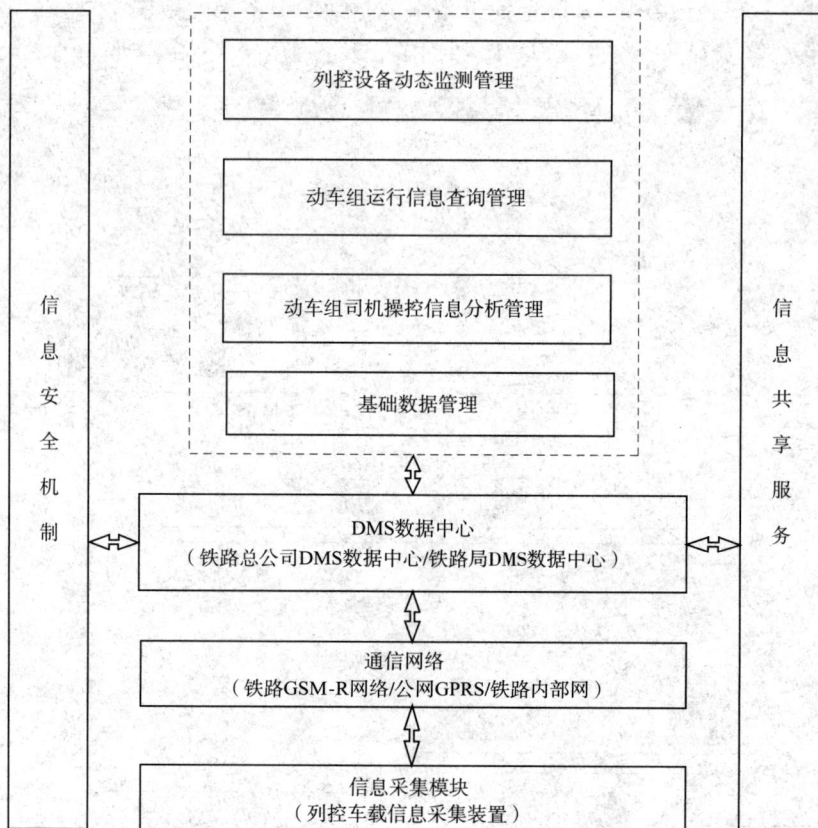

图 8-6　DMS 功能结构图

信息采集模块指 DMS 车载设备,其安装在动车组固定机柜内,通过和列控车载设备接口通信,在列车运行过程中完成列控设备状态和报警信息、轨道电路信息、应答器及报文信息、RBC 报文等列控信息和动车组运行状态信息的实时采集,并对所采集的数据进行实时存储、处理、组包和发送。

通信网络包括 GSM-R 网络、公网 GPRS 和铁路内部网。车载设备所采集的列控动态数据通过 GSM-R 网络直接进入铁路总公司 DMS 数据中心,通过公网 GPRS 传输的数据通过铁路总公司安全平台防护后进入铁路总公司 DMS 数据中心,再进入铁路内部网。

地面 DMS 数据中心包含铁路总公司 DMS 数据中心和各铁路局 DMS 数据中心两级结构,均布署在铁路内部网内。其中铁路总公司 DMS 数据中心负责所有动车组运行过程中的列控动态数据的接收、处理、分析和存储,并按照权限设置将数据分发至相关铁路局 DMS 数据中心。铁路局 DMS 数据中心接收来自铁路总公司 DMS 数据中心的数据,并进行处理、存储后分发至系统用户终端。

系统功能平台主要包括:列控设备动态监测管理平台、动车组司机操控信息分析管理平台、动车组运行信息查询平台和基础数据管理平台,分别实现列控设备相关信息、动车组运行信息的实时查询分析及基础数据的导入、维护和管理。

信息安全机制包括车—地数据传输安全机制、系统安全机制和网络安全机制等内容,保证 DMS 的整体运行安全和动车组车载列控设备的数据信息安全。

信息共享服务在铁路总公司 DMS 数据中心实现,与铁路其他业务部门信息系统进行信息交换,实现信息资源共享。

3. 车载设备

(1)主要功能

车载设备主要是对列控设备的状态进行监测和采集处理,同时把采集到的数据通过 GSM-R 网络或公网 GPRS 传输到地面数据中心的接收服务器。

①信息采集

设备在列车运行过程中完成列控车载设备状态信息和报警信息、地面应答器信息、RBC 报文信息、GPS、轨道电路、司机操控信息及扩展设备信息的实时采集。

②通信接口

车载具备与各类列控车载设备接口设备通信全适应的功能,实现从 CIR 设备和各类型列控系统车载设备接口获取信息,同时具备与各类列控车载设备通信协议的解析功能。

③数据传输和通信网络智能判断

设备所采集数据经处理后通过 GSM-R 网或公网 GPRS 实时发送到铁路总公司 DMS 数据中心。设备支持铁路 GSM-R 网络和 GPRS 网络的扫描和通道选择智能判断功能。

④上电自检和自诊断

设备具备上电自检功能及远程自诊断功能。

⑤远程控制

车载设备和铁路总公司 DMS 数据中心之间通过命令交互可以实现通过车—地网络获取车载设备工作状态和参数配置信息功能。

⑥电源电压监测

车载设备内置电源监测模块,可以实现车载 DC 110 V 电压的监测和传输,并通过用户终端进行显示。

⑦数据共享功能

车载设备为机车综合无线通信设备(CIR)、线路晃车监测、机车信号远程监测系统等设备提供扩展接口,实现数据共享。

⑧数据存储和下载

车载设备 CPU 插板能够记录所获取的各类数据并按照日期记录为数据文件进行存储,支持 U 盘自动下载功能,并能结合"CTCS-2/CTCS-3 数据分析软件"进行数据分析。

（2）设备结构

DMS 车载设备主要由 DMS 车载主机（以下简称 DMS-T）、GPRS 天线、GPS 功分器和电缆等组成，如图 8-7 所示。

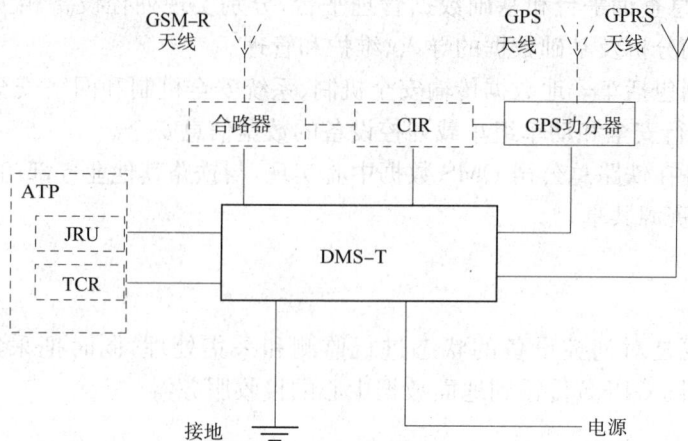

图 8-7 DMS 车载设备组成图

车载主机主要包括 POWER 插板、CPU 插板、GSM-R 插板、GPRS 插板、GPS 插板、ATP 插板、CIR 插板、C2 插板、TCR 插板和 MVB 插板等。

POWER 插板将车载 DC 110 V 电源转换成车载设备工作的＋5 V 电源，为车载设备提供电源。

CPU 插板是 DMS-T 的核心处理单元，负责底板总线上各设备数据的接收、处理和发送，通过 USB 接口下载存储数据，由设备维护接口进行设备状态数据输出。

GSM-R 插板负责和地面数据中心进行通信，将 DMS-T 的实时监测数据通过 GSM-R 网络发送至地面数据中心进行分析和计算；同时可以接收数据中心的命令并将命令传送至 CPU 插板内核中心处理器。

GPRS 插板负责将 DMS-T 的实时监测数据通过公网 GPRS 发送至地面数据中心进行分析和计算。

GPS 插板负责接收和传输 GPS 卫星定位信息。

ATP 插板接收列控车载设备数据，解析信息主要有：列控车载设备时钟、车辆当前运行速度、常用制动速度、紧急制动速度、目标速度、目标距离、当前里程、等级、运行模式、轨道的载频和低频、制动等级、司机操作信息、应答器报文等。列控车载设备数据经过数据解析后形成 DMS 所需要的数据包。

CIR 插板负责与 CIR 通信，主要接收车次号及司机编号等信息；同时定时向 CIR 设备输出速度、信号机类型和里程标信息。由 CIR 插板负责定时向该总线发送列车实时速度、信号机类型及里程标等信息。

MVB 插板是 DMS 用来接收 MVB 总线上列控车载设备与 JRU 的通信数据，并将数据解析出来，送到 DMS 的 CPU 板。

TCR 插板是轨道电路读取器，主要功能是采集 ZPW-2000 轨道电路的信号，计算轨道信号的幅值，解析信号的载频和低频。

C2 插板是 DMS 用来接收 300 型列控车载设备在 CTCS-2 级控车模式下的列控信息。

（3）接口

车载设备外部接口包括与列控车载设备的数据通信接口、信号轨道电路接口、机车综合无线通信设备(CIR)的数据通信接口、GPS 天线接口、GSM-R 天线接口及其他监测系统的数据通信接口等。

4. 地面设备

地面设备主要是接收车载设备采集到的列控设备工作状态数据，对列控数据进行处理、分析，用户通过用户终端实时监测列车运行情况，掌握列控设备工作状态，为分析设备故障提供技术支持。

DMS 地面设备主要由铁路总公司 DMS 数据中心设备、铁路局 DMS 数据中心设备和各级用户终端等组成，如图 8-8 所示。

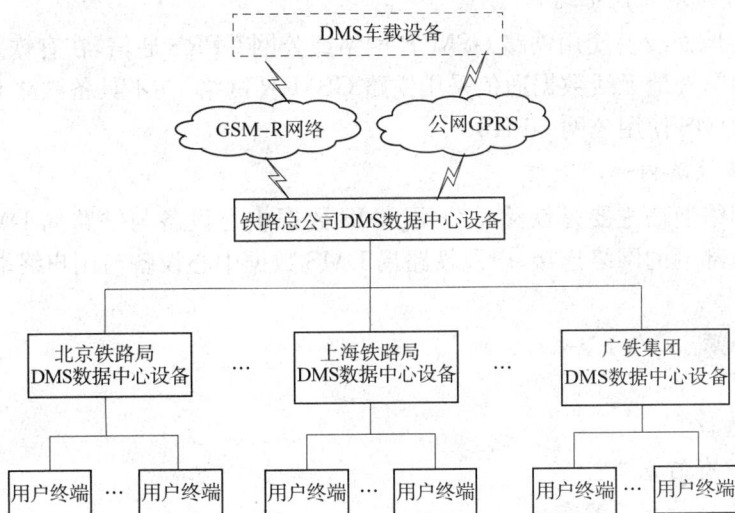

图 8-8　DMS 地面设备组成图

（1）铁路总公司 DMS 数据中心

铁路总公司 DMS 数据中心负责对 DMS 车载设备通过 GSM-R 网或 GPRS 网传输的数据进行接收、处理、分析和存储，向铁路局 DMS 数据中心发送所属中心管辖区域的 DMS 数据。

铁路总公司 DMS 数据中心设备由数据接收处理分析服务器、数据库服务器、数据分发服务器、数据存储设备、维护工作站及网络等构成，负责对 DMS 车载设备通过 GSM-R 网或 GPRS 网传输的数据进行接收、处理、分析和存储，向铁路局 DMS 数据中心发送所属中心管辖区域的 DMS 数据。

铁路总公司 DMS 数据中心功能有：GPRS 数据接收处理分析、GSM-R 数据接收处理分析、数据应用处理分析、数据集中存储、数据分发。

（2）铁路局 DMS 数据中心

铁路局 DMS 数据中心负责接收铁路总公司 DMS 数据中心发送的数据，对数据进行处理和存储,并与用户终端进行数据通信。

铁路局 DMS 数据中心设备由数据库服务器、数据应用服务器和数据存储设备、维护工作站及网络等构成。

铁路局 DMS 数据中心功能有:铁路局级数据应用处理分析、铁路局级数据分发、各级用户终端。

四、系统通信

DMS 通信结构分为三层:车载设备主机内部通信、车载设备与地面设备通信和地面设备铁路内部网通信。

1. 车载设备主机内部通信

DMS 采用两路高速 RS-485 为载体作为设备通信总线,为一主多从结构。

2. 车载设备与地面设备通信

车载设备与地面设备使用铁路 GSM-R 网络或公网 GPRS 通信,在有铁路 GSM-R 网络的区段,DMS 的车—地无线数据通信采用铁路 GSM-R 网络,在不具备铁路 GSM-R 网络覆盖条件的区段,DMS 使用公网 GPRS。

3. 地面设备铁路内部网通信

地面设备网络通信主要是铁路总公司 DMS 数据中心设备与铁路局 DMS 数据中心设备间通过铁路内部网的网络连接,以及铁路局 DMS 数据中心设备与用户终端的网络连接。

复习思考题

1. 什么是道口?

2. 道口防护有何意义?

3. 简述道口信号设备的组成。

4. 道口信号设备如何分类?

5. 道口信号机如何显示? 如何设置?

6. 道口遮断信号机如何显示? 如何设置?

7. 简述道口音响器的作用和工作原理。

8. 简述道口闪光器的作用和工作原理。

9. 简述道口控制器的作用和工作原理。

10. 道口控制盘有何作用?

第九章　高速铁路信号系统

第一节　高速铁路及其信号系统

一、高速铁路

高速铁路是社会进步和交通运输向现化化发展的产物。高速铁路通常指时速 200 km 以上的铁路。对于"高速"的水平,随着技术进步也有所改变。1985 年国际铁路干线协议规定:新建客运列车专用型高速铁路时速为 300 km,新建客货运列车混用型高速铁路时速为 250 km。高速铁路克服了普通铁路速度低的不足,它有速度快、安全舒适、运行准确可靠、运输能力大、能源消耗低、占用土地少、票价适中、有利于环境保护、综合造价低、有较好的效率和效益等优点,与高速公路和航空相比具有明显的优势。目前,高速铁路技术在世界上已经成熟,高速化已经成为当今世界铁路发展的共同趋势。

二、高速铁路对铁路信号的要求

由于高速铁路列车运行速度高,在 200 km/h 以上,列车追踪间隔时间短,一般在 5 min 以下,为此,要求采用一系列铁路信号新技术,才能确保高速列车的运行安全,满足高密度运行的需求。

1. 对列车运行控制系统的要求

在高速铁路上,由于速度高,司机辨认地面信号是非常困难的,依靠司机驾驶列车以保证安全已不可能,而必须强化列车速度控制系统。

在高速列车运行中,车载信号提供的速度等级是直接指挥列车运行的命令,因此必须高可靠、高安全,不受环境因素影响,具有很高的抗干扰能力,确保接收信息在整个列车运行中的正确率达 100%。

2. 对车站联锁系统的要求

车站联锁系统应考虑与列车速度控制和行车调度指挥系统的结合,应采用计算机联锁。

为适应高速行车安全的需要,必须采用侧向通过速度在 160 km/h 或 200 km/h 以上的大号码道岔,解决道岔转换设备的转换力、密贴、锁闭等关键问题。

车站应采用与区间相同的轨道电路,以连续不断地向列车发送信息。

3. 对行车指挥自动化系统的要求

为了提高运营效率、优化管理和减轻调度员的劳动强度,必须采用行车指挥自动化系统,它必须具有自动排列进路、编制运行图、自动进行运行调整、旅客向导服务等功能。

行车指挥自动化系统应设置运营、行车、车辆、电务和供电等调度的综合调度所,把各行业的管理及调度工作集中在一起,便于在异常情况下向现场单位及列车及时发出处理指令,减少异常的时间,提高运输效率。

4. 对安全设备支持系统的要求

安全设备支持系统是对列车运行控制系统的补充设施,它包括检测、报警、故障诊断等。地面信号设备检测包括对区间设备、车站设备、道岔密贴等的检测和报警。车上设备的检测包括车载信号、列车速度控制系统、热轴检测和制动系统的检测。列车运行记录系统用来检测操纵列车和实际运行状况并存储。自然灾害预报分析处理系统在地震、坍方、泥石流、暴风雨等自然灾害预报后分析处理,作出是否对高速铁路有影响的判断,以便采取对策,防止行车事故。

第二节 200~250 km/h 高速铁路的信号系统

一、信号系统组成

信号系统应适应本线最高运行速度的列车运行,并兼顾跨线列车共线运行及列车追踪运行间隔时分的要求。

200~250 km/h 高速铁路的信号系统包括调度集中系统(CTC)、列车运行控制系统、计算机联锁系统和信号集中监测系统四部分。

列控系统按 CTCS-2 级或以上等级设计。当按 CTCS-3 级设计时,同时应满足 CTCS-2 级的技术要求。一般采用基于轨道电路和点式应答器传输列车运行许可信息,并按目标—距离连续速度控制模式监控列车安全运行的 CTCS-2 级列车运行控制系统,满足动车组 250 km/h 运行速度的要求,也满足普速铁路 200 km/h 动车组上线运行,以及车载 ATP 兼容 CTCS-2 级列控系统的 300 km/h 动车组运行的要求。

动车组在 CTCS-2 级区段按列控车载设备方式行车;在列控车载设备故障、列控地面设备故障情况下,可按 LKJ 方式行车。按列控车载设备方式行车时,LKJ 具备线路数据、运行状态和司机操纵等显示记录功能。动车组按 LKJ 方式行车时,列车最高运行速度 165 km/h,列车高于允许速度 2 km/h 报警、高于 5 km/h 触发常用制动、高于 10 km/h 触发紧急制动。

区间正向按自动闭塞方式追踪运行,反向按站间闭塞方式运行。闭塞分区的划分应满足动车组列控车载设备按照目标—距离模式控车和按四显示自动闭塞行车的要求。

站内最小轨道区段长度应满足动车组按该区段线路允许速度运行时列控车载设备可靠工作的条件。

在运行非动车组列车的高速铁路,车站设进站、出站信号机,区间设通过信号机,正向旅客列车最小追踪间隔 4 min,具备反向行车功能。

按相关规定设置道岔融雪装置。

二、列车运行控制系统

1. 系统构成

CTCS-2 级列控系统由地面设备和车载设备构成。地面设备由列控中心、ZPW-2000A

轨道电路、应答器等设备组成,其构成如图 9-1 所示。列控车载设备由车载安全计算机、轨道电路信息读取器、应答器信息接收单元、列车接口单元、记录单元、人机界面、速度传感器、轨道电路信息接收天线、应答器信息接收天线等部件组成。

车站、中继站、线路所、动车段(所)均设置列控中心,完成对区间及站内一体化轨道电路低频码的编码控制和有源应答器报文的储存和调用,并实现与相邻车站或中继站之间的安全信息(区间轨道电路状态、区间运行方向及闭塞信息)传输。列控中心应采用成熟、可靠的硬件安全冗余结构计算机。

区间采用 ZPW-2000A 型轨道电路。越行站、中间站站内宜采用与区间同制式的轨道电路。

应答器向车载设备传输轨道电路和线路参数、临时限速等信息。应答器按设置地点分为车站应答器组、区间应答器组及级间转换应答器组。

2. 列控中心

(1)主要功能

列控中心具备报文存储调用、地面电子单元控制、轨道电路低频信息编码、区间信号机点灯及区间运行方向控制等功能。

①区间轨道电路"三点检查"(首、末区段"两点检查")的逻辑判断功能

根据采集的轨道继电器状态,实现对分区占用的判断。

②轨道电路低频信息编码与切频控制功能

根据轨道电路占用、站内进路及列车走行情况,控制区间及站内轨道电路的低频编码和车载信号的切频。在区间分路不良的情况下,列控中心仍按本区段占用保持原发码码序。

③轨道电路发送方向控制功能

根据区间运行方向和站内进路状态,驱动相应的方向继电器,控制轨道电路发码方向。

④车站(中继站)间轨道区段状态等信息的传输功能

列控中心采集到的车站(中继站)分界点相邻若干区段的状态传至对方列控中心,作为轨道电路的编码条件,必要时还应将进站信号机的状态传至对方车站(中继站)。中继站列控中心还应将所辖轨道区段的状态传至指定的相邻车站列控中心。

⑤区间运行方向与闭塞功能

通过列控中心和联锁共同来完成区间运行方向与闭塞功能。

⑥有源应答器报文储存和调用(或实时组帧)功能

列控中心储存和调用有源应答器的报文。

⑦地面电子单元(LEU)控制功能

列控中心接收临时限速命令和车站进路信息,经过运算,选择正确的报文,发给 LEU。

⑧区间信号机显示监督功能

根据轨道区段和进站信号机状态,通过采集通过信号机的灯丝继电器,监督信号显示与轨道和进站状态的一致性,并实现红灯灯丝断丝转移的编码控制;向其他系统提供区间轨道区段状态信息。

(2)列控中心接口

列控中心接口包括与计算机联锁、轨道电路、CTC、临时限速服务器、LEU、信号集中监测等系统,以及相邻车站(中继站)列控中心间的接口。

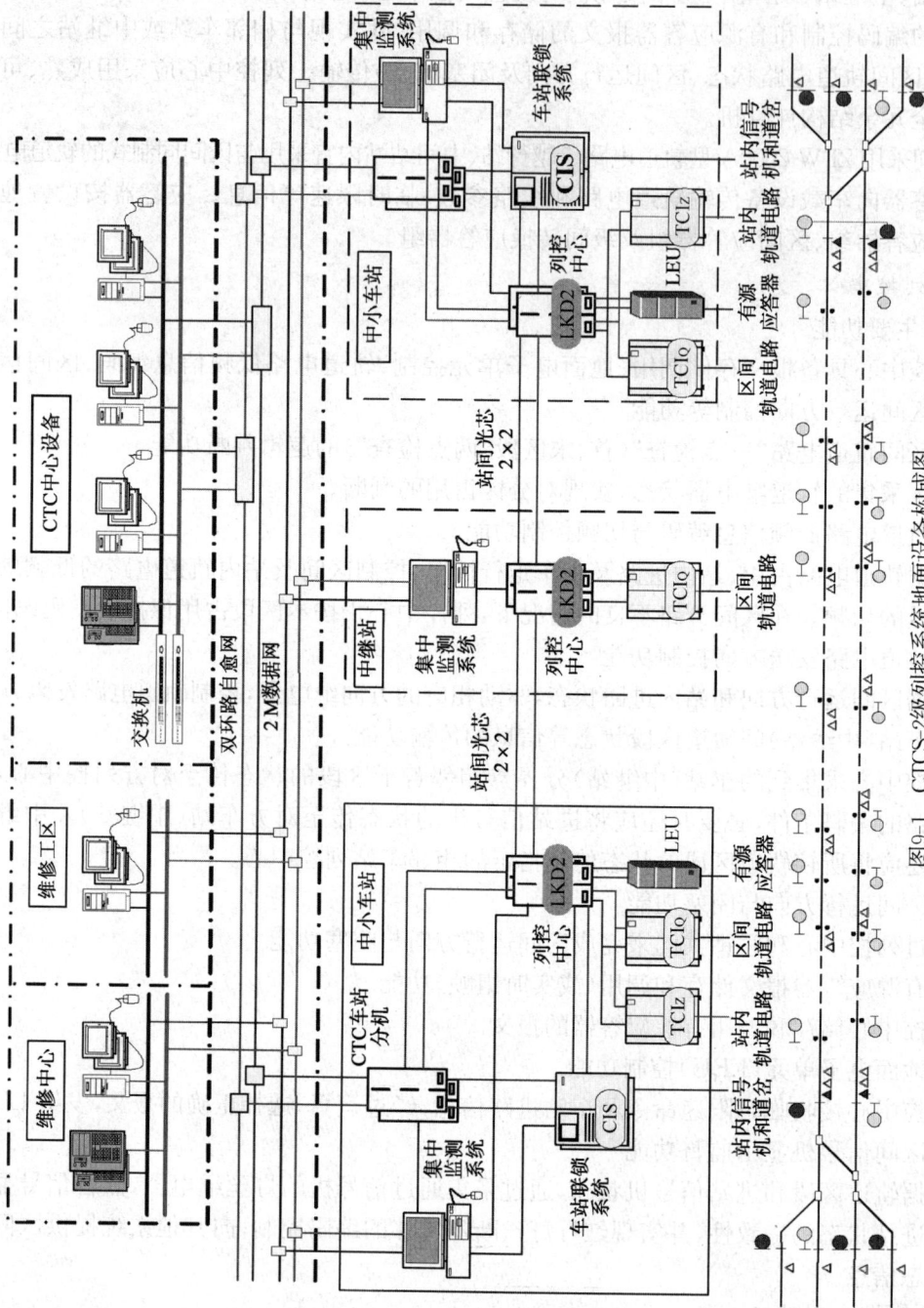

图9-1 CTCS-2级列控系统地面设备构成图

①列控中心与 CTC 的接口

列控中心与 CTC 间实时进行信息交换,接收临时限速、时钟等信息,同时向 CTC 实时提供区间轨道电路占用/空闲信息和区间信号机状态。该接口为点对点全双工通信。

②列控中心与轨道电路的接口

列控中心与轨道电路之间主要传输轨道电路占用/空闲状态、轨道电路低频编码信息。轨道电路状态和低频编码信息以通信方式交互。列控中心根据前方进路状态、轨道电路状态生成对轨道电路低频编码,发往对应的轨道电路发送器。从轨道电路接收器接收轨道电路状态,如轨道电路载频、低频信息。列控中心通过核对发送和接收到的载频和低频信息实现信息的安全校核(轨道电路接收器能提供相关的信息)。

轨道电路的通信单元设于列控中心机柜内。

③列控中心与 LEU 的接口

与北京和利时集团/CSEE 公司供货的 LEU 通信时,物理层为以太网,协议为 LEU 厂家制定的安全协议。当与北京全路通信信号研究设计院集团有限公司/ALSTOM 公司的 LEU 通信时,物理层为 RS-422,协议为 LEU 厂家制定的安全协议。

列控中心提供两种与 LEU 的接口板,分别与上述两种制式的 LEU 设备接口。与不同制式 LEU 接口时,选择对应的通信接口板。

④列控中心与计算机联锁的接口

列控中心与计算机联锁之间需要传输的主要内容包括:进路相关信息;因临时限速引起的进站信号机降级信息;接近、离去轨道电路占用/空闲信息;区间闭塞和方向条件信息;站内进路区段锁闭信息;进、出站信号机状态信息。列控中心与计算机联锁间交换信息可以完成的功能很多,如区间方向控制功能、接近离去区段编码功能、有临时限速的 UUS 降 UU 显示等。

计算机联锁发送给列控中心的信息有:区间方向控制信息;进路信息;进站信号机断丝信息。列控中心发送给计算机联锁的信息有:区间方向表示信息;闭塞分区状态信息;信号降级显示信息;接近、离去区段信号机红灯断丝信息。

信息传输的方案有:联锁上位机+继电器接口、信息交互全部通过联锁上位机、与联锁运算层直接接口。

⑤列控中心站间通信接口

站间通信实现了相邻站(或中继站)列控中心间的通信,满足站间协调控制的需要。为了保证通信的安全性、可靠性和健壮性,网络拓扑必须具有实时、长距离、高带宽的网络传输和冗余备份等特性。

⑥车站列控中心与信号集中监测接口

通信方式为 RS-422 点对点单向通信。列控中心根据所监测到的系统设备状态,以及所接收和发送的信息(包括:进路、临时限速、轨道电路等)发送给信号集中监测系统,由信号集中监测系统负责记录保存。

(3)临时限速

列控中心通过在进站信号机(含反向)处的有源应答器为列车提供临时限速信息。

相邻两个车站之间一个运行方向仅考虑一处临时限速。区间及站内正线临时限速区域以闭塞分区为基本单元,长度超过 5 个闭塞分区的临时限速按站间限速设置。车站接车进路增加侧线临时限速。

限速等级设 45 km/h、80 km/h、120 km/h、160 km/h、200 km/h、250 km/h(预留)六挡。车站侧线限速以咽喉区、到发线为基本单元,限速等级仅设 45 km/h 一挡。

临时限速由 CTC 调度中心维修调度台集中管理,CTC 车站终端也具备设置临时限速的功能。对于区间及站内正线,由车站值班员或调度员按公里标输入限速范围和限速值,车站正线另附加限速区段对应的轨道区段信息。车站侧线只输入限速区段对应的轨道区段信息。CTC 将信息传送至列控中心,列控中心根据不同进路判断是否限速并选择相应的报文。以闭塞分区为单位下命令。

经道岔侧向的接车进路上有低于 80 km/h 的临时限速时,进路建立后,进站或进路信号机显示两个黄色灯光。经道岔侧向的发车进路上有低于 80 km/h 的临时限速时,进路建立后,出发信号机的接近区段发送 UU 码。经道岔侧向列车进路上有 45 km/h 临时限速时,对应接近区段发送 UU 码,进站信号机点双黄灯。

3. 应答器

点式应答器提供线路数据、车站进路、临时限速、过分相、定位、级间转换、公里标及车站名等信息。

进站信号机(含反向进站信号机)处设置由 1 个有源应答器和 2 个无源应答器组成的应答器组,提供临时限速、接车进路参数、调车危险及发车方向的区间轨道电路和线路参数等信息。

进路信号机、到发线两端设置应答器。

区间原则上每两个闭塞分区入口处设一对无源应答器构成应答器组。

上/下行线路靠近区间中继站的位置设置应答器。其中,第一个有源应答器位置处设置中继站标志牌。该标志采用白底色、写有黑"××号中继站"标记的反光长方形板,装设于邻近的接触网支柱上。

在 CTCS-2 级区段与 CTCS-0 级区段的分界处,设置级间转换应答器组,以实现列控车载设备与列车运行监控装置(LKJ)之间的转换。级间转换区段成对设置预告点应答器组、执行点应答器组和反向预告点应答器组。在级间转换应答器组对应的线路左侧设级间转换标志。该标志采用涂有白底色、黑框、写有黑"C2"或"C0"标记的反光菱形板及黑白相间的立柱。

必要时设置特定用途的应答器。

应答器布置如图 9-2 所示。

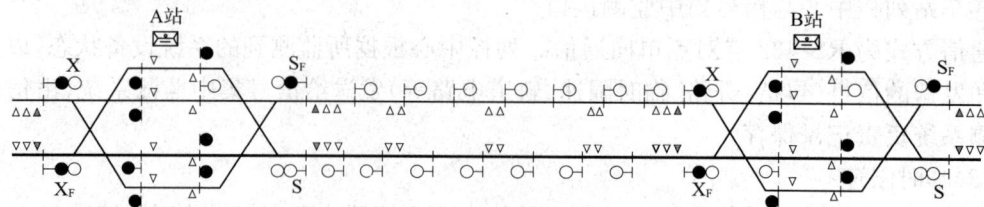

图 9-2　应答器布置图

在出站信号机前方 65 m 处安装一个无源应答器,该应答器常发绝对停车报文。当出站信号关闭时,列控车载设备在完全监控、部分监控、调车监控等工作模式下接收到该报文,均应触发紧急制动;当出站信号开放时,列控车载设备不触发制动。应答器安装位置如图 9-3 所示。

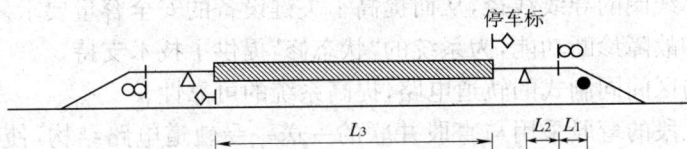

图 9-3　应答器安装位置图

图中,L_1:警冲标至绝缘节距离,5 m;L_2:信号机至应答器距离,65 m;L_3:车站站台长度。

4. 轨道电路

(1)轨道电路应用

高速铁路区间采用客运专线 ZPW-2000A 型无绝缘轨道电路。大站正线、到发线及中间小站站内采用与区间同制式轨道电路。发送双机热备、接收双机并联运用,故障检测和发送切换由轨道电路实现。低频信息编码和切频控制由列控中心实现。区间、车站轨道电路载频统一排列,绝缘节两侧采用不同载频。区间正向 200 km/h 以上区段增加 L4、L5 低频信息发码;反向按追踪码序发码。轨道电路实现轨道空闲检查,并连续向列车传送空闲闭塞分区数量、道岔侧向允许速度等信息。区间、站内轨道电路保留轨道继电器,为其他系统提供轨道区段的空闲状态,并作为区间信号机点灯的控制条件。调谐区小轨道条件不纳入联锁,仅作为检测内容。

ZPW-2000A 型无绝缘轨道电路保留接收器驱动的轨道继电器 GJ。列控中心采集区间 GJ,用于轨道状态的校核。计算机联锁采集站内 GJ,用于联锁条件。对于采用与区间同制式轨道电路的车站,计算机联锁向列控中心提供站内轨道区段锁闭状态。接近区段和离去区段轨道占用/空闲状态,由计算机联锁直接采集区间轨道继电器。中继站管辖范围轨道状态,列控中心通过站间通道传至邻站,将占用/空闲状态信息提供给 CTC。

站内咽喉区轨道区段两端采用机械绝缘节,股道分割处宜采用机械绝缘节。股道 ZPW-2000A 轨道电路长度不应超过 650 m(线间距不小于 5 m),道岔区段 ZPW-2000A 轨道电路长度一般不超过 400 m,特殊情况不应超过 600 m。每段道岔区段轨道电路可包含两个道岔分支,轨道电路控制电缆长度原则上按不超过 10 km 设计。

大站站内正线、到发线以外的线路采用 25 Hz 轨道电路+闭环电码化,仍为继电编码电路。载频布置及发码控制按既有线提速 200 km/h 方式设计。

(2)客运专线 ZPW-2000A 型轨道电路技术特点

①发送器、接收器载频选择通过列控中心进行集中配置,发送器采用无接点的计算机编码方式,取代了原有的继电编码方式,取消了大量的编码继电器。

②发送器由"$N+1$"提高为"$1+1$"的备用模式,最大限度地降低了因设备故障而影响行车的几率。

③将调谐单元和匹配单元整合为一个调谐匹配单元,减少了系统的设备数量,提高了系统的可靠性。

④优化了补偿电容的配置,补偿电容采用了全密封工艺,提高了其容值稳定性和延长了使用寿命。

⑤加大了空芯线圈的导线线径,从而提高了关键设备的安全容量要求。

⑥带有监测和故障诊断功能,为系统的"状态修"提供了技术支持。

⑦站内采用与区间同制式的轨道电路,提高系统的可靠性。

⑧站内道岔区段的弯股采用与直股并联的一送一受轨道电路结构,使道岔分支长度由小于或等于 30 m 延长到 160 m,提高了车载设备在站内使用的安全性、灵活性,方便了设计。

（3）客运专线 ZPW-2000A 型轨道电路系统结构

客运专线 ZPW-2000A 型轨道电路系统结构如图 9-4 所示。改变运行方向时,由列控中心控制的方向继电器转接发送器和接收器。

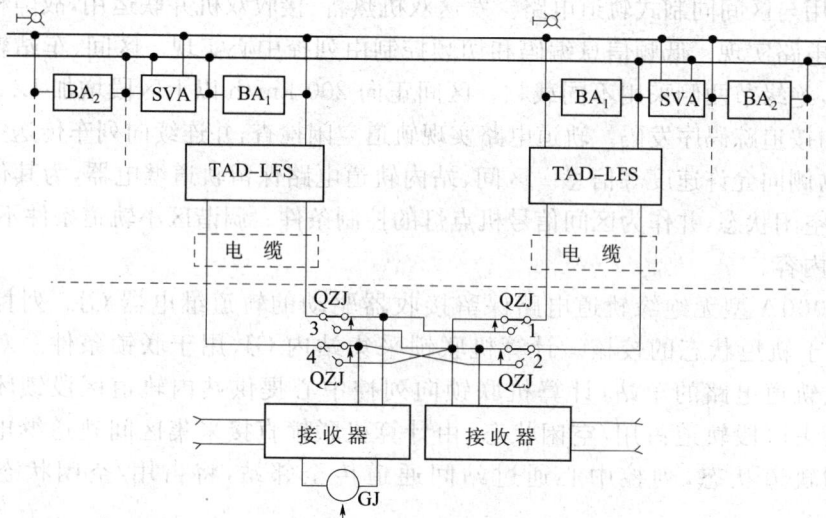

图 9-4　客运专线 ZPW-2000A 型轨道电路系统结构图

一般区间闭塞分区采用电气绝缘节—电气绝缘节轨道电路,邻接车站的闭塞分区采用电气绝缘节—机械绝缘节轨道电路,站内轨道电路采用机械绝缘节—机械绝缘节结构。

①室内设备

a. 发送器

发送器用于产生高精度、高稳定的移频信号源,采用双机热备冗余方式。通过 CAN 总线接收列控中心通过通信接口板转发的编码指令,发送器能产生 18 种低频、8 种载频的高精度、高稳定的移频信号,经过衰耗冗余控制器发往轨道。

发送器原理如图 9-5 所示。

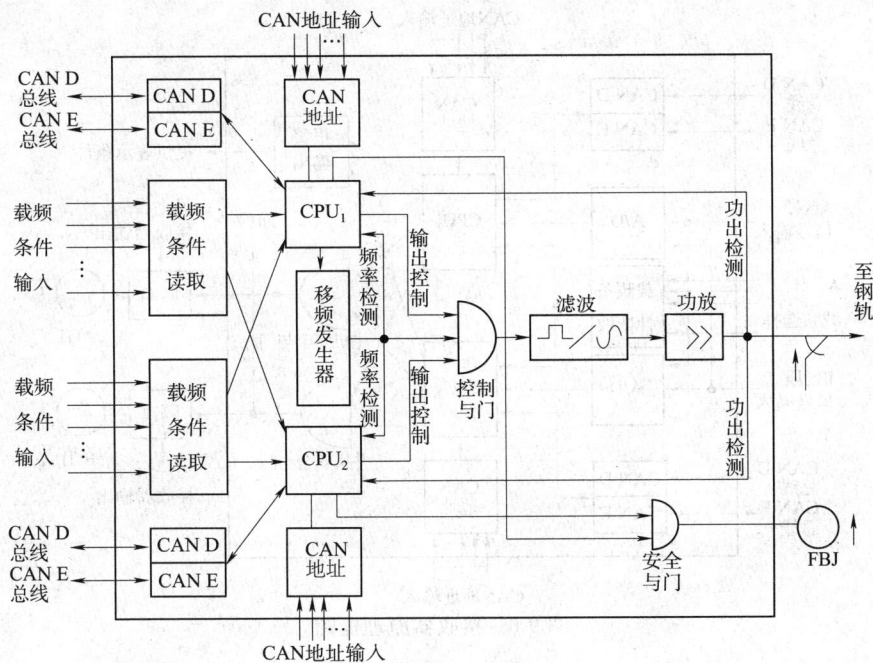

图 9-5　发送器原理框图

列控中心根据轨道空闲(占用)条件及信号开放条件等进行编码,通过通信接口板转发编码数据。

发送器内部采用双套相互独立的 CPU 处理单元。CPU₁控制"移频发生器"产生移频信号,移频信号分别送至 CPU₁及 CPU₂进行频率检测。频率检测结果符合规定后,控制输出信号,经"控制与门"使移频信号送至"滤波"环节,实现方波—正弦变换。"功放"输出的移频信号送至 CPU₁及 CPU₂,进行功出电压检测。CPU₁及 CPU₂对移频信号进行低频、载频、幅度特征检测符合要求后,驱动"安全与门"电路使发送报警继电器吸起,并使经过"功放"放大的移频信号输出至轨道。

b. 接收器

接收器经过衰耗冗余控制器接收轨道的移频信息,对主轨道移频信号解调,动作轨道继电器,同时通过通信接口板向列控中心上传轨道空闲或占用状态信息;实现调谐区短小轨道电路移频信号的解调,给出短小轨道电路断轨及调谐区设备故障的报警条件,并通过 CAN总线送至监测维护终端;检查轨道电路完好,减少分路死区长度,用接收门限控制实现对调谐匹配单元断线的检查;接收器故障时向监测维护主机发出报警信息。

接收器按双机并联运用设计(或称"0.5+0.5"),分为主、并两部分,由两路独立的信号输入、执行条件输出和 CAN 地址及载频条件接口,可协同处理另一区段信号,从而构成互为热备的冗余系统,保证系统的可靠工作。

接收器原理如图 9-6 所示。

接收器采用两路独立的 CPU 处理单元,对输入的信号分别进行解调分析,满足继电器吸起条件时输出方波信号,输出至安全与门电路。与另一台接收器的安全与门输出共同经过隔离电路,动作轨道继电器。

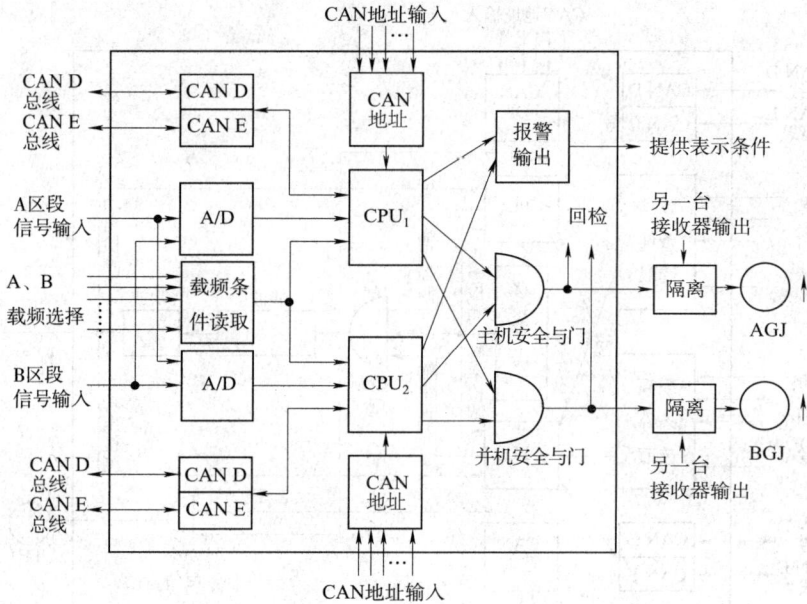

图 9-6　接收器原理框图

c. 通信接口板

通信接口板(CI-TC)实现 CAN 总线通信协议间的互换。其中 CAN A、CAN B 用于和列控主机交换数据,CAN C 用于发送监测数据给监测主机,CAN D、CAN E 用于和轨道电路交换数据。通信接口板采用双机热备冗余方式。通信接口板安装在列控中心主机柜中。

d. 衰耗冗余控制器

衰耗冗余控制器实现正方向继电器复示及反方向继电器复示;通过主发送报警继电器或备发送报警继电器,实现总功出输出的切换;实现单载频区段主轨道电路的调整;实现单载频区段小轨道电路调整(含正向调整及反向调整);实现主发送器和备发送器发送报警条件的回采。

e. 双频衰耗冗余控制器

双频衰耗冗余控制器实现双载频区段主轨道电路调整;实现正方向继电器复示及反方向继电器复示;通过主发送报警继电器或备发送报警继电器,实现总功出输出的切换(总功出电压是主发送器输出还是备发送器输出);实现主发送器、备发送器发送报警条件的回采。

f. 防雷模拟网络盘

防雷模拟网络盘通过 0.25 km、0.5 km、1 km、2 km、2 km、2×2 km 电缆模拟网络模拟电缆参数,实现对 SPT 数字信号电缆的补偿;便于轨道电路调整;对通过传输电缆引入室内的雷电进行横向和纵向防护。

②室外设备

a. 调谐匹配单元

调谐匹配单元是 ZPW-2000A 轨道电路中调谐单元(BA)和匹配变压器(TAD)的二合一设备,用于轨道电路的电气绝缘节和机械绝缘节处,根据本区段的载频频率选用。

b. 空芯线圈

空芯线圈的作用是平衡两钢轨的牵引电流,实现上/下行线路间的等电位连接;改善电

气绝缘节的 Q 值,保证设备工作的稳定性。

c. 补偿电容

区间轨道电路区段和站内道岔轨道电路区段,当轨道电路区段长度大于 300 m 时,需要设置补偿电容,以改善轨道电路信号在钢轨线路的传输条件,保证轨道电路信号传输长度。

d. 站内匹配变压器

站内匹配变压器用于站内机械绝缘节分割的股道、咽喉区的无岔和道岔区段及其他双端为机械绝缘节的轨道电路的发送和接收。站内匹配变压器实现 SPT 铁路数字信号电缆与钢轨的匹配连接,保证轨道电路信号的有效传输。

e. 扼流适配变压器

由于站内轨道电路区段采用机械绝缘节分割,为了使牵引电流畅通无阻,必须设置扼流变压器,为牵引电流的钢轨回流提供回路。但是,又必须考虑牵引电流在钢轨内存在不平衡问题,不平衡牵引电流对站内轨道电路的影响取决于其在扼流变压器两端产生的 50 Hz 电压。当 50 Hz 电压大于 2.4 V 时,站内轨道电路将产生"红光带"。所以,为了降低不平衡牵引电流在扼流变压器两端产生的 50 Hz 电压,又能使牵引电流畅通无阻,站内轨道电路采用带适配器的扼流变压器。

(4)自动闭塞有关电路

在运行非动车组列车的 200~250 km/h 高速铁路保留区间通过信号机,由列控中心控制各轨道电路区段的编码、区间运行方向控制、区间信号点灯。

列控中心通过与轨道电路接口,实现无接点载频和低频编码。

区间集中区分界处相邻区段轨道继电器由列控中心传递并驱动,作为点灯等条件。站间距小的邻站的进、出站信号机继电器状态通过列控中心传递并驱动继电器,作为点灯等条件。

列控中心根据各闭塞分区状态消息,通过信号点灯控制接口驱动红灯继电器、黄灯继电器、绿灯继电器。由它们的接点构成通过信号机点灯电路。

列控中心根据区间方向控制信息,驱动各个方向的改变方向继电器。

在仅运行动车组列车的 200~250 km/h 高速铁路,区间不设通过信号机,不存在通过信号机点灯电路。

三、调度集中(CTC)系统

行车指挥应采用 CTC 系统,并纳入综合调度系统中统一规划、统一设计。CTC 系统可独立组网。CTC 系统与相邻线路的行车调度指挥系统之间应能交换信息、分界明确。条件具备时,动车段(所)的相关区域可根据需要纳入 CTC 系统控制范围。无人值守站的综合维修终端和电务维护终端宜采用便携终端方式。

CTC 系统具备列车进路及调车进路的控制、列车运行监视、车次号追踪及校核、列车运行计划调整和临时限速设置等功能。采用 CTC 系统实现列车调度指挥自动化,并与相邻调度区段的 CTC/TDCS 接口。

CTC 与无线通信系统结合,实现行车凭证、调度命令、接车进路预告信息、调车作业通知单等向司机的书面可靠传送,并能通过无线通信系统获取车次号校核、调车请求及签收回执等信息。

临时限速由 CTC 设置,通过临时限速服务器集中发送临时限速命令。

四、计算机联锁系统

车站、线路所、动车段（所）采用硬件安全冗余结构的计算机联锁系统。计算机联锁系统应能接受调度集中系统的监控。区间道岔可纳入邻近车站的联锁系统集中控制，综合工区道岔也可根据需求纳入邻近车站的联锁系统集中控制。无人值守站的联锁系统可不设本地控制台，但应具备现地控制条件。

计算机联锁系统具备与调度集中、列控中心等设备的接口能力，安全信息传输采用冗余配置的专用信息通道。

在运行非动车组列车的 200～250 km/h 高速铁路车站信号机的设置同普速铁路，采用经常点灯的方式，信号显示同普速铁路。

在仅运行动车组列车的 200～250 km/h 高速铁路，地面信号机为经常灭灯的方式，需要通过操作点灯，其信号显示仅表示允许列车越过该信号机或在该信号机前停车，不区分进路方向，无速度含义。

地面信号机的接近区段长度应保证始端信号关闭后最高运行速度的列车不会在此距离外的区段上产生列车超速防护（ATP）限制信息。

在不影响运输效率的前提下，越行站、中间站宜采用列车进路一次解锁方式。

18 号及以上道岔采用三相交流转辙机、多机牵引、顺序启动方式，并应具备现场操作功能。采用外锁闭装置，第一牵引点必须采用不可挤型转辙机。转换设备应装设挤岔报警、缺口报警和密贴检查装置。

五、信号集中监测系统

采用实现全程联网、可远程监测的信号微机监测系统，对地面信号设备进行集中监测。

主要信号系统设备（含车载设备）应具有自诊断、检测、报警、信息储存、状态再现等功能。

信号集中监测系统包括主机、站机、各级终端及数据传输设备，应全程联网，实现远程诊断和故障报警功能。

第三节　300～350 km/h 高速铁路的信号系统

300～350 km/h 高速铁路信号系统主要由调度集中、列车运行控制系统、车站联锁、信号集中监测系统等组成，如图 9-7 所示。

一、调度集中

300～350 km/h 高速铁路采用调度集中（CTC）系统。动车段（所）接/发车区宜纳入CTC 系统统一监控，其进、出动车走行线的进路的排列尽量由 CTC 系统自动控制。动车段（所）其他区域可按列车调度指挥系统（TDCS）的功能进行设计。CTC 系统应与运营调度系统统一规划、统一接口，并可独立组网。

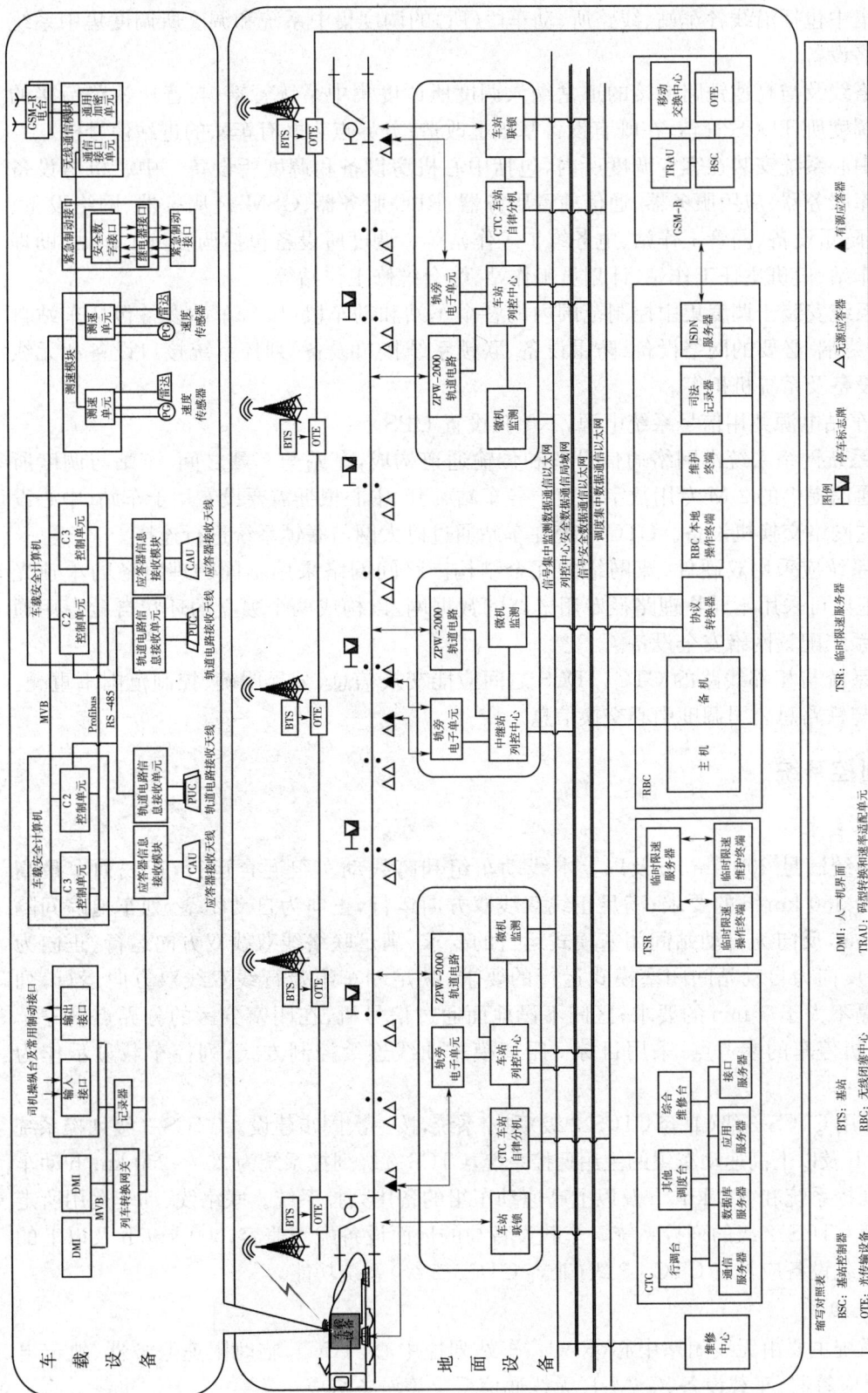

图9-7 300~350 km/h高速铁路信号系统组成图

调度集中包括沿线各车站、线路所、动车段(所)的调度集中系统和调度所调度集中系统和相关网络设备。

各联络线及与高速铁路衔接的道岔纳入调度所调度集中系统管辖;与普速铁路衔接的道岔纳入调度所 TDCS 管辖,在既有设备基础上改造;分界点为既有车站的进站信号机。

调度中心系统安装在客专调度所内,包括中心机房设备和调度所设备。中心机房设备包括数据库服务器、应用服务器、通信前置服务器、RBC 服务器、GSM-R 服务器、网络设备、电源设备、防雷设备、网管工作站、电务维护工作站等。调度所设备包括调度员工作站、助理调度员工作站、值班主任工作站、计划员工作站、综合维修工作站等。

车站系统安装于调度集中控制范围内的各个车站和动车段(所),车站设备包括车站自律机、车务终端、必要的网络设备、防雷设备、联锁系统接口设备、列控系统接口设备和无线系统接口设备及系统机柜等。

CTC 车站电源共用信号系统电源,不单独设置 UPS。

CTC 系统网络系统由网络通信设备和传输通道构成,车站与车站之间、车站与调度所之间采用通信提供的 2 M 专用数字通道。各车站、调度中心根据需要设专用于车站、中心设备间通信的网络交换机设备。CTC 系统在车站通过以太网与联锁系统进行连接。

CTC 系统应采用双硬件、双网络的冗余结构。级间网络采用不同物理路径的单独光纤。困难地段可采用不同物理路径专用链路的数据网,以构成两个独立的环状自愈专用通道。CTC 系统配置网络安全设备。

CTC 系统与相邻线路的 CTC/TDCS 之间应能交换信息、分界明确、控制范围不重叠。CTC 系统与铁路总公司调度中心交换信息。

二、列控系统

1. 基本要求

列控系统满足 200 km/m 及以上本线动车组和跨线动车组混合运行,正线列车最高运行速度为 350 km/h 的要求;满足正线双线双方向运行,正向为自动闭塞,列车追踪间隔不大于 3 min,反向为自动站间闭塞模式运行的要求;满足联络线双线双方向运行,正向为自动闭塞,反向为自动站间闭塞模式运行的要求;满足动车组走行线双线双方向运行,列车追踪间隔不大于 3 min 的要求;区间不设地面通过信号机,在闭塞分区的分界点设停车标,作为司机停车的参考点;采用目标—距离模式曲线连续控制方式,列控车载显示作为行车凭证。

正线采用 CTCS-3 级(兼容 CTCS-2 级)列控系统,按一次同步建设。CTCS-3 级列控系统为 300 km/h 及以上高速动车组的主用列控系统,CTCS-2 级列控系统为 200~250 km/h 动车组的主用列控系统和 300 km/h 及以上高速动车组的备用列控系统。联络线、动车运用所走行线均采用 CTCS-2 级的列控系统。车载设备与的地面设备配套兼容,300 km/h 及以上的动车组的车载设备应具有 CTCS-3 级(兼容 CTCS-2 级)系统功能。

2. 系统组成

列控系统主要由无线闭塞中心(RBC)、车站列控中心(TCC)、临时限速服务器、轨道电路、LEU 及应答器、车载设备、GSM-R 无线通信系统等设备组成。

无线闭塞中心设备全部集中放置,其中大站分别由一台 RBC 控制,区间由两台 RBC 控制。RBC 与列控车载设备之间应采用 GSM-R 数据通道,实现信息的双向传输。

各车站、线路所、中继站及动车运用所均设置地面列控中心。

列控中心采用二乘二取二安全计算机平台,地面列控中心之间通过 125 M 信号专用光纤(2×2 芯)安全局域网进行连接,实现地面列控中心之间、与车站联锁之间安全信息传输。

列控中心与 RBC 之间及各站之间的列控信息传输采用不同物理路径的单独光纤,以构成两个独立的专用安全数据传输通道。

列控中心与车站联锁、CTC、轨道电路等电子设备均采用网络接口的方式进行信息传输。

列控系统地面设备与车载设备之间的信息传输采用 GSM-R 无线传输方式和轨道电路加应答器的传输方式,其中轨道电路传输闭塞分区空闲数、目标速度等信息;应答器传输进路参数、线路参数、限速和列车定位等信息;闭塞分区空闲数、目标速度、进路参数、线路参数、限速等信息,也通过 GSM-R 系统传输。

3. 临时限速服务器

在 CTC 和无线闭塞中心之间设临时限速服务器。

临时限速服务器具备全线临时限速命令的存储、校验、撤销、拆分、设置、取消及临时限速设置时机的辅助提示功能。临时限速服务器接收 CTC 或临时限速操作终端生成的临时限速调度命令,并在校验、拆分后向相关的列控中心传递临时限速信息。临时限速服务器具备与不同型号的列控中心、CTC 和相邻临时限速服务器的接口能力,安全信息传输采用冗余配置的专用传输通道。

列控系统具有临时限速功能。对于有计划的临时限速作业,调度中心设置临时限速服务器并在 CTC 维护台配备专用临时限速操作终端,施工调度员通过该终端对全线有计划的限速进行拟定,经行车调度员通过 CTC 行调台确认,形成临时限速调度命令并储存在调度中心中。

限速命令按点提示并由施工调度员激活,经信号安全数据通信网分别下达给 RBC 和列控中心(TCC),RBC 和 TCC 分别处理执行。

CTCS-3 级列控系统临时限速区的起点和终点宜按线路里程设定,CTCS-3 级列控系统可与 CTCS-2 级列控系统同精度,也可按闭塞分区为单位进行归档。CTCS-3 级和 CTCS-2 级采用统一的临时限速设置原则,临时限速值按相同标准归挡设置,限速命令、管辖范围应保持一致。中继站 TCC 临时限速由临近车站 TCC 负责转达。

临时限速的设置、取消均在调度中心进行,车站不进行临时限速的相关操作。设置与取消临时限速采用相同的操作原则。

4. 轨道电路

轨道电路设备集中设置在车站或中继站。车站与中继站、中继站与中继站间的距离一般情况下不超过 15 km。为了简化设备配置、减轻维修维护的工作量、减少房屋面积,无人值守站一般不再设综合维修工作站和电务维护工作站,改用便携式的综合维修终端和电务维护终端。

(1)区间轨道电路

区间轨道电路采用计算机编码控制的 ZPW-2000 型无绝缘移频轨道电路。为了满足高速线 300 km/h 速度 3 min 列车追踪运行的要求,并考虑轨道电路传输长度等条件,CTCS-3 级列控系统闭塞分区一般按不大于 2 000 m 进行设计。

（2）站内轨道电路

大站正线及股道区段采用计算机编码控制的 ZPW-2000 机械绝缘轨道电路,其他区段采用 25 Hz 相敏轨道电路。

越行站、中间站及线路所,全站采用与区间同制式采用计算机编码控制的 ZPW-2000 机械绝缘节轨道电路。

轨道电路采用追踪码序满足 CTCS-2 级列车安全运行的要求。

发送器采用"1+1"冗余方式,接收器采用双机并用方式,实现轨道电路系统的高可靠性。

5. 应答器

闭塞分区分界点、车站进站及出站信号机(或标志牌)、CTCS 级间转换点、接触网分相区等处所应设应答器组。

（1）车站应答器组

进站信号机(或标志牌)处设置暂按由 2 个有源应答器和无源应答器组成的应答器组,用于列车定位、CTCS-2 进路线路参数和临时限速;设置原则满足 CTCS-2 需求。

反向进站信号机(或标志牌)处设置暂按由 2 个有源应答器和无源应答器组成的应答器组,用于列车定位、CTCS-2 进路线路参数和临时限速;设置原则满足 CTCS-2 需求。

出站信号机处(或标志牌)设置由 1 个有源应答器和无源应答器组成的应答器组,用于列车定位、CTCS-2 进路线路参数、临时限速、绝对停车(当出站信号机关闭时,应答器组发绝对停车报文,车载设备在完全监控、部分监控、调车监控、机车信号等工作模式下接收到该报文均应触发紧急制动)。

车站股道中间处、进路变更点根据总公司最新要求进行设置。

对于调车作业并冒进调车信号后将危及正线运行列车安全的调车信号机(处)设置由 1 个有源应答器和无源应答器组成的应答器组,提供调车危险信息。

（2）区间应答器组

每个闭塞分区入口处设置由 2 个及以上无源应答器组成的应答器组,用于列车定位、CTCS-2 进路线路参数。

中继站处上/下行线各设置两组互为冗余由 1 个有源应答器和无源应答器组成的应答器组,主要用于提供 CTCS-2 临时限速信息,两组应答器之间的距离为(100±5) m。

在 18 号以上道岔前第二个闭塞分区入口处应设置由 1 个有源应答器和无源应答器组成的应答器组,根据道岔区段及列车运行前方轨道区段空闲条件,给出道岔侧向允许列车运行的速度。

（3）级间转换应答器组

CTCS 级间转换能自动完成,其转换地点宜选在区间且列车较少使用制动的区段,分别设置具有预告、执行功能的应答器组,预告转换点与执行点之间的距离应保证列控车载设备在列车以最高允许速度运行时能正确识别和执行。级间转换分界点的连接点、预告点、执行点处各设置由 2 个无源应答器组成的应答器组,用于提供级间转换信息。

当由 CTCS-2 转 CTCS-3 级时,应设置连接点、预告点、执行点应答器组,连接点应答器距执行点应答器间的距离应满足 CTCS-3 建立连接至少 40 s 时间的要求,以保证与 RBC 的无线连接在列车到达执行点前有效建立。

当由 CTCS-3 转 CTCS-2 时,应设置预告点、执行点应答器组。

级间转换应答器组根据实际情况可与 CTCS-2 级系统相关应答器设备合用。

(4)RBC 管界处的应答器组

在两个 RBC 管辖范围分界点处设置由 2 个无源应答器组成的应答器组,用于提供 RBC 转换信息。

(5)分相区的应答器组

牵引供电分相区前一定距离(列车运行至换相点运行 15 s)和牵引供电换相点处设置 2 个无源应答器组成的应答器组,主要用于 CTCS-2 级列控系统为动车组提供过分相预告信息和换相信息。CTCS-3 级列控系统一般采用无线传输分相信息。

(6)列车定位应答器组

当用于定位的应答器组间隔超过 1 500 m 时,中间应增设 2 个无源应答器用于列车定位。

(7)确立运行方向的应答器组

为列控车载设备确立运行方向的应答器组至少应包括 2 个应答器,用于修正列车位置的应答器组可用一个应答器。

应答器组内的正线线路参数应冗余覆盖,以满足同方向的下一个应答器组丢失而不影响列控车载设备的正常工作。

6. 电子编码器

电子编码器(LEU)集中设置于室内,中继站 LEU 设于 TCC 机柜内。与地面列控中心间采用串行通信的方式进行信息传输,1 个 LEU 可控制连接 4 个有源应答器。控制正线有源应答器的 LEU 设备(包括车站、中继站等)均冗余设置。各站备用 1 个 LEU 设备放置在信号机械室。

LEU 与有源应答器间采用应答器数据传输专用电缆进行连接,最远电缆长度为 2 500 m。若电缆长度超过 2 500 m,LEU 将放置在室外相关有源应答器处,通过增加光纤接口模块及光纤,实现地面列控中心对 LEU 的远程控制。

7. 列控车载设备

动车组 ATP 车载设备由车载安全计算机、轨道信息接收单元(TCR)、应答器信息接受单元(BTM)、GSM-R 无线通信单元(RTU)、制动接口单元、记录单元、人—机界面(DMI)、速度传感器、轨道信息接收天线、应答器信息接收天线等组成。

8. 灾害防护

对于塌方、落物等突发事件,通过灾害监测系统及时监测出事件的发生,由该系统通过开关接点直接将信息传送给管辖事发地点范围的车站联锁和列控中心。

车站联锁接到灾害信息后,将相关进路立即关闭并将信息传输给无线闭塞中心,无线闭塞中心通过 GSM-R 网络向在相关区段上运行的 CTCS-3 系统列车发送"停车"报文。

列控中心接到灾害信息后,控制相关灾害区段立即发出 H 码给在灾害区段上运行的 CTCS-2 系统的列车,接近灾害区段的相关闭塞分区发降级码序。

车载设备接收到紧急停车命令后,将立即实施紧急制动进行停车。

三、联锁系统

车站、区间道岔应采用硬件安全冗余结构的计算机联锁系统,动车段(所)纳入联锁时宜采用计算机联锁系统。

区间道岔可纳入邻近车站的联锁系统集中控制。综合维修段及综合工区道岔根据需求可纳入邻近车站的联锁系统集中控制,也可不纳入车站联锁控制。

车站联锁系统应能接受调度集中系统的监控。无人值守站的联锁系统可不设本地控制台,但应具备现地控制条件。

在不影响运输效率的前提下,越行站、中间站宜采用列车进路一次解锁方式。

车站联锁系统间采用信号安全专用光纤局域网进行数据传输,网络采用专用光纤及主、备冗余结构,具有较高的安全性和可靠性。该网与列控中心共用一个网络进行联锁—联锁、列控—列控、联锁—列控间信息传输。

区域联锁主站与电子终端间采用信号专用光缆进行信息传输。

18 号及以上道岔、60 kg 轨 12 号道岔采用三相交流转辙机、多机牵引方式,并应具备现场操作功能,应采用外锁闭装置。18 号及以上道岔增加密贴检查器,高速道岔配有下拉装置。50 kg 轨 12 号、50 kg 轨 9 号道岔采用 ZD-6 系列转辙机。计算机联锁系统具备挤岔报警功能。

车站进站、出站及区间道岔区设地面信号机或带灯标志牌。进站信号机、出站信号机、线路所防护信号机,常态为灭灯状态。信号机的显示仅表示允许列车越过该信号机(或标志牌)或在该信号机(或标志牌)前停车,不区分进路方向,无速度含义。地面信号机(或标志牌)的接近区段长度应保证该信号机(或标志牌)的信号关闭后最高运行速度的列车不会在此距离外的区段上产生列车超速防护(ATP)限制信息。当无 ATP 车载设备的列车接近信号机时,经调度员操作后,点亮相应信号机灯光,列车越过信号机后灯光自动熄灭。各信号机灯丝条件均不纳入联锁,信号灯灭灯时,无 ATP 车载设备的列车应停止运行。

按需要设置调车信号机。

四、信号集中监测

信号主要系统设备应具有自诊断、检测、报警、信息储存、状态再现等功能。采用实现全程联网、可远程监测的信号集中监测系统,对地面信号设备进行集中监测。

信号集中监测系统由电务段(或综合维修段)部分、站机部分、终端部分及广域网数据传输部分组成。

各主体系统设备(如 CTC 站机、车站联锁、RBC、列控中心、ZPW-2000 轨道电路、电源屏等)应具有自诊断、检测报警等功能,并能与车站信号集中监测设备接口,所有检测、报警等信息应汇集到车站信号集中监测设备。

电务段或综合维修段分别设置双机热备服务器、终端、维护工作站各 1 套及相应的数据网络通信设备及通信防雷器件。

正线车站、线路所、动车段（所）及中继站分别设置集中监测采集机、站机各 1 套及相应的网络通信设备。

调度所设置 1 套监测终端及相关网络设备。

综合工区分别配置监测终端 1 套和相应的数据网络设备。

复习思考题 ▶▶▶▶▶

1. 高速铁路对铁路信号有哪些要求？

2. 简述 200～250 km/h 高速铁路的信号系统的组成。

3. 列控中心有哪些主要功能？

4. 列控中心要与哪些系统接口？

5. 200～250 km/h 高速铁路的应答器如何布置？

6. 客运专线 ZPW-2000A 型无绝缘轨道电路有哪些技术特点？

7. 客运专线 ZPW-2000A 型无绝缘轨道电路与普速铁路的 ZPW-2000A 型无绝缘轨道电路相比有何不同？

8. 高速铁路的闭塞是如何实现的？

9. 简述 300～350 km/h 高速铁路的信号系统的组成。

10. 300～350 km/h 高速铁路的应答器如何布置？与 200～250 km/h 高速铁路的应答器如何布置有何异同？

11. 分别简述 CTC 在 200～250 km/h 高速铁路和在 300～350 km/h 高速铁路的运用。

12. 分别简述计算机联锁系统在 200～250 km/h 高速铁路和在 300～350 km/h 高速铁路的运用。

13. 高速铁路的计算机联锁系统与普通铁路的计算机联锁系统相比有何不同？

14. 分别简述信号集中监测系统在 200～250 km/h 高速铁路和在 300～350 km/h 高速铁路的运用。

15. 高速铁路的信号系统与高速铁路的相比信号系统有何不同？

第十章　城市轨道交通信号系统

城市轨道交通(包括地下铁道和轻轨铁路)信号设备是城市轨道交通的主要技术装备，它担负着指挥列车运行、保证行车安全、提高运输效率的重要任务。现代化的城市轨道交通要求城市轨道交通信号设备的现代化。

第一节　城市轨道交通信号系统概述

城市轨道交通系统的安全、速度、输送能力和效率与信号系统密切相关，以速度控制为基础的列车自动控制系统已成为城市轨道交通信号系统的共同选择。信号系统实际上已成为城市轨道交通调度指挥和运营管理的中枢神经，选择合适的信号系统可以产生巨大的经济效益和社会效益。

一、城市轨道交通对信号系统的要求

城市轨道交通对其信号系统提出了与铁路不尽相同的要求：

(1)安全性要求更高

因城市轨道交通尤其是地下部分隧道空间小，行车密度大，故障排除难度大，若发生事故难以救援，损失将非常严重，所以对行车安全的的保证——信号系统提出更高的安全要求。

(2)通过能力大

城市轨道交通一般不设站线，进站列车均停在正线上，先行列车停站时间直接影响后续列车接近车站，所以要求信号设备满足通过能力的要求。

(3)保证信号显示

城市轨道交通虽然轨旁信号机少，地下部分背景暗且不受天气影响，直线地段瞭望条件好，但曲线地段受隧道壁的遮挡，信号显示距离受到限制，所以必须保证信号显示。

(4)抗干扰能力强

城市轨道交通均为直流电力牵引，要求信号设备对其有较强的抗电气化干扰能力。

(5)可靠性高

由于城市轨道交通隧道净空小且装有带电的牵引接触轨或接触网，行车时不便下洞维修和排除设备故障，所以对信号设备的可靠性要求更高，应尽量做到平时不维修或少维修。

(6)自动化程度高

城市轨道交通站间距短，列车密度大，行车工作十分频繁，而且地下部分环境潮湿，空气不佳，没有阳光，工作条件差，所以要求尽量采用自动化程度高的先进技术设备，以减少工作人员，并减轻他们的劳动强度。

二、城市轨道交通信号系统的特点

城市轨道交通的信号系统沿袭铁路的制式,但由于其自身的特点,与铁路的信号系统有一定的区别。城市轨道交通信号系统的特点是:

(1)具有完善的列车速度监控功能

城市轨道交通所承担的客运量巨大,对行车间隔的要求远高于铁路,最小行车间隔达到90 s甚至更小,因此对列车速度监控的要求极高。

(2)联锁关系较简单

城市轨道交通的大多数车站没有配线,不设道岔,甚至也不设信号机,故联锁系统的监控对象远少于铁路车站的监控对象,联锁关系远没有铁路复杂。除折返站外全部作业仅乘客乘降,非常简单。通常一个控制中心即可实现全线的联锁功能。

(3)车辆段独立采用联锁系统

城市轨道交通的车辆段类似于铁路区段站的功能,包括列车编解、接/发列车和频繁的调车作业,线路较多,道岔较多,信号设备较多,一般独立采用一套联锁系统。

(4)自动化水平高

由于城市轨道交通的线路长度短,站间距离短,列车种类单一,行车规律性很强,因此具有自动排列进路和运行自动调整的功能,自动化强度高,人工介入极少。

(5)各线可采用不同的信号系统

城市轨道交通分线运营可采用不同的信号系统,即使是同一个城市的各线路所采用的信号系统可以不一样。不像铁路那样强调制式的统一。

三、城市轨道交通信号系统组成

城市轨道交通的信号系统通常由列车运行自动控制系统(ATC)和车辆段信号控制系统两大部分组成,用于列车进路控制、列车间隔控制、调度指挥、信息管理、设备工况监测及维护管理,由此构成一个高效的综合自动化系统,如图10-1所示。

1. 列车运行自动控制系统

列车运行自动控制系统(ATC)包括列车自动防护(ATP)、列车自动运行(ATO)及列车自动监控(ATS)三个系统,简称"3A"。

系统需设置行车控制中心,沿线各车站设计为区域性联锁,其设备放在控制站(一般为有岔站),列车上安装有车载控制设备。控制中心与控制站通过有线数据通信网连接,控制中心与列车之间可采用无线通信进行信息交换。ATC系统直接与列车运行有关,因此ATC系统对安全性、可靠性、实时性要求更高。

(1)ATP子系统

ATP子系统的功能是对列车运行进行超速防护,实现列车位置检测,保证列车间的安全间隔,保证列车在安全速度下运行,完成信号显示、故障报警、降级提示、列车参数和线路参数的输入,与ATS、ATO及车辆系统接口并进行信息交换。

ATP子系统不断将来自联锁系统和操作层面上的信息、线路信息、前方目标点的距离和允许速度信息等从地面通过轨道电路等传至车上,从而由车载设备计算得到当前所允许

城轨交通信号系统

正线 ATC 系统　　　　　车辆段信号控制系统

ATP 子系统　　ATS 子系统　　ATO 子系统　　联锁　进路控制　维修管理　车辆调度

联锁　闭塞　超速防护　乘客向导　列车进路及间隔控制　运行信息处理　运行图管理　电力车辆调度　定位停车　列车速度调整　自动折返

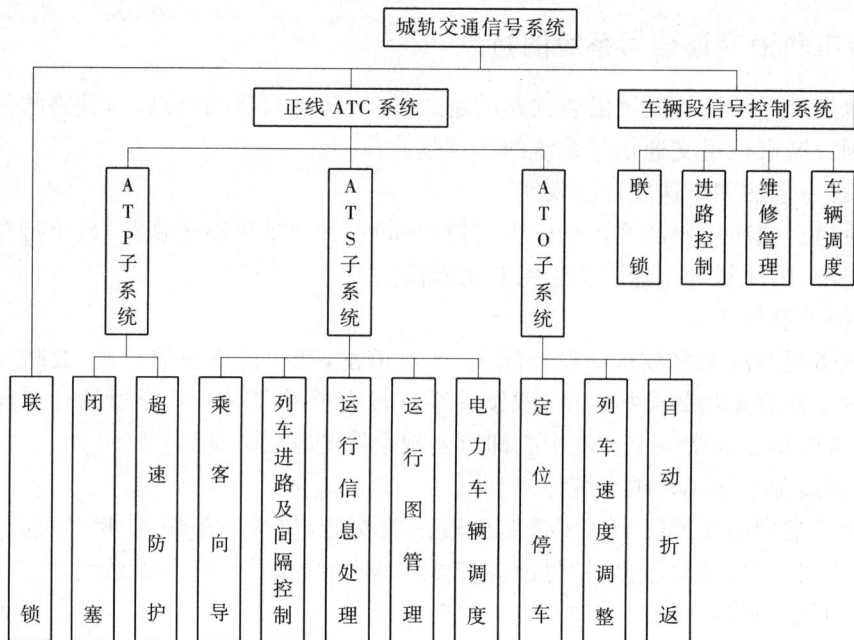

图 10-1　城市轨道交通信号系统框图

的速度,测得实际运行速度,依此来对列车速度实行监督,使之始终在安全速度下运行,以缩短列车运行间隔,保证行车安全。

ATP 子系统包括车载 ATP 单元和轨旁设备两部分。轨旁设备有轨道电路或感应环线或无线通信设备。

（2）ATO 子系统

ATO 子系统主要用实现"地对车控制",即用地面信息实现对列车驱动、制动的控制,包括列车自动折返,根据控制中心的指令使列车按最佳工况正点、安全、平稳地运行,自动完成对列车的启动、牵引、惰行和制动,送出车门和屏蔽门同步开关信号。

使用 ATO 后,可使列车经常处于最佳运行状态,高质量地自动驾驶,提高列车运行效率,避免了不必要的、过于剧烈的加速和减速,因此明显提高了乘客的舒适度,提高列车正点率及能量消耗和减少轮轨磨损。

ATO 子系统包括车载 ATO 单元和地面设备两部分。地面设备有站台电缆环路、车—地通信设备及和 ATP、联锁系统的接口设备。

（3）ATS 子系统

ATS 子系统主要实现对列车运行的监督和控制,辅助调度人员对全线列车进行管理,其功能包括:调度区段内列车运行情况的集中监视与控制;监测进路控制、列车间隔控制设备的工作;按行车计划自动控制道旁信号设备以接/发列车;列车运行实绩的自动记录;时刻表自动生成、显示、修改和优化;运行数据统计及报表自动生成;设备运行状态监测;设备状态及调度员操作记录;运输计划管理等,还具有列车车次号自动传递等功能。ATS 工作方式为集中管理,分散控制。

ATS 子系统包括控制中心设备和 ATS 车站、车辆段分机。此外,在 ATC 范围内的各正线控制站各设一套联锁系统,正线有岔站可独立设置联锁系统,当然也可以采用区域控制方法。

2. 车辆段联锁系统

车辆段设一套联锁系统,用以实现车辆段的进路控制,并通过 ATS 车辆段分机与行车指挥中心交换信息。车辆段联锁系统均采用计算机联锁。

车辆段内试车线设若干段与正线相同的 ATP 轨道电路和 ATO 地面设备,用于对车载 ATC 设备进行静、动态试验。

四、城市轨道交通信号系统的地域分布

城市轨道交通信号系统按地域分成六部分:控制中心设备、车站及轨旁设备、车辆段设备、试车线设备、车载设备。

1. 控制中心设备

控制中心设备属于 ATS 子系统,是 ATC 的核心,其组成如图 10-2 所示。

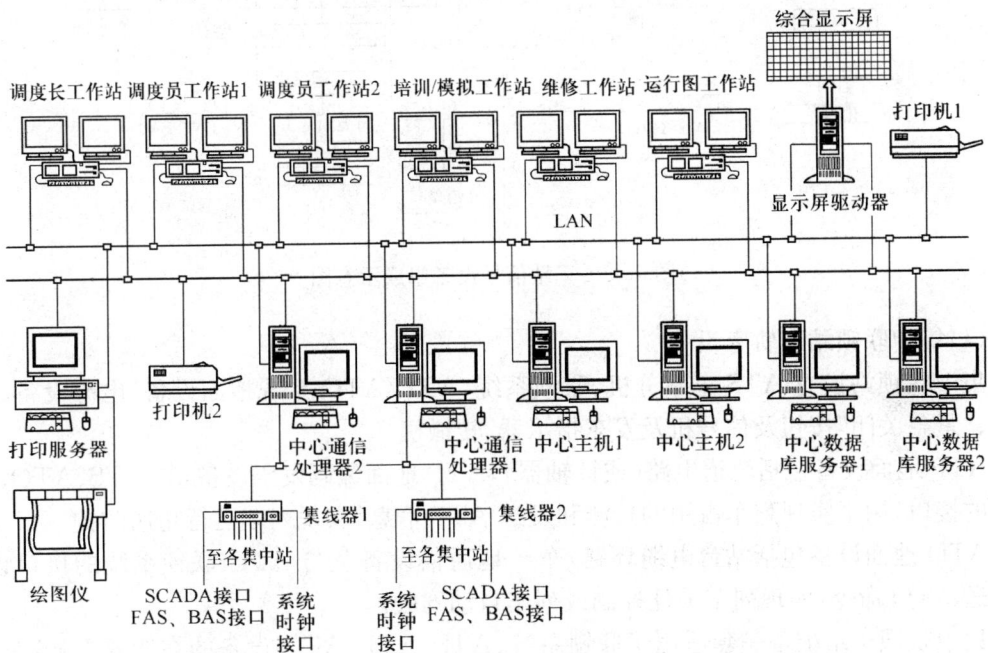

图 10-2　控制中心设备组成图

控制中心设备主要包括中心计算机系统、综合显示屏、调度员及调度长工作站、运行图工作站、培训/模拟工作站、绘图仪和打印机、维修工作站、UPS 及蓄电池。其中综合显示屏、调度员及调度长工作站设于主控制室。控制主机、通信处理器、数据库服务器、维修工作站设于设备室。运行图工作站设于运行图室。绘图仪和打印机设于打印室。培训/模拟工作站设于培训室。控制中心配备在线式 UPS 及蓄电池,UPS 设于电源室,蓄电池设于蓄电池室。

2. 车站及轨旁设备

车站分集中联锁站和非集中联锁站。集中联锁站一般为有道岔车站，也可能是无道岔的车站。非集中联锁站一般为无道岔的车站。有道岔车站根据需要和可能也可以由邻近车站制，而成为非集中联锁站。车站信号设备组成示意如图 10-3 所示。

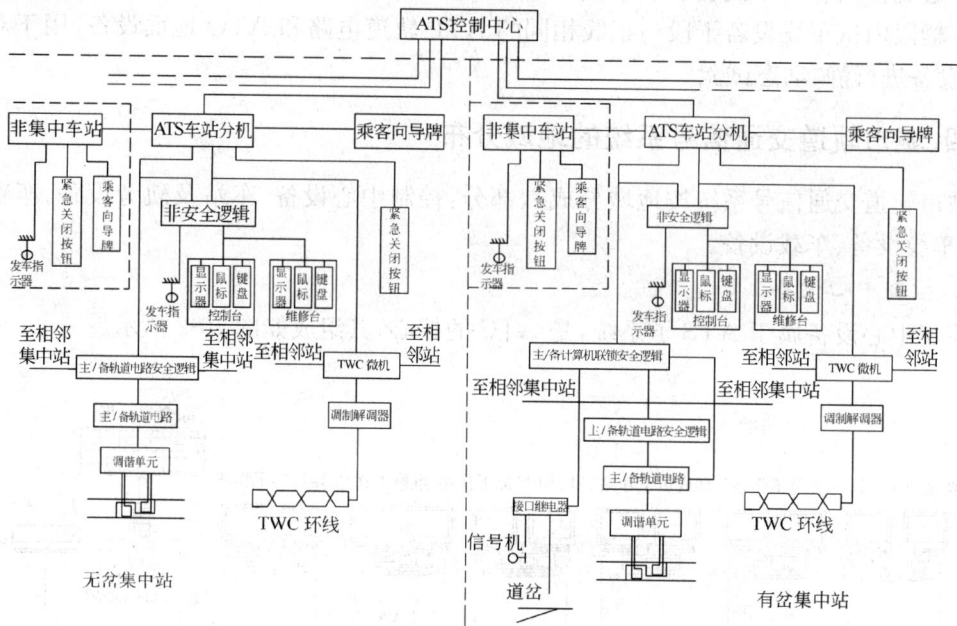

图 10-3　车站信号设备组成示意图

(1)集中联锁站及轨旁设备

集中联锁站设有 ATS 车站分机、联锁系统、ATP/ATO 系统地面设备、电源设备、维修终端、"紧急关闭"按钮及信号机及发车指示器、转辙机。

ATP 地面设备包括轨道电路(或计轴器)，ATP 地面编码发码设备，与 ATS、ATO、联锁系统的接口，用于实现列车占用的检测和发送 ATP 信息，实现列车运行超速防护。

ATO 地面设备包括站台电缆环路，车－地通信设备及与 ATP、联锁系统的接口设备，以发送 ATO 命令，实现列车最佳控制或列车自动驾驶。

集中联锁车站配备一套适用于联锁系统、ATS、ATP、ATO 设备的在线式 UPS 及蓄电池组。

室内设维修用显示器、键盘及鼠标，并能对信号设备进行自动、手动测试，但不能进行控制。

"紧急关闭"按钮用于在遇到紧急情况危及行车安全时，关闭信号，使列车停车。

正线上防护信号机设于道岔区段，线路尽头设阻挡信号机，用于指示列车运行，防护列车进路。

在正向出站方向的站台侧列车停车位置前方设置发车指示器，指示列车出站。

转辙机用以转换道岔。

（2）非集中联锁站及轨旁设备

非集中联锁站的设备只有发车指示器、"紧急关闭"按钮。无道岔的非集中联锁站轨旁仅有轨道电路的耦合单元等。有道岔的非集中联锁站除了轨旁的耦合单元外，还有防护信号机和转辙机。

（3）车辆段设备

车辆段信号设备包括 ATS 分机、车辆段终端、联锁系统、维修终端、信号机、转辙机、轨道电路（或计轴器）、电源设备，其构成示意如图 10-4 所示。

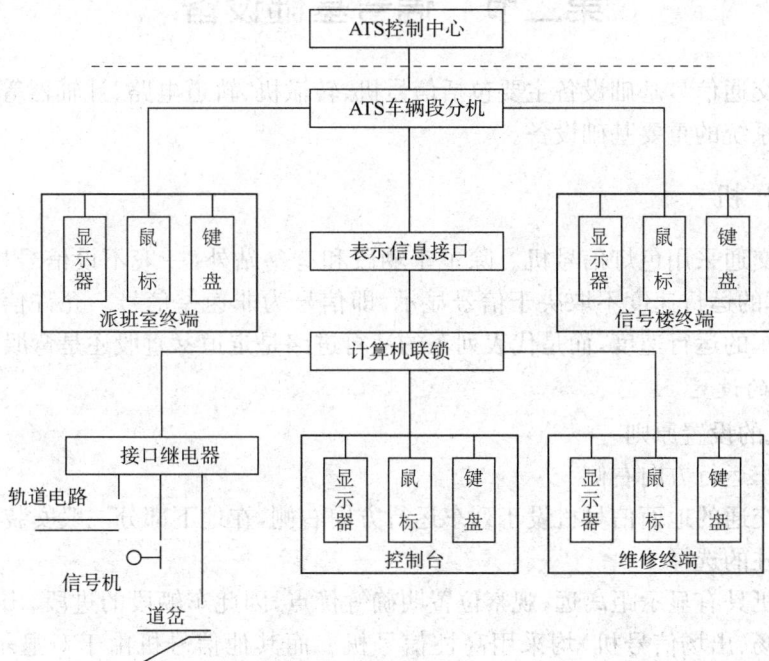

图 10-4　车辆段设备构成示意图

车辆段设一台 ATS 分机。

车辆段派班室和信号楼控制台室各设一台终端，与车辆段 ATS 分机相连。

车辆段设一套联锁系统，实现车辆段的进路控制，并通过 ATS 分机与控制中心交换信息。联锁系统只受车辆段值班员人工控制。

设备室内设维修用显示器、键盘及鼠标，显示维修、监测有关信息，并能对信号设备进行自动或手动测试，但不能控制进路。

车辆段入口处设进段信号机，出口处设出段信号机。存车库线中间进段方向设列车阻挡信号机，段内其他地点根据需要设调车信号机。

车辆段内每组道岔设一台转辙机。

车辆段内轨道电路采用 50 Hz 相敏轨道电路（或计轴器），检查列车的占用和空闲。

车辆段信号楼内设置适合于联锁系统、ATS 设备的 UPS 及蓄电池。

（4）试车线设备

试车线上设若干段与正线相同的 ATP/ATO 地面设备，用于对车载 ATC 设备的试验。

试车线设备室内设用于改变试车线运行方向和速度的控制台。试车线设备室配备一套适合于 ATP/ATO 设备的 UPS,不设蓄电池。

(5)车载 ATC 设备

车载设备包括 ATP 和 ATO 两部分,用来接收轨旁设备传送的 ATP 信息,计算列车运行曲线,测量列车运行速度和走行距离,实行列车运行超速防护及列车自动运行,来保证行车安全和为列车提供最佳运行方式。

第二节　信号基础设备

城市轨道交通信号基础设备主要包括信号机、转辙机、轨道电路、计轴器等,它们是城市轨道交通信号系统的重要基础设备。

一、信 号 机

城市轨道交通采用色灯信号机。除了车辆段和有岔站外,一般不设信号机。在城市轨道交通中,列车的运行速度不取决于信号显示,即信号为非速差信号。允许信号的绿灯、黄灯并不表示列车的运行速度,而是代表列车的运行进路是走道岔直股还是弯股。

1. 信号机的设置

(1)信号机的设置原则

①设于列车运行方向右侧

城市轨道交通的地面信号机设于列车运行方向右侧,在地下部分一般安装在隧道壁上。

②信号机柱的选择

高柱信号机具有显示距离远,观察位置明确等优点,因此车辆段的进段、出段信号机(以及停车场的进场、出场信号机)均采用高柱信号机。而其他信号机由于对显示距离要求不远,以及隧道内安装空间有限,一般采用矮型信号机。

③信号机限界

信号机不得侵入设备限界。设备限界是用以限制设备安装的控制线。

(2)正线上的信号机的设置

在 ATC 控制区域正线上的道岔区设防护信号机。防护信号机设于道岔岔前和岔后的适当地点,如图 10-5 所示。具有出站性质的道岔防护信号机应设引导信号;具有两个以上运行方向的信号机可设进路表示器。

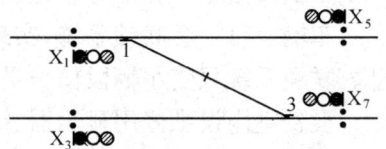

图 10-5　防护信号机设置位置图

区间分界点不设信号机。

车站一般不设进、出站信号机,在正向出站方向的站台侧列车停车位置前方适当地点设置发车指示器。也可以根据需要设进站、出站信号机及进站信号机的预告信号机或只设出站信号机。

线路尽头设阻挡信号机。

(3)车辆段(停车场)的信号机设置

在车辆段(停车场)入口处设进段(场)信号机,在车辆段(停车场)出口处设出段(场)信号机。在同时能存放两列及以上列车的停车线中间进段方向设列车阻挡信号机(可兼作调车信号机)。车辆段(停车场)内其他地点根据需要设调车信号机。

2. 信号显示

色灯信号机的机构有单显示、二显示、三显示。单显示机构仅用于阻挡信号机。二显示和三显示可以单独使用,也可以组合(以及与单显示机构组合)构成各种信号显示。

(1)信号显示意义

《地铁设计规范》对信号显示未作统一规定。一般,绿灯表示道岔直股,黄灯表示进道岔弯股,红灯表示停车。站台还设有发车表示器,发车前 5 s 闪白光,发车时间到亮白色稳定光,列车出清后灭灯。

(2)信号机灯光配列

防护信号机采用三显示机构,自上而下灯位为黄(或月白)、绿、红。若设正线出站信号机灯光配列同防护信号机。

阻挡信号机采用单显示机构,为一个红灯。

进段(场)信号机灯光配列可用防护信号机,亦可采用双机构(两个二显示)带引导机构,自上而下灯位为黄、绿、红、黄、月白。

出段(场)信号机灯光配列可同防护信号机。红、绿灯,带调车白灯。

调车信号机采用二显示机构,自上而下灯位为白、蓝(或红)。

3. 信号显示距离

各种地面信号机及表示器的显示距离应符合下列规定:

(1)行车信号和道岔防护信号应不小于 400 m。

(2)调车信号和道岔状态表示器应不小于 200 m。

(3)引导和道岔状态表示器以外的各种表示器应不小于 100 m。

二、转辙机

城市轨道交通的正线上一般采用 9 号道岔,如果采用的是 9 号 AT 道岔,其为弹性可弯道岔,需要两点牵引,即一组道岔需两台转辙机牵引,称为双机牵引。可采用外锁闭装置,也可采用内锁闭方式。对于前者采用 S700K 型电动转辙机或 ZYJ7 型电液转辙机,后者采用 ZD6 型电动转辙机,单机牵引时采用 ZD6-D 型,双机牵引时采用一台 ZD6-E 型和一台 ZD6-J 型。

城市轨道交通运行速度不高,可采用普通的直流转辙机,但采用三相交流转辙机优点十分明显:由于采用三相交流电动机,线路上的电能损失大大减少;又由于采用摩擦力非常小的滚珠丝杠传动装置,因此机械效率高。这样,在同样的控制电流下,可增大控制距离或减小电缆芯线的截面。采用三相电动转辙机后,由于没有直流电动机的整流子,维修工作量大为减少。

车辆段(停车场)一般采用 7 号道岔,通常一组道岔由一台 ZD6-D 型转辙机牵引。

三、轨道电路

对于城市轨道交通,轨道电路不仅用来检测列车是否占用,更重要的是传输 ATP 信息。

所以除车辆段内可采用 50 Hz 相敏轨道电路外,需要采用音频轨道电路。

1. 轨道电路的作用

轨道电路的第一个作用,是监督列车的占用。由轨道电路反映该段线路是否空闲,为开放信号、建立进路或构成闭塞提供依据。还利用轨道电路的被占用关闭信号,把信号显示与轨道电路是否被占用结合起来。

轨道电路的第二个作用,是传递行车信息。例如音频数字编码轨道电路中传送的行车信息,为 ATC 系统直接提供控制列车运行所需要的前行列车位置、运行前方信号机状态和线路条件等有关信息,以决定列车运行的目标速度,控制列车在当前运行速度下是否停车或减速。对于 ATC 系统来说,带有编码信息的轨道电路是其车—地之间传输信息的通道之一。

2. 轨道电路的分类

(1)按所传送的电流特性分类,轨道电路可分为工频连续式轨道电路和音频轨道电路,音频轨道电路又分为模拟式和数字编码式。

工频连续式轨道电路中传送连续的交流电流。这种轨道电路的唯一功能是监督轨道的占用与否,不能传送更多信息。

模拟音频轨道电路用低频调制载频,除监督轨道的占用外,可以传输较多信息,主要是运行前方三个或四个闭塞分区的占用与否。

数字编码式轨道电路采用调频方式,但它采用的不是单一低频调制频率,而是一个若干比特的一群调制频率,根据编码去调制载频,编码包含速度码、线路坡度码、闭塞分区长度码、纠错码等,可以传输更多的信息。

(2)按使用处所分类,轨道电路分为正线区间轨道电路和车辆段内轨道电路。

区间轨道电路主要用于正线,不仅要监督各闭塞分区是否空闲,而且要传输有关行车信息。一般来说,区间要求轨道电路传输距离较长,要满足闭塞分区长度的要求,轨道电路的构成也比较复杂。

车辆段内轨道电路,用于段内各区段,一般只有监督本区段是否空闲的功能,不能发送其他信息。

(3)按分割方式,轨道电路可分为有绝缘轨道电路和无绝缘轨道电路。

车辆段内轨道电路为有绝缘轨道电路,正线区间轨道电路为无绝缘轨道电路。

(4)按轨道电路内有无道岔分类,车辆段内轨道电路分为无岔区段轨道电路和道岔区段轨道电路。

无岔区段轨道电路内钢轨线路无分支,构成较简单,一般用于检车线、停车线等及尽头调车信号机前方接近区段、两差置调车信号机之间。

在道岔区段,钢轨线路有分支,道岔区段的轨道电路就称为分支轨道电路或分歧轨道电路。在道岔区段,道岔处钢轨和杆件要增加绝缘,还要增加道岔连接线和跳线。当分支超过一定长度时,还必须设多个受电端。

3. 交流工频轨道电路

用于城市轨道交通的交流工频轨道电路一般为 50 Hz 相敏轨道电路。它只有监督列车占用的功能,不能发送 ATP 信息。城市轨道交通一般采用直流牵引,所以轨道电路可以采用 50 Hz 电源。

(1)50 Hz 相敏轨道电路

50 Hz 相敏轨道电路用于城市轨道交通的车辆段内,因其不需要发送 ATP 信息。50 Hz相敏轨道电路包括继电式和微电子式,继电式可不注明。

①50 Hz 相敏轨道电路的组成

50 Hz 相敏轨道电路的组成如图 10-6 所示。它由送电端、受电端、钢轨绝缘、钢轨引接线、钢轨接续线、回流线及钢轨组成。

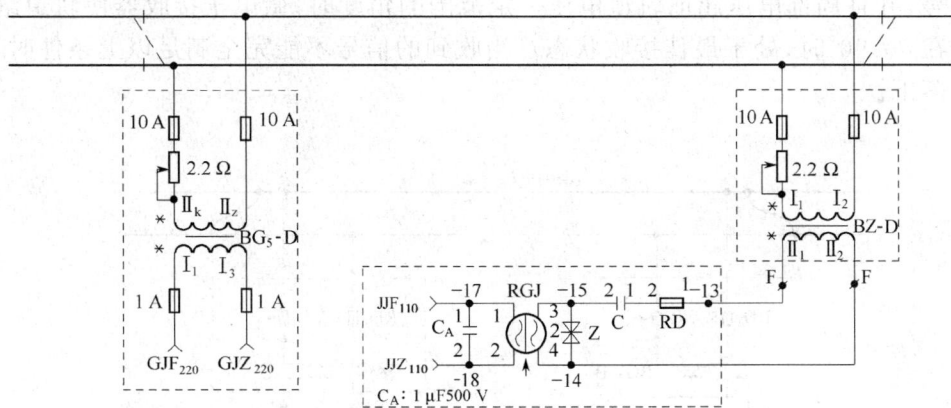

图 10-6　50 Hz 相敏轨道电路

送电端包括轨道变压器、变阻器及断路器,安装在室外的变压器箱内。轨道电源从室内通过电缆送至送电端。

受电端包括中继变压器、变阻器、断路器、轨道继电器、电容器、防雷元件等。其中中继变压器、变阻器及断路器安装在室外的变压器箱或电缆盒内,其他安装在室内的组合架上。

变压器箱或电缆盒用钢轨引接线接向钢轨。

钢轨接续线用来连接相邻钢轨,以减小钢轨接头处的接触电阻。

钢轨绝缘设于轨道电路分界处,用以隔离相邻的轨道电路。

回流线连接相邻的不同侧钢轨,为牵引回流提供越过钢轨绝缘节的通路。

②50 Hz 相敏轨道电路的工作原理

50 Hz 相敏轨道电路为有绝缘双轨条轨道电路,牵引回流为单轨条流通。

电源屏分别供出 50 Hz 轨道电源和局部电源。送电端轨道电源经轨道变压器降压后送至钢轨。受电端由钢轨来的电压经中继变压器升压后送至轨道继电器 RGJ 的轨道线圈。轨道继电器 RGJ 的局部线圈接局部电源。

当轨道线圈和局部线圈电源满足规定的相位和频率要求时,RGJ 吸起,轨道电路处于调整状态,表示轨道电路空闲。列车占用时,轨道电源被分路,RGJ 落下。若频率、相位不符合要求时,RGJ 也落下。这样,50 Hz 相敏轨道电路就具有相位鉴别能力,即相敏特性,抗干扰性能较高。

(2)50 Hz 微电子相敏轨道电路

50 Hz 微电子相敏轨道电路是专门为城市轨道交通研制的。50 Hz 相敏轨道电路,接收设备为交流二元继电器,存在较多问题。50 Hz 微电子相敏轨道电路接收器采用微电子技术构成相敏轨道电路接收器,代替交流二元继电器。保留了原相敏轨道电路的优点,克服其缺点,成为具有高可靠、高抗干扰能力的一种新型相敏轨道电路。

50 Hz 微电子相敏轨道电路原理如图 10-7 所示。送电端轨道电源经节能器、轨道变压器降压后送至钢轨。受电端经中继变压器升压后送至调相防雷器,再送至两台微电子相敏接收器。两台接收器双机并用,只要有一台接收器有输出,轨道继电器 GJ 即吸起,以提高轨道电路的可靠性。当 25 Hz 微电子相敏轨道电路接收器接收到 25 Hz 轨道信号,并且局部电压超前轨道电压一定范围的角度时,微电子接收器使轨道继电器吸起。在 $\theta=90°$ 时,处于最佳接收状态。当收到的信号不能完全满足以上条件时,轨道继电器落下。

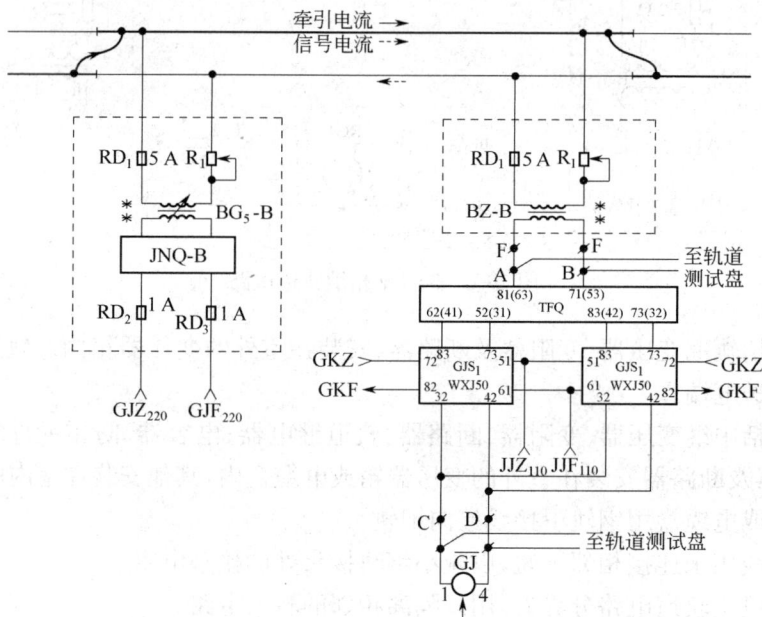

图 10-7　50 Hz 微电子相敏轨道电路原理图

其中,轨道电源、局部电源、调相防雷器、微电子相敏接收器、轨道继电器设在室内。节能器、轨道变压器、送电端防护电阻及断路器设在室外送电端变压器箱内。中继变压器、受电端防护电阻及断路器设在室外受电端变压器箱内。室内、外设备用电缆相连。

调相防雷器内设电容器和防雷元件,用于调整轨道电路的相位和防雷。

R_1、R_2 为送、受电端防护电阻,R_1 同时是限流电阻。

在一送多受时,每个分支用一个接收器和轨道继电器,在主接收器的轨道继电器电路中串接其他分支轨道继电器的前接点。

4. 音频轨道电路

音频轨道电路具有检测列车占用和传递 ATP/ATO 信息两个功能。为便于牵引电流流通,提高线路性能,方便维修,音频轨道电路是无绝缘的。音频轨道电路多采用调频方式,采用的是高可靠性、多信息量的数字编码式音频轨道电路。

（1）音频无绝缘轨道电路概述

①无绝缘轨道电路

无绝缘轨道电路多采用谐振式。早期的无绝缘音频轨道电路采用短路联接式，如图 10-8 所示。各相邻轨道区段采用不同的信号频率。在发送端，电容器及两段钢轨组成并联谐振电路；在接收端，也由电容器及两段钢轨组成并联谐振电路，从而使该轨道电路中只有其固定频率的信号被接收。轨道区段两侧的短路钢条用来确保相邻轨道电路区段互不干扰，并使两条钢轨中的牵引电流平衡。该轨道电路在接收端存在"死区"，具有一定的危险性。

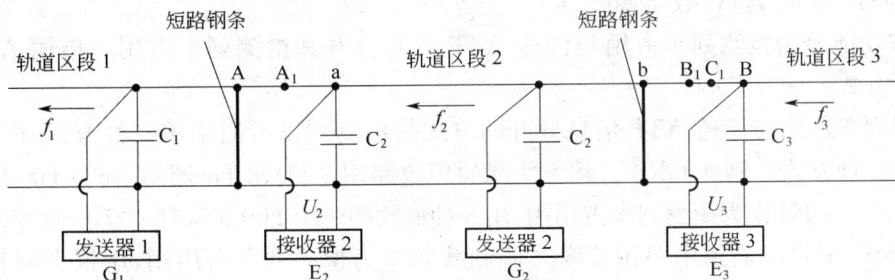

图 10-8 短路联接式音频轨道电路

为了克服上述缺陷，目前一般采用"S"形连接音频轨道电路，其原理如图 10-9 所示。它把短路钢条连成"S"形。发送器和接收器的一个输出、输出端接在"S"形导线的中间。电容器 C_1 与钢轨 L_1 组成谐振于区段 1 音频频率 f_1 的并联谐振电路；C_2 与 L_2 组成谐振于区段 2 音频频率 f_2 的并联谐振电路；C_3 与 L_3 组成谐振于区段 3 音频频率 f_3 的并联谐振电路。

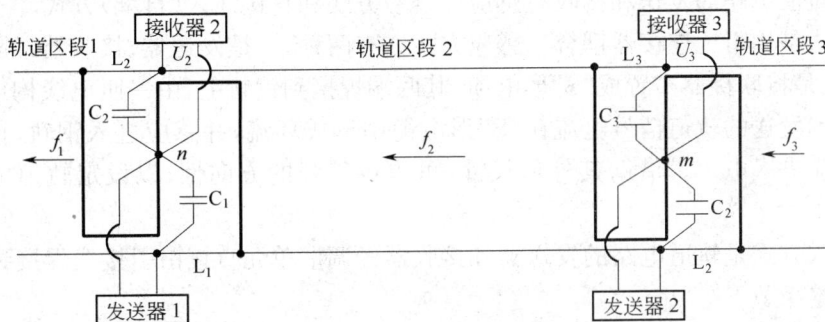

图 10-9 "S"形连接音频轨道电路原理图

②音频无绝缘轨道电路分类

a. 按信息处理技术分为模拟音频轨道电路和数字编码轨道电路

模拟音频轨道电路用代表不同速度信息的低频调制载频，该调制信号是模拟量，以实现对列车速度的控制。它只能传输速度信息，不能传输更多的 ATP 信息，因此只能实现阶梯式分级制动模式的固定闭塞。

数字编码轨道电路则用报文形式，通过数字编码对载频进行数字调频，该调制信号是数字量，以实现列车控制用各种信息（包括目标速度、目标距离、线路坡度、区间限制、轨道电路长度等信息)的传输。通过这种轨道电路可实现曲线型分级制动模式的准移动闭塞。

b. 按调制方式分为调幅轨道电路和调频轨道电路

调幅轨道电路采用调幅的方式将低频信号载在载频上予以传送。如 GRS 音频无绝缘轨道电路即采用调幅方式,它用 2 Hz、3 Hz 去调制 2 625 Hz、2 925 Hz、3 375 Hz、4 275 Hz 作为检测列车占用用。

调频轨道电路采用调频和数字调频的方式将低频信号或报文载在载频上,多数音频轨道电路均采用此种方式。例如 FTGS917 型轨道电路采用 9.5 kHz、10.5 kHz、11.5 kHz、12.5 kHz、13.5 kHz、14.5 kHz、15.5 kHz、16.5 kHz 作为载频,偏频为 ±64 Hz,+64 Hz 为"1",−64 Hz 为"0",进行数字调频。

c. 按功能分为检测列车占用与传输 ATP 信息分开和检测列车占用与传输 ATP 信息合一两种方式

检测列车占用与传送 ATP 信息分开的方式是检测列车占用采用一种方式,而 ATP 信息采用另一种方式。例如 GRS 音频无绝缘轨道电路用 2 Hz、3 Hz 调制 2 625 Hz、2 925 Hz、3 375 Hz、4 275 Hz 作为检测列车占用用,用 8 种低频(0~20 Hz)式调制 2 250 Hz 作为传送速度控制命令。FTGS 轨道电路用位模式调制载频作为检测列车占用用,用报文调制载频发送 ATP 信息。

检测列车占用与传送 ATP 信息合一的方式是检测列车占用和传送 ATP 信息由同一种方式实现。例如 FS-2 500 轨道电路,用 14 种速度码传送 ATP 信息,同时作为检测列车占用,在接收端收不到信号,即为列车占用本区段,但发送端照样可为列车传送 ATP 命令。AF-904 轨道电路也是这样,用报文传送 ATP 信息,同时作为列车占用的检测。

③无绝缘轨道电路的基本型式

无绝缘轨道电路的发送和接收有感应(互耦)方式和直接注入(自耦)方式。

感应方式是用阻抗连接器耦合。感应方式亦有两种,一是发送器、接收器经阻抗连接器接至钢轨;二是将联接器布置成"S"形电缆,其两端焊接到钢轨上,由一匝电线构成的环线与联接器耦合。发送的轨道信号电流在"S"形电缆中形成环流,并感应进入钢轨,接收的信号也从钢轨感应进入电缆。借助其外形尺寸,可提供很强的方向性,以设定轨道电路电流的方向。

直接注入方式是轨道电路的发送器和接收器经调谐单元直接由引接线焊接到钢轨上。

④电气绝缘节

音频轨道电路一般由电气绝缘节分隔,它由钢轨间的"棒"和调谐单元组成,调谐单元位于轨旁连接箱内。

"棒"有"S"棒"O"棒"I"棒等几种。

一般情况下(主要是正线区间的轨道电路)相邻的轨道电路通过"S"棒隔离,如图 10-10(a)所示。它是镜像对称的,以"S"棒的中心线作为轨道区段的物理划分。"S"棒长 7.8 m 左右,模糊区段长≤3.9 m(指车压在"S"棒的 1/4 至 3/4 范围内,两边的区段都显示"轨道占用")。"S"棒还起平衡两个走行轨牵引电流的作用。

在两个轨道电路区段之间需清晰分离或由于缺少空间(道岔处)无法安装"S"棒时,使用机械绝缘节。此时电气节由终端短路棒("O"棒)和一个机械绝缘节共同组成,来划分两个轨道电路,它主要应用在双轨条牵引回流区段。终端棒长约 3.5 m,距机械绝缘节 0.3～0.6 m,如图 10-10(b)所示。

短路棒("I"棒)用于一端为轨道电路区段,另一端为非轨道电路区段的情况,棒长约 4.2 m,如图 10-10(c)所示。

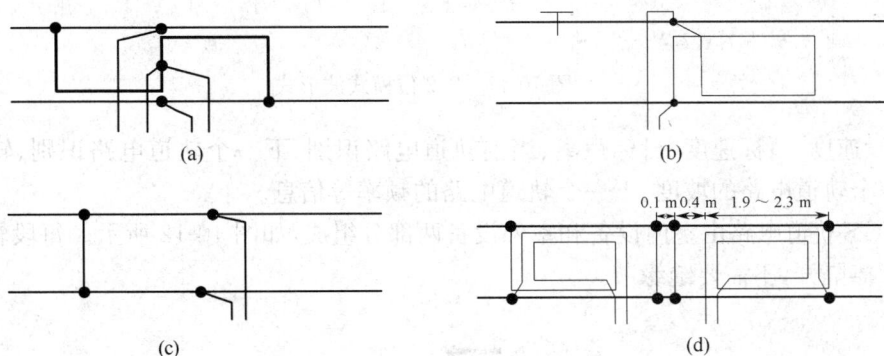

图 10-10 "棒"

(2)音频无绝缘轨道电路举例

FTGS 型轨道电路,是报文式数字编码轨道电路。

FTGS 轨道电路用于检测轨道电路的占用状态,并发送 ATP 报文。当区段空闲时,由室内发送设备传来移频键控信号,通过轨旁单元在轨道电路始端馈入轨道,并由轨道电路终端接收传至室内接收设备,经过信号鉴别判断(幅值计算、调制检验、编码检验),完成轨道区段的空闲检测。当接收器计算出接收的轨道电压的幅值足够高,并且解调器鉴别到发送的编码调制是正确时,接收器产生一个"轨道空闲"状态信息,这时轨道继电器吸起表示"轨道空闲"。列车占用时,由于列车车轮分路,降低了终端接收电压,以致接收器不再响应,轨道继电器达不到相应的响应值而落下,发出一个"轨道占用"状态信息。当轨道区段被占用时,发送器将 ATP 报文送入轨道,供车上接收。

为提高对牵引回流的谐波干扰,FTGS 采用移频键控方式。载频频率有 12 个,分配给两种型号的 FTGS,FTGS 46 和 FTGS 917。

FTGS 46 的载频频率为:4.75 kHz、5.25 kHz、5.75 kHz、6.25 kHz。

FTGS 917 的载频频率为:9.5 kHz、10.5 kHz、11.5 kHz、12.5 kHz、13.5 kHz、14.5 kHz、15.5 kHz、16.5 kHz。

轨道电路由 15 个不同的位模式进行频率调制,偏频±64 Hz。位模式是数码组合,以 15 ms 为一位,用＋64 Hz 为"1",－64 Hz 为"0",构成不同的数码组合,即带有位模式。接收器把＋64 Hz 作为一个位,而－64 Hz 不作为一个位。

15 种位模式是:2.2、2.3、2.4、2.5、2.6、3.2、3.3、3.4、3.5、4.2、4.3、4.4、5.2、5.3、6.2。

例如 2.2 位模式即每个周期共 4 bit,连续 2 bit 为 1,另外 2 bit 为 0,频率为:＋64 Hz、＋64 Hz、－64 Hz、－64 Hz、＋64 Hz、＋64 Hz……,其波形如图 10-11 所示。

报文式数字编码从 ATP 轨旁设备向 ATP 车载设备传输。电码有效长度 136 位,包括车站停车点、下一个轨道电路的制动曲线、运行方向、开门、入口速度、允许速度、紧急停车、

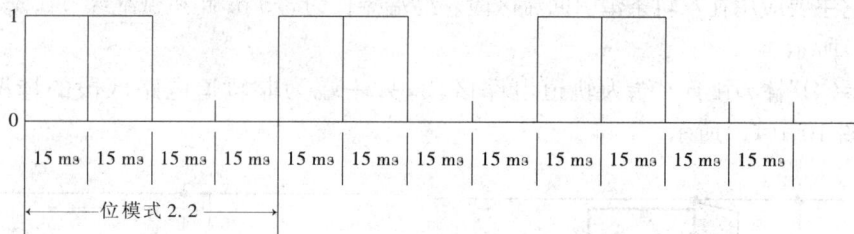

图 10-11 2.2 位模式波形式

限速区段速度、目标速度、目标距离、当前轨道电路识别、下一个轨道电路识别、轨道电路长度、下一个轨道电路的坡度、下一个轨道电路的频率等信息。

　　FTGS 轨道电路由室内设备和室外设备两部分组成,如图 10-12 所示。每段轨道电路之间由"S"棒隔开,不需要绝缘节。

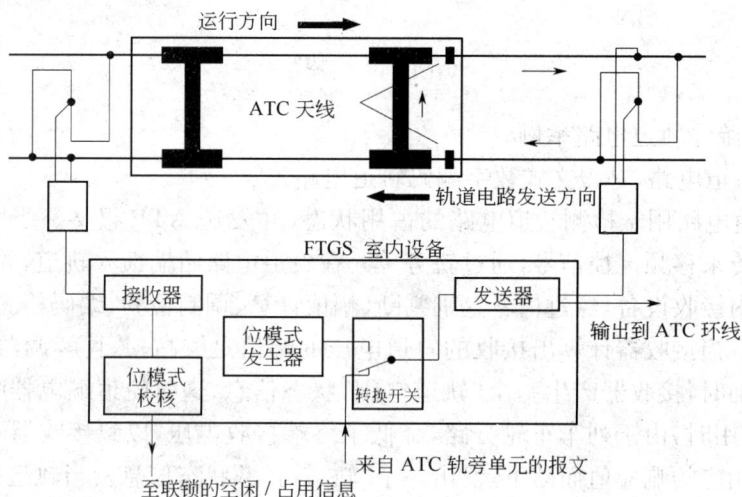

图 10-12 FTGS 轨道电路组成图

　　室内设备主要是发送器和接收器,室外设备为耦合单元和"S"棒。发送器和接收器被集中安装在控制室内,从控制室到轨道区段的最大距离可达 6 km。室外设备有电气绝缘节和轨旁盒。室内、外设备通过电缆连接。发送电缆和接收电缆分开使用,排除了由于芯线的接触而引起的电气干扰。

四、计 轴 器

　　计轴器的结构和工作原理见本书第三章第三节"自动站间闭塞"。

　　作为检查区段的安全设备,计轴器的作用和轨道电路等效。在采用 CBTC 的城市轨道交通线路,当无线传输设备发生故障时,可用计轴器检查列车的位置,构成降级信号。

　　对于无岔区段,在其两端各设一个测轴点,如图 10-13(a)所示;对于数个无岔区段构成的带形区段,其测轴点的设置如图 10-13(b)所示;对于无岔区段构成的重叠区段,其测轴点的设置如图 10-13(c)所示。

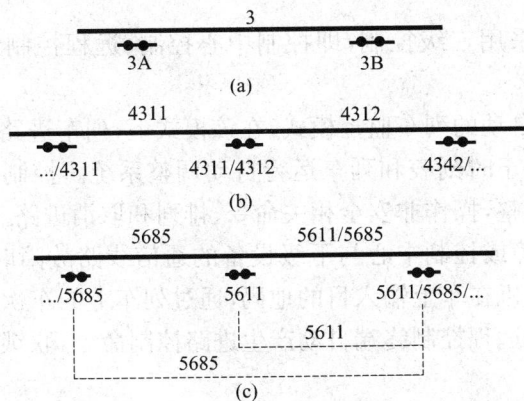

图 10-13 无岔计轴区段测轴点的设置图

对于道岔区段,在其岔前、岔后直向和岔后侧向各设一个测轴点,如图 10-14(a)所示;对于交叉点,其测轴点的设置如图 10-14(b)所示;对于交叉渡线,其测轴点的设置如图 10-14(c)所示。

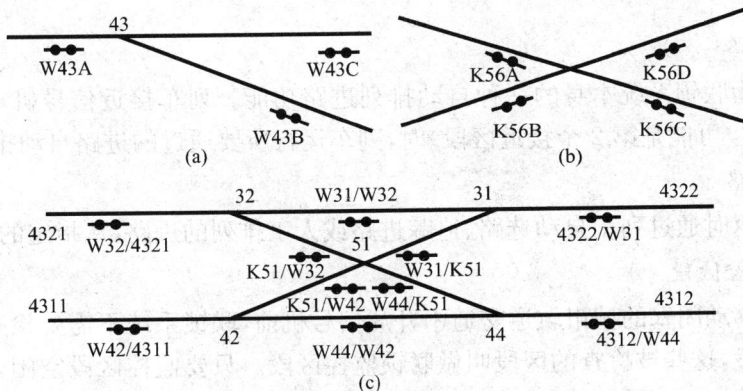

图 10-14 道岔计轴区段测轴点的设置图

第三节 联 锁 系 统

联锁系统是城市轨道交通的重要信号设备,用来在车站或车辆段实现联锁关系,建立进路、控制道岔的转换和信号机的开放,以及进路解锁,以保证行车安全。联锁系统分为正线车站联锁系统和车辆段联锁系统。联锁系统早期曾采用继电集中联锁,现在均采用计算机联锁。计算机联锁有国产的,也有从国外引进的。

一、城市轨道交通对计算机联锁的要求

城市轨道交通对计算机联锁有特殊的要求,如列车运行的三级控制、多列车进路、追踪进路、折返进路、联锁监控区段、保护区段和侧面防护。

1. 列车运行控制

列车运行进路控制采用三级控制,即控制中心控制、远程控制终端控制和车站工作站控制。

控制中心控制为全自动的列车监控模式,在该模式下,列车进路设置命令由自动进路设定系统发出,其信息来源于时刻表和列车运行自动调整系统。控制中心列车调度员也可以人工干预,对列车进行调整,操作非安全相关命令、排列和取消进路。

在控制中心设备故障或控制中心与下级设备的通信线路故障时,自动转入远程控制终端控制模式。此时,由司机在车上输入目的地码,通过列车上的车次号发送系统发出的带有列车去向的车次号信息,远程控制终端自动产生进路控制命令,联锁系统根据来自远程控制终端的进路号排列进路。

在站级控制模式下,列车运行的进路在车站工作站控制。

2. 多列车进路

城市轨道交通运行间隔小,车流密度大,在一条进路中可能出现多列车在运行。对于多列车进路,当第1列车离开进路始端信号机后的监控区后,可以排列第2条相同终端的进路。第2条进路排出,第1列车通过后进路中的轨道区段不解锁,直到第2列车通过后才解锁。

3. 追踪进路

追踪进路为联锁系统本身的一种自动排列进路功能。列车接近信号机,占用其前方第1个接近区段(也可能是第2个接近区段)时,列车运行所要通过的进路自动排出。

4. 折返进路

列车需折返时通过列车自动选路、追踪进路或人工排列的进路,从指定的折返线出发。

5. 联锁监控区段

在装备准移动闭塞的城市轨道交通中开放信号机前,联锁系统不需要检查全部区段,只要检查部分区段,这些被检查的区段叫做联锁监控区段。只要监控区段空闲,进路防护信号机便可正常开放。

6. 保护区段

为了保证列车的运行安全,避免列车由于某种原因不能在信号机停住而导致事故的发生,充分考虑了列车的制动距离及线路等因素,在停车点后设置了保护区段,即终端信号机后方的1~2个区段为保护区段。

7. 侧面防护

城市轨道交通正线的道岔控制全部用单动,不设双动道岔,所有的渡线道岔均按单动处理,也不设带动道岔。这些都靠采取侧面防护来防止列车的侧面冲突。侧面防护是指为了避免其他列车从侧面进入进路,与列车发生侧向冲突的情况。

二、计算机联锁系统应用于城市轨道交通

用于我国城市轨道交通的计算机联锁有国产的和从国外引进的。国产的早期采用的是双机热备的计算机联锁,近期采用的是二乘二取二的计算机联锁。车辆段/停车场均采用国产

的计算机联锁。正线多采用国产的计算机联锁,部分正线也有采用从国外引进的计算机联锁。

各种型号的国产计算机联锁,包括双机热备的和二乘二取二的计算机联锁,在我国城市轨道交通中均有所采用。

从国外引进的有 SICAS 型、MicroLOCK Ⅱ型、PM Ⅰ型计算机联锁。

三、与主要设备的结合

1. 与 ATS 系统的结合

联锁系统可与 ATS 设备互连,以便于向 ATS 中央系统提供车辆段的进路状态、信号机状态、道岔位置、轨道电路状态、股道状态等信息。

计算机联锁系统与车辆段 ATS 设备间,采用可靠的隔离措施,以确保不影响联锁系统的正常工作。

2. 与试车线设备的结合

试车线的联锁受车辆段计算机联锁系统统一控制,当需要对列车进行动态试验时,计算机联锁系统按非进路调车方式下放对试车线的控制权;试车完毕后,经试车线控制室交权,信号楼控制室重新收回对试车线的控制权,有关信号机关闭,道岔延时 30 s 解锁。

3. 与正线联锁系统的结合

正线车站与车辆段之间的出/入段按列车方式办理;车辆段与正线车站间的接口电路考虑出段和利用转换轨调车时的联锁敌对照查条件及对方防护信号机的状态显示;进/出段作业(转换轨至段内停车库)按列车方式办理。

第四节　ATC 系统

列车自动控制(ATC)系统是城市轨道交通信号系统的最重要的组成部分,它实现行车指挥和列车运行自动化,能最大程度地保证列车运行安全,提高运输效率,减轻运营人员的劳动强度,发挥城市轨道交通的通过能力。ATC 系统的技术含量高,运用了许多当代重要的科技成果。

目前,用于我国城市轨道交通的 ATC 系统以前大多是从国外引进的,有西屋公司的、US&S 公司的、西门子公司的、阿尔斯通公司的和阿尔卡特公司的等。近年来,则出现国产的 ATC 系统,有交控科技股份有限公司的、中国铁道科学研究院的、卡斯柯信号有限公司的等。

一、ATC 系统综述

1. ATC 系统的功能

ATC 系统包括五个原理功能:ATS 功能、联锁功能、列车检测功能、ATC 功能和 PTI 功能。

ATS 功能可自动或由人工控制线路及向行车调度员和外部系统提供信息。ATS 功能由完全位于控制中心内的设备实现。

联锁功能响应来自 ATS 功能的命令,在随时满足安全准则的前提下,对进路、道岔和信号的控制。进路、轨道电路、道岔和信号的状态信息提供给 ATS 和 ATC 功能。联锁功能由分布在轨旁的设备来实现。

列车检测功能一般由轨道电路或计轴器完成。

ATC 功能在联锁功能的约束下，根据 ATS 的要求实现列车运行的控制。ATC 功能有三个 ATC 子功能：ATC 轨旁功能、ATC 传输功能和 ATC 车载功能。ATP/ATO 轨旁功能负责列车间隔和报文生成。ATP/ATO 传输功能负责生成感应信号，它包括报文和 ATC 车载设备所需的其他数据。ATP/ATO 车载设备负责列车的安全运营、列车自动驾驶，并且给信号系统和司机提供接口。

PTI 功能是通过多种渠道传输和接收各种数据，在特定的位置传给 ATS，向 ATS 报告列车的识别信息、目的号码和乘务组号和列车位置数据，以优化列车运行。

2. 闭塞及其实现

在城市轨道交通内，列车间隔控制即闭塞均由列车运行自动完成。由于采用了 ATC 系统，各个轨道区段，即闭塞分区均不设通过信号机，而由车载 ATP 系统予以显示。也没有铁路那样专用的闭塞系统的概念，闭塞作用由 ATP 系统完成。

按照闭塞实现的方式，城市轨道交通的闭塞可分为固定闭塞、准移动闭塞、移动闭塞。

准移动闭塞式和移动闭塞式 ATC 系统可以实现较大的通过能力，对于客运量变化具有较强的适应性，可以提高线路利用率，具有高效运行、节能等作用，并且控制模式与列车运行特性相近，能较好地适应不同列车的技术状态，其技术水平较高，具有较大的发展前景。

（1）固定闭塞

固定闭塞将线路划分为固定的区段，不论前、后列车的位置，还是前、后列车的间距都是用固定的地面设备（如轨道电路等）检测和表示的。线路条件和列车参数等均需在闭塞设计过程中加以考虑，并体现在地面固定区段的划分中。

由于列车定位是以固定区段为单位的（系统只知道列车在哪个区段中，而不知道在区段中的具体位置），所以固定闭塞的速度控制模式必然是分级的。在这种制式中，需要向被控列车传送的只是代表少数几个速度级的速度码。

固定闭塞方式，通过轨道电路判别闭塞分区占用情况，并传输信息码，需要大量的轨旁设备，维护工作量较大，存在较多缺点，并无法满足提高系统能力、安全性和互用性的要求。

（2）准移动闭塞

准移动闭塞（也可称为半固定闭塞）是介于固定闭塞和移动闭塞之间的一种闭塞方式。它对前、后列车的定位方式是不同的。前行列车的定位仍沿用固定闭塞的方式，而后续列车的定位则采用连续的或称为移动的方式。准移动闭塞可解释为"预先设定列车的安全追踪间隔距离，根据前方目标状态设定列车的可行车距离和运行速度"，是介于固定闭塞和移动闭塞之间的一种闭塞方式。

由于准移动闭塞同时采用移动和固定两种定位方式，所以它的速度控制模式，必然既具有无级（连续）的特点，又具有分级的性质。若前行列车不动而后续列车前进时，其最大允许速度是连续变化的；而当前行列车前进，其尾部驶过固定区段的分界点时，后续列车的最大速度将按"台阶"跳跃上升。

准移动闭塞在控制列车的安全间隔上比固定闭塞进了一步。它通过采用报文式轨道电路辅之环线或应答器来判断分区占用并传输信息，信息量大；可以告知后续列车继续前行的距离,后续列车可根据这一距离合理减速或制动,列车制动的起点可延伸至保证其安全制动的地点,从而可改善列车速度控制,缩小列车安全间隔,提高线路利用率。但准移动闭塞中后续列车的最大目标制动点仍必须在先行列车占用分区的外方,因此它并没有完全突破轨道电路区段的限制。

（3）移动闭塞

移动闭塞是一种新型的闭塞制式,它克服了固定闭塞的缺点。它不设固定闭塞区段,前、后两列车都采用移动式的定位方式。移动闭塞可解释为"列车安全追踪间隔距离不预先设定,而随列车的移动不断移动并变化的闭塞方式"。

移动闭塞可借助感应环线或无线通信的方式实现。早期的移动闭塞系统采用基于感应环线的技术,即通过在轨间布置感应环线来定位列车和实现车载计算机与控制中心之间的连续通信。而现今,大多数移动闭塞系统已采用无线通信系统,构成基于无线通信技术的移动闭塞。

3. 不同结构的 ATC 系统

ATP 按地面信息的传输方式分为点式和连续式两种结构。

（1）点式 ATC 系统

点式自动列车运行控制系统因其主要功能是实现列车超速防护,所以又称为点式 ATP 系统,它传递点式信息,用车载计算机进行信息处理。

点式 ATC 系统的主要优点是采用大信息容量的地面应答器,结构简单,安装灵活,可靠性高,价格明显低于连续式 ATC 系统。

点式 ATP 难以胜任列车密度大的情况,如后续列车驶过地面应答器时,因前方区段有车,它算出的速度曲线是一条制动曲线。后续列车驶过后,尽管前行列车已驶离,但后续列车因得不到新的信息只能减速运行,直到抵达运行前方的地面应答器,才能加速。

图 10-15 表示点式 ATP 系统的基本结构,由车载设备和地面设备组成,主要是地面应答器、道旁电子单元（LEU）及车载设备。

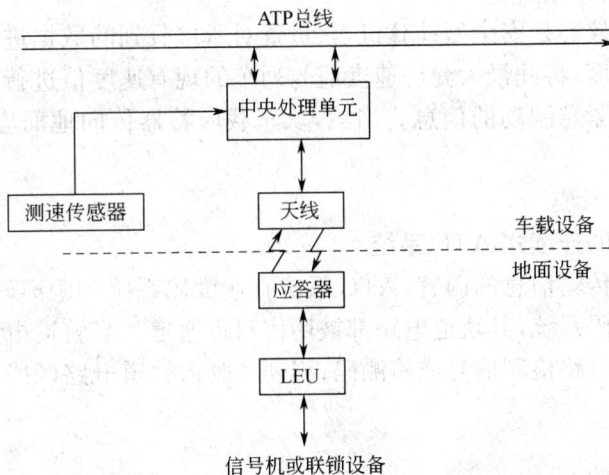

图 10-15　点式 ATP 系统的基本结构图

地面应答器通常设置在信号机的旁侧或设置在一段需要降速的缓行区间的始、终端。

地面应答器无源，接收车载设备发射的能量，供内部电路与回答发送用。其内部寄存器按协议以数码形式存放，实现列车速度监控及其他行车功能所必须的数据。当列车驶过地面应答器且车载应答器与地面应答器对准时，车载应答器首先以一定的频率，通过电磁感应方式将能量传递给地面应答器，地面应答器的内部电路在接收到来自车上的能量后即开始工作，将所存储的数据以某种调制方式通过电磁感应传送至车上。

轨旁电子单元是地面应答器与信号机之间的电子接口设备，其任务是将不同的信号显示转换为约定的数码形式。

车载设备由车载应答器，测速传感器，中央处理单元，驾驶台上的显示、操作与记录装置等部分组成，如图 10-16 所示。

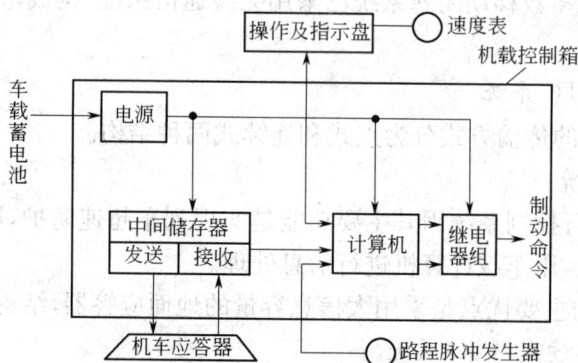

图 10-16　点式 ATC 系统车载设备组成图

车载应答器完成车—地的耦合联系，将能量送至地面应答器，接收地面应答器所储存的数据并传送至中央处理单元。

测速传感器通常装在轮轴上，根据每分钟车轮的转数与车轮直径在中央处理单元内换算成列车目前的速度。

中央处理单元的核心是安全型计算机，它负责对所接收到的数据进行加工处理，形成列车当前允许的最大速度，将此最大允许速度值与列车的现有速度值进行比较，以决定是否给出启动常用制动乃至紧急制动的信息。当然，从车载应答器传向地面应答器的高频电磁能量也是由它产生的。

（2）连续式 ATC 系统

①采用轨道电路的连续式 ATC 系统

按地—车之间所传输信息的内容，ATC 系统有速度码系统和距离码系统两种。不论是速度码系统还是距离码系统，其轨道电路都被用作双重通道。当轨道电路区段上无车时，轨道电路发送的是轨道电路检测信号或检测码；当列车驶入轨道电路区段，立即转发速度信号或有关数据电码。

a. 速度码系统

速度码系统通常使用频分制方法，采用的是模拟音频轨道电路，即用不同的频率来代表不同的允许速度。由控制中心通过信息传输媒体将列车最大允许速度直接传至车上，这类制式在信息传递与车上信息处理方面比较简单,速度分级是阶梯式的。

速度码系统从地面传递给列车的允许速度(限速值)是阶梯分级的,在轨道电路区段分界处的限速值是跳跃式的,这对于平稳驾驶、节能运行及提高行车效率都是非常不利的。因此,速度码系统已逐渐被能实时计算限速值的距离码系统所取代。

b. 距离码系统

由于信息电码的多样性和复杂性,所以距离码系统必须使用时分制数字电码方式,按协议来组成各种信息。距离码系统采用数字编码音频轨道电路,曾是使用最广泛的 ATC。

距离码系统从地面传至车上的是前方目标点的距离等一系列基本数据,车载计算机根据地面传至车上的各种信息(包括区间的最大限速、目标点的距离、目标点的允许速度、区间线路的坡度等)及储存在车载单元内的列车自身的固有数据(如列车长度、常用制动及紧急制动的制动率、测速及测距信息等),实时计算出允许速度曲线,并按此曲线对列车的实际运行速度进行监控。

由于数据传输、实时计算及列车车速监控都是连续的,所以速度监控是实时、无级的,可以有效地实现平稳驾驶与节能运行。但这种制式的信息传输比较复杂。

②采用轨间电缆的 ATC 系统

利用轨间铺设的电缆传输信息。控制中心储存线路的固定数据,如:区间线路坡度、弯道、缓行区段的位置及长度等。经联锁系统,将沿线的信号显示、道岔位置等信息传送至控制中心。列车将其数据,如:载重量、列车长度、制动率、所在位置、实际速度,经轨间电缆传给控制中心。控制中心的计算机根据这些数据计算出该时刻的列车允许速度,此速度值经轨间电缆传送给运行在线路上的相应列车。列车获得此速度值对列车速度进行监控。这种方式统一指挥全部列车运行,遇有发生行车晚点或其他障碍,可极迅速地将行车命令传给列车。但控制中心故障则全线"瘫痪"。因此采用另一种控制方式,控制中心将有关信息(线路坡度、缓行区段位置、目标距离或目标速度等)通过轨道电缆送至列车,由车载计算机计算其允许速度。

这类 ATC 系统主要由控制中心设备、轨间传输电缆及车载设备组成,如图 10-17 所示。

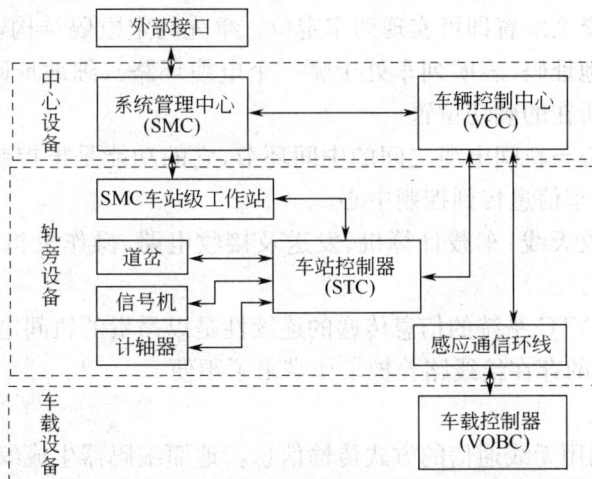

图 10-17 采用轨间电缆的 ATC 系统组成图

采用轨间电缆超速防护系统的室内、室外设备联系用两级控制方式来实现,即控制中心与若干个沿线设置的中继器相连,在控制中心与敷设在轨间的电缆之间的信息交换将在中继器内进行中间变换(频率变换、电平变换、功率放大等)。

在这类连续式超速防护系统中,轨间电缆是车—地之间的唯一信息通道。为了防止牵引电流的干扰及实现列车定位,轨间电缆每隔一定距离(如每隔 25 m)做一个交叉,如图 10-18 所示。

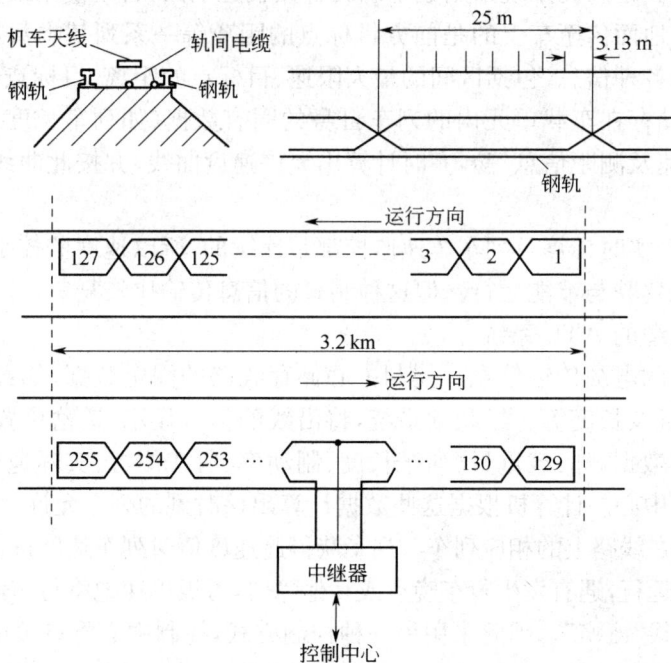

图 10-18 轨间电缆的交叉配置图

利用轨间电缆的交叉配置即可实现列车定位。事先约定电码结构,包括:列车运行方向码、中继器的代码、粗地址码(表明列车处于哪一个电缆环路)、细地址码。列车定位地址码解码后即可知道列车所在的确切位置。

中继器是控制中心与轨间电缆之间的中间环节,它的功能是把控制中心的命令通过轨间电缆传给列车,将列车信息传到控制中心。

车载设备包括接收天线、车载计算机、发送及接收电路、操作及指示盘、与制动机的接口、路程脉冲发生器等。

采用轨间电缆的 ATC 系统的信息传递的连续性是以昂贵的轨间电缆为代价的,维修费用也高,而且轨间电缆的存在给线路养护工作带来了不便。

③无线 ATC 系统

无线 ATC 系统利用无线通信的方式传输信息。地面编码器生成编码信息,通过天线向车上发送。信号显示控制接口负责检测要发送的信号显示,并从已编程的数据中选出有用数据送编码器,同时选出与限制速度、坡度、距离等有关的轨道数据。编码器用高安全度的代码将这些数据编码,经过载波调制,馈送至无线通道向列车发送。车上接收设备接收限制速度、坡度、距离后,由车载计算机计算出目标速度,对列车进行监控。

用无线通道实现地—车数据传输的 ATC 才是真正意义上的移动闭塞。无线通道可采用自由空间波、波导管等。

典型无线移动闭塞系统的结构如图 10-19 所示。该系统以列车为中心,其主要子系统包括:区域控制器、车载控制器、列车自动监控(中央控制)、数据通信系统和司机显示等。

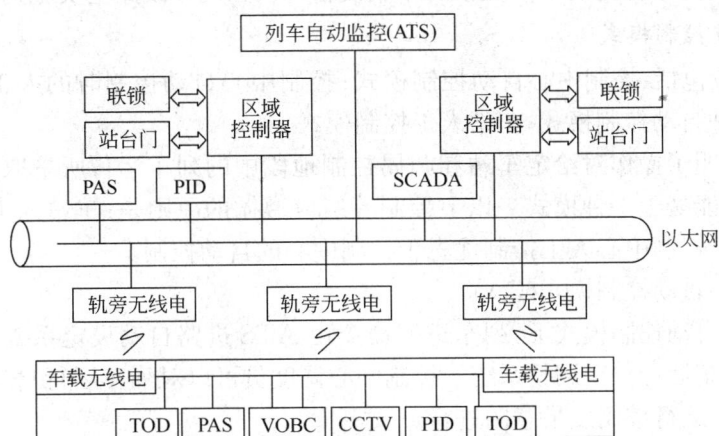

图 10-19　典型无线移动闭塞系统的结构图
CCTV—闭路电视;PAS—乘客广播系统;PID—乘客向导系统;
SCADA—电力监控系统;TOD—司机显示;VOBC—车载控制器

区域控制器即区域的本地计算机,与联锁区一一对应,通过数据通信系统保持与控制区域内所有列车的安全信息通信。区域控制器根据来自列车的位置报告跟踪列车并对区域内列车发布移动授权,实施联锁。

ATS 可实现与所有列车运行控制子系统的通信,用于传输命令及监督子系统状况。

车载控制器实现 ATP 和 ATO 的功能。车载应答器查询器和天线与地面的应答器进行列车定位。测速发电机用于测速和对列车定位进行校正。

司机显示提供司机与车载控制器及 ATS 的接口,显示的信息包括:最大允许速度、当前实际速度、到站距离、列车运行模式及系统出错信息等。

数据通信系统实现所有列车运行控制子系统间的通信。

4. CBTC

采用轨间电缆感应通信和无线通信的列车控制系统称为基于通信技术的列车控制系统(CBTC),该系统的使用代表着目前世界上列车运行控制系统的发展趋势,是近年来城市轨道交通领域积极采用的一种移动闭塞方式。CBTC 是一种采用先进的通信、计算机技术,连续控制、监测列车运行的移动闭塞方式的列车控制系统。它摆脱了用轨道电路判别列车对闭塞分区占用与否,突破了固定(或准移动)闭塞的局限性。较以往系统具有更大的优越性,具体体现如下:

(1)实现列车与轨旁设备实时双向通信且信息量大。

（2）可减少轨旁设备，便于安装维修，有利于紧急状态下利用线路作为人员疏散的通道，有利于降低系统全寿命周期内的运营成本。

（3）确立"信号通过通信"的新理念，使列车与地面（轨旁）紧密结合、整体处理，改变以往车—地相互隔离、以车为主的状态。这意味着车—地通信采用统一标准协议后，就有可能实现不同线路间不同类型列车的联通联运。所谓联通联运对于信号系统面言，主要是指某系统的地面设备可以与另一系统的地面设备互联、系统的车载设备可以与另一系统的地面设备协同工作、同一列车首尾的不同厂家的车载设备可以在同一线路上实施列车运行控制。

5. ATC 系统控制模式

ATC 系统应包括：控制中心自动控制模式；控制中心自动控制时的人工介入控制的人工控制模式；车站自动控制模式；车站人工控制模式。

每种模式说明了操作对给定车站和归属控制地段中的列车运行所采取的控制等级，然而在同一时间只能处于一种模式。以上控制等级应遵循的原则是：车站人工控制优先于控制中心人工控制、控制中心人工控制优先于控制中心的自动控制。

（1）控制中心自动控制模式（CA）

在控制中心自动控制模式下，列车进路命令由 ATS 进路自动设定系统发出，其信息来源是时刻表及列车运行自动调整系统。控制中心调度员可以对列车运行自动调整系统进行人工干预，使列车运行按调度员意图进行。

（2）控制中心自动控制时的人工介入控制的人工控制模式（CM）

在控制中心自动控制时，控制中心调度员也可关闭某个联锁区或某个联锁区内部分信号机或某一指定列车的自动进路设定，直接在控制中心的工作站上对列车进路进行控制，在关闭联锁区自动进路设定时，控制中心调度员可发出命令，利用联锁系统自动进路控制功能，随着前行列车的运行，自动排列一条后续列车的固定进路。在自动进路功能出现故障的情况下，调度员可以人工设置进路。

在 CM 模式中，车站的人工控制转到 ATS 系统。一旦车站工作于该模式，则由 ATS 系统启动控制而不由车站控制计算机启动控制。然而，车站控制计算机继续接收表示、更新显示和采集数据。

（3）车站自动控制模式

在控制中心设备故障或通信线路故障时，控制中心将无法对联锁车站的远程控制终端进行控制，此时将自动进入列车自动监控后备模式，由列车上的车次号发送系统发出的带列车去向的车次信息，通过远程控制终端自动产生进路命令，由联锁系统的自动功能来自动设定进路，即随着列车运行，自动排列进路。

（4）车站人工控制模式

当 ATS 因故不能设置进路（不论人工方式还是自动进路方式）或由于某种运营上的需要而不能由中心控制时，可改为现地操纵模式。在现地操纵台上人工排列进路。在此模式下，将车站的人工控制（如进路控制）命令转到车站控制室的车站控制计算机。

车站自动控制和车站人工控制也可合称车站控制（LC）。当车站工作于 LC 模式时，不能由 ATS 系统启动控制。然而，ATS 系统将继续收到表示、更新显示和采集数据。对车站控制计算机而言，这是唯一可用的控制模式。

6. 列车驾驶模式

城市轨道交通列车的主要驾驶模式应包括：列车自动运行驾驶模式；列车自动防护驾驶模式；限制人工驾驶模式；非限制人工驾驶模式。此外，还有自动折返驾驶模式。

自动驾驶模式和无人驾驶模式可以提高列车行车效率，实现列车运行自动调整、维护列车运行秩序、减少司机的劳动强度和数量。然而，由于无人驾驶涉及车辆、行车组织、车辆段配置等多种因素，系统造价高，我国刚开始运用，需要在探索经验后逐渐采用。

（1）列车自动运行驾驶模式（ATO 模式）

ATO 模式是正线上列车运行的正常模式，即用于正线上列车的正常运行。在 ATO 模式下，ATO 根据 ATP 编码和列车位置生成运行列车的行驶曲线，完全自动地驾驶列车；ATO 还能根据到停车点的距离计算出列车的到站停车曲线；ATO 速度曲线可以由 ATS 的调整命令修改；ATP 系统控制列车的紧急制动。在这种模式下，列车从车站之间的运行是自动的，不需司机驾驶，司机只负责监视 ATO 显示，监督车站发车和车门关闭，以及列车运行所要通过的轨道、道岔和信号的状态，在必要时人工介入。

（2）列车自动防护驾驶模式（SM 模式）

SM 模式即 ATP 监督人工驾驶模式，是一种受保护的人工驾驶模式。ATO 故障时列车用 SM 模式在 ATP 的保护下降级运行。在这种模式下，司机根据驾驶室中的指示手动驾驶列车，并监督 ATP 显示，以及列车运行所要通过的轨道、道岔和信号的状态，可以在任何时候操作紧急制动。ATP 连续监督人工驾驶的列车运行，向司机提示安全速度和距离信息。在列车实际行驶速度到达最大安全速度之前，ATP 可实施常用制动，防止列车超速；由 ATP 系统来控制列车的紧急制动。

（3）限制人工驾驶模式（RM 模式）

RM 模式即 ATP 限制允许速度的人工驾驶模式，这是一种受约束的人工操作，必须谨慎运行。在这种模式下，列车由司机根据轨旁信号驾驶，ATP 仅监督允许的最大限速值。该运行模式在下列情况下使用：列车在车辆段范围（非 ATC 控制区域）内运行；正线运行中联锁系统、轨道电路、ATP 轨旁设备、ATP 列车天线发生故障；列车紧急制动后；开动 ATP/ATO 后。RM 模式下，列车由司机驾驶，速度不大于 25 km/h，否则进行紧急制动。此时，司机负责列车的运行安全，监督列车所要通过的轨道、道岔、信号的状态，如有必要对列车进行制动。

（4）非限制人工驾驶模式（关断模式、URM 模式）

关断模式即不受限制的人工驾驶（无 ATP 监督）模式，用于车载 ATP 设备故障及车载设备测试情况下完全关断时的列车驾驶，使用时必须登记。列车是由司机根据轨旁信号和调度员的口头指令驾驶的，没有速度监督。ATP 的紧急制动输出被车辆控制系统切断，司机必须保证列车运行不超过限制速度（最大 25 km/h），并监督列车所要通过的轨道、道岔和信号的状态，必要时采取措施，对列车进行制动。

以上模式，满足一定条件后可互相转换。除 URM 外，其他模式都有一个 5 m 的退车控制，如果超过这个限制，ATP 将紧急制动。

（5）自动折返驾驶模式（AR 模式）

列车在端站（设有折返线的车站）调转行车方向或使用折返线进行折返操作时，就要求能进入自动折返驾驶模式。这时司机可不在车上，无需司机干预。

为使自动折返操作具有高度的灵活性,自动折返模式有:ATO 自动运行折返模式;ATO 无人自动折返模式;ATP 监督人工驾驶折返模式。采用无人折返或有司机折返取决于司机采取的不同折返模式。

折返命令是由 ATS 中心根据需要生成并传输至列车,或由设计固定的 ATP 区域(如终端站)的轨旁单元发出的。ATP 车载设备通过接收轨旁报文而自动启动 AR 模式,并通过驾驶室显示设备指示给司机,ATP 车载设备的 AR 模式就自动启动了,司机必须按压"AR"按钮确认折返作业。是否折返,是由无人驾驶执行,还是由司机执行,这些完全由司机决定。自动折返前司机负责检查确认所有乘客已下车、车门已关闭,并按压"自动折返"按钮。

二、ATP 子系统

ATP 子系统是保证行车安全、防止错误进路、防止列车进入前方列车占用区段和防止速度码升级的设备。ATP 负责全部的列车运行保护,是列车安全运行的保障。ATP 是 ATC 的基本环节,属于"故障—安全"系统,必须符合"故障—安全"的原则。

1. ATP 功能

ATP 子系统执行以下安全功能:速度限制的接收和解码、超速防护、车门管理、自动和手动模式的运行、司机驾驶台接口、车辆方向保证、永久车辆标识。ATP 功能分为 ATP 轨旁功能、ATP 传输功能、ATP 车载功能。

(1)ATP 轨旁功能

ATP 轨旁功能负责列车安全间隔和生成报文,完成对列车安全运行授权许可的发布和报文的准备,这些报文包括安全、非安全和信号信息等。ATP 轨旁功能又分为列车安全间隔功能和报文生成功能。

列车安全间隔功能负责保持列车之间的最小安全距离,还负责发出运行授权。

报文生成功能完成整理数据,准备和格式化要传送到 ATP 车载设备的报文,并决定传输方向。

(2)ATP 传输功能

ATP 传输功能负责发出报文信号,包括报文和 ATP 车载设备所需要的其他数据。

(3)ATP 车载功能

ATP 车载功能负责列车安全运行,自动限速,并提供信号系统和司机间的接口。车载功能由 ATP 监督功能、ATP 服务/自诊断功能、ATP 状态功能、车门释放功能、速度/距离功能及人—机接口(DMI)功能组成。

ATP 监督功能负责保证列车运行的安全。ATP 监督包括速度监督、方向监督、车门监督、紧急制动监督、后退监督、报文监督、设备监督等。

ATP 服务/自诊断功能负责采集、存储、记录、调用列车数据、状态信息,为 ATP 监督提供服务,完成 ATP 车载设备的自诊断。

ATP 状态功能负责根据主要情况选定正确的状态和模式。

车门释放功能保证当显示安全时容许打开车门。在所有的信号模式中可以连续使用此功能。

速度/距离功能基于测速单元的输入,负责测定列车的运行速度、运行距离和运行方向。人—机接口功能提供信号系统与司机的接口。

2. ATP 设备组成

采用轨道电路传送 ATP 信息时,ATP 子系统由设于控制站的轨旁单元、设于线路上各轨道电路分界点的调谐单元和车载 ATP 设备,以及与 ATS、ATO、联锁系统连的接口设备组成。

连续式 ATP 系统利用数字音频轨道电路,向列车连续地发送数据,允许连续监督和控制列车运行。对于 ATP,在轨旁无需其他传输设备。当轨道电路区段空闲时,发送轨道电路检测电码;当列车占用时,向轨道电路发送 ATP 信息。轨道旁的轨道电路连接箱内(发送、接收端各一个)仅有电路调谐用的无源元件,包括轨道耦合单元及长环线。

车载 ATP 设备完成命令解码、速度探测、超速下的强制执行、特征显示、车门操作等任务。车载 ATP 设备由两套 ATP 模块、两个速度传感器和两个接收线圈、车辆接口、驾驶台上相关表示及控制按钮等组成,根据地面控制中心的数据(由 ATP 天线接收)与预先储存的列车数据计算出列车实时最大允许速度。将此速度与来自轮脉冲发生器测得的列车实际运行速度相比较。超过允许速度时,报警后启动制动器。在驾驶台上给出必要的显示,如最大允许速度、实际运行速度、目标距离、目标速度等。

ATP 系统的基本配置包括驾驶室内的操作和控制单元(MMI)。借助于 MMI,司机可以按照 ATP 系统的指示运行。MMI 包括司机显示、司机外部接口两个子功能。司机显示是向司机显示实际速度、最大允许速度、ATP 设备的运行状态,以及列车运行时产生的重要故障信息,在某些情况伴有音响警报。司机外部接口包括释放驾驶室的设备、"允许"按钮"车门释放"按钮及"确认"按钮。

3. ATP 工作原理

(1)列车检测

采用轨道电路等作为列车检测设备。当轨道电路区段空闲时,发送轨道电路检测电码,此时轨道电路的功能是检测是否空闲,检测结果送往联锁装置。

(2)列车自动限速

ATP 轨旁单元从联锁和轨道空闲检测系统获得驾驶指令,形成计划数据后传输至 ATP 车载设备。驾驶指令主要包括目标坐标(目标速度和目标距离)、最大允许线路速度和线路坡度。ATP 车载设备通过此数据计算现有位置的列车允许速度。驾驶列车所需的数据经由驾驶室显示器指示给司机。

实际的列车速度和驶过的距离由测速装置连续进行测量。

ATP 车载设备列车实际速度与列车允许速度进行比较。当列车实际速度超过列车允许速度时,ATP 的车载设备就发出制动命令,发出报警后控制列车进行常用全制动或实施紧急制动,使列车自动地制动;当列车速度降至 ATP 所指示的速度以下时,便自动缓解。而运行操作仍由司机完成。

ATP 不仅可用来保证列车之间的运行安全,还用于受曲线等线路条件、通过道岔、慢行区间等限制而需要限速的区段。因此限速等级是根据后续列车和先行列车之间的距离、线路条件等决定的。ATP 可对列车运行速度进行分级或连续监督。

（3）车门开关

当列车在站台停稳且停车点的误差在允许范围以内时，车载对位天线和地面对位天线才能很好地感应耦合并进行车门开关操作。这需要地面和车载 ATC 设备及车辆门控电路共同配合。

地面 ATP 设备还将列车停准、停稳信息送至控制中心作为列车到站的依据。门关闭后，车载 ATP 才具备安全发车条件。

（4）制动模式

列车制动控制模式分为分级制动模式和一次制动模式。各种制动模式的速度曲线如图 10-20 所示。

①分级制动

分级制动以闭塞分区为单元，根据与前行列车的运行距离来调整列车速度，各闭塞分区采用不同的低频频率调制，指示不同的速度等级，在此基础上确定限速值。分级制动模式又分为阶梯型和曲线型。

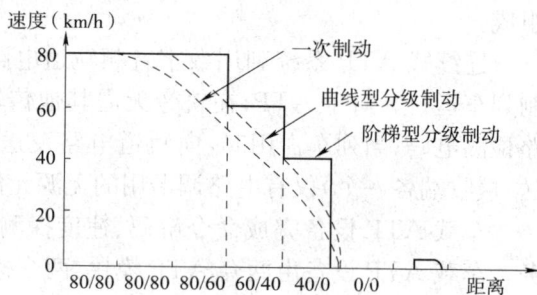

图 10-20　各种制动模式的速度曲线图

阶梯型分级制动模式俗称大台阶型。它将一个列车全制动距离划分为 3～4 个闭塞分区，每一闭塞分区根据与前行列车距离确定限速值。当列车速度高于检查值时，列车自动制动。其为滞后监督方式，即在闭塞分区出口才监督是否超速，所以为确保安全，必须设有"保护区段"。阶梯型分级制动模式的速度曲线如图 10-20 中所示。固定闭塞制式的 ATC 通常采用阶梯型分级制动模式。

阶梯型分级速度控制方法虽然构成较为简单，但具有较多缺点，不能满足高密度行车的需要，改为"速度—距离"模式曲线控制方式。

模式曲线是根据该闭塞分区提供的允许速度值及列车参数和线路常数由车载计算机计算出来的（或将各种制动模式曲线储存调用）。准移动闭塞制式的 ATC 通常采用曲线型分级制动模式。

②一次制动

一次制动是按"目标—距离"制动的。根据距前行列车的距离或距运行前方停车站的距离，由控制中心根据目标距离、列车参数和线路参数计算出列车制动模式曲线，或由车载计算机予以计算，按制动模式曲线控制列车运行。信息传输有数字编码轨道电路传输和无线传输两种方式。无论何种方式，传输的信息必须包括线路允许速度、目标速度、目标距离。一次制动方式最能合理地控制列车运行速度，是列车自动控制技术的发展方向。移动闭塞制式的 ATC 通常采用一次制动模式。

（5）测速与测距

①测速

列车运行速度的测量非常重要，列车实际运行速度是速度控制的依据。该速度值的准确和精度直接影响调速效果。

测速有车载设备自测和系统测量两种方法，车载设备自测有测速发电机、路程脉冲发生器、光电式传感器和霍尔式脉冲转速传感器等方法。系统测量有卫星测速和雷达测速等方法。

早期采用测速发电机测速。测速发电机安装在车轮轴头上,它发出的电压与车速成正比,该电压经处理后产生模拟量和数字量两个输出,分别用来驱动速度表和进入车上主机用于速度比较。测速发电机简单,但在低速范围内精度较差,可靠性也不高。

路程脉冲发生器的核心部件是一个16极的凸轮,随着车轮的转动,发生一系列脉冲,车速越快,脉冲数越多,只要在一定时间内记录下脉冲的数目,即能换算成列车的实际速度。

光电式传感器随着车轮的转动,光线不断地通过和被阻挡,使它产生电脉冲,记录脉冲数目来测量车速。

霍尔式脉冲转速传感器在车轮转动时产生频率正比于车轮转速的信号,以此来进行测速。采用两路测速,以对列车车轮空转、蠕滑、死抱等引起的误差进行修正。

转速传感器无法精确补偿车轮滑转和滑行,可用一台多普勒雷达装置,向 ATP/ATO 系统输入第三个车速信息。这个信息跟转速传感器输入的车速相比较,以检验车速测量系统的可靠性。

②测距

如何测量距停车点的精确距离是列车运行超速防护系统的重要任务。测距是通过测速与轮径完成的,必须不断地对轮径进行修正。

(6)设置速度限制

ATP 通过设置区域速度限制或闭塞分区限速来设置速度限制。

①区域速度限制

区域速度限制是针对轨道电路内的预定区域的,其可由 ATP 轨旁设备设置,也可在需要时由控制中心控制。一旦设置了限速,集中站的 ATP 轨旁设备就将产生到速度限制区的新的目标距离和实际的目标限制速度,并传送给接近限速区域的列车。

②闭塞分区限速

闭塞分区限速是对单独的轨道电路设置最大的线路和目标速度。通过 ATP 轨旁设备选择最大速度。所选的速度作为轨道电路的最大速度。

(7)紧急制动和常用制动

紧急制动是将压缩空气全部排入大气,使副风缸内压缩空气很快推动活塞,施行制动,使列车很快停下来。紧急制动时,列车冲击大,中途不能缓解,充风时间长,不能使列车安全、平稳地运行。

常用制动是直接控制列车主管压力使机车制动与缓解,不影响原有列车制动系统的功能。它缩短了制动空走时间,大大减小了制动时的纵向冲击加速度,使列车运行更安全、舒适。

在常用制动失效后,可施行紧急制动。

三、ATO 子系统

ATO 即列车自动驾驶,它代替司机操纵列车驱动、制动设备,自动实现列车的起动、加速、匀速惰行、制动等驾驶功能。

1. ATO功能

ATO系统的功能分为基本控制功能和服务功能。基本控制功能包括：自动驾驶、无人自动折返、自动控制车门开闭；服务功能包括：列车位置、允许速度、巡航/惰行、PTI支持功能等。

（1）自动驾驶

①自动调整列车运行速度

ATO车载控制器通过比较实际列车运行速度及ATP给出的最大允许速度及目标速度，并根据线路的情况，自动控制列车的牵引及制动，使列车在区间内的每个区段始终按控制速度（ATP计算出来的限制速度减去5 km/h）运行，并尽可能减少牵引、惰行和制动之间的转换。

②停车点的目标制动

以车站停车点作为目标点，采用最合适的减速度使列车准确、平稳地停在规定的停车点，与列车定位系统相配合，停车误差0.5 m以下。

③从车站自动发车

当发车安全条件符合时（在ATO模式下，关闭了车门，这由ATP系统监视），ATO系统给出启动显示，司机按"启动"按钮，ATO系统使列车从制动停车状态转为驱动状态。停车制动将被缓解，然后列车加速。

④区间内临时停车

由ATP给出目标点位置（例如运行前方有车）及制动曲线，经ATO启动列车制动，停于目标点前。一旦停车目标取消，ATO使列车自动启动。

⑤限速区间

临时性限速区间的数据由轨道电路报文传输给ATP车载设备，再经ATO系统传达给列车驱动制动控制设备。对于长期限速的区间，可事前设定，ATO会自动考虑限速。

（2）无人自动折返

无人自动折返时无需司机控制，而且列车上的全部驾驶台将被锁闭。从接收到无人驾驶折返运行许可时，就自动进入AR模式。授权经驾驶室MMI显示给司机，司机必须确认这个显示，按下站台的"AR"按钮以后，才实施无人驾驶列车折返运行。

（3）自动控制车门开闭

由ATP系统监督开门条件，当ATP系统给出开门命令时，可以按事前的设定由ATO系统自动地打开车门，也可由司机手动打开正确一侧的车门。车门的关闭只能由司机完成。

（4）列车位置

列车位置功能是从ATP功能中接收到当前列车的位置和速度等详细信息。根据上一次计算后所运行的距离来调整列车的实际位置。此调整也考虑到在ATP功能计算列车位置时传送和接收的延迟时间，以及打滑和滑行。

（5）允许速度

允许速度功能为ATO速度控制器提供列车在轨道任意点的对应速度值。这个速度没有被优化，只是低于当前速度限制和制动曲线给的限制。允许列车速度调整是为了能源优化或由惰行/巡航功能完成的列车运行。

(6)巡航/惰行功能

巡航/惰行功能的任务是按照时刻表自动实现列车区间运行的惰行控制,同时节省能源,保证最大能量效率。由 ATO 和 ATS 确定的列车运行时间,ATO 计算能源优化轨迹。

(7)PTI 支持功能

PTI 支持功能是通过多种渠道传输和接收各种数据,在特定的位置传给 ATS,向 ATS 报告列车的识别信息、目的号码和乘务组号、列车位置数据(例如当前轨道电路的识别和速度表的读数),以优化列车运行。

2. ATO 设备组成

ATO 子系统包括地面 ATO 单元和车载 ATO 单元两部分。ATO 地面设备是设在每个车站 ATC 设备室内的车站停车模块或 ATO 通信器、沿每个站台设置的一组地面标志线圈或环路,以及和 ATP、联锁系统的接口设备。

ATO 车载设备包括每一端司机室内的一个由微型计算机构成的 ATO 控制器,以及车底部的标志线圈和对位天线(接收、发送天线)。

ATO 具有一个双向通信系统,通过车载 ATO 天线和地面 ATO 环线允许列车直接与车站内的 ATS 连接,可以实现最佳的运营控制,完成下列 ATO 功能:程序停车、运行图和时刻表调整、轨旁/列车数据交换、目的地和进路控制功能。

ATO 还具有定位停车系统,为列车提供精确的位置信息,包括车底部的标志线圈和对位天线,以及每个车站 ATC 设备室内的车站停车模块和沿每个站台设置的一组地面标志线圈。

3. ATO 工作原理

ATO 不能脱离 ATP 及 ATS 单独工作,必须从这两个系统得到系统工作的基础信息,共同构成 ATC。

(1)列车自动运行

ATO 接收来自 ATP 的信息,包括 ATP 速度命令、列车实际速度和列车走行距离、接收位置识别和定位系统的信息,接收来自 ATS 系统及联锁系统的惰行控制命令、扣车命令、下一站通过命令及运行方向及目的地等信息。根据这些信息,ATO 通过牵引/制动线控制列车,使其维持在一个参考速度上运行。

ATO 系统利用闭环反馈技术实现调速,即将列车实际速度与参考速度之差为偏差控制量,通过牵引/制动线对列车实施一定的牵引力或制动力,使偏差控制量为 0。ATO 可将列车实际运行速度调到参考速度 $\pm 2\ km/h$ 以内。

由 ATO 系统执行的自动驾驶过程是一个闭环反馈控制过程,其基本关系如图 10-21 所示。测速单元通过 ATP 向 ATO 发送列车的实际位置信息。反馈环路的基准输入是从 ATP 数据和运营控制数据中得出的。ATO 向牵引和制动控制提供数据输出。

(2)车站程序停车

线路上的车站都有预先确定的停站时间间隔。控制中心 ATS 监督列车时刻表,计算需要的停站时间以保证列车正点到达下一个车站。由集中站 ATS 通过 ATO 环线传送给 ATO 车载设备。控制中心能通过集中站 ATS 缩短或延长车站停站时间。在控制中心要求下,列车可跳过某车站。这一命令由控制中心通过集中站 ATS 传给列车。

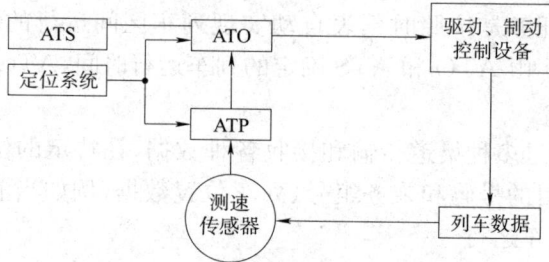

图 10-21　自动驾驶的闭环反馈控制基本关系框图

（3）车站定位控制

设置站台屏蔽门，以方便乘客上/下车。车门的开度和屏蔽门的开度要配合良好，为此，ATO 定点停车精度应为±0.25 m。

车站定点停车是靠一组地面标志线圈（或环线）提供至停车点的距离信息，标志线圈布置如图 10-22 所示。

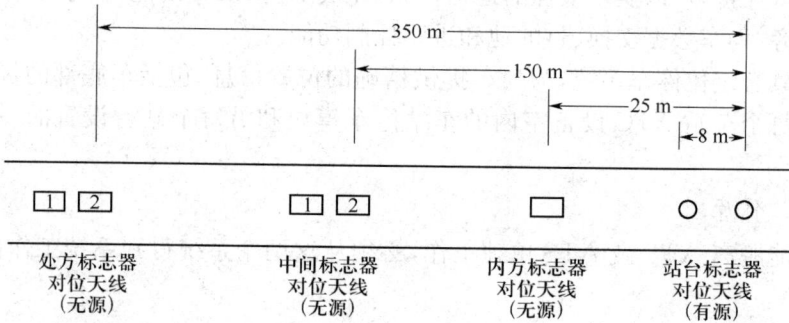

图 10-22　标志线圈布置图

350 m 和 150 m 标志线圈成对布置，具有方向性。无源标志线圈具有固定的谐振频率，列车经过时与车载标志线圈产生谐振。有源标志线圈能发送特定的频率信号。

当列车正向运行经过 350 m 标志线圈时，启动定点停车程序，列车按定点停车曲线运行。定点停车曲线是建立在一个固定减速率基础上的（制动率为全常用制动的 75%），其速度正比于至停车点距离的平方根。150 m、25 m 标志线圈的作用是根据停车曲线对实际车速进行校正。当列车通过 8 m 标志线圈时，收到一个频率信号，即转入停车模式，减速率进一步降低。当车载定位天线与地面定位天线对齐时，又收到一个频率信号，立即实施全常用制动，将车停住。若列车停准（误差为±0.25 m 内），地面定位天线会收到车载定位天线发送的停稳信号，然后才能进行开关车门和屏蔽门的操作。

（4）车门和屏蔽门控制

在通常的运行中，当列车停在车站的预定停车区域以内，列车从 ATP 轨旁设备收到车门开启命令，并且确定其速度为零后，ATO 自动打开车门，不用司机操作。

有了车门开启命令后，使 ATP 轨旁设备改发打开屏蔽门信号，当站台定位接收器收到此信号，使与列车车门相对的屏蔽门打开。

列车停站时间结束（或人工终止），地面停站控制单元启动 ATP 轨旁设备，停发开门信号，由司机关闭车门，同时关闭屏蔽门。

车站在检查了屏蔽门已关闭好以后，才允许 ATP 子系统向列车发送运行速度命令信息，列车收到速度命令，同时检查了车门已关闭后，可按车载 ATP 收到的速度命令出发。

（5）列车识别系统（PTI）

ATO 的一项重要功能是将列车数据从车上传输到控制中心，这由列车识别定位系统完成，列车上的 PTI 天线负责发送列车特征数据电码，钢轨间的回路环线（在区间内每隔一定距离设一个接收环线，停车站正线设一个接收环线）用于接收列车天线发送的数据，并将其由光缆或电缆传至控制中心。

由 PTI 传送的列车数据包括：车次号，驶往目的地（终点站名称），乘务员号，车门状态，列车状态（停车或运行）。

PTI 系统不另设车载设备，而集中在 ATO 系统内，但有独立的软、硬件，负责 PTI 编码、调制及发送。

4. ATO 与 ATP 的关系

在 ATP 系统的基础上安装了 ATO 系统，列车就可采用手动方式或自动方式进行驾驶。在选择自动驾驶方式时，ATO 系统代替司机操纵，诸如列车启动加速、匀速惰行、制动等基本驾驶功能均能自动进行。然而，不论是由司机手动驾驶还是由 ATO 系统自动驾驶，ATP 系统始终是执行其速度监督和超速防护功能。可以这样认为：

手动驾驶＝司机人工驾驶＋ATP 系统

自动驾驶＝ATO 系统自动驾驶＋ATP 系统

ATP 系统主要负责超速防护，起保证安全的作用，是不可缺少的安全保障；ATO 系统主要负责正常情况下列车高质量地运行，是提高列车运行水平质量（准点、平稳、节能）的技术措施。因此，ATP 是 ATO 的基础，ATO 不能脱离 ATP 单独工作，必须从 ATP 系统基础信息；而且，只有在 ATP 的基础上才能实现 ATO，列车安全运行才有保证；ATO 是 ATP 的发展和技术延伸，ATO 在 ATP 的基础实现自动驾驶，而不仅仅停留在超速防护的水准上。

四、ATS 子系统

ATS 子系统能与 ATP 子系统、计算机联锁设备配套使用，并有与时钟系统、乘客向导系统和综合监控系统的接口。

1. ATS 系统功能

ATS 系统在 ATP 和 ATO 系统的支持下，根据运行时刻表完成对列车运行的自动监控，可自动或由人工监督和控制正线（车辆段、试车线除外），以及向调度员和外部系统提供信息。ATS 系统具有下列主要功能：

（1）列车监视和追踪

列车监视是用计算机来再现列车的运行。列车运行由轨道空闲和占用信号来驱动。列车由车次号来识别。ATS 给 MMI、自动建立进路系统、乘客信息显示系统、模拟线路表示盘提供列车位置和车次号。

列车车次号是 ATS 功能的先决条件，必须在固定时间内提出。列车车次号包括：列车组号、服务号、旅程号等。列车车次号输入用于修改和确认列车车次号。输入方式有：在读站自动输入车次号、时刻表系统提出车次号、系统自动生成虚假车次号、调度员人工输入。

列车车次号在该列车通过读站时被记录，出错时操作员可用另一车次号替代系统中的任一个车次号。车次号删除是从 ATS 系统中清除车次号记录，在被监视到离去本区段、被覆盖时删除，也可人工删除。

列车运行由轨道占用信号从"空闲"到"占用"的翻转来识别。列车运行被监测到，就在计算机内被再现。

（2）时刻表处理

时刻表处理包括安装时刻表、修改时刻表、运行图显示和打印。系统储存适合于不同运行情况的多套时刻表；根据时刻表自动完成列车车次号的跟踪与更新；自动完成时刻表的生成。

（3）自动建立进路

自动建立进路的功能是形成控制道岔位置的命令和在适当时间向信号系统发送这些命令。将列车车次号和位置信息、道岔位置和已选信号系统的信息提供给自动建立进路系统，命令的输出由接近列车的监测和进路计划控制。

事件的正常序列为操作开始、进路确定、列车顺序规定、连接分段测试、验证、命令输出、确认。

如果对某一列车不能确定一条进路，就将相应信息送给调度员。

人工干预包括人工办理信号、允许和禁止列车进路、了解系统状态、储存和传送列车运行里程。

（4）列车运行调整

列车运行调整不断地对计划时刻表与实际时刻表进行比较，在此基础上自动产生列车的出发时间。人工调整则是命令不停车通过车站，定义一个新的终点站。

（5）乘客信息显示系统

该系统用来通知等待的乘客下一列车的目的地。

（6）列车确实位置识别

列车识别码由司机在开始旅程前选定，由列车自动发送。

（7）服务操作

服务操作即操作员能修改数据库、列车参数、控制与显示数据库信息。

（8）列车自动监控仿真及演示

列车自动监控仿真及演示是为训练而设置的，具有模拟时刻表、模拟列车运行的调度等功能，可记录、演示。

（9）遥控联锁

联锁系统由远程控制系统操作，它提供了与运营控制系统的接口界面。

（10）报告、登记、档案、统计数据

ATS 提供了大量报告、登记和 48 h 记录功能，可离线打印，其能记录设备状态信息、人工操作和系统自动操作信息与执行结果；通过选择，可回放已被记录的事件；提供数据备份和恢复功能，并可回放和查询；提供运行分析报告。

(11)监测与报警

监测与报警能及时记录被监测对象的状态,有预警、诊断和故障定位能力;监测列车是否处于 ATP 保护状态;监测信号设备和其他设备结合部的有关状态;具有在线监测与报警能力;监测过程应不影响被监测设备的正常工作。

2. 系统组成

ATS 子系统应由控制中心设备、车站设备、车辆段设备、列车识别系统及列车发车计时器等组成。因用户要求不同,ATS 的硬件、软件配置差别很大。

(1)控制中心设备

控制中心设备属于 ATS 子系统,是 ATC 的核心,设于控制中心,其设备组成如图 10-2 所示。控制中心 ATS 设备主要包括中心计算机系统、综合显示屏、调度员及调度长工作站、运行图工作站、培训/模拟工作站、打印服务器、绘图仪和打印机、维修工作站、UPS 及蓄电池。

①中心计算机系统

中心计算机系统包括控制主机、通信处理器、数据库服务器、局域网及各自的外部设备。为保证系统的可靠性,主要硬件设备均为主/备双套热备方式,可自动或人工切换。系统能满足自动控制、调度员人工控制及车站控制的要求。

②综合显示屏

综合显示屏设于控制中心的控制室,用来监视正线列车运行情况及系统设备状态,由显示设备和相应的驱动设备组成。

③调度员及调度长工作站

调度员及调度长工作站,用于行车调度指挥,进行运行计划的编制和修改,通过人—机对话可以实现对运行时刻表的编辑、修改及管理。使操作员能在控制中心监视和控制联锁系统及列车的运行,如需要可显示计划运行图和实绩运行图。

典型的配置是 32 位台式机、显示器、键盘、鼠标。

④运行图工作站

运行图工作站用于运行计划的编制和修改,通过人—机对话可以实现对运行时刻表的编辑、修改及管理。

⑤培训/模拟工作站

培训/模拟工作站配有各种系统的编辑、装配、连接和系统构成工具及列车运行仿真的软件。它可与调度员工作站显示相同的内容,有相同的控制功能,能仿真列车在线运行及各种异常情况,而不参与实际的列车控制。实习操作员可通过它模拟实际操作,培养系统控制和各种情况下的处理能力。

⑥打印机服务器、绘图仪和打印机

打印服务器缓冲和协调所有操作员和实时事件激活的打印任务。彩色绘图仪和彩色激光打印机,用于输出运行图及各种报表。

⑦维修工作站

维修工作站主要用于 ATS 系统的维护、ATC 系统故障报警处理和车站信号设备的监测。

⑧局域网

局域网把本地和远程工作站、服务器的 PLC 连接在一起。细缆以太网允许各成员间进行高速数据交换(10 Mbit/s)。

⑨UPS 及蓄电池

控制中心配备在线式 UPS 及可提供 30 min 后备电源的蓄电池。

控制中心配套现代化、高性能、模块化的控制系统,是基于灵活的工作站结构。工作站的硬件设置相同,所不同的是扩展的内存和接口板。具有与分散的联锁系统、综合自动化系统、乘客向导系统等通信的界面。控制中心与各站联锁系统间由遥控系统联系,如过程连结单元完成所有分散接口与联锁装置及 ATO 系统的通信控制,车辆段服务器把车辆段的两台远程 MMI 与控制中心连接起来。

(2)车站设备

车站分集中联锁站和非集中联锁站。集中联锁站设有一台 ATS 分机,用于采集车站设备的信息、传送控制命令,车站联锁系统能接收 ATS 系统的控制,以实现车站进路的自动控制。为从联锁系统取得所需数据,配备了可编程控制器型远程终端单元。采用模块化设计,扩展十分容易。它还控制站台上的列车目的显示器和下一列车到发和出发时间显示器。

(3)车辆段设备

①ATS 分机

车辆段设一台 ATS 分机,用于采集车辆段内存车库线的列车占用及进/出车辆段的列车信号机的状态,以在控制中心显示屏上给出以上信息的显示。

②车辆段终端

车辆段派班室和信号楼控制台室各设一台终端,与车辆段 ATS 分机相连,根据 dBASE Ⅲ 软件包和来自控制中心的实际时刻表建立车辆段作业计划。

车辆段联锁系统,通过 ATS 分机与控制中心交换信息。

车辆段与控制中心间提供有效的传输通道,距离较长时用 Modem。

3. ATS 系统基本原理

(1)自动列车跟踪

列车追踪系统是监视受控区域内列车移动的。不论是自动还是人工方式,每列列车与一个列车车次号相关联。根据对来自联锁系统的信息的推断,随着列车的前进,列车车次号在列车追踪系统中从一个轨道区段单元向下一个轨道区段单元移动。列车移动在调度员工作站上的车次号窗内以列车识别号显示出来。自 ATS 监控的第一个轨道区段开始,所有接近该轨道区段的列车都会被指定一个车次号,与接近轨道的列车方向无关。车次号按先到先服务的原则显示。

如果某一列车出现在列车追踪系统所监视区域,该列车识别号必须报告给列车追踪系统。列车识别号报告给列车追踪系统的方法有:手动输入;用读点(PTI)读入;从列车时刻表中导出;在步进检测中产生。

自动列车跟踪要完成:列车号定位、列车号的删除、车次号的处理。

(2)列车自动进路排列

通过列车进路系统,实现了进路的自动排列。这可以节约调度员大量的操作工作量。

其功能就是将进路排列指令及时地输出到联锁系统中去。

调度员可在任何时候都绕过列车进路系统,用手动方式办理进路。列车进路系统则在可用性检查中检测这一行为,并把该列车转到被动状态,直到列车到达一个新的运行触发点为止。当列车到达下一个运行触发点时,又恢复了列车进路自动排列。列车进路系统可由调度员关闭,这是必要的,在当调度员人工办理进路时,要避免列车进路系统发出命令的危险。

由自动列车跟踪报告的列车位置、列车号,它决定了所要求的目的地;进路设置命令在被输出到联锁系统功能前要进行可行性检查,该检查将决定执行或拒绝命令。

首先要确认该列车到达该进路的始端信号机的位置,或确认是否有其他列车在此列车之前到达。这种检查称为"触发区段检查",接着要进行"进路可用性检查"。如果检查表示进路设定无任何障碍,则给联锁系统输出一个指令。然后再进行"办理进路检查",以查明联锁是否已设定其进路。

列车自动进路排列功能不取消进路。

(3)时刻表系统

时刻表系统要完成:时刻表数据管理,向其他 ATS 功能模块提供时刻表数据,向外部系统提供时刻表数据,为停站时间时刻表的在线装载设置界面,为时刻表的离线修改设置界面,为使用中的时刻表增加或删除一个列车行程设置界面,按自动列车追踪请求安排列车识别号。

时刻表的编制和修改在离线模式下用给定的数据在时刻表编辑器中编辑。基本数据代表一列列车在某段线路上的运行。

为了编制时刻表,操作员必须通过时刻表编辑界面输入:运行始发时间、运行始发地点、运行终到站、每一运行间隔阶段的开始时间和终止时间、每一运行间隔阶段的运行间隔。操作员通过时刻表编辑界面输入必要的信息后,时刻表编译器/模拟器从该信息中综合出所需时刻表。如果新的时刻表存在冲突就会被显示。操作员可以调整时刻表的结果。如果操作员存储时刻表,时刻表就能被确定。为不同类型的运行阶段可存储不同的时刻表。

系统时刻表中列车运行图或列车运行档案通过列车运行图表示器显示出来。

(4)自动列车调整

自动列车调整功能按当天时刻表调整列车运行。为了实现这个目的,自动列车调整功能的调整方式是当列车早点或晚点到达车站时,用改变列车停站时间的方式;当列车延误或提前发车时,用改变站间行车时间的方式。

若没有重大的时刻表偏差,自动列车调整根据时刻表确定计划行车时间,包括列车出发、到达和停站时间。

当车站列车出发信息发出后,自动列车调整功能提供给 ATP 一个该列车根据时刻表应该到达下一站的有关信息。此外,每当出发、到达后,自动列车调整功能向后续各站(直至终点站)的乘客信息显示盘提供预期到站时间和目的地名。

操作员可调用或取消自动列车调整功能。在不调用自动列车调整功能模式下,操作员可调整行车时间,提前发车或让列车直接过站。

复习思考题 >>>>>

1. 城市轨道交通对信号系统有哪些要求？

2. 城市轨道交通信号系统有哪些特点？

3. 简述城市轨道交通信号系统的组成。

4. 简述城市轨道交通信号系统的地域分布。

5. 城市轨道交通信号基础设备包括哪些？各有什么特点？

6. 城市轨道交通对计算机联锁有哪些特殊要求？

7. 城市轨道交通计算机联锁要与哪些主要设备相结合？

8. ATC 系统有哪些功能？

9. 城市轨道交通有哪几种闭塞方式？各如何实现？

10. ATC 系统有哪些不同的结构？各有什么优、缺点？

11. 什么是 CBTC？它有哪些优越性？

12. ATC 系统有哪几种控制模式？

13. 简述 ATP 子系统功能和工作原理。

14. 简述 ATO 子系统功能和工作原理。

15. 简述 ATS 子系统功能和工作原理。

第十一章 通信技术在铁路信号中的应用

现代化的铁路信号离不开现代通信技术,也就是说,现代通信技术是铁路信号现代化的重要物质基础和技术支撑。通信技术的应用涵盖在铁路信号的各个领域,主要是光纤通信技术和无线通信技术,主要有两类应用:利用通信网传输信号系统的信息和信号系统利用通信技术自行构成传输通道。

第一节 光纤通信在铁路信号中的应用

在有的车站计算机联锁系统中采用光缆进行微机之间的通信,在区域计算机联锁中的应用光纤通信作为主站和从站的传媒;在半自动闭塞中利用光缆线路传输闭塞信号,在自动站间闭塞中采用光缆传输计轴设备的数据;在 TDCS 的广域网和局域网系统中采用光缆传输调度信息;在调度集中系统网络系统传输通道优先采用不同物理路径的单独光纤的独立专网;信号集中监测的广域网数据传输系统采用光缆构成传输通道;CTCS 的、RBC/联锁安全数据通信以太网,TCC/联锁安全数据通信局域网由专用光缆构成。

一、光纤通信在计算机联锁中的应用

1. 光纤通信在 DS6-KSB 型计算机联锁系统中的应用

DS6-KSB 计算机联锁系统内各微机之间的通信全部通过光缆连接,传输距离远,抗干扰能力和防雷性能强,保证系统具有高的运行稳定性,并具有区域联锁功能。

联锁机与系统其他部分的连接全部采用光缆,实现完全电气隔离。控显分机双机采用光分路器与联锁机的两系连接。监测机通过光缆与联锁机的两系连接。电子终端的每一系分别和联锁机的二重系通过光缆连接。

2. 光纤通信在 TYJL-ADX 型计算机联锁系统中的应用

为保证总线层处理器 FCX 机笼对大地悬空,防止监控机及其他设备对联锁机的干扰,采用光纤通信方式将监控机与 FCX 机笼隔离。

每套联锁系统需要两个以太网光交换机,每个光交换机有 3 个电口,1 个光口。

每套联锁系统需要两个光电信号转换器,每个光电信号转换器可以将 1 个光口转换为 1 个电口。

监控机、维修机连接到综合柜光交换机以太网口,综合柜光交换机和联锁机光电信号转换器通过两芯光缆连接,光缆连接时要交叉。

3. 光纤通信在 EI32-JD 型计算机联锁系统中的应用

联锁机、驱采机的通信采用局域网光接口,光缆通道双倍冗余,具有高速、高可靠性。

4. 光纤通信在区域计算机联锁系统中的应用

各型计算机联锁系统均可构成区域计算机联锁,在中心站(主站)可控制若干个其他车站(从站,或称为遥控站),中心站和其他车站之间采用光纤通信传输信息。

如 DS6-K5B 型区域计算机联锁系统,整个控制区域只要在中心站设一套联锁主机,控制操作与联锁逻辑运算集中在中心站完成,其他车站不设联锁机和控制台,只设电子终端和接口设备。集中联锁各站电子终端间采用光纤构成的安全局域网连接,传输信息高速、安全,而且不需另设专用传输设备。

又如 ilOCK 型区域计算机联锁系统,原则上选择区段内大站作为区域联锁中心站,集中处理主站、从站和站(场)间接口的联锁逻辑;小站作为区域联锁的从站(也可称作遥控站),仅设置区域逻辑控制器、应急控制终端和微机监测等设备,通过冗余安全通道与中心站交换信息,依靠光纤通信为传媒。

5. 光纤通信在 LDJLZ-Ⅱ型全电子计算机联锁系统中的应用

对于采用 LDJLZ-Ⅱ型全电子执行单元的计算机联锁系统的大站,可以将执行机柜放置在咽喉区,由信号楼集中控制,通过光纤连接联锁机。这样,可以进行远距离遥控,扩大控制范围,实现集中联锁、分布控制。并可通过光纤进行远程监控,将执行系统放在不利于人员值守的车站,通过光纤网络在远端直接控制邻近的小站或区间道岔。

二、光纤通信在区间闭塞中的应用

1. 光纤通信在半自动闭塞中的应用

由于通信传输手段的现代化,光纤传输和无线传输越来越普遍,于是出现了将闭塞信号通过编码,由光缆或无线进行传输,以代替电缆传输。

微电子半自动闭塞传输设备是利用光纤传输闭塞信号的设备。

传输设备用来采集有关闭塞信号的继电器条件并进行编码。每站设两台传输设备,互为备用。驱动盒用来驱动继电器。每站设两台驱动盒,分别驱动有关继电器,共可供 3 个接/发车方向使用。每站通信机械室设一台光端机,用来将电信号转变为光信号。传输设备与光端机之间用 3 条屏蔽电缆相连,可为 3 个方向提供通道。

传输设备采集与发送闭塞信号有关的继电器接点,根据这些接点编成各种闭塞信号的信息码,传送至光端机将此电信号转变为光信号。光信号通过光缆传送至对方站的光端机,再将光信号转变为电信号,经传输设备译成闭塞信号的信息码,通过驱动盒驱动线路继电器 ZXJ 和 FXJ,对方站即收到闭塞信号。

2. 光纤通信在自动站间闭塞中的应用

自动站间闭塞也是在现有 64D 型继电半自动闭塞的基础上增加计轴设备构成两站间自动闭塞的。当因某种原因需停用计轴设备时,可按 64D 型继电半自动闭塞方式办理。因此,两站间传输的信息有计轴数据信息和闭塞信号,一般采用共线方式传输。计轴设备的数据传输通道采用光缆或不加感通信电缆、铝护套计轴综合电缆中的通信四芯组线对。

三、光纤通信在 TDCS 中的应用

光纤通信应用于 TDCS 的广域网和局域网系统中。

1. 光纤通信在 TDCS 广域网中的应用

铁路总公司调度指挥中心使用路由器,通过 2 M 专线通道方式与 18 个铁路局(公司)调度指挥中心进行信息交换。在铁路总公司调度指挥中心设有两套路由器设备,铁路总公司对每个铁路局连接两条 2 M 专线通道,两条通道能均衡信息流量并互为主备,保证远程通信的可靠性。为了实时监视和记录铁路总公司 TDCS 与各铁路局 TDCS 通信通道的状态,2 M 专线通道侧还要装了通信质量监督设备。

铁路局调度指挥中心的远程通信系统由四台路由器和若干调制解调器构成。两台路由器满配置 48 个 2 M 远程端口,负责与车站进行远程通信;另外两台路由器负责与相邻铁路局、铁路总公司进行远程通信,采用 2 M 专线通道方式。调制解调器实现与铁路局下辖站段远程终端的通信。

TDCS 网络的基层网站间和基层网到调度指挥中心应使用不小于 2 M 的数字通道,协议转换接口为 V. 35 等。基层网通道按环形方式组网,每 8～15 个车站抽 1 个头返回调度中心中心机房。从车站信号机械室到通信机械室之间连接原则上采用光纤通信,条件不具备时再采用同轴电缆连接方式或实回线连接方式。

2. 光纤通信在 TDCS 局域网中的应用

铁路总公司调度指挥中心 TDCS 局域网采用成熟的 1 000 M 以太网技术,传输介质采用光纤,它为各楼层客户及服务器之间提供高速的信息交换通道。所有服务器共享连接一套存储系统(SAN 光纤磁盘阵列和磁带库)。每台数据库服务器和应用服务器配置相同有两个 2 G 光纤通道口,两个 1 000 M 光纤以太网口。

四、光纤通信在 CTC 中的应用

分散自律调度集中系统包括铁路局调度中心系统及车站调度集中分机系统两个层次,系统主要由硬件系统和软件系统两部分组成,硬件部分由调度中心子系统、车站子系统及网络通信子系统构成。调度集中系统网络系统应由网络通信设备和传输通道构成双环自愈网络,应采用迂回、环接、冗余等方式提高其可靠性。数字通道应不小于 2 M。

系统广域网由路由器、协议转换器等网络通信设备和传输通道构成,车站间广域网采用环形通道时,每 8～15 个车站应有一条通道返回调度中心。车站间广域网、中心间广域网应分别设立路由器。传输通道优先采用不同物理路径的单独光纤的独立专网,然后根据传输通道的不同,按以下优先级顺序组网:(1)不同物理路径的采用不同传输系统(光端设备)的 2 M通道;(2)相同物理路径的采用相同传输系统(光端设备)的 2 M 通道;(3)相同物理路径的采用相同传输系统(光端设备)的 2 M 通道。

以上广域网所用 2 M 专线通道符合 E1 标准,G. 703 接口,均通过光纤通信网络。

五、光纤通信在 CTCS 中的应用

在 CTCS-2 中,有的列控中心内采用光纤通道传输信息;在 CTCS-3 中,RBC/联锁安全数据通信以太网和 TCC/联锁安全数据通信局域网均由专用光缆构成。

1. 光纤通信在列控中心中的应用

例如 LKD2-J 型列控中心的 LAN 接口板和 LAN 通信板及两系之间的光通道构成双系

间的高速同步及检测通道。

2.RBC(无线闭塞中心)/联锁安全数据通信以太网

RBC/联锁安全数据通信以太网是由专用光缆构成的、满足信号安全信息传输要求的高可靠性的冗余工业以太网,用于实现 RBC 与车站联锁系统、RBC 与邻线 RBC 之间的信息交换。高可靠性的由高速铁路两侧不同物理路由的两条干线光缆中的各4芯光纤构成。网络结构采用双环冗余方案,全线车站和调度所的交换机以环形方式构成两个独立运行的环形千兆以太网。

3.TCC(列控中心)/联锁安全数据通信局域网

TCC/联锁安全数据通信局域网是由专用光缆构成的信号安全信息传输专网,用于实现车站联锁系统与 TCC 之间、车站联锁系统之间、TCC 之间的信息交换。

六、光纤通信在驼峰自动化中的应用

在驼峰自动化控制系统中,操作级与工作站间可采用光缆通道,使传输距离大于 4 000 m,并可与异网互联。

七、光纤通信在信号集中监测中的应用

TJWX-2010 型信号集中监测系统采用基于 TCP/IP 协议的广域网模式,由铁路总公司电务监测中心、铁路局电务监测中心、电务段监测中心、车站监测网及广域网数据传输系统组成。分为三级四层,分别为铁路总公司、铁路局、电务段、车站四个层次。TJWX-2010 型信号集中监测系统对广域网的通道提出了明确的要求,站间网络必须采用 2 M 数字通道。

第二节　无线通信在铁路信号中的应用

在机车信号中应用 GPRS(通用分组无线业务)构成远程监测;在 CTCS-3 级列控系统中应用 GSM-R 实现车—地信息双向传输;在 ITCS 型列车运行控制系统中应用 GSM-R 网络向列车传递控制信息,列车定位及车长信息由 GPS 差分定位系统提供;在 CTC/TDCS 中 GSM-R 实现车次号校核、调度命令传送和无线列车调度通信;在驼峰无线机车信号中应用无线通信将驼峰信号机的显示传送给推峰机车,在驼峰推送机车无线遥控系统中应用无线通信对机车推送速度进行控制;在 BDZ 型调机自动化系统中通过无线局域网向调机传输控制信息,GPS 卫星定位结合调机走行测长实现调机走行的定位。

一、无线通信在机车信号中的应用

无线通信在机车信号中的应用是使用机车信号远程监测装置,在安装 JT-C 系列机车信号的机车上使用。机车信号远程监测装置是通过无线信道将车载机车信号有关信息实时传回到地面监测中心,实现对机车信号的远程动态监测和故障诊断的装置,可及时掌握机车信号运行情况,进一步提高机车信号的可靠性、可用性、可维护性和安全性。

系统具有传输信息量大、速度快、实时性强;安全、可靠、准确性高;容量大;信息分析全面;不受地域限制实现在线远程监测等特点。

远程监测装置由车载终端和地面设备两部分组成。

机车信号远程监测车载终端(DTU)安装在机车上。DTU主要由监测单元和GPRS(通用分组无线业务,General Packet Radio Service)模块构成。监测单元主要监测机车信号的运行状况,提取机车信号及轨道电路信息,执行地面服务器的相关指令等。GPRS单元主要把监测单元提取的信息传送到地面处理服务器,把地面处理服务器的指令传送给监测单元。

安装在地面的设备为机车信号远程监测地面设备(又称地面监测中心),主要由地面中心数据服务器、客户终端等设备构成。中心数据服务器应具有全天候接入Internet,并且具备静态IP的条件,客户终端只要具备接入Internet的条件即可,接入形式不限。

车载终端与地面监测中心通过GPRS与Internet构成星形网络结构。中心与车载终端采用TCP/IP协议。

GPRS是在GSM基础上通过增加业务支持节点(SGSN)和网关业务支持节点(GGSN)实现的。GPRS提供了移动网到TCP/IP网络或X.25网络的接口,实现了用户数据与无线网络资源的最佳结合,实现了IP协议的透明传输,具有传输速度高、建立时间短、永远在线、信道资源利用率高、收费低等特点。GPRS适用于间断的、突发性的和频繁的、少量的数据传输,也适用于偶尔的大数据量传输。目前,中国移动的GPRS网络以覆盖31个省240多个城市。

机车信号远程监测装置无线通道可通过两种方式实现,即单独通道方式和综合数据业务平台接入方式。单独通道方式是车载终端内设置GPRS模块,独立建立无线通道。综合数据业务平台接入方式是车载终端内不设GPRS模块,只通过接口与综合数据业务平台连接,通道由平台提供。

二、无线通信在列控系统中的应用

1. 无线通信在CTCS-3级列控系统中的应用

CTCS-3级列控系统是基于GSM-R实现车—地信息双向传输、无线闭塞中心生成行车许可的列控系统。GSM-R无线通信覆盖包括大站在内的全线所有车站。RBC根据轨道电路、联锁进路等信息生成行车许可,并通过GSM-R无线通信系统将行车许可、线路参数、临时限速传输给CTCS-3级车载设备;同时通过GSM-R无线通信系统接收车载设备发送的位置和列车数据等信息。

RBC通过ISDN(综合业务数字网)的PRI(主速率)接口与GSM-R网络移动交换机(MSC)连接。一个RBC与MSC的PRI接口必须冗余配置,MSC为这些接口分配统一的ISDN呼入号码,并按照负荷分担的原则将车载台对某个RBC的呼叫路由到一个可用的PRI接口上。

GSM-R核心网包括移动交换子系统、GPRS子系统、智能网子系统,应按照全路核心网建设规划建设,各条高速铁路接入相关节点。采用交织冗余覆盖方案,如图4-15所示。

基站频率配置应满足各类业务正常应用的需求,在两个RBC交界区域,还应考虑从一个RBC向另一个RBC切换时每列车双移动终端使用的容量需求。

列控系统每列车需要占用1个无线信道(RBC间切换时占用2个),对于大站,由于停靠、通过的列车数量较多,需要占用大量的无线信道资源。

2. 无线通信在 ITCS 型列车运行控制系统中的应用

加强型列车运行控制系统(ITCS)应用于青藏铁路。ITCS 是基于无线传输的虚拟自动闭塞及超速防护系统。

车站装设无线闭塞中心 RBC 及安全型逻辑控制器(VHLC),实现站内联锁,并随时与运行的列车交换控车信息。车—地间的信息传输采用 GSM-R 数字移动通信平台。临时限速信息通过调度中心或车站输入,改写 RBC 中的相关数据后,通过 GSM-R 网络向列车传递。

青藏线信号系统的控制中心设于距离格尔木站 800 km 以外的青藏公司西宁调度中心,主要设有 CTC 和 ITCS 消息转发器。ITCS 消息转发器通过专用接口与 GSM-R 的移动交换机连接,CTC 总机与调度所的 ITCS 消息转发器通信。

列车定位及车长信息由 GPS(全球定位系统)差分定位系统提供,另外还装设 GPS 差分站,以保证定位精度(定位误差在 6 m 以内)。

机车装有列控车载设备,包括车载计算机、DMI(司机操作及显示界面),还装有 GSM-R 车载列控电台、GPS 设备、与列尾风压检测装置 EOT 通信的 HOT 设备等。发车前,列控车载设备上电自检,并通过 GSM-R 网络由始端站 RBC 获取车载动态数据库信息。

列车运行过程中,各种运行状态随时与 RBC 双向通信,控制列车运行的各种命令均由地面 RBC 发出,它们之间的通信通过光纤传输网络和 GSM-R 数字移动通信网络实现。各车站的 RBC 通过路由器经光纤网络连接至 ITCS 消息转发器。

ITCS 消息转发器通过 PRI 接口连接至 GSM-R 的移动交换机(MSC)。为保证 RBC 与各列车之间通信的唯一性和实时性,每列车均采用实时在线方式(即独立信道),它对通信质量,如场强、传输误码率及恢复连接时间的最低要求均应符合欧标的 GSM-R 相关标准。

车载系统把列车的区间占用等信息,不间断地通过 GSM-R 网络向前方车站 RBC 发送,信息每 6 s 更新一次。基站得到信息后通过光纤网络传输至移动交换机,再传给 ITCS 消息转发器,ITCS 消息转发器根据信息包的地址通过光纤网络传给相应的 RBC。RBC 根据列车所占用的虚拟闭塞分区及与其他列车的相对位置,按照固定闭塞的追踪原则计算列车的移动授权指令,并将指令通过 ITCS 消息转发器经 GSM-R 网络向列控车载设备发出。

3. 无线通信在列控设备动态监测系统中的应用

列控设备动态监测系统(DMS)对列车运行状态和列控车载设备进行实时监测。

DMS 由列控车载信息采集装置(简称 DMS 车载设备)、DMS 数据中心和用户终端组成。在铁路总公司和相关铁路局设置 DMS 数据中心,在铁路总公司、铁路局和站段设置用户终端。DMS 车载设备安装在动车组内,在列车运行过程中,对列控车载设备运行状态信息、应答器信息、无线闭塞中心(RBC)报文信息和轨道电路信息等进行实时监测,并将监测数据通过 GSM-R 网络或公网 GPRS/3G 实时传回数据中心,经过数据分类、判断、处理和分析,完成列控车载系统及相关地面设备工作状态的实时监测和分析。

DMS 通信结构分为三层,车载设备主机内部通信、车—地设备无线网络通信和地面设备铁路内部网通信。车载设备与地面设备使用铁路 GSM-R 网络或公网 GPRS 通信,在有铁路 GSM-R 网络的区段,DMS 的车—地无线数据通信采用铁路 GSM-R 网络,在不具备铁路 GSM-R 网络覆盖条件的区段,DMS 使用公网 GPRS。

三、无线通信在 CTC/TDCS 中的应用

CTC/TDCS 与无线通信系统结合,实现行车凭证、调度命令、接车进路预告信息、调车作业通知单等向司机的书面可靠传送,并能通过无线通信系统获取车次号校核、调车请求及签收回执等信息。通信计算机提供无线接口,接收无线车次号信息,向无线列调系统发送调度命令。

1. 无线通信功能的实现

(1)无线车次号校核

无线车次号校核是通过 GSM-R 系统,实现车次号实时传送给调度集中系统,确保车次号的准确,同时通过车次号校核系统实现列车启动和停稳信息、列车完整性信息、机车号(多个)、车长、牵引质量、车数、去向、尾号、速度、司机姓名等信息传送的。

车站通信计算机通过串行通信接口同无线车次号设备相连,接收车站无线车次号信息。

由机车的发送设备发送出有关车次的信息,传送到通信机械室的接收设备,由于无线车次号接收解码器与车站 CTC/TDCS 分机采用 RS-422 接口连接,需要进行接口转换。车站通信计算机对于车次号不做任何处理,转发到铁路局调度所。这样,有关车次号的信息再通过通信计算机→交换机→路由器→协议转换器→光缆→调度所的协议转换器→调度所通信服务器的传输。这样便完成了无线车次号的采集。

无线车次号的数据传输采用基带数据传输,数据传输格式:1 个起始位,8 个数据位,1 个停止位,无奇偶校验,数据传输数率 9 600 bit/s。解码器向车站 CTC/TDCS 分机连续发送 3 帧数据。

(2)无线调度命令的传送

无线调度命令是通过 GSM-R 系统实现调度命令、调车作业计划及列车进路预告向机车的传递,并且可以实现调车请求信息向 CTC 系统的传递。

车站通信计算机通过串行通信接口同无线调度命令发送装置相连,发送无线调度命令。

无线调度命令系统也需要一个有线和无线的转换过程,调度所调度命令生成→调度所通信服务器→调度所的协议转换器→光缆→协议转换器→路由器→交换机→通信计算机→无线转发。

2. CTC 与 GSM-R 的接口

CTC 系统配置 GSM-R 通信服务器,采用热备冗余配置方式,即一个中心配置两套 GSM-R 通信服务器,一套主用,另一套以热备份方式工作。GSM-R 系统针对 CTC 中心的每个 GSM-R 通信服务器,配置一套 CTC/通信服务器。

(1)行车作业数据传输

GSM-R 系统承载 CTC 系统行车作业数据传输连接方式如图 11-1 所示。CTC 通信服务器与 GSM-R 通信服务器之间采用局域以太网连接方式,长距离条件下采用光纤传输延伸局域网。GSM-R 通信服务器设置防火墙,以保证网络安全。CTC 通信服务器通过局域以太网方式与 GGSN 连接。

GSM-R 通信服务器与 CTC 通信服务器共同负责网络间的通信,网络层协议采用 TCP/IP。

CTC 系统的调度台、车务终端、自律机等设备与机车综合无线通信设备之间的通信通过 GSM-R 通信服务器转发。

GSM-R 系统的 CTC 通信服务器负责与机车综合无线通信设备通信,机车综合无线通信设备与 CTC 系统的通信通过 CTC 通信服务器转发。

GSM-R 网络中数据传输采用 GPRS 通信方式,数据通信采用 UDP 协议。

由 CTC 通信服务器完成网络层和应用层通信协议的转换及两个系统之间 IP 地址的转换。

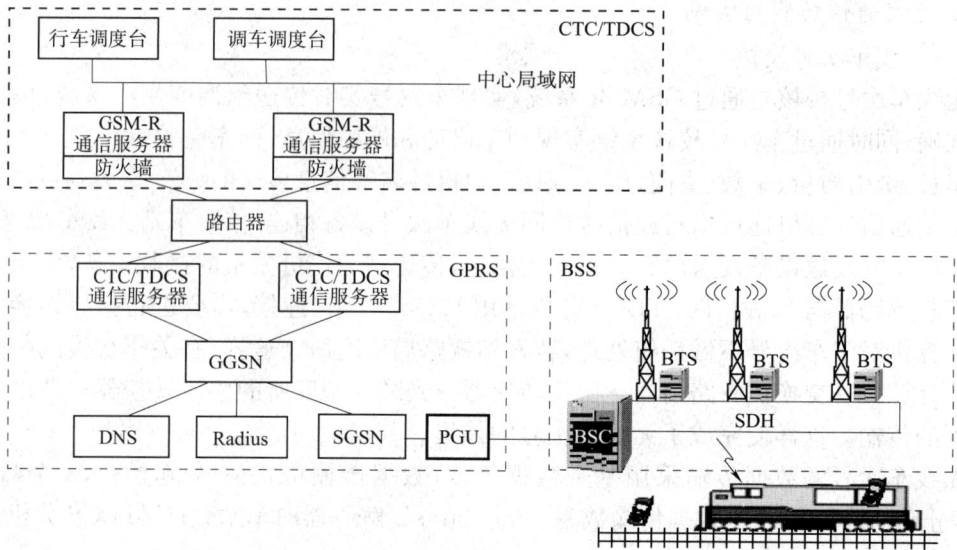

图 11-1　GSM-R 系统承载 CTC 系统行车作业数据传输连接方式图

（2）调车机车信号和监控数据传输

针对 CTC 调度中心,配置调车机车信号和监控地面设备。

GSM-R 系统承载 CTC 系统机车信号、调车监控数据传输连接方式如图 11-2 所示。调车机车信号和监控地面设备通过 E1 接口与 MSC 连接。CTC 系统自律机通过 RS-422 与调车机车信号和监控地面设备连接。联锁系统通过控显机接入 CTC 系统。

调车机车信号和监控地面设备与机车综合无线通信设备之间通过电路数据方式实时传输机车信号、调车作业车站的站线图、调车联锁信号、调车作业单、列车运行速度、列车位置、进路请求和钩作业进度等信息。

调车机车信号和监控地面设备与 CTC 中心网络层协议采用 TCP/IP。

四、无线通信在驼峰信号中的应用

无线通信在驼峰信号中的应用是在驼峰机车信号和驼峰推峰机车遥控系统中无线电台传递信息的。

1. 驼峰无线机车信号

驼峰无线机车信号,是以铁路专用无线电台作为传递信息的工具,将驼峰信号机的显示传送给推峰机车的。这种机车信号设备还具有通话功能,不发送机车信号时,峰顶信号楼的值班人员能与司机彼此通话。

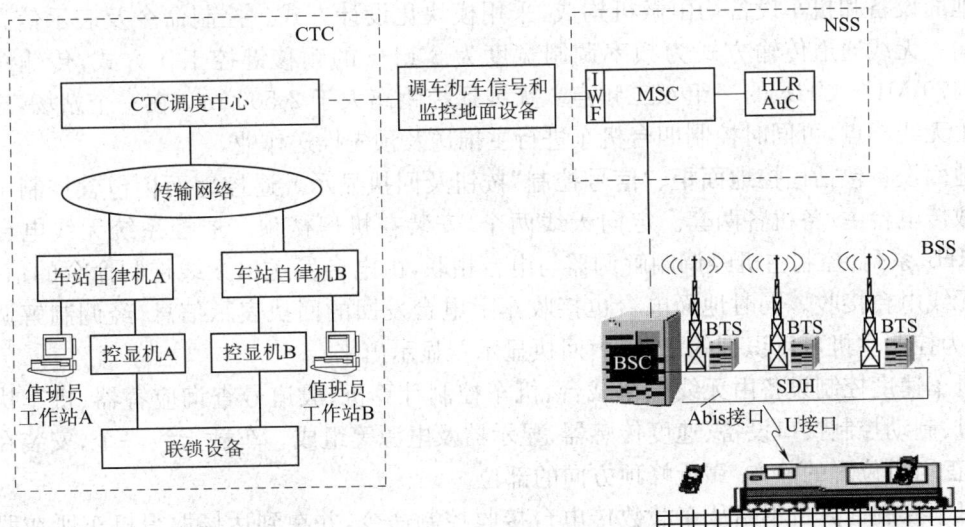

图 11-2　GSM-R 系统承载 CTC 系统机车信号、调车监控数据传输连接方式图

具有两条推送线多台机车作业的驼峰编组站,其驼峰机车信号设备布置如图 6-6 所示。

安装在驼峰场信号楼内的地面设备包括一台地面机柜(内含地面主机箱)、定向天线和回执显示器。主机箱装设有地面主机、无线电台(地台)及电源。地面电台的天线为定向天线,安装在地面机柜所在建筑物的最高处。天线顶端高度应高于楼顶标高 3～4 m,方向指向到达场中部。

推峰机车上安装车载设备,包括电台电源箱、控制主机箱、信号显示器、天线、股道号接收查询应答器及其天线电缆。电台电源箱内设有无线电台(车台)、电源。天线安装在机车顶部。

驼峰场信号楼应将驼峰信号机的显示情况通过无线电台(车台)传递给推峰机车,推峰机车推峰时通过电台接收机车信号信息,由推峰机车的车内信号复示地面信号的灯光显示。

在驼峰值班员开放驼峰推峰信号的同时,机车信号地面设备采集驼峰信号条件,也采集股道条件及安全联锁的必要条件,通过电台将带有地址及安全联锁条件的驼峰信号转变为相应的无线信号发送,无线信号采用数码调制的方式工作,将推峰信号转换成相应的信号编码,经地面无线电台发出。车上电台接收地面电台载频信息,经解调译码及定位信息校核之后,在车上实现相应的信号显示,并对车上信号显示及其工作状态进行采样,将车上的各种信息经机车电台发送回地面设备。

无线机车信号采用 400 MHz 系列的无线电台进行无线数据的传送。通信采用时间分隔的方式,可同时向 2～4 台机车传送信息,发送控制命令及接收机车电台的回执信息。

2. 驼峰推送机车无线遥控系统

该系统用于对机车推送速度进行控制,实现变速推送。可独立使用,也可与溜放进路及速度控制系统构成完整的自动化系统。系统由地面设备及机车设备组成,框图如图 6-7 所示。

地面设备和机车设备均由微机构成,采用模块化设计方式。控制命令及表示信息由无线传输。无线通道传输方式为频率调制宽度为 3 kHz 的频移键控工作方式,传输频率为 450~470 MHz UHF 的一组双工频点。无线遥控距离大于 2 500 m。在一个站场,选用一组双工无线频点,可同时控制四台机车进行主推送及预先推送作业。

地面设备包括遥控地面柜、"信号控制"按钮及回执显示。遥控地面柜包含控制主机及地面数传电台主/备机各两套。定向天线两个,安装在机房楼顶。遥控系统无线电台采用 400 MHz 系列,控制主机经调制解调器与电台相联,由电台发送出无线控制命令的信息,为机车无线电台接收。同时地面电台也接收车上电台发回的回执表示信息,经调制解调器处理,成为控制主机可以识别的信息,由回执显示器显示出来。

机车速度控制设备由无线电车载台、机车控制计算机、股道号查询应答器、机车执行工作接口、制动控制接口设备、速度传感器、显示器及电源等组成。车载天线一个,安装在机车顶部,正司机位置的前方,靠近峰顶方向的部位。

机车控制计算机不断从车载数传电台接收控制命令,并在到达场取得机车所在股道编码信息,进行工作机车判别,只有判别为工作机车时,才可以对机车进行遥控,车载台在地面电台发送控制命令时处于接收工作状态,通过控制主机执行命令并显示。同时将机车接收的控制命令、实际速度及故障信息等回送给地面设备。机车控制计算机通过车载台向地面设备送出执行结果的正确表示。如果机车设备发生故障,机车控制计算机将根据故障报警,同时通过车载台向地面送出故障信息。

3. BDZ 型调机自动化系统

BDZ 型调机自动化系统是 CIPS 系统的重要组成部分。它通过无线通信网络向调机发送控制信息,由 GPS 实现调车机车在编组场的区段内的定位。

(1)系统组成

BDZ 型调机自动化系统由车载系统和地面系统两大部分组成,如图 11-3 所示。

地面系统主要由上层服务器(双机)、下层通信数据处理控制主机(双机)、差分 GPS 基站、GPS 地面天线、WLAN 通信设备、WLAN 地面天线及内部局域网等组成。

车载系统主要由车载主机、车载显示器、WLAN 车载天线、GPS 车载天线、车载配线箱、速度传感器等组成。在作为独立的机车遥控系统使用时,由于没有 CIPS 系统的信息支持,机车定位模式有所更改,增加了点式应答器模块参与机车定位,如图 11-3 中虚线部分所示。

由于综合考虑了与 CIPS 整体的集成,最大限度地提高了设备的共享和复用,BDZ 系统的地面设备又可分为系统专用设备和共享设备(指 BDZ 系统与 CIPS 其他子系统共享使用的设备)。

(2)调机控制信息的传输

调机控制信息的传输是通过无线局域网 WLAN 进行的。在调机自动化系统中,通过无线接入设备(AP)和无线网桥(BR)等地面设备,构建起能够覆盖整个编组站的无线局域网,使车载系统在站内任何地点都能与地面系统进行良好的通信。对于作为独立的机车遥控系统使用,无线局域网信号覆盖范围仅为到达场、调车场两个区域,设备安装位置为驼峰信号楼和到达场信号楼。无线局域网信号发送/接收天线,与每个无线接入点和网桥设备安装在一起。无线局域网车载接入设备天线(AP 车载天线)安装在机车顶部司机室上方。无线局

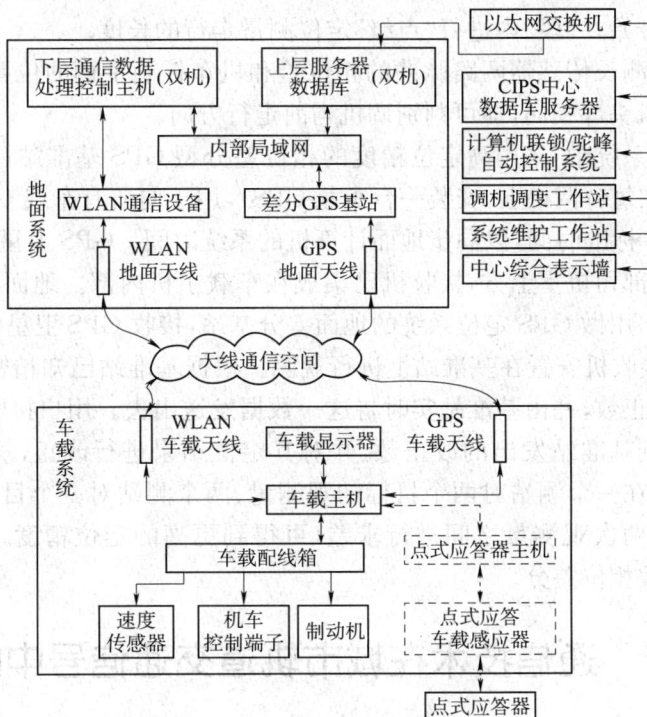

图 11-3　BDZ 型调机自动化系统组成图

域网车载接入设备(AP 模块)已集成在车载主机内部。

调机自动化地面系统通过计算机联锁系统(针对到达场、出发场、编尾等情况)或驼峰自动化系统(针对调车场)的逻辑跟踪,获取调机走行的位置,并通过 GPS 进行校验。地面系统在完成"作业机车"判别后,将进路、地面调车信号及调车计划一起发向对应的调机。在调机执行调车计划过程中,车载系统实时记录各种作业过程数据,并通过无线网络反馈给地面系统。

下层通信控制主机通过内部局域网分别访问各自对应的两台上层服务器的数据库读取相关数据,并进行多次处理,将处理结果送交无线通信网络基站。同时 GPS 地面差分基站通过内部局域网以 1 次/s 的速度将地面差分数据发送给无线通信网络基站。无线通信网络基站将下层通信控制主机的数据处理结果及 GPS 地面差分数据通过无线局域网发送到调车机车上,并将调车机车的回执数据通过内部局域网送交两台下层通信控制主机。

地面系统向调机发送进路指令、速度指令等控制信息和调车单信息;车载系统向地面发送调机当前控制状态及相关工作参数、车列在信号区段内的走行测长和 GPS 的定位信息。

(3)调机走行的定位

调机走行的定位是通过"段级"和"点级"定位,同时加上调机(车列)及机头的方向的判断,最终实现调机走行定位。

当调机(车列)进入车站后,即开始通过作业计划、进路办理情况与地面轨道电路的连续跟踪,对调机进行实时、连续的走行跟踪。同时,结合调机走行测长及 GPS 卫星定位,分别进行机车的走行定位。再通过三者的结合,在"区段级"形成三取二的判断机制,用来发现并排除轨道电路故障而引起的定位错误,并可修正轨道电路反应时间上的延误。

依靠车载走行测长,当通过"段级"定位,获取调机进入/出清一个信号区段后,车载走行测长计数清空,并开始在"段"内进行"点级"定位测量走行的长度。

根据车载走行测长传感器两路脉冲的相位差和机车控制手柄的位置判断调机的前进/后退,同时结合调机头部朝向,即可判别调机当前走行方向。

在调机自动化系统中,采用高定位精度的相位差分型 GPS 基准站(地面设置一台高精度的 GPS 基站。在每台调机上,安装一台车载 GPS),用于向所有车载 GPS 提供差分信号,并向地面提供 GPS 标准时间,以同步地面计算机的系统时间。GPS 卫星定位系统车载接收天线安装在机车顶部司机室上方,接收机已集成在车载主机内部。地面机柜内设一台 GPS 接收机及相应电源,用做 GPS 定位系统的地面差分基站,接收 GPS 卫星信息。

将一台 GPS 接收机安置在基准站上进行观测。根据基准站已知精密坐标,计算出基准站到卫星的距离改正数,并由基准站实时将这一数据发送出去。用户接收机在进行 GPS 观测的同时,也接收到基准站发出的改正数,并对其定位结果进行改正,从而提高定位精度。差分技术实际上是在一个测站对两个目标的观测量、两个测站对一个目标的观测量或一个测站对一个目标的两次观测量之间进行求差,可得到更高的定位精度。差分 GPS 分为两种:伪距差分和载波相位差分。

第三节　通信技术在城市轨道交通信号中的应用

一、光纤通信在 ATS 系统中的应用

在 ATS 系统中,传输通道为带迂回的光通道,即设于各个车站的 ATS 分机与设于控制中心的 ATS 总机之间一般通过光缆进行通信。

二、基于通信技术的列车控制系统(CBTC)

基于通信技术的列车控制系统(CBTC)是采用轨间电缆感应通信和无线通信的列车控制系统,该系统的使用代表着目前世界上列车运行控制系统的发展趋势,是近年来城市轨道交通领域积极采用的列车控制系统。

1. 基于感应通信技术的列车控制系统

基于感应通信技术的列车控制系统利用轨间铺设的电缆传输信息。这类系统主要由控制中心设备、轨间传输电缆及车载设备组成。

采用轨间电缆超速防护系统的室内/室外设备联系用两级控制方式来实现,即控制中心与若干个沿线设置的中继器相连,一个中继器最多可连接 128 个轨间电缆环路,在控制中心与敷设在轨间的电缆之间的信息交换将在中继器内进行中间变换(频率变换、电平变换、功率放大等),如图 11-4 所示。

一个中继器最多可控制 128 个电缆环路,所以一个中

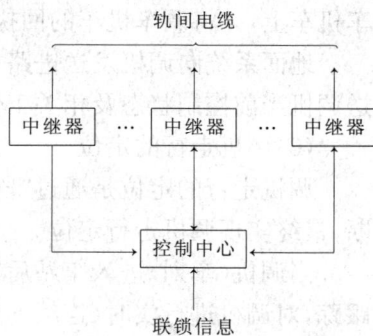

图 11-4　系统的两级控制图

继器的最大控制距离为 3 200 m 利用轨间电缆的交叉配置即可实现列车定位。

中继器是控制中心与轨间电缆之间的中间环节，它的功能是把控制中心的命令通过轨间电缆传给列车，将列车信息传到控制中心。来自控制中心的信息是数字频率调制信号，传输速率是 1 200 bit/s。在中继器内进行频率变换、功率放大（20 W 以上），然后接向轨间电缆。信息的传输通常采用脉码调制方式。

在控制中心内按地理坐标储存了各种地面信息（如线路坡度、曲线半径、道岔位置、缓行区段的位置与长度等）。此外，经过联锁装置，将沿线的信号显示、道岔位置、列车的有关信息（车长、制动率、所在位置、实时速度等）不断地经由轨间电缆传至控制中心。控制中心内的计算机计算出在它管辖的区段上每一列车当前的最大允许速度，再经由轨间电缆传至相应列车，实现速度控制。

SelTrac S40 移动闭塞 ATC 系统是基于感应通信技术的列车控制系统。系统管理中心（SMC）设备设于运营控制中心（OCC），每个车站配置 SMC 车站工作站，它们通过光纤通信环网实现远程通信。

2. 基于无线通信技术的列车控制系统

基于无线通信技术的列车控制系统称为无线 ATC 系统，它利用无线通信的方式进行车—地通信，传输信息。用无线通道实现地—车数据传输的 ATC 才是真正意义上的移动闭塞。

典型的移动闭塞线路中，线路被划分为若干个区域，每一个区域由一定数量的线路单元组成。区域的组成和划分预先定义，每一个区域均由本地控制器和通信系统控制。本地控制器和区域内的列车及联锁等子系统保持连续的双向通信，控制本区域内的列车运行。列车从一个控制区域进入下一个区域的移交是通过相邻区域控制器之间的无线通信实现的。当列车到达区域边界，后方控制器将列车到达信息传递给前方控制器，同时命令列车调整其通话频率；前方控制器在接收并确认列车身份后发出公告，移交便告完成。两个相邻的控制区域有一定的重叠，保证了列车移交时无线通信不中断（图 11-5）。在采用轨旁基站的无线通信系统中，一般考虑 100% 的无线信号冗余率进行基站布置，以消除在某个基站故障时可能出现的信号盲区。

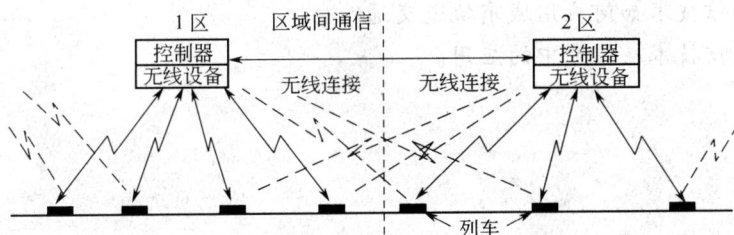

图 11-5　分布式移动闭塞技术的无线传输示意图

注：图中虚线表示了无线蜂窝信号的重叠，车载无线电根据信号强度决定与哪一个轨旁从站进行通信。

典型无线移动闭塞系统的结构如图 10-19 所示。区域控制器（ZC）根据来自列车的位置报告跟踪列车并对区域内列车发布移动授权，实施联锁。车载控制器（VOBC）实现列车自动保护（ATP）和列车自动运行（ATO）的功能。车载应答器查询器和天线与地面的应答器

（信标）进行列车定位。

各种基于无线通信技术的 ATC 系统，其控制中心设备与各个车站设备之间的数据通信系统均采用光纤通信，具体做法不尽相同。

无线 SelTrac S40 系统的有线（光纤）通信层主要是数据通信系统（DCS）。ATC 系统的所有设备都和 DCS 相连。DCS 可实现任何子系统之间的通信。

西门子的 CBTC 系统每个无线交换器连接着分布于相应轨道中的多个相互独立的轨旁接入点 AP。每个 AP 通过单独的单模光纤连接到无线交换器，形成星形拓扑结构。

阿尔斯通的 CBTC 采用 SDH 网络，由 SDH 节点（多路复用器）和光纤环构成，光纤用于提供完全相同的双环，多路复用器在热备制式下冗余。这种网络结构可以防止普通模式故障，并且对特殊光纤或设备物理损坏具有防护功能。

复习思考题 ▶▶▶▶

1. 光纤通信在计算机联锁中有哪些应用？

2. 光纤通信在区间闭塞中有哪些应用？

3. 光纤通信在 TDCS 中有哪些应用？

4. 光纤通信在 CTC 中有哪些应用？

5. 光纤通信在 CTCS 中有哪些应用？

6. 光纤通信在驼峰自动化中有哪些应用？

7. 光纤通信在信号集中检测中有哪些应用？

8. 无线通信在机车信号中有哪些应用？

9. 无线通信在列控系统中有哪些应用？

10. 无线通信在 CTC/TDCS 有哪些应用？

11. 无线通信在驼峰信号中有哪些应用？

12. 光纤通信在 ATS 系统中有哪些应用？

13. 感应通信技术如何应用城市轨道交通？

14. 无线通信技术如何应用城市轨道交通？

15. 总结通信技术在信号中的应用。

参考文献

[1]中国铁路总公司.铁路技术管理规程(普速铁路部分).北京:中国铁道出版社,2014.

[2]中国铁路总公司.铁路技术管理规程(高速铁路部分).北京:中国铁道出版社,2014.

[3]林瑜筠.铁路信号基础.2版.北京:中国铁道出版社,2014.

[4]林瑜筠.计算机联锁.3版.北京:中国铁道出版社,2013.

[5]林瑜筠.区间信号自动控制.2版.北京:中国铁道出版社,2014.

[6]张铁增.列车运行控制系统.2版.北京:中国铁道出版社,2014.

[7]林瑜筠.高速铁路信号技术.2版.北京:中国铁道出版社,2015.

[8]林瑜筠.城市轨道交通信号.3版.北京:中国铁道出版社,2015.

[9]靳俊.铁路信号集中监测系统.北京:中国铁道出版社,2016.

名词术语英(缩略语)中对照

ACE	计轴运算器	DSP	数字信号处理
A/D	模数转换	DTU	机车信号远程监测车载终端
AP	无线接入设备		
AR	自动折返模式	EMI	防电磁干扰线滤波器
ATC	列车自动控制	ET	电子终端
ATIS	车号自动识别系统	ETCS	欧洲列车运行控制系统
ATO	列车自动运行		
ATP	列车自动防护	FS	无绝缘轨道电路、完全监控模式
ATS	列车自动监控	FSK	频移键控
		FSOS	"故障—安全"实时操作系统
BR	网桥	FTCS	遥供无绝缘音频轨道电路
BTM	应答器信息接收模块		
		GPC	值班员台
CA	控制中心自动控制模式	GPS	全球定位系统
CAN	控制器局域网	GPRS	通用分组无线业务
CBTC	基于通信技术的列车运行控制	GSM-R	全球数字移动通信系统—铁路
CCTV	视频监控		
CIPS	编组站综合集成自动化系统	ID	识别、标识
CIR	机车综合无线通信设备	I/O	输入/输出
CIS	车站联锁系统	IPS	联锁处理系统
CLC	中央逻辑控制	IS	隔离模式
CM	控制中心自动控制时的人工介入控制	ISDN	通用分组无线业务
CO	引导模式	ITCS	加强型列车运行控制系统
CPU	中央处理单元		
CS	机车信号模式	JES	电气绝缘节
CTC	调度集中	JRU	记录单元
CTCS	中国列车运行控制系统		
		KMC	密钥管理中心
DMS	列控设备动态监测系统		
DMI	人—机界面	LC	车站控制
DRU	运行记录单元	LED	发光二极管

LEU	电子编码器　地面电子单元			化系统
			SB	待机模式
MMI	人—机接口、人—机界面		SCADA	监控系统
MON	车辆监视器		SDH	同步数字序列
MSC	移动交换机		SDM	诊断维护
MSTT	现场控制单元		SH	调车模式
MVB	多功能车辆总线		S700K	西门子公司的—具有6860 N保持
				力—带有滚珍丝杠
NFB	断路器		SL	休眠模式
NISAL	数字集成安全保障逻辑		SM	列车自动防护驾驶模式　系统维护台
			SMC	系统管理中心
OCC	运营控制中心		STM	轨道电路信息接收模块
OS	目视行车模式		RTU	无线通信单元
			SVA	空芯线圈
PAS	乘客广播系统			
PC	个人计算机		TCC	列控中心
PCMCIA	PC机内存		TCI	轨道电路
PCS	个人通信服务、驼峰控制系统		TCP/IP	传输控制协议/因特网互联协议
PFC	功率因数校正		TCR	轨道电路信息接收单元
PID	乘客导向系统		TDCS	列车调度指挥系统
RNET	冗余网络子系统		TMIS	铁路运输管理信息系统
PRI	主速率		TOD	司机显示
PTI	列车识别系统　读点		TIU	列车接口单元
PS	部分监控模式		TVM	轨道与机车信号传输
PWR	电源子系统		TX	发送磁头
PWM	脉宽调制			
			UDP	用户数据报协议
QoS	服务质量		UM	通用调制
			UPS	不间断电源
RAM	随机存取存储器		URM	非限制人工驾驶模式
RBC	无线闭塞中心			
RM	限制人工驾驶模式		VC	车载安全计算机
RNET	冗余网络		VHLC	安全型逻辑控制器
ROM	只读存储器		VIA	协议适配器
RTU	无线通信单元		VOBC	车载控制器
RX	接收磁头		VPI	安全型计算机联锁
SAN	光纤磁盘阵列　编组站综合自动		WJRU	司法记录器